장자, 나를 해체하고 세상을 해체하다

이 책을 고故 김형효 선생님 영전에 바칩니다.

내 인생 최고의 스승,
김형효 선생님을 추모하며

이별

봄기운이 조금씩 느껴지던 어느 날, 책상에 앉아 무언가를 열심히 쓰던 중 뜻밖에 김형효金炯孝 선생님의 부음을 들었다. 마치 뒤통수를 얻어맞은 듯 갑자기 멍해지면서 머릿속이 하얘졌다. 불과 2주 전에 매우 좋은 상태의 선생님을 뵙고 왔기 때문이다. 그때 뵌 선생님은 너무도 맑은 모습이셨고, 흡사 해탈한 것 같은 표정에 총총한 정신으로 우리와 유쾌하게 이야기를 주고받으셨다. 나역시 어찌나 많이 웃고 즐겁게 이야기를 나눴던지, 선생님 댁을 나서면서 매우 마음이 좋았고, 그 기운을 받아 며칠 행복하게 지냈을 정도였다.

믿기 어려운 마음 상태로 장례식장에 도착해, 사모님의 오열하는 모습을 뵙고서야 나는 비로소 선생님이 떠나셨음이 실감 되었다. 그리고 식장의 여러분들이 이제 철학계의 한 세대가 떠나고 바뀌고 있음을 논하는 것을 보면서 더 핍진하게 느껴졌다. 선생님이 가시고 나서, 나는 한동안 고아가 된 기분을 느끼고 있었다. 무언가 지붕과 울타리가 사라진 느낌이라고나 할까. 그러면서 생각해보았다. 이렇게나 내가 선생님과 깊게 이어져 있었구나. 나에게 선생님은 어떤 의미이셨을까. 내 삶에 그리고 나의 학문 과정에 선생님은 어떤 자리를 점하고 계셨던 것일까. 나는 하나씩 하나씩 선생님과의 인연을 돌아보고 있었다.

만남

내가 처음 선생님을 뵙고, 학문적 인연을 맺게 된 것은 대략 이십여 년 전쯤이다. 당시 나는 박사학위를 위해 미국의 시카고 대학에 갔다가 어린 아기를 떼어 놓고 사는 어미의 마음을 이기지 못해 한 학기 만에 포기하고 돌아온 상태였고, 귀국 후 학문을 계속하느냐 마느냐를 놓고 고민하던 끝에 그래도 나에겐 공부가 필요하다고 결정하고 연구원 박사과정에 진학한 덕분에 선생님을 만날 수 있었다.

처음 뵐 당시에도 선생님은 이미 큰 지적 무게로 우리나라 철학계에 뚜렷한 족적을 남기고 계신 큰 학자이셨고, 젊은 시절 당신의 정치적 소신에 따라 정치 활동에도 참여하신 경력을 지니신 분이었음을 나중에 알게 되었지만, 당시의 나는 전혀 그 사정을 알지 못하고 있었다. 하지만 그 덕분인가. 역으로 나는 아무런 선입견도 없이 선생님을 '학문적으로' 또 '있는 그대로' 뵐 수 있는 행운을 누릴 수 있었다.

선생님을 처음 뵈었을 때의 느낌은 참 맑으신 분이라는 것이었다. 선생님의 그 수줍은 듯 맑고 환한 소년 같은 미소를 보면서 마음의 벽을 스스로 허물고 있었으니. 선생님은 학부와 석사과정을 하면서 만났던 여러 교수와는 다른 아우라를 지니고 계셨다. 우리 학계에서는 보기 드물게 학문하시는 분다운 정수淸秀한 기운을 뿜고 계셨다. 무언가 속기俗氣가 느껴지지 않는 탈속한 분위기랄까. 그러면서도 따뜻한 정이 느껴졌다.

그 이후 내가 예상한 대로, 본격적인 강의를 통해 만난 선생님은 그 깊고 높은 학문적 향기로 나를 더욱 매료시켰고, 마치 법문을 듣는 듯한 무게를 갖는 선생님의 강의는 나에게 대단히 계발啓發적인 자극을 주었다. 심지어 어떤 경우 선생님의 말씀을 듣다 보면, 스스로 정리하고 있지 못했던 어떤 복잡한 주제에 대한 아이디어들이 줄줄이 정리되기도 했다.

게다가 우리나라 대학교의 대학원에서 공부해본 학생이라면 누구나 겪었을 법한 분위기, 즉 공부 이외의 것에 더 많은 에너지를 쓰게 만드는 고압적이고 정치적 분위기를 만들어내는 교수들과는 차원이 다른 어떤 면모를 선생님은 보여주셨다. 일단 나는 이 점에서 선생님께 크게 감사하는 마음을 갖게 되었다. 학문 이외 아무것에도 신경 쓰지 않을 수 있게 만들어주신 선생님은, 존재 그 자체만으로도 공부하는 제자들에게 큰 힘이 되었다. 학문적 경지로 보나, 인격적 높이로 보나 나에겐 엎드려 배움을 청해야 하는 스승임에 틀림이 없었다.

배움 1: 학자로서의 선생님을 만나다

박사과정 공부를 하면서도 나는 학위논문에 대한 생각을 그다지 열심히 하지 않았다. 공부하는 것 자체를 즐기는 성격 때문이었는지, 아니면 학위를 얻어 무언가를 하려는 마음이 강하지 않았던 것 때문인지, 별생각 없이 강의 듣고 책보며 지내고 있었다.

그러던 중, 선생님을 지도교수로 모시고 공부하게 되면서, 어떤 점이 그리 편안했는지 모르겠지만 나는 불쑥불쑥 선생님 연구실 문을 열고 들어서곤 했다. 문을 열고 들어서면 선생님은 늘 책상에 앉아 열심히 공부 중이시거나 집필 중이셨다. 나의 돌연한 방문이 퍽 성가셨을 법도 한데, 선생님은 단 한 번도 귀찮은 기색을 하지 않으셨고, 심지어 왜 왔느냐고 묻지도 않으셨다. 빙긋이 웃으시며 나를 향해 돌아앉으시고는 과일을 깎아 주시며 먹도록 권하시면서 이런저런 이야기를 하셨다.

이야기의 내용은 대부분 당시 선생님이 공부하고 계신 주제에 관한 것이었는데, 듣는 것만으로도 무언가 머리와 가슴이 채워지는 느낌이 들어, 난 방문 목적을 잊고는 마냥 앉아 있곤 하였다. 그러다가 무언가 공감되는 내용이 나오면 맞장구를 치기 시작하면서 이야기가 이어지는 경우가 많았는데, 선생님 입장에서는 유치해 보일 수도 있는 나의 이야기를 어찌나 열심히 경청해주시는지 나도 모르게 자유로워져서 한참씩 떠들어대곤 했다. 그러고 나면 선생님은 나에게 종종 이렇게 말씀하셨다. "자네는 참으로 유식하고 박식하구만."

선생님께 배우기 시작한 후, 나는 한동안 선생님의 이전 저서와 논문들을 열심히 찾아 읽었다. 데리다와 베르그송, 마르셀에 대하여. 그리고 불교와 유학, 노장철학에 대한 선생님의 새로운 해석에 대하여. 아마도 선생님을 찾은 이유는 그 책들을 읽으면서 질문할 것이 있거나, 나누고 싶은 소감이 있어서였던 것 같은데, 그때마다 선생님께서 얼마나 진지하게 하나하나 호응하며 들어주셨던지. 하여간 나는 원 없이 시원하게 선생님과 이야기를 나누었던 것 같다. 당시 어떤 교수분이 나에게 했던 말이 생각난다. 정 선생은 선생님이 얼마나 크신 분인지 몰라서 그렇게 마음 놓고 이야기할 수 있는 것이라고. 자신은 선생님 앞에 가면 경외심에 주눅이 들어서 그렇게 시원하게 이야기하지 못한다고. 하긴 그렇다. 내가 이런저런 눈치를 보는 데 소질이 없고, 그런 눈치를 보아야 할 자리라면 아예 입을 닫아버리는 성향을 지니고 있긴 하지만……

어쨌든 이렇게 제자로 하여금 마음 놓고 자신의 생각을 피력하게 해주는 스승이 얼마나 될까. 또 스승 앞에서 구애 없이 이런저런 소회를 털어놓을 수 있는 제자는 또 얼마나 될까. 그런 면에서 나는 만나기 힘든 좋은 스승을 둔 행운아임에 틀림이 없다고 느꼈고, 그런 느낌은 이후 명실상부하게 나의 공부 과정에서 실현되었다.

배움 2: 새로운 세계를 만나다

당시 선생님 강의에서 나는 하이데거를 배우고 있었는데, 어느 날 강의를 듣다가 귀가 번쩍 뜨이는 대목을 만나게 되었다. '존재론적 무드'에 관한 것이었다. 일희일비하는 일상의 감정과 별도로 실존적으로 존재자 자체가 지니고 나온 일정한 분위기, 즉 삶에 대한 실존적 정서 같은 것을 지칭하는 것 같았는데, 그것이 왠지 나의 상태를 잘 이해하게 해주는 것 같았다. 별로 세속적인 부귀

영화에 관심이 없으면서도, 언제나 나의 내면은 공허와 결핍으로 시달리고 있었다. 무언가 '진리'에 해당하는 어떤 것을 찾지 않으면 안 된다는 그런 생각에 집요하게 매달리고 있었다. 게걸스럽게 다양한 책을 보고, 무언가 마음이 열리게 해주는 말을 들으면 불원천리 달려가 묻고 배웠다. 대체 왜 그런 것인지. 보통 사람들처럼 현실에 충실하게 살면서 의미를 찾지 못하고, 먼 곳만을 바라보고 있는 것일까. 당시의 나는 스스로 의문하고 있었다. 그런데 하이데거의 이 말을 선생님을 통해 배우며 납득했다. 선생님은 나아가 이를 유식 철학과 연결지어 설명해주셨다. 알라야식의 업이 존재자의 삶 속에서 현행되고, 그것이 다시 알라야식의 종자로 저장됨을. 아! 이것이 바로 나의 의시와 무관하게, 하이데거 말을 빌리면 내가 이 세상에 던져졌다는 의미로구나. 그야말로 타고난 것이로구나. 그러나 그것은 내가 이전 생에 지어 놓은 것을 받는 것이구나. 하늘에서 내려오는 것은 모두 땅에서 올라간 것이라 하더니, 이런 것을 불교에서는 업이라 하는구나. 새로운 정신세계가 열리는 것 같았다. 보다 넓고 길게 내 삶을 바라볼 수 있는 안목을 얻은 것 같았다.

그리고 또 하나. 존재가 존재자를 시간 속에 던져 놓는다는 것. '그것이 준다(Es gibt)'고 표현하고 있었다. 왜 하이데거가 자기 저서의 제목을 『존재와 시간』이라고 했는지 의문이었는데, 그야말로 선생님의 법문을 들으며 이해되었다. '그것'에 의해 존재자가 시간적으로 보내진 것이라는 것. 유식철학의 입장에서 보면 알라야식의 업력이 어떤 특정 시간대에 인연에 따라 존재자를 던져 놓았다는 것. 그런 의미에서 존재가 준다는 것은 곧 시간 속에 떨어진 현존재(dasein)로서의 존재자라는 것. 시간 속에서의 업의 전개가 바로 인연사라는 것. 결국 존재자의 삶이란 거대한 우주적 업력의 자기 전개 과정이라는 것. 내가 살고 내가 생각한다고 생각하지만 결국 '그것'의 현현이라는 것. 내가 그 '존재'로부터 멀어질 때 스스로 대상화된다는 것. 존재의 개현開顯이 곧 존재자의 삶이라는 것. 그러면서 하이데거는 존재자가 존재의 차원에서 검토되지 않으면 대상으로 전락하게 된다고 경고하고 있었다.

타자의 욕망을 욕망하는 삶이 아니라, 자기 존재를 직시하고 그 존재의 명에 따라 살아간다는 것. 이 가르침은 나에게 큰 의미로 다가오면서 무언가 마음이 석연해지고 있었다. 나는 얼마나 내 삶을 통제하려고 아등바등했던가. 최선을 다해 생각하고, 생각한 것을 의지적으로 실천하기 위해 얼마나 애써왔던가. 그런데 지나고 보니, 내가 산 것이 아니라 살아진 것 같은 느낌이 들었다. 그저 내 삶의 흐름을 담담히 관觀하고 비추며 겪어낼 뿐, 다른 길이 없지 않은가. 어떤 의미에서 나는 단순한 강의가 아니라 나를 발견하는 깨침의 법문을 듣고 있었다.

배움 3 : 선생님의 삶에서 배우다

선생님의 강의는 단지 공부하고 정리한 것을 전달하는 것이 아니었다. 당신의 삶 전체에서 구원을 찾고 현실에서 해법을 찾기 위해 고뇌하는 과정이 깊이 배인 사유의 산물을 전하고 계셨고, 나는 그것을 기갈 든 사람이 감로수를 받아 마시듯 그렇게 받아들였다. 그러면서 다소 의문이 들었다. 나는 20대부터 십 년 이상 한국사회의 민주화와 변혁 운동에 참여하고, 그 경험을 정리하느라 몸과 마음이 복잡해졌지만, 선생님은 어떤 계기로 삶에 대한 깊은 고뇌의 길에 접어드신 것일까, 하는 것이 그것이었다.

선생님이 나와 정치적으로 반대편의 입장에 계시다는 것은 여러 경로를 통해 알게 된 바 있지만, 선생님은 전혀 그런 내색을 하지 않으셨고, 그런 입장 차이를 나와의 대화에서 드러내신 적이 없었다. 그러던 어느 날 선생님을 댁으로 찾아뵈었을 때, 선생님이 이런 말씀을 하셨다. "자네는 날 좋아할 이유가 없는데, 어떤 면에서 보면 날 싫어해야 하는데, 어째서 좋아하는 것인가"라고 물으셨다. 그래서 나도 선생님께 되물었다. "선생님이야말로 저를 좋아하실 이유가 없습니다. 오히려 배척하실 수도 있었는데, 왜 좋아하십니까." 그러자 선생님이 답하셨다. "아니지, 난 이유가 있지. 난 공부 잘하는 학생을 좋아하거든!" 그래서 나도 답해드렸다. "저 역시 깊은 학문과 인격을 지닌 선생님을 좋아하거든요"라고. 그러면서 선생님의 젊은 시절 및 유학 시절의 경험과 귀국 후 한국 사회 현실에 대한 당신의 고민과 나름의 실천에 대해 길게 말씀해주셨다. 그러면서 덧붙이셨다. 우리는 그런 시대를 살았네. 너무나 힘들고 가난하고 앞이 보이지 않는 척박하고 답답한 시절을….

가슴이 뭉클하게 무언가 다가오는 말씀이셨다. 나는 선생님의 정치적 참여에 대해 이렇게 저렇게 판단할 자격을 갖고 있지 않다. 하이데거 말대로 존재가 시간 속에 존재자를 던져 놓은 것이라면, 존재는 선생님을 선생님 시대에 던져 놓았고, 나를 나의 시대에 던져 놓은 것이 아닐까. 그리하여 선생님은 선생님대로 옳다고 생각하신 바의 길을 가셨고, 나 역시 그랬던 것이 아닐까, 하는 생각이 들 뿐이다.

하여간 선생님의 말씀은 경청할 만했고, 어떤 지점에서는 공감되는 부분이 많았다. 그러면서 내가 선생님 시대에 태어났다면 어떻게 살았을까 하는 생각이 들었다. 알 수 없는 노릇이긴 하지만 어쨌든 내가 옳다고 생각하는 바에 따라 살았을 것이다. 누구나 그렇게 살지 않는가. 자신의 생각이 옳다고 여기고, 그 옳다고 여기는 바에 따라 살아가지 않던가. 설사 옳지 않은 점을 자각한다고 하더라도, 어쩔 수 없었다고 여기지 않던가.

우리는 서로 상대의 옳음에 대해 시비할 자격을 갖고 있지 않은 것 같다. 장자 말대로 시비의 절대적 기준이라는 것이 있던가. 이쪽에서 보면 이쪽이 이쪽이고 저쪽이 저쪽이지만, 저쪽에서 보면 저쪽이 이쪽이고 이쪽이 저쪽이지 않던가. 그래서 시是(이쪽)가 시是(옳음)이지 않은가. 그런데 하늘에도 입장이라는 것이 있을까. 오직 이쪽저쪽의 입장을 갖지 않는 것은 '하늘'뿐. 그래서 장자는 하늘의 입장에서 보는 '이명以明'을 권하지 않던가. 하늘의 입장에서 보면 각각이 각각의 입장에서 옳은 것이 아닐까.

나는 선생님의 말씀을 들으며 선생님의 사유가 가슴 깊은 곳에서 시작되고 성숙되고 완성된 것임을 더욱 절감하게 되었고, 더욱 그 생각을 존중하게 되었다.

배움 4 : 논문으로 정리하다

어느 날 선생님이 불쑥 나에게 말씀하셨다. "내가 곧 은퇴해야 하니, 자네 어서 논문을 준비하게." 느긋하게 늘어져 있다가 이 말씀을 듣고 화들짝 놀란 나는 이전에 정리해놓은 이런저런 자료를 꺼내어 논문 개요를 잡기 시작했다. 논문은 장자莊子에 관한 것인데, 이 역시 선생님이 권하신 것이었다. 어째서 권하시느냐 묻자 선생님은 이렇게 말씀하셨다. "장자가 가장 철학적이지 않은가. 내가 노자까지는 정리했는데, 장자는 다 못했으니, 자네가 해보게."

그렇게 해서 선생님께 배운 바와 불법에 귀의하면서 배운 바, 그리고 십수 년 동안 이리저리 공부하고 정리한 바에 따라 논문을 쓰기 시작했고, 초고가 완성되자 바로 선생님께 보여드렸다. 그러고 나서 일주일쯤 지난 후 선생님께 전화가 걸려 왔다. 논문을 모두 다 읽고 연락하신다고 하면서, 잘 썼노라고 칭찬해주셨다. 그리고 이 논문을 책으로 내 보는 것이 좋겠다고 말씀하시며, 더욱더 공부하여 장자 전문가가 되라고 격려해주셨다. 그리고 논문이 책으로 나올 때에 선생님은 추천사를 써주셨다. 나에 대해 '선생님의 마지막 제자'이며, '바력 있는 공부꾼'이라고 소개하시면서, 이 논문은 단순히 자료를 토대로 사실관계를 나열한 것이 아니라 논변이 들어 있는 논문이라고, 활발한 철학적 토론을 기대한다고 써주셨다. 그러면서 당신이 제자에게 자리를 만들어줘야 하는데, 은퇴해서 이제 뒷방 노인네가 되어 힘이 없으니 어쩌면 좋으냐는 말씀도 뵐 때마다 하셨다. 제가 별생각이 없습니다, 라고 아무리 말씀드려도 계속 한탄하셨고, "자네가 너무 아깝네"라는 말씀을 반복하셨다. 나에게는 그 말씀이 제자에 대한 사랑으로 느껴졌다.

그 이후

나는 종종 은퇴한 선생님을 뵈러 갔다. 병환으로 몸이 좋지 않으셨고, 또 은둔 생활에 가까운 생활을 하시는 성격이었으니, 더 자주 뵈러 갔어야 했다는 생각이 요즘엔 많이 든다. 어느 날 한 친구와 함께 선생님 댁에 갔다가 문이 잠겨 있어서 밖에서 한참을 기다리고 있는데, 저만치서 선생님이 구부정한 걸음새로 다가오셨다. 손에 무언가 달랑달랑 들고 오시기에, 그게 뭡니까, 하고 묻자. 허허허 웃으시며 말씀하셨다. 자네가 온다고 해서 떡을 좀 사서 오는 길이네. 다정하고 자상하신 선생님.

나만 그렇게 생각한 것인지 모르겠지만, 선생님과의 대화는 늘 즐겁고 풍성했다. 연구실에서 뵐 때와 달리, 늘 사모님이 즐거이 동석해 대화에 활기를 더해 주셨다. 나는 당시 공부하는 내용이나 읽은 문학 서적에 대한 평, 세상 돌아가는 이야기 등을 늘어놓았고, 선생님은 들어주시면서, "자네 말을 듣고 있으면 귓가에 새가 지저귀는 것 같다"라고 하시며 즐거워하셨다.

몇 년 전, 장자의 입장에서 제자백가를 고찰하는 책을 쓰면서 나는 새삼 내가 얼마나 선생님으로부터 많이 배웠는가를 절감했다. 그래서 바로 전화기를 들고 선생님께 그 말씀을 전했다. 선생님이 말씀하셨다. "자네가 그렇게 생각해준다니, 참으로 고마운 일일세." 겸손하신 선생님. 어떻게 그렇게 높은 학문적 성과를 거두시고도 조금도 거만한 마음이 없으실까.

나중에 선생님이 가벼운 알츠하이머를 앓고 계시다는 말을 듣게 되었다. 나는 믿을 수 없었다. 여러 차례 만나 뵐 때마다 전혀 알아차리지 못했기 때문이다. 사모님 말씀으로는 정도가 가벼울 때도 있고 심해질 때도 있다고 하셨는데, 아마도 내가 뵐 때는 가볍거나 증세가 나타나지 않았을 때였던 모양이다.

마지막으로 찾아뵙던 날, 나는 선생님께 말씀드렸다. "선생님은 제 인생 최대의 스승이십니다." 선생님은 그 말에 환하게 웃으시며, "자네 같은 천재에게 그런 말을 듣다니, 내가 참 영광일세." 참 선생님도. 천재는 무슨. 나는 픽 웃으며 답했지만, 돌이켜보면 그때 그 말씀을 드리지 않았다면 영 말씀드릴 기회가 없을 뻔 했다.

선생님을 만나지 못했다면, 나는 복잡했던 내 속을 어떻게 감당해낼 수 있었을까. 또 장자를 어떻게 나름의 시각에서 해석하여 써낼 수 있었을까. 나아가 하이데거 철학의 그 깊은 오의奧義를 무슨 수로 이해할 수 있었을까. 아마도 선생님과의 인연은 하늘이 나에게 주신 크나큰 선물이 아니었나 하는 생각이 든다. 연세가 높아질수록 더욱더 편안한 마음과 모습을 보여주신 선생님. 불법에 귀의하셔서 해탈한 듯한 모습을 하셨던 선생님.

선생님의 영전에 감사와 존경과 사랑의 마음을 바칩니다.

2018년 11월 8일

제자 정용선鄭容先

다시 쓰는 서문

이 책은 나에게 갖는 의미로 볼 때 사실상 첫 책이다. 그렇게 의미가 큰 이 책이 10년도 지난 지금 새로운 옷을 입고 깔끔해진 모습으로 되살아난다니, 그 감회가 자못 새롭다. 그러면서 생각해본다. 그 이전에 출간한 책이 있음에도, 나는 왜 이 책을 나의 첫 책이라고 생각하는 것일까.

『유마경維摩經』에서 유마 거사는 번뇌를 미워하지 말라고 하면서 이런 말을 한다.

일체 번뇌는 여래 종자이다(一切煩惱 爲如來種).

얼마나 동감되고 위로되는 말이던가. 어릴 때는 어려서 몰랐고, 대학에 들어가서는 모두 나와 같은 줄 알았다가, 살아가면서 내가 주위 친구들에 비해 유독 생각이 많고 심연에 잠겨 번뇌하는 시간이 많다는 것을 알게 되었다. 한때는 그런 나 자신이 싫어서, 자신을 미워하고 세상을 지겨워했던 시간이 매우 길었다. 그런데 세월이 지나 돌이켜 보니, 그런 번뇌의 시간이 나를 공부하는 길로 이끌었음을 알게 되었다. 오랜 시간 공부를 하면서 장자에 이르게 되었고, 장자와 오랜 시간 함께하면서 나 자신을, 나아가 자신과 세계와의 관계를 깊이 들여다보게 되었고, 그 결과 세상을 보는 새로운 눈을 얻은 것 같기도 하다.

그런 면에서 장자는 나에게 큰 스승이고 이 책은 그 스승의 철학에 관한 연서이니, 이 책이 나에게 갖는 의미가 심장하지 않을 수 없다. 이 논문을 마치고 나서, 나는 마음속에서 무언가가 시원하게 씻겨 내려간 것 같은 느낌을 받았었다. 그 이전에 문제가 되었던 것이 해결되거나 달라지지도 않았음에도 그 문제가 나에게 더 이상 문제가 되지 않음을 보았다. 세상에 대한 집착이 조금 줄어드는 것이 느껴졌고, 사람이나 사태를 그 전보다 평등하게 보는 눈을 얻은 것 같았다. 마음이 좀 편편해졌다고 할까.

그러면서 장자를 공부한 인연으로, 장자와 유사한 철학을 전개하는 선불교를 만나게 되었다. 마음이 곧 부처(心即是佛)이고, 중생이 곧 부처(衆生卽佛)이며, 두두물물頭頭物物 산하대지에 부처 아닌 것이 없다는 조사祖師들의 말을 들으며 무언가 머릿속에 반짝 불이 켜지는 느낌이 들었다. 하지만 곧 정신이 아득해지면서, '그런데 왜 나의 눈엔 그 부처들이 보이지 않는 것일까?' 하는 의문에 깊이 빠져들었다.

그런 이유로, 이후 선불교의 여러 조사 어록, 여러 경전, 나아가 불교 논서들을 보는 불전佛典 대장정大長征을 하면서, 마음속의 불안과 두려움이 현저히 가시며 가끔 환희심을 느끼는 어떤 체험을 하고 있음을 보았다. 매사에 감사한 것이 많고 이쁜 것들이 많이 보이는 것을 느꼈다. 여태까지 공부해온 깃, 심지어 한문 공부를 한 것도 불전을 읽기 위한 밑공부가 아니었을까 하는 생각이 들 정도로 불법에 깊은 인연이 느껴졌다.

하여간 장자는 학위 논문 이후 내가 해야 할 공부의 방향을 자연스럽게 알려주고 더 풍부하고 깊숙하게 세상과 인간에 대해 이해할 수 있는 길을 열어준 것 같다. 그러니 장자에 대한 첫 연구서인 이 책이 나에게 의미가 깊지 않을 수 있겠는가.

『화엄경』「입법계품」에서 선재 동자가 만난 51번째 선지식(善知識) 미륵(彌勒)이 이런 말을 한다.

일체 선우를 받들어 섬기라(承事一切善友).

선우(善友), 즉 좋은 벗이 누구이겠는가. 바로 스승(선지식)이고, 함께 공부하는 벗들(도반)이 아니겠는가. 내가 공부하면서 스승을 만나고 도반을 만난 것처럼 독자들도 이 책을 보면서 장자를 큰 스승으로 만나고, 나아가 붓다를 만나고, 함께 고뇌하고 탐구하는 도반들을 만날 수 있기를 빈다. 그리고 그렇게 된다면 나도 따라 멀리서 기뻐할 것 같다.

그리고 어려운 출판 시장에 계속 남아, 잘 읽히지도 팔리지도 않을 이 책을 새 옷 입혀 내주시는 박유상 사장님의 책 사랑에 깊은 경의를 표하며, 오랜 인연에 감사의 마음을 전한다.

2019년 12월

희목喜目 정용선

추천사

　정용선 박사는 2006년 3월 나에게 박사학위를 받은, 즉 공식적으로 등록된 마지막 제자이다. 박사학위 논문은 「장자의 해체적 사유」라는 제목으로 쓰였는데, 이 책은 그녀의 박사학위 논문을 바탕으로 출판된 것으로 알고 있다. 나는 그녀가 논문을 심사받고 학위를 받을 당시에, 가능하다면 이 논문을 세상에 널리 알리기 위하여 책으로 출판하는 것이 좋겠다고 권한 바 있었다. 그 말을 한 후로 몇 년이 흘렀다. 나는 이미 은퇴한 명예교수로 한가한 여유 속에서 청탁받은 원고를 쓰면서 사색하며 지내고 있다. 그 대부분의 시간은 나라와 자신의 몸에 대한 걱정, 그리고 사랑하는 손자의 생각으로 보내고 있다.

　정 박사는 내 밑에서 길러진 제자들 가운데 가장 박력 있는 공부꾼이다. 그리고 실제로 다방면에 걸쳐 유식하고 박식한, 철학적 사유의 좋은 흔적들이 많이 새겨진 그런 인재들 가운데 한 명이다. 가급적이면 좋은 인재들이 세상에 알려져 세상에 좋은 영향을 많이 줄 수 있도록 도와주는 것이 지도교수의 할 일이 아닌가. 그런 이유에서 이 발문을 쓰는 바이다.

　이 논문은 『장자』의 〈내편〉을 중심으로 연구한 것이지만, 과거의 일반적 장자에 관한 연구처럼 평면적으로 장자를 소개한 그런 연구서가 아니다. 동양철학은 그동안 평면적인 소개나 설명으로 일관한 글이 많은 것이 사실이다. 그러나 내가 지도했다고 해서 하는 이야기가 아니라, 이 논문은 평면적인 글이 되기를 거부하고 입체적인 조감도를 형성하여 장자적 사유의 질량화를 기도한 작업이라고 할 수 있다. 이미 정 박사의 인품 자체가 평범한 글을 거부하려는 마음가짐으로 일관해 있었기에 가능한 일이었다고 하겠다. 그래서 이차원의 각도에서 보는 것이 아니라, 삼차원의 입체적 각도에서 장자를 분석하고 해석한 점이 이 논문의 특징이라고 볼 수 있다.

　평범한 소개나 설명을 위한 논문에서는 찬반의 해석은 가능하지가 않다. 오직 누락의 여부만이 문제가 될 수 있다. 하지만 이 논문처럼 평론형의 논문일 경우에는 찬반의 입장 차이에 근거한 활발한 논쟁이 나올 수 있다. 아무쪼록 이 책이 그런 평론의 재미를 느끼고 싶은 분들에게 하나의 살아 있는 사색의 장이 되길 바라는 바이다. 평론과 해석이 부족한 한국의 철학계에 이 저술이 하나의 살아 있는 자극제가 되었으면 하는 바람을 나는 갖고 있다. 그래야만 인문학이 사회 내에서 하나의 문화로서 길이 숨 쉬는 분위기를 형성할 수 있기 때문이다. 문화는 점조직 같은 것들의 집합이 아니라, 모든 점을 무형으로 엮어내는 하나의 정신적 '분위기'로 존재한다. 정 박사의 이 글은 장자의 생각을 점조직으로 찍은 것이 아니라, 그것들을 바탕으로 하여 어떤 분위기를 엮고 짜내는 노력의 산물로 평가할 수 있으며, 사회적으로도 그렇게 평가되었으면 좋겠다. 정 박사의 이 저술이 살아 있는 생물로서 생기가 만발하기를 바라면서 서문을 대신하고자 한다.

2009년 6월에
김형효

들어가는 말

나는 편안한가, 편안하지 않은가, 편안하기도 하고 편안하지 않기도 한가, 편안하지 않다면 왜 그런가, 내 마음의 문제인가, 세상의 문제인가. 나는 제대로 살고 있는가, 문득문득 나를 압도하는 허무와 불안과 무의미는 어디서 오는 것인가…….

이 문제는 나로 하여금 상대적으로 늦은 나이에 학문의 길에 들어서게 만들었고, 공부하는 내내 뇌리에서 떠나지 않는 굵직한 화두로 남아 있었다. 애초부터 나에게 학문이란 무슨 거창한 학문적 열정이나 세상에 대한 기여의 의지에서 비롯된 것이 아니라, 철저히 자신의 개인적 고민을 해결하기 위한 것이었고, 나아가 자기 구원을 위한 것이었다. 자신의 문제에 갇혀 온갖 파도와 소용돌이 속에서 허우적거리다가 스스로 내린 결론적 방법은 나보다 더 성숙하고 깊이 있는 생각을 했던 사람들의 사유를 따라가 보는 것, 즉 공부를 시작하는 것이었다. 이전에 만났던 마르크스와 레닌을 검토했고, 뒤늦게 주희를 배웠다. 퇴계와 율곡과 화담을 만나고, 여러 서양철학자들을 접견했으며, 노자를 만나고 붓다를 만났다. 그러다가 마침내 장자와의 진지한 만남을 갖게 되었다.

장자는 어려웠지만 무언가 생각하게 만드는(thought-provoking) 이야기들을 펼쳐내고 있었다. 무언가 비상식적 이야기를 하고 있지만 유쾌했고, 내가 아는 언어를 사용하고 있었지만 그것은 내가 아는 언어가 아니었다. 말이 안

되는 비정상적 이야기들은 한편으로 나를 지치게 했지만, 동시에 다시 꺼내어 파고들게 만들었다. 그러면서 장자와의 소통이 시작되었다. 무질서해 보이는 이야기들이 구조를 갖고 드러나기 시작했고, 일견 무관해 보이는 다채로운 표현들이 하나로 수렴되는 지점이 보이기 시작했다.

　장자는 길을 제시한다. 삶이 온전해지는 길, 편안하고 자유로운 삶의 길, 진정한 소통의 길을. 장자는 이렇게 말한다. 세계는 우리가 인정하든 않든 이미 연결되어 움직이는 거대한 하나의 그물망이다. 그 그물망에서 하나의 그물코에 불과한 인간 존재가 그물과 소통하지 못한 채 별개의 독립된 그물코이고자 하면서 인간의 고통은 시작된다고. 따라서 진정한 소통과 연대가 필요하고, 진정한 소통을 원한다면 우선 '다름'을 인정하고, 그 '다름'이 '다름'인 채로 평등하다는 사실을 알아야 한다고, 큰 놈은 큰 대로, 작은 놈은 작은 대로, 그 자체로 평등한 것이라고. 이 과정에서 버려야 할 것은 당연한 것으로 알아 왔던 언어상식과 고착된 관념을 해체하고, 대상을 차별하지 않고 그대로 비추는 거울 같은 마음을 갖는 것이며, 거울 같은 마음은 곧 마음을 비우는 허심虛心에서 가능한 것이라고.

　장자의 생각을 따라가다 보니, 어느덧 내 마음의 굴곡이 편편해지는 것을 깨닫게 되었다. 그간에 문제 삼아 왔던 여러 가지 문제들이 해결되지 않았음에도 불구하고 더 이상 나에게 문제 되지 않음을 알게 되었다. 그리하여 문제 자체가 문제인 것이 아니라 문제 삼고 있는 내 마음이 문제임을 알게 되었다. 더 너그러워지고, 원만해지고, 생각이 유연해지는 것을 느끼게 되었다. 조금은 더 편안해진 것 같았다. 공부의 공능이 느껴지는 순간이었다.

논문을 쓰는 과정은 쉽지 않았지만, 결코 고역은 아니었다. 즐거운 마음으로 장자와 소통하며 썼기 때문인 듯한데, 어떤 부분에서는 장자와 의기투합하여 신명 나게 나가다가 정신 차리고 삭제한 부분도 많이 있었다. 부끄러운 논문이지만 장자가 나에게 주었던 이런 즐거움을 독자들도 같이 느낄 수 있었으면 좋겠다.

이 작업을 끝낼 수 있었던 것은 전적으로 지도를 맡아주신 김형효 교수님의 가르침 덕분이다. 그분이 아니었다면, 하이데거와 데리다의 철학을 겉만 핥고 있었을 뿐 제대로 이해할 수 없었을 것이고, 세상을 입체적으로 바라볼 수도 없었을 것이다. 또 오랜 시간 장자를 함께 읽어주시며 번득이는 촌철의 비평을 날려주신 최진덕 선생님께 감사드리지 않을 수 없다. 그리고 언제나 안 보이는 듯 뒤에서 격려하며 힘이 되어주신 이종철 선생님께 깊은 감사를 드린다.

2009년 6월
정용선

차례

서론

1. 장자의 사유를 이해하기 위한 몇 가지 제언

이 책은 장자莊子의 철학을 '형이상학적인 실체론적 사유의 해체를 통한 마음의 실용'이라는 시각에서 분석하기 위한 시도이다. 이 논문에서는 장자의 사유를 〈부정의 소극적 사유〉 혹은 〈현실 도피적인 초월적 사유〉가 아닌 〈부정의 부정을 통한 세계 긍정의 활달하고 적극적인 사유〉로 통찰하고자 한다.

우리가 장자에 접근하기 어려운 이유 가운데 하나는 장자가 펼쳐 보이는 독특한 언어 구사에 있다. 마르셀 그라네(Marcel Granet)는 "장자는 신비적(mystical)이기보다는 지적(intellectual)이다"라고 말하고 있는데, 이것은 정확하고 설득력 있는 지적이다.[1] 장자는 제자백가의 어느 유파보다도 사변적으로 보일 만큼 복잡하고 철저하게 지적인 논추論追를 전개한다. 우리가 『장자莊子』를 쉽게 독파하지 못하는 것은 그것이 신비적인 초월적 세계를 논하기 때문이 아니라 우리의 사유를 계속해서 자극하며 반성하고 검토할 것을 요구하기 때문인데, 그것은 장자가 사용하는 언어와 관계가 있다.

---

[1] Granet, *La Pensée*, 571쪽. *What is Taoism*, Herrlee G. Creel, University of Chicago press. Chicago and London, p.15에서 재인용. 마르셀 그라네(Marcel Granet, 1884-1940)는 프랑스의 중국 학자로 프랑스 고등사범학교에서 역사와 철학, 법 등을 공부하고, 에밀 뒤르켐에게서 사회학을, 에두아르 샤반느에게서 중국학을 배웠다. 샤반느의 뒤를 이어 국립고등사범학교에서 '극동종교연구학부' 학과장이 되어 '극동의 종교'를 강의했다. 고대 중국의 사회와 종교 등에 관해 연구하고 강의했으며 소르본에서 일반 학생을 대상으로 중국 문명사를 강의했다. 주요 저서로는 『중국인의 종교』, 『중국 고대의 춤과 전설』, 『중국의 사상』, 『중국의 혼인범주와 친족관계』 등과 고대 중국의 문화와 사회에 관한 연구서, 논문이 다수 있다.

장자가 사용하는 언어는 일의적인 의미를 고정해 개념화하는 기존의 언어 규칙을 벗어난 이른바 〈비통상 담론abnormal discourse〉에 속하는 언어 행위인데, 여기에는 언어의 고정성을 해체하려는 장자의 의도가 담겨 있다. 그런 까닭에 『장자』에는 좀처럼 동어반복을 허용하지 않는 다양한 어휘군이 체계를 이루며 사용된다.

예컨대, 장자의 도道는 존재의 과정, 존재(세계)의 실상, 자연 등을 의미하는 개념이다. 장자에 따르면, 세계란 무한 관계 속에서 무한 변화하는 연속적인 그물망이며, 인간은 그 그물망의 코로 연속되어 있는데, 이 변화하는 연속적인 그물망 자체를 도道라고 지칭한다. 그런데 장자는 이 개념조차도 개념적 고정화의 위험을 피하고자, 강조점에 따라 다양한 범주의 어휘로 다채롭게 표현한다.

가령, 존재의 다양성을 강조할 때는 천뢰天籟, 존재의 연속성과 관계성을 강조할 때는 도추道樞와 만연曼衍, 비실체성을 강조할 때는 대괴大塊, 조화를 강조할 때는 천균天鈞 혹은 천예天倪, 얽혀 있는 거래 관계의 실상을 강조할 때는 영녕攖寧, 원초적인 구별 없음의 평화를 강조할 때는 혼돈渾沌, 변화를 강조할 때에는 물화物化, 무한한 창조적 가능성을 강조할 때는 천부天府(보광葆光), 인간의 의지가 개입될 수 없는 한계를 논할 때는 명命 등이 그것인데, 이 어휘들은 마치 별개의 의미를 가진 것처럼 보일 수 있기 때문에 독자의 입장에서는 일관성 있는 이해를 어렵게 만드는 요인이 된다.

또 『장자』는 많은 우언寓言으로 이루어져 있다. 우언의 '우寓'는 의탁한다는 뜻으로, 우언이란 전달하고자 하는 뜻을 직접 표현하지 않고 사람이나 사물 등에 의탁하는 방법으로 비유나 상징 등을 사용하여 은연중 자신의 메시지를 알아차리도록 하는 수사修辭이다. 『장자』에 나타난 우화들은 대부분 가공架空적인 것들인데, 이 가운데는 인물 그 자체를 가공하여 만든 것도 있고, 실제 인물에 가탁하여 이야기를 가공한 것도 있다. 그렇기 때문에 만일 장자의 우화를 액면 그대로 해석하여 황당무계한 것으로 돌려버릴 경우 그것이 시사示唆하는 본뜻을 파악하기 어렵다. 게다가 곡해하여 무용無用한 것으로 돌려버릴 때 장자의 진의를 결딴내 버릴 우려가 있다. 그 결과로 남는 것은 독자의 손해뿐이다. 얻을 수 있는 것을 얻지 못하는 결과를 가져온다.

철학사에서 장자가 구사하는 언어적 수사를 액면 그대로 해석하여 무용한 〈부정의 소극적 사유〉로 보는 대표적인 학자는 순자荀子이다. 순자는 그의 저서 『순자』「해폐解蔽」 편에서 장자에 대해 '하늘에 가려 인간을 알지 못했다(莊子蔽於天而不知人)'고 비판한다.

그리고 현대에 순자와 같은 입장에서 장자를 비현실적이고 무용한 철학 사상을 편 것으로 보는 입장을 가진 학자 가운데 하나가 류사오간劉笑敢이다. 그는 이렇게 말한다.

> 장자 철학은 모순으로 가득 차 있는데, 장자 철학의 사회적 영향과 역사적 위치도 상당히 복잡해서 일률적으로 논할 수 없다. 총괄적으로 보면 장자 철학은 소극적이고 비관적인 안명무위安命無爲를 고취시키고 사회 이탈과 현실 도피를 주장하고 또 모순을 없애버리고 투쟁을 회피하며 인식의 가능성과 신뢰성을 부인하는데, 이런 것들은 모두 민족의 발전이나 사회의 진보에 이롭지 않은 것이다.[2]

여기까지의 이야기는 장자 철학이 사회적으로 이롭지 않다는 것인데, 류사오간은 한 발 더 나아가 사회적으로 유해하다고 평가한다. 계속 들어보자.

> 장자 철학은… 인심人心을 산만하게 하고 투지를 없애버리는 마취제이다. … 장자의 소요유逍遙遊는 민족적 책임감이라고는 조금도 없고, 이기적이고 나태하다. … 장자 철학은 소극적이고 해로운 것이어서 제창할 만한 것이 되지 못한다.[3]

---

[2] 『장자철학』, 류사오간劉笑敢, 최진석 역, 소나무, 282쪽.

[3] 류사오간, 같은 책, 283쪽.

순자와 류사오간의 이런 평가는 경제적 실용성과 사회적 효용성이 있는 것만이 현실적으로 유용하다고 보는 시각에 기초할 때 필연적으로 마주하게 되는 평가이다. 그러나 오히려 장자는 인간 세상을 편리함과 도덕적 효용성이라는 기준으로 획일화하여 그 기준에 맞지 않는 것을 모조리 가치 없는 것으로 여기는 도구적·기능적 사고의 위험을 제시하며 그것의 해체를 권하고 있다. 그런 면에서 순자와 류사오간은 장자의 언어적 수사 속에 담겨 있는 진의를 거의 무시했다고 볼 수 있다.

그리고 또 이런 평가는 장자가 다양한 형식과 언어적 수사를 통해 자신의 담론을 전개한 탁월한 스타일리스트라는 점을 간과하고 있음을 보여주는 것이다. 장자는 류사오간과 같은 어떤 사회 실용적인 목적이나 의도하에 자신의 주장을 펴거나, 옛 성인聖人의 행적을 전범典範으로 재구再構하여 그것을 전하는 데 관심을 두지 않았다. 오히려 듣는 자의 처지나 지적 수준, 그리고 상황을 고려하여 대화하는 마음으로 자신의 사유를 전하려고 한다.

류사오간에 비해 다소 장자의 사유를 긍정적으로 평가하는 학자로 진고응陳鼓應이 있다. 그는 장자가 십여만 마디나 되는 책을 저술한 것 자체가 이미 사회와 인생에 대하여 깊은 관심을 두고 있었음을 보여주는 것이며, 사회에 대한 장자의 심오한 비판 역시 사회 집단에 대한 상당한 관심을 표현한 것으로 본다.4) 그러면서 그 의미를 이렇게 말한다.

> 『장자』라는 책이 사람들에게 준 중대한 수확 가운데 하나는 자아 중심을 타파하는 것이다. 즉 사람들로 하여금 언제나 한 자리에만 머무르거나 자아에 국한되어 있는 좁은 마음으로부터 탈출해 오도록 하였다. …『장자』라는 한 권의 책은 확실히 사람들의 사상적인 시야를 넓혀 주고 사람들의 사유(심령心靈) 공간을 열어주며, 사람들의 사상적인 인식이나 정신적인 내용으로 하여금 하나의 새로운 경지에

---

4) 「關于莊子硏究的幾個觀點」, 『老莊哲學論集』, 陳鼓應, 齊魯書社, 1987, 133~136쪽.

도달하게 한다.[5]

　진고응의 이런 평가는 장자가 우리의 사유를 자극하고 그 범위를 넓혀 주었다는 점을 인정한다는 점에서 이 책의 맥락에 근접해 있다. 장자는 형이상학적이고 실체론적 사유를 해체하기 위해 다차원의 사유를 무한히 전개한다. 시점을 바꾸고 차원을 달리하는 사유, 굳어버린 머리를 유연하게 하는 사유, 상식을 뒤집는 유쾌한 사유, 세상에 대해 관조하고 달관할 수 있는 사유, 그런 측면에서 유익하고 실용적이라고 할 수 있는 사유가 『장자』에서 펼쳐진다.
　이택후李澤厚는 더 나아가 장자의 사유가 적극적인 현실성을 갖는 사유라본다. 그는 사마천이 노장老莊을 법가와 함께 논한 것에 대하여, 그들의 철학이 모두 사회, 정치 철학이기 때문에 같은 곳에서 논의되었다고 밝힌다. 노장이 현실 도피적이고 역사적으로 무책임하다는 견해와는 상반되는 견해이다. 또 사마천이 『장자』 가운데서도 「어부漁夫」·「도척盜跖」·「거협胠篋」 편의 예를 든 것에 대해서도, 이택후는 장자 사상 속에 사회 정치에 관해 격분하고 있는 내용이 많다는 점에 주목한다.[6]
　곽상郭象의 『장자』 주注에 다시 소疏를 가한 성현영成玄英은 장자의 저술 동기를 "전국 초기 주나라가 거의 무너질 무렵 그는 백성의 삶이 도탄에 빠지는 것을 탄식하고 도덕이 땅에 떨어진 것을 슬퍼하였기" 때문이라고 본다.[7] 이런 입장에서 본다면 장자가 현실 도피적이고 역사적으로 무책임하다는 일방적인 평가는 잠시 보류할 필요가 있다.
　박이문朴異汶은 노장이 우리 삶의 근본적 지침을 주는 사상이라 보고, 그런 점에서 하나의 종교라고 한다. 그는 말한다.

---

5) 『노장신론』, 진고응陳鼓應, 최진석 역, 소나무, 2001, 410쪽.

6) 『中國古代思想史論』, 李澤厚, 人民出版社, 177쪽 참조.

7) 『莊子集釋』, 莊子序, 6, 성현영. 當戰國之初, 降衰周之末, 歎蒼生之業薄, 傷道德之陵夷, 乃慷慨發憤, 爰著斯論, 其言大而博, 其旨深而遠, 非下士之所聞, 豈淺識之能究.

노장이 어떤 특수한 교리를 제시하지 않지만 그들의 사상 핵심, 그들의 가장 근본적인 문제는 인간에게 그들 나름대로의 살아갈 근본적 태도를 제시하는 데 있다. 노장은 우리에게 우리의 근본적인 문제에 대해서 근본적인 해결책을 제시하고자 한다. 그들은 우리가 근본적인 입장에서 어떻게 살아가야 하는가를 보이고자 한다. 이런 의미에서 노장 사상을 하나의 종교로 볼 수 있다.[8]

노장철학을 종교로 보느냐 아니냐 하는 것은 이 작업에서 중심 문제가 아니다. 다만 박이문이 노장을 인간의 근본 문제에 대해 근본적인 해결책을 실천적인 관점에서 제시하고 있다고 보는 데 주목한다. 이런 견해는 이 책이 찾고자 하는 장자의 실용적인 면모에 다소 다가가 있다. 박이문이 종교적이라고 평한 것은, 장자의 철학이 이데올로기 부분을 제외하고 종교가 줄 수 있는 온갖 형태의 정신적 평화와 안정을 줄 수 있다고 보았다는 의미이리라.

장자가 현실의 인간 역사를 보면서 그 문제를 깊이 고민하였음은 틀림없다. 그러나 그 문제의 해결은 인간 역사 안에서의 원리에 따른 실천의 문제로 본 것이 아니라, 다른 차원에서 문제 해결을 도모한 것으로 보인다. 〈문제의 해소〉를 통한 문제의 해결, 그런 점에서 장자 철학은 사회사상으로 자리하기에는 적합하지 않다. 장자가 다루고 있는 문제는 사회적인 구체적인 문제들이 아니라 그 문제를 바라보고 대처하는 우리의 사유를 문제 삼고 있기 때문이다.

예킨대, 장자가 "물物에는 이것 아닌 것이 없고, 저것 아닌 것이 없다"고 말한 것을, 조민환은 사물이 상호 대립하는 형식으로 존재함을 의미한다고 해석하지만[9] 오히려 장자가 중요하게 보는 것은 사물 자체의 대립적인 자기 정립이 아니라 사물을 대립적으로 바라보고 인식하는 우리의 시각이다. 이른바 피차彼此·시비是非·선악善惡 등의 판단은 우리의 판단이나 주관적인 의식에 의해 형성

---

8) 『노장사상』, 박이문, 문학과 지성사, 2005, 98쪽.
9) 『유학자들이 보는 노장철학』, 조민환, 예문서원, 1996, 82쪽.

된 것이지 그 자체가 실체로서 대립적으로 존재하는 것이 아니라는 것이다.

서복관徐復觀의 말처럼, 장자의 중심 문제는 연관되어 세상을 만들어 나가는 우리의 마음이다.[10] 그리고 마음과 세계의 연관을 매개하는 것은 언어이다. 언어를 통해 세계는 우리의 마음에 들어오고, 우리의 마음은 언어를 통하여 세계를 드러낸다. 다시 말해, 우리는 언어를 통해 세계를 이해하고, 또 만들어 나간다. 언어는 우리에게 세계 이해에 필수적이면서 동시에 제약적이다. 장자가 언어 문제에 그토록 천착한 이유가 바로 여기에 있다.

장자에게서 마음, 즉 〈심心〉은 한 가지 의미로 귀결되지 않는다. 심지어 장자는 심의 구조를 분석하지 않는다. 그는 심의 작용을 중심으로 심을 논한다. 심 역시 장자에게서는 실체가 아니기 때문이다. 심은 세상과 연관되어 자신을 현현한다. 따라서 심이 어떤 것을 지칭하는 개념이며, 무엇을 의미하는가를 일의적으로 규정하려는 시도는 장자의 뜻에 배치된다.

그럼에도 불구하고 장자의 담론은 마음의 영역에서 이루어진다. 그러나 장자는 심에 절대성을 부여하거나 스승 삼아야 하는 어떤 것으로 보지 않는다. 오히려 장자가 이해하는 심이란, 그 심이 비추고 있는 세계의 모습을 통해 그 심을 역으로 읽어나가면서 그 심의 변화를 도모한다. 심의 변화는 필연적으로 세계의 모습의 변화로 다가온다. 물리적인 세계의 변화가 아니라 심에 반영되어 읽히는 세계의 변화이다. 장자의 입장에 따르면, '마음 안에 만 가지 이치가 갖추어져 있다는 것'은 마음이라는 실체 속에 불변의 보편자가 있다는 의미로 해석되지 않는다. 장자에 따르면 마음과 세계는 연관되어 움직인다. 그런데 연관된 마음과 세계를 분리하고 대상화하면서 실체 아닌 것을 실체로 간주하는 비극적인 망상妄想이 시작된다고 장자는 본다. 장자가 조롱하고 비웃고 뒤집

---

[10] 서복관은 말한다. "장자는 실제로 심心에 입각점을 두었으며, 완전하게 지知를 반대하지 않았다. 따라서 세상 사람들이 막연하게 反知 두 글자로 장자를 설명하기 좋아하는 태도는 장자의 본 의도를 잃은 것이다." 『중국인성론사』, 서복관徐復觀, 유일환 역, 을유문화사, 1995. 142쪽.

고자 하는 것은 세계가 아니라 우리의 마음에 비친 세계의 모습이다. 결국 자기의 마음을 들여다보라는 것이고, 철저하게 반성적으로 사유하라는 것이다.

장자는 개별자의 시각에서 세계의 실상과 본성은 무엇이며, 또 어떻게 해야 우리가 허구적인 것들에 지배되지 않고, 본래부터 스스로 각각이면서 차별되지 않는 관계를 회복할 수 있는가를 고민했다. 이 책에서는 장자가 이를 위하여 우리의 허구적인 인식체계를 어떻게 해체하고, 그리하여 참된 제일齊一의 평등을 어떻게 이룩할 것인가에 관해 논한 것을 보게 될 것이다. 그리고 그의 철학이 현실 도피적이며 역사적으로 무책임한 허무주의 혹은 상대주의라는 편협한 이해를 불식하고자 노력할 것이며, 더 나아가 그의 철학이 소유적 시각과는 다른 차원에서의 실용성을 지니고 있음을 볼 것이다.

편의상 여러 가지 개념과 범주를 사용하여 장자의 사유를 조명하고자 했지만, 여기서 사용하는 개념이나 범주 역시 고정된 것이 아니다. 예컨대, 해체·실용·실체·허구 등의 개념은 장자가 사용한 바가 없는 것들이다. 다만 장자가 사용한 다종다양한 여러 어휘의 계통을 잡고 체계화하면서 그의 사유를 다각적으로 조명하기 위해 사용된 개념이라는 점을 밝힐 필요가 있다. 실제로 장자가 그런 개념에 가까운 어떤 입장을 갖고 있었는지는 추측만 가능할 뿐 확정할 수 없기 때문이다. 엄밀히 말해서 이 작업은 '장자 사유에 대한 조명'을 통해 논자의 입장을 펼치는 것이라고 보는 편이 더 합리적일 것이다.

2. 장자의 자연(天)과 인간(人): 맹자·순자의 천인과 비교하여

우리는 어떤 문제에 봉착하면 문제를 해결하기 위해 문제의 원인을 찾고자 한다. 그래서 발본색원함으로써 그런 어려움이 닥치지 않도록 한다. 이것이 장자莊子가 본 세상의 우리(衆人)가 취하는 일반적이고 또 유일한 문제 해결 방법이다.

만일 어떤 문제의 원인이 오로지 하나라면, 그 원인을 찾아서 문제를 해결한다면 거기서 끝날 것이다. 그러나 장자에 따르면 문제의 원인을 찾는 것에서부터 우리는 문제에 봉착한다. 어떤 결과를 초래한 원인이, 단 하나의 계기 혹은 단 하나의 원인이 아니기 때문이다. 제 일 원인을 찾을 수 없다.

장자는 우리가 안고 있는 문제에 대해 해답을 주는 것이 아니라 우리의 문제가 본래 문제가 아니었다는 사실을 일깨우기 위해 〈문제 삼는 태도〉를 〈문제 삼으면서〉 그 문제가 문제되지 않음을 밝힘으로써 문제를 해소하려 한다.

우리에게 세상이 문제가 되는 이유, 즉 우리가 세상을 문제 삼는 이유는 장자에 따르면 우리의 사고가 철저히 이분법적인 사고의 틀에 갇혀 있기 때문이다. 그리하여 문제는 언제나 참과 거짓, 옳고 그름, 선과 악, 삶과 죽음, 보편적인 것과 보편적이지 않은 것 등 서로 다른 두 가지로 나누어, 그 각각을 실체로보고, 한쪽을 취하고 다른 한쪽을 버리려는 택일적인 사고에서 시작된다. 한쪽을 취하는 것은 필연적으로 다른 한쪽을 배제하게 되기 때문이다.

장자에 따르면, 우리가 고통받는 문제에서 벗어나려 할수록 그 문제에 의해 받는 고통은 더욱 커진다. 일차적으로 현재의 문제에서 받는 고통에, 그 고통에서 벗어나려고 하는 고통까지 겹치게 되면서 고통은 중첩되고 해결의 가능성은 더욱 줄어들게 된다. 의도를 갖는다는 것은 그 의도가 관철되지 않는 한, 결코 그 의도한 문제에서 벗어나지 못하게 되며, 그 고통에서도 벗어나지 못한다. 장자가 제안하는 고통에서 벗어나는 길은 바로 〈문제를 해소〉하는 것이고, 그것은 허심虛心에서 가능하다.

허심이란 곧 무無로 돌아가는 것이다. 모든 수에 '0'을 곱하면 '0'이 된다. 이 말을 바꾸면 모든 수는 '0'의 인수가 되고, '0'은 모든 수의 배수가 된다. 따라서 '0'은 모든 수를 포괄하는 바탕이 된다. 결국 '0'이란 하이데거의 개념을 빌리면 탈근거의 근거요,[11] 곽상의 표현을 빌리면 '근거하는 바가 근거하지 않은 것(夫所以依者 不依也)'[12]인 무이다. 이것은 세계가 본래 구분 없는, 혹은 구분할 수 없는 하나의 연속적 장場임을 드러내 주는 것이다. 그러나 모든 수에 '0'을 곱하여 '0'으로 돌아가 버려 그 고요 속에만 머문다면 그야말로 이 세계를 허물고 인간 역사를 무시해 버리는 어리석음을 범하기가 십상이다. 장자가 제안하는 것은 '0'이 모든 가능성과 모든 생명의 출원지임을 아는 것의 중요성이다. '0'을 바탕으로 했을 때 각 개별자는 모두 자재自在하게 자기를 중심으로 하여 왜곡과 과장이 없는 생명과 질서를 얻는다고 장자는 본다. 그리고 '0'을 회복한 자리에서 마주하는 '현재성'이 바로 매 순간 새로운 것으로 현현하는 일신우일신日新又日新의 구체적인 사태이다.

장자가 구하고자 한 것은 별도의 어떤 실체가 아니라, 이미 존재하는 세물齊物의 조화로운 세계를 우리가 잃어버렸다고 보고 그것을 잃게 한 우리의 마음, 즉 세상을 실체로 보고 집착하면서 시비를 가르고 선악을 가르는 의식을 걷어

---

11) 『하이데거와 화엄의 사유』, 김형효, 청계, 2004, 76쪽 참조. 참조한 부분의 내용은 이렇다. "유有는 나타난 현상으로서의 본질의 현전에 해당한다는 점에서 그것은 무無의 무늬(相)라는 의미를 띠고 있지만, 무無는 감추어진 은적으로서의 본질의 은둔에 해당한다는 점에서 그것은 유有의 바탕(體)이라는 의미를 품고 있다. 그 유有를 하이데거는 또한 '근거(Grund)'라고 부르기도 하고, 그 무無를 그는 '탈근거(Abgrund)'라고 명명했다."

12) 『莊子集釋』, 「덕충부」 271, 곽상 註. 子貢不聞性與天道, 故見其所依而不見其所以依也. 夫所以依者, 不依也, 世豈覺之哉.

내고 해체하는 것이다.

　장자의 자연은 결코 숭배의 대상이 아니며, 동시에 지배하고 통제해야 하는 대상이 아니다. 주재자 없는 자연에서, 즉 특별히 하는 것도 없지만(無爲) 하지 못 하는 것도 없는(無不爲) 그 자연에서 인간은 연속적 그물망의 한 고리로 존재하고 함께 흘러간다. 장자의 의도는 〈온갖 차별적인 개별자들이 그 고유의 특성(各得其宜)을 잃지 않으면서도 동시에 연속적인 세계의 조화(一)에도 어긋나지 않는 세상을 열어나가는 것〉이라고 요약할 수 있으며, 그 방법은 세상을 있는 그대로 보는 우리의 마음, 즉 허심을 열어나가는 것이고 허심에 이르기 위한 지적 반성을 위해 장자가 권하는 것은 이분법적인 마음과 세계의 해체이다. 장자의 해체 작업에서 일차적인 것은 천인의 대립적인 이분법적 구조이다. 그 이분법의 각 정점에는 순자의 천인과 맹자의 천인이 있다. 장자의 천天은, 순자의 천과 다르며 맹자의 천과도 다르다. 맹자는 천인의 〈합일合一〉을 지향하고, 순자는 천인의 〈분리分離〉를 주장하지만, 합일이나 분리는 천인을 두 가지의 실체로 상정할 때 가능한 일이다.

　장자의 입장에서 보면, 맹자는 의리義理화된 당위적인 천에 인간을 종속시키고자 하는 도덕 중심주의로 나아가고, 순자는 구체적으로 활용 가능한 물物로서의 천天(자연)을 인간 중심적으로 지배하려는 물질 중심주의로 나아간 것이다. 김형효는 양쪽 사유의 이러한 특성에 대해 전자를 도덕적 당위주의(이상주의)로, 후자를 경제 기술주의(현실주의)로 표현한다.[13]

　맹자는 하늘의 뜻에 따라 인간 세상을 만들려 했다는 점에서 도덕 당위적 사유에 속한다. 이를 위해 맹자는 천, 즉 자연에 의지가 있다(天命)고 본다. 도덕적으로 완벽한 절대성을 갖는 천은 인간을 통해 자신의 의지를 실현하기 위해 인간에게 덕성과 지능, 맹자의 표현을 빌리면 양지良知와 양능良能을 주어 세상을 이상적으로 완성해 주기를 원한다고 맹자는 주장한다. 그리하여 맹자의 '인

---

13) 도덕적 당위주의와 경제 기술주의에 대한 자세한 철학적 비교는 김형효의 『물학, 심학, 실학』(2003, 청계출판사)을 참조하라.

간人'은 인의예지仁義禮智를 내용으로 하는 성선性善한 존재론적 본질을 가지며, 그것의 발현인 측은惻隱·수오羞惡·사양辭讓·시비지심是非之心이 없다면 인간이 아닌 존재(非人)로 전락해 버리고 마는 존재론적으로 도덕적인 존재이다.[14] 그리하여 인간 세상을 통치하는 것은 반드시 천명天命에 의해 선택된 성군聖君이어야 한다.

맹자의 이러한 사유는 하늘의 의지(天命)를 대행하여 실천하는 것을 인간 자신의 사명으로 삼는다는 점에서 인간에 대해 사명감을 투사하는 동시에 인간을 존재론적으로 긍정하는 사상이라고 할 수 있다. 그러므로 '세상'과 '세상에 대한 인간의 사명'에 긍정적인 맹자의 사유에서 효孝에 대한 강조는 필연적이다. 하늘의 의지를 대행할 수 있는 존귀한 존재로 세상에 나올 수 있게 해준 부모는 그 어느 존재보다도 중요한 역할을 수행한 존재이기 때문이다. 공자보다 맹자에 이르러 효가 더욱 강조되면서 순임금을 만고의 효자, 대순大舜이라고 칭송하는 것은 이를 잘 증명해 준다.[15] 맹자에게서 인간은 생명이 다하는 그날까지 하늘의 완전무결하고 절대적인 덕德(천명天命)에 합치하기 위하여 조차造次 전패顚沛 간에도 쉼 없이 도덕적으로 노력해야 하는, 천인합일天人合一을 위한 존재이다.[16]

그러나 순자의 경우, 인간 사회의 문화를 만들어 나가는 것은 천의 의지를 대행하거나 천의 덕성에 합치되기 위한 것이 아니다. 오히려 자연을 극복하고 사물을 이용하여 인간의 영역을 확장하는 것이 인간에게 필수적으로 요구되는

---

14) 『맹자』「공손추」상. 由是觀之 無惻隱之心 非人也 無羞惡之心 非人也 無辭讓之心 非人也 無是非之心 非仁也.

15) 『맹자』「만장」상. 人少則慕父母 知好色則慕少艾 有妻子則慕妻子 仕則慕君 不得於君則熱中 大孝 終身慕父母 五十而慕者 予於大舜見之矣.

16) 조차造次 전패顚沛는 맹자의 말이 아니라 공자의 말이다. 공자는 『논어』「이인里人」에서, "군자는 밥 먹는 동안에도 인仁을 떠남이 없으며, 급하고 구차한 순간(造次)에도 인仁을 생각하며, 엎어지고 넘어지는 순간(顚沛)에도 인仁을 생각해야 한다(君子無終食之間 違仁 造次必於是 顚沛必於是)"라고 말한다.

것이다. 따라서 순자에 이르면, 그 어느 시기보다 인간의 능력은 상대적으로 더 큰 위력을 발휘한다. 인간의 뜻에 따라 자연을 개조 지배하려 했다는 점에서 순자는 경제 기술적 사유에 속한다.

자연과 사물을 이용하여 인간 중심의 질서 정연한 사회를 구성하기 위해선 개체의 힘을 넘어서는 공동의 힘이 발휘되어야 한다. 그러기 위해서 인간 본성의 악한 요소는 적극적으로 지양되어야 한다. 순자는 인간 본성의 악한 측면을 선한 측면으로 개조하는 방편으로 학學과 예禮를 제시한다. 그의 주장에 따르면, 본성은 자연이고, 예는 인위이다. 순자는 철학적으로 인간의 생명적 본질을 생존 투쟁의 본능적 욕망으로 간주한다. 인간은 자연에서의 생존 경쟁처럼 인간 역사의 경쟁에서 국가 사회가 생존할 수 있는 수단을 추구해야 한다.

강력하고 질서 잡힌 사회를 구축하기 위해서는 수레바퀴를 만들 때 원圓이라는 표준이 필요하고, 기둥을 만들 때 그것을 재단하기 위한 먹줄과 규구規矩가 필요한 것처럼 인간에게는 어떤 표준이 있어야 한다. 하지만 자연에는 그러한 표준이 존재하지 않는다. 순자의 입장에서 볼 때 생존 경쟁의 욕망만 있을 뿐 표준을 갖지 않는 자연은 악惡이다. 그러므로 사회적인 표준을 갖기 위해서는 자연을 인간의 요구에 맞추어 개조해야 하며, 그 예라는 표준에 의해 교정되고 순치馴致된 인간의 본성은 사회 질서에 적합한 성격을 갖게 된다. 순자의 말에 따르면 이것이 바로 인간에 의해 만들어진 선, 즉 위선僞善이다. 순자에게서 위僞란 대단히 긍정적인 개념이다. 그러나 순자의 경우 개인의 이기적 욕망이 사회 질서의 유지에 위반되지 않을 때는 그대로 허용한다. 이러한 사유에서 효보다는 사회적 의미가 강한 충忠과 신信이 강조되는 것은 필연이다.

경제 기술주의는 이기적 손익에 민감하고, 도덕적 당위주의는 명분적 선악에 예민하다. 장자의 입장에서 보면, 이 두 사상 모두 인간의 의지와 노력을 통해 세상을 장악하고자 하는 소유적 사유라는 면에서 공통된다. 다만 순자가 세상을 경제적으로 소유하려 한 반면, 맹자는 세상을 도덕적으로 소유하려 했다는 점에서 차이가 날 뿐이다. 장자는 이러한 이분법적 구도에 입각한 소유적 사유를 해체한다. 장자는 자연이나 인간 그 어느 쪽에든 우위를 부여하는 것에 문제를 제기한다. 이런 면에서 보면, "자연에 가려 인간을 알지 못했다[17]"는 장자에 대한 순자의 평은 타당하다고 보기 어렵다.

장자는 자연과 인간이 연속되어 있다고 보기 때문에 자연과 인간을 분리시키지 않는다. 분리시키지 않기 때문에 자연(天) 중심 혹은 인간(人) 중심에 서지 않는다. 어느 것도 중심이 아니기 때문에 역으로 필요에 따라 자연이 중심이 될 수도 인간이 중심이 될 수도 있다. 하지만 그 자체가 실체로서 중심이기 때문에 중심이 된 것이 아니라 부득이한 요청에 따라 중심이 될 수 있는 것이다.

요컨대, 장자의 자연(天)은 맹자와 순자가 말하는 자연과 인간(天人)을 모두 포괄하는 자연(天)이며, 동시에 그들의 천인天人의 구분을 해체하는 천天이다. 연속된 자연과 인간이라는 관점에 서 있는 장자의 입장에서 자연도 인간도 독립적인 실체가 아니며, 부단히 변화하고 유전하는 하나의 과정일 뿐이다. 장자는 이러한 존재의 과정을 도道라고 표현한다. 장자가 보기에 우리의 비극은 자연과 인간의 연속성이 단절되면서 시작된다. 맹자적 천인관계나 순자적 천인관계는 모두 자연과 인간의 연속성을 단절시키고 이분법에 입각하여 어느 한 부분에 중심을 부여한 일종의 중심주의 혹은 환원주의적 경향을 갖는다. 자연을 인간에 귀속시키거나 혹은 인간을 자연에 귀속시키는 것 이것은 모두 이분법적인 실체론에 근거했을 때 가능한 일이기 때문이다.

그런 의미에서, 장자가 주장하는 것이 결코 인간 세계를 떠나 자연으로 돌아가자는 것이거나, 세상을 피해 은거하자는 것이 아님을 분명히 하는 것이 필요하다. 이것 역시 자연과 인간을 이분화하여 '자연'에 우위를 부여하고, 그 '자연'에 '인간'을 환원시키고자 하는 입장에 지나지 않는다.

장자에 따르면, 자연과 인간을 분리하고, 지아와 대상, 주관과 객관 등을 이분화하는 대상적 사유를 통해서는 역동적인 변화의 관계망인 도道의 실상에

---

17) 『荀子』, 「解蔽」, 莊子蔽於天 不知人.

아무리 접근하려 노력해도 다가갈 수 없다. 오히려 노력할수록 실상에서 더욱 멀어지는 역설적 한계를 갖고 있다. 따라서 장자 철학의 본면목을 드러내기 위해서는 주체와 객체를 이분화 하는 대상적 사유 방식의 한계성을 넘어서지 않으면 안 된다. 그런데 어떻게 넘어서는가. 장자가 제시하는 방법은 바로 해체이다. 이분화를 넘어서 볼 수 있는 세상이라는 것이 별도로 존재하는 세계가 아니기 때문이다. 우리의 눈에서 대상적 사유를 걷어내는 것, 세상이 고정된 실체이며 소유해야 할 대상이라는 의식을 걷어내는 것, 그럼으로써 집착과 고집과 절대적이라는 관념을 걷어내는 것이 필요하다는 것이 장자가 제시하는 해체공부이다.

3. 『장자』「내편」의 플롯(plot)

『장자』「내편」의 내용과 형식은 독특한 구조를 갖고 있다. 그리고 그 내용과 형식의 독특함은 장자 철학의 이해에 난관으로 작용하면서, 여러 가지 의문을 일으킨다. 가령, 장자는 왜 불언지변不言之辨과 부도지도不道之道를 말하면서, 여타의 경전에 비해 많은 말을 남겼는가. 장자는 왜 상대주의나 허무주의를 주장하지 않으면서도 상대적이고 회의적인 진술을 많이 사용하는가. 장자는 왜 우리의 삶을 소요유적인 즐거운 것으로 만들 것을 권하면서도 부정 어법을 주되게 사용하는가. 장자는 왜 기상천외한 우화들을 등장시키고, 상식적으로 이해하기 힘들며 무용無用해 보이는 이야기를 전개하는가. 왜 장자의 우화에는 기괴한 인물들이나 불구 기형의 광인들이 많이 등장하는가. 장자에는 왜 초월적이고 신비적인 표현들, 예컨대 불에 닿아도 뜨겁지 않고… 등의 표현이 많은가 등등이 그것이다.

통상적으로 이런 의문들은 쉽사리 해결되지 않은 채로, 『장사』 구절에 대한 부분적이고 단편적인 이해에 머물게 만드는 요인이 된다. 아서 웨일리(Arthur Waley, 1889-1966)는 이 문제에 관련하여 이렇게 말한다.

> 장자의 방법론은 마치 시인의 그것과 같으며, 시를 분석하는 것은 사실상 무용하다. 장자 철학의 체계를 분석하려는 시도는 많이 행해졌지만, 결국 녹자에게 그의 철학이 무엇인지, 『장자』라는 책은 어떠한 것인지에 대해 아무것도 말해 주지 못하였다. 이런 작업은 오직 장자의 텍스트를 충분히 인용함으로써만 가능하다.[18]

웨일리의 주장은, 장자라는 텍스트 내용과 형식 자체가 시詩의 그것에 비견될 만큼 함축적이고, 은유적이며, 역설적이기 때문에, 마치 문학 작품을 분석하는 데 한계가 있는 것처럼 그 자체를 문자적으로 분석하는 것이 실제로 의미가 없으며, 그런 상태에서 장자 철학의 체계를 분석하려는 시도는 별다른 성과를 내지 못한다는 것이다. 그러므로 결국 장자 철학에 대한 유의미한 접근은 『장자』라는 텍스트에 대한 전면적이고 구조적인 인용과 해석을 통해서만 가능하다는 것이다.

　실제로, 『장자』의 「내편」은 그 자체의 플롯(plot)을 가지고 있다. 위에서 제기한 의문들은 실상 장자가 자신의 메시지를 전달하기 위한 수사적 혹은 철학적 장치에 해당하는 것들이다. 게다가 각 편의 차서次序 역시 일견 무작위적이거나 모순적인 듯 보이지만, 그 심층에는 장자의 메시지를 전하기 위한 일정의 완결적 구도를 갖추고 있다. 전체 7편으로 되어 있는 「내편」은 「소요유逍遙遊」·「제물론齊物論」·「양생주養生主」·「인간세人間世」·「덕충부德充符」·「대종사大宗師」·「응제왕應帝王」으로 구성되어 있다. 일곱 편의 이야기는 「소요유」 편의 〈대붕大鵬 이야기〉에서 시작하여 「응제왕」 편의 〈혼돈渾沌 이야기〉로 마무리된다. 앞으로 보겠지만, 이 출발 지점의 우화와 마무리 지점의 우화 역시 의미가 비상하다.

　「내편」의 제1편에 해당하는 「소요유」 편에는 몇 가지 메타포와 신화적인 우화에 장자 사유의 전체적인 오리엔테이션을 제시하는 지도와 이정표가 담겨 있다. 장자는 「소요유」 편에서 자신의 사유 여정에 동참하는 데 필요한 마음의 상태를 준비하는 과정으로서의 오리엔테이션 작업을 진행한다. 그것은 우리의 개념적이고 분석적인 사유, 즉 소유적 사유를 일단 잠재우고 그것에서 일차적

---

18) Arthur Waley, *Three Ways of Thought in Ancient China*, Stanford University Press, 1982, California, 4쪽. 아서 웨일리(1889-1966)는 영국의 동양학자로, 중국 고전의 권위자로 알려져 있다. 케임브리지대학에서 공부하고, 대영박물관의 동양판화(版畵)와 회화부 책임자로 일하며 중국 회화사(繪畵史)와 사상사를 깊이 연구하였다. 한시(漢詩)로 『중국의 시 170편』(1923)을 번역하였고, 『시경』, 『주역』, 『도덕경』, 『논어』, 『서유기』 등을 영역하였다.

으로 벗어나는 시각의 전환을 시도한다. 시각의 전환을 이루지 않고 「제물론」 편으로 이어지는 본문 내용에 들어가는 것은 더 많은 이해의 난관에 직면할 것이기 때문이다. 「소요유」 편은 〈대붕 이야기〉에서 시작하여 혜시와 장자의 무용지용無用之用에 대한 논의, 〈혜시의 무용한 나무 이야기〉로 마무리된다.

제2편인 「제물론」 편에서 장자는 실체론적 사유에 대한 본격적인 해체 작업에 들어간다. 「소요유」에서 전체 사유의 방향과 구도를 잡은 장자는 「제물론」에 이르러 세상에 대한 우리 인식의 타당성을 면밀하게 검토한다. 우리가 경험하고 문제 삼는 세계가 실상은 실체성이 없다는 것, 그리고 그 실체성을 해체한 후에 드러나는 세계는 어떤 모습인지를 제시한다. 그를 위하여 시비是非와 생사生死, 피차彼此의 구분이 모두 존재론적인 근거가 없음을 밝히면서 그 근거를 해체한다. 그리고 그 근거를 해체하면서 드러나는 존재의 실상과 제물 평등의 의미를 밝힌다. 그리고 더 나아가 '실체론적 관념'을 해체한 결과물로서의 '관념과 의식', 즉 '해체했다'는 자의식을 다시 해체하는 양행兩行을 제시한다. 장자가 제시하는 제물의 세계는 그 자체의 실체로 존재하는 것이 아니라 거울같이 비추는 마음인 허심虛心을 이루었을 때 현현顯現하는 세계의 모습을 의미한다. 「제물론」 편의 요지를 일언이폐지하면, 허심에서 보이는 〈제일齊一〉의 세계라고 할 수 있다. 즉 '각각이지만 차별되지 않는 개별자들의 다양한 세계'가 장자의 눈에 비친 제물의 세계이다. 「제물론」 편은 〈천뢰天籟 이야기〉로 시작하여, 장주莊周의 〈나비의 꿈〉으로 마무리한다.

제3편인 「양생주」 편에서는 우리가 삶의 과정에서 피할 수 없이 조우하는 것들에 대해 논하고, 참된 삶의 도道를 논한다. 불가피하게 조우하는 문제 가운데 장자가 핵심적으로 다루는 것은 〈불행한 사태〉와 〈죽음의 문제〉이다. 불행과 죽음을 우리는 어떻게 받아들여야 하는가. 이 문제를 논하기 위해 장자는 〈외발 우사右師의 이야기〉와 〈노담老聃의 죽음〉 이야기를 전개한다. 그리고 해체解體의 실용을 논한다. 양생養生의 요체는 도道에 따르는 삶이고, 그 도에 따르는 삶을 〈포정해우庖丁解牛〉를 통해 제시한다. 장자는 삶에서 조우하는 여러 가

지 문제의 기원이 그것을 문제 삼는 우리의 마음에 있음을 지적하고, 문제 삼지 않는 마음, 즉 허심의 회복을 통해 문제를 해소하는 것을 양생의 도로 제시한다. 여기서 중요한 것은 세상을 거꾸로 보는 둔천배정遁天倍情의 마음을 해체하는 것, 즉 현해懸解이다. 「양생주」 편은 〈포정해우〉로 시작하여, 〈노담의 죽음〉 이야기로 마무리된다.

제4편은 「인간세」 편이다. 장자가 좀처럼 언급하지 않는 인간의 역사 세계에 대해 논한다. 장자는 역사 세계를 구하거나 바로잡기 위해 정답을 내세우며 겨루는 것을 비판하지만 그 문제 자체를 무시하지 않는다. 장자는 둔천遁天도 비판하지만 둔세遁世도 비판한다. 둔천이든 둔세이든 이분법적 구조에서 나온 택일적 사유, 즉 유위有爲적 사유이기 때문이다. 궁극적인 의미에서 인간의 역사 세계 자체가 장자에게 중요하지 않은 것은 아니다. 「인간세」 편에 이와 관련된 우화 네 가지가 나온다. 첫 번째 이야기는 자발적으로 세상을 구하고자 하는 〈안회顔回 이야기〉이고, 두 번째는 불가피하게 인간 역사에 개입해야 하는 문제에 봉착한 〈엽공葉公 이야기〉, 세 번째는 부득이하게 무도無道한 군주를 보필하게 고뇌하는 〈안합顔闔의 이야기〉로 이어진다. 그리고 네 번째 이야기 〈산목散木의 이야기〉를 통해 유용지무용有用之無用을 논하고, 다시 육체적 불구인 〈지리소支離疏 이야기〉와 정신적 불구인 〈광인狂人의 이야기〉를 통해 무용지대용無用之大用을 논한 다음, 〈부득이不得已〉와 〈양중養中〉의 원칙에 따르지 않고, 형해形骸화된 과거의 허구적인 원리를 스승 삼아 인간 역사를 구하고자 하는 행위 자체를 비판하는 〈광인狂人 접여接輿의 이야기〉로 마무리된다.

제5편 「덕충부」 편에서 장자는 본격적으로 해체의 덕, 즉 무용지대용無用之大用을 밝힌다. 소유적 무용無用을 대변하는 존재는 여러 가지 형태의 '기형적·불구적 존재들'이고, 대용大用은 그들이 가진 덕德이요, 능력이다. 장자가 소유 세계에서 무용한 존재인 기형 혹은 불구를 주로 등장시킨 데에는, 온전한 덕을 가지기 위해서는 소유적 유용有用에 갇혀 겉으로 드러난 형形에 집착하는 것을 뒤집고 나올 때만이 가능함을 보이고자 하는 의도가 반영되어 있다. 미러링

(mirroring)의 덕을 보여주는 추남 〈왕태王駘 이야기〉에서 시작하여 화이불창和而不唱하는 재전才全의 덕을 보여주는 꼽추 〈애태타哀駘它 이야기〉, 덕불형德不形의 덕을 보여주는 기형불구자 〈인기지리무신闉跂支離無脤 이야기〉를 통해 무용지대용을 보여주고, 〈정자산鄭子産 이야기〉와 〈숙산무지叔山無趾 이야기〉를 통해 '드러난 유형의 덕'이 갖는 한계를 대비하여 논한다. 그리고 장자와 혜시의 〈지인至人은 정情이 없는가〉의 논쟁으로 마무리된다. 핵심어는 '겉으로 드러나지 않는 덕(不形之德)'과 '타고난 고유성의 온전함(才全)'이다.

제6편은 「대종사」 편이다. 대종사는 '가장 높은 스승'이라는 뜻인데, 장자는 지인至人·진인眞人·신인神人·성인聖人 등을 내세워 이들이 어떤 존재인지를 논한다. 그런데 이들은 실체로서 스승으로 삼을 만한 인물들을 지칭하는 것이 아니라, 허심으로 세상을 거울처럼 비추는 마음의 작용을 의인화한 것이다. 「대종사」의 주된 내용은 진인으로 의인화된 참된 앎에 관한 문제인데, 소위 인식론과 존재론에 관한 장자의 본격적인 논의가 전개된다. 「제물론」이 해체에 중심을 두었고, 「양생주」가 인간 개별자의 삶에 중심을 두었으며, 「인간세」가 인간역사 세계에 중심을 두었고, 「덕충부」가 해체의 실용에 중심을 두었다면, 「대종사」는 허심의 미러링과 존재의 실상에 중심을 둔다. 즉 깨달음의 문제가 중심적으로 논의된다.

장자는 대종사들(스승으로 삼을 만한 인물들)을 〈진인〉으로 칭하고, 그들을 다시 〈방외지사方外之士〉로 칭하며 네 가지 우화를 소개한다. 첫 번째 〈자사子祀와 그 친구들〉 이야기에서 장자는 태어나기 전(無)을 머리로 삼고, 태어난 후(生)를 척추로 삼고, 죽음 이후(死)를 엉덩이로 삼는 마음을 가진 〈진인眞人〉들을 소개한다. 태어나기 전과 태어난 후, 그리고 죽음 이후를 한 몸, 즉 하나의 연속적 과정으로 보는 진인들 이야기이다. 두 번째 〈자래子來의 병 이야기〉에서는 죽음을 앞둔 자래의 입을 통해 물화物化의 신비에 대해 논한다. 이 이야기에서는 '물화', 즉 변화의 수용을 강조한다. 세 번째 〈자상호子桑戶와 친구들 이야기〉에서 장자는 방내方內와 방외方外의 사람들에 대해 논하고, 공자의 입을 빌려 방내에서 살면서 방외의 마음을 갖는 삶에 대해 논한다. 그리고 이를 입증하는 인물로 맹손재孟孫才를 등장시킨다. 네 번째 〈맹손재의 치상治喪〉에서 장자는 화광동진和光同塵하는 진인 맹손재를 공자의 입을 빌려 설명하고, 행적行跡은 방내의 소유 세계에 살면서 마음은 방외方外의 연속적 유대를 회복하는 삶의 형식에 대해 논한다. 그리고 다섯 번째와 여섯 번째 이야기는 〈의이자意而子와 허유許由 이야기〉와 〈좌망坐忘 이야기〉이다.

제7편로 「응제왕」 편이다. 「응제왕」 편에서 장자는 실체론적 사유를 해체한 자들이 누리는 제왕 같은 자유로움에 대해 논한다. 〈왕예王倪의 이야기〉에서 시작하여 신묘불측神妙不測한 호자壺子, 무하유지향無何有之鄕에서 노니는 무명인無名人 등이 등장하며, 열자列子의 구도를 위한 공부로 이어지다가 〈혼돈渾沌의 죽음〉으로 마무리되는데, 이 마지막 이야기를 통해 장자는 「내편」 전체를 마무리한다.

『장자』「내편」은 「소요유」 편에서 시작하여 「응제왕」 편으로 마무리되며, 구체적으로는 〈대붕 이야기〉로 시작하여 〈혼돈의 죽음〉에서 끝난다. 이 두 우화에는 공통적으로 남명南冥과 북명北冥, 남해南海와 북해北海라는 '남南'과 '북北'이라는 방소가 공통적으로 등장하는데 그 의미는 같지 않다. 〈대붕 이야기〉의 남북의 방소가 사유 여정의 출발점과 목적지를 일시적으로나마 지시했다면, 〈혼돈 이야기〉에서는 남북의 이분법적 경계를 해체한다.

장자는 신화적 서술로 진행되는 두 우화 속에서, 자기 사유 여정에는 일정한 목표 지점, 즉 남명으로 묘사된 지점이 제시되어 있지만 궁극에 가서는 그 목표에 도달하기 위한 인위적 노력 자체도 이분법적인 틀에서 벗어나지 않는 것임을 보여주기 위해, 애초에 제시했던 도달 목표 자체가 허구임을 보여준다. 즉 〈혼돈의 죽음〉에 이르면 출발 및 목표 지점 자체, 즉 남과 북의 경계가 해체된다. 그러나 애초에 설정되었던 남북의 허구는 목표에 도달하기 위한 인위적 노력 역시 해체해야 함을 깨닫도록 준비시키는 '방편적'인 것이다.

이 책은 서론, 제1부, 제2부, 그리고 결론으로 구성되었다.

서론은 장자의 사유에 대한 본격적인 분석을 위해 필요한 사전 정지 작업에 해당하는 것이다. 다소 복잡하고, 난해한 내용과 형식을 갖는 장자의 사유를 이해하는 데 필요한 오리엔테이션 작업에 속한다. 서론은 세 부분으로 나누어, 첫 부분에서는 장자가 자기 사유에 있어 중심 문제로 삼는 것이 무엇인가에 대한 논의이고, 두 번째 부분은 장자의 천인天人관을 맹자와 순자의 그것과 비교함으로써 그에 대한 장자의 견해를 선명히 하는 것을 주요 내용으로 삼고 있다. 그리고 세 번째 부분은 『장자』「내편」의 플롯을 추려 장자 사유의 전체적인 구도를 볼 수 있게 하였다.

제1부는 장자 철학에 대한 메타적 논의이다. 전체 3개의 장으로 이루어져 있는데, 1장은 장자 철학의 중심 문제를 논하였고, 제2장에서는 세계에 대한 장자의 해체적 시각을 다루었으며, 제3장은 장자의 언어적 수사에 대해 논했다.

제2부는 본격적인 『장자』「내편」의 텍스트를 분석한다. 전체 7개의 장으로 이루어져 있으며, 각 편의 내부 플롯은 해당 편에 대한 분석에서 상세히 다루어질 것이다. 각 편에 전개되는 이야기들에 대한 분석을 통해, 우리는 앞서 제기한 여러 가지 의문들이 하나씩 해소되어 나가는 것을 보게 될 것이다. 즉 그 내용과 형식의 독특함이 주는 함축적 의미와 방편적인 장치를 아울러 확인하는 과정을 밝게 될 것이다.

아서 웨일리의 말처럼, 『장자』의 철학은 몇 구절에 대한 단편적 인용으로 해석하기 어려운 방대한 내용의 메시지와 그를 위한 치밀하고 섬세한 구성을 갖추고 있으므로, 저인망식으로 내용을 샅샅이 훑어가면서 해석하는 것이 필요하다. 그리하여 본 작업에서는 가급적 한편의 우화도 배제하지 않고 전편을 고찰하는 것을 주요 내용으로 설정하였다. 몇 부분에서 전체적인 체계를 구성하기 위해 우화의 순서를 재배열한 곳이 있긴 하지만, 가능한 한 각 편의 우화를 모두 담는 것과 그 우화의 순서를 따르는 것을 원칙으로 하였다.

한편으로 장자 텍스트의 내용 분석에 있어, 전면적으로 다시 편집하여 구성하는 것도 생각해 보았으나, 이미 장자가 고유하게 편집해 놓은 각 편의 차서次序와 내용에 대한 의미도 적은 것이 아니라고 생각하여 그 의도에 충실하게 따르는 것으로 방향을 정하였다.[19]

---

[19] 현재 『장자』 텍스트는 위진魏晉 시대 곽상의 판본이 전해지는 것을 원본으로 삼는다. 그러므로 현재 「내편」의 각 편의 순서나 내용 역시 엄밀하게 본다면 곽상에 의해 편집된 것이라고 보아야 하지만, 적어도 「내편」의 경우에는 장자의 후학이나 관련 유파의 작품이 아니라 장자의 직접 저술로 보는 것이 통설이기 때문에 그것을 장자의 의도가 반영된 것으로 일단 정하고 시작하려 한다. 그렇지 않을 경우 문헌 자체의 고증에 불필요한 정력을 소모하게 되기 때문이다.

제1부

장자의
해체적 사유

1장. 장자의 중심 문제

1절. 문제의 내원(來源)과 문제의 해소: 성심과 허심

장자의 문제의식은 성심成心에서 시작하여 허심虛心으로 귀결된다. 성심은 문제 상황의 출발점이고, 허심은 문제가 해소된 지점의 상태이다. 마음에서 시작하여 마음으로 귀결되는 것인데, 장자의 사유에서 '마음'이란 매우 독특하고 중요한 위상을 갖는다. 장자는 성심을 왜 해체해야 하는가, 어떻게 해체하는가와 허심에서 열리는 세상, 즉 해체 이후에 드러나는 세계의 모습은 어떠한가를 중심으로 사유를 전개한다. 그리고 이를 위해 필요한 마음의 작용, 즉 허심의 '미러링(mirroring)'을 논한다.[1]

장자에 따르면 인간은 무한한 관계 속에서 변화하고 유전하는 세계의 한 일원으로 함께 변화하고 움직이며, 그 착종錯綜된 관계의 한 고리를 이루고 있다. 이른바 '우주적 유대' 속에서 회통하고 있으며,[2] 세상의 모든 것이 우리와

---

[1] 미러링(mirroring)은 '用心若鏡', 즉, '거울처럼 비추는 마음의 작용'을 의미하는 장자의 개념을 영어의 동명사로 전환한 것이다. 이는 명사적 개념이 아니라 동사적 개념이다. 풀어쓰기에는 다소 길고 명사적으로 간단하게 정리되지 않기 때문에, 동사적 의미와 명사적 형태를 아울러 갖춘 영어의 동명사로 나타내는 것이 적절하다고 판단하여 이를 사용하고자 한다. 이 용어는 데이비드 홀(David Hall)이 그의 저서 『한대의 사유 Thinking from the Han』에서 사용한 바 있다. 해당 부분을 번역하여 인용하면 다음과 같다. "'만물의 어느 것도 우리 마음을 동요시킬 수 없는' 경지에 도달하는 것은, 엄밀하게 보면 사납게 날뛰는(obstreperous) 정열이나 의지에 대한 내적인 이성의 투쟁을 통해서가 아니라 우리와 상관된 것으로서의 세계 속의 사물들을 미러링(mirroring)하는 것을 통해서이다." 영어 원문은 이렇다. "It is precisely not through an internal struggle of reason against the obstreperous passions or will, but through mirroring the things of the world as they are in their relatedness to us, that we reach a state in which 'none of the myriad things is able to agitate' our hearts and minds." David Hall and Roger Ames, *Thinking from the Han*, State University of New York Press, Albany, 1998, p.49에서 인용.

하나로 연결되어 있다는 것이다.[3] 장자는 이 연속적인 그물망 안에 있는 우리 인간을 특별한 존재라고 보지 않는다. 인간이 특별히 신의 은총을 받은 것도 아니고, 우주의 특별한 본질을 부여받은 것도 아니며, 생명의 그물망을 만드는 존재이기는커녕 다만 이 연속적 그물망 속의 한 오라기 줄에 불과할 뿐이라고 본다. 장자가 보기에 인간은 자연에서 나와서 자연으로 돌아가는 物의 하나이며, 고정된 존재가 아니라 변화하는 과정에 놓인 존재이다. 그런데 장자의 지적에 따르면, 우리가 이 그물망의 연속적 유대에서 인위적으로 이탈하여 세계라는 연속적 그물망을 고정적 실체로 대상화하면서 문제가 발생한다.

> 대상화하지 않으면 '나'라고 할 만한 것이 없다(非彼無我). '나'라는 존재가 실체라
> 는 의식을 해체한다면 소유할만한 실체가 존재하지 않는다(無我無所取). 그리고 이
> 실체성을 해체하는 것은 존재의 실상에 가까운 것이다(是亦近矣). 그러나 그런 존재
> 의 실상을 누가 주재하는지 알 수 없다. 설사 주재가 있다 해도 그 조짐을 알 수
> 없다. 연관에 의해 이루어지는 작용은 있으나 그 실체를 볼 수 없고, 실상은 있어도
> 형체는 없다.[4]

장자가 보는 세계는 그 자체로 연속되어 있는 연대적 구조이다. 그에 따르면, 이 연속성을 관념적으로, 의식적으로 이탈할 때 존재의 실상은 왜곡되기 시작한다. 다시 말해, 이탈은 자신이 대상으로 바라보는 세계가 고정된 '실체'이고, 세계를 바라보는 '자아' 역시 자기동일성을 갖는 '실체'라는 의식을 갖는

---

2) 장자는 이를 同於大通이라고 표현한다. 「大宗師」 284. 顔回曰 墮肢體, 黜聰明, 離形去知, 同於大
   通, 此謂坐忘.
3) 이런 관점에서 보면 우리가 그물망에 가하는 행동은 필연적으로 우리에게 되돌아오는 그런
   연속적인 관계가 형성된다. 이런 면에서 장자의 사유는 현대에서 큰 쟁점이 되고 있는 생태
   문제 해결에 중요한 철학적 기반을 제공할 수 있다.
4) 『莊子集釋』, 「齊物論」, 郭慶藩 撰, 中華書局, 1982. 55쪽. 非彼無我, 非我無所取. 是亦近矣, 而不知
   其所爲使. 若有眞宰, 而特不得其眹. 可行己信, 而不見其形.

데에서 시작된다. '나'와 '내 것'을 의식하기 시작하면 세상은 표상화되고, 소유하고 장악해야 할 대상으로 '자아' 앞에 마주선다는 것이다.

그러나 세상을 대상화하고 연속성을 단절시킨다고 해서 세계의 실상이 달라지는 것은 아니다. 세계는 여전히 연속적인 관계망 속에서 변화한다. 장자에 따르면 우리가 존재의 근원적 실상을 알든 모르든 그 존재의 실상에는 달라지는 것이 없다. 실상이란 모래로 빚어 만든 조각 작품처럼 실체성이 없는, 일시적이고 비고정적인 것인데, 우리 마음이 세상을 실체적인 것으로 착각하여 그것을 소유하려고 집착하기 때문에 우리의 마음이 수고롭고 세상이 혼란한 것이 문제라는 것이다. 여기서 중요한 것은 수고로움과 혼란의 이유가 존재의 실상에 있는 것이 아니라는 점이다. 우리 스스로 자기 마음이 지어낸 오랏줄에 묶여 고통받고 있다는 것이 장자의 주장이다. 장자는 이런 사태를 한탄한다.

> 우리가 존재의 실정을 알든 알지 못하든 그 존재의 실상(眞)에는 달라짐(損益)이 없다. 우리는 한번 형체를 받고 태어나면 그것이 다 할 때까지 그것을 잊지 않는다 (죽을 때까지 '나'라는 의식을 잊지 않고 살아간다). 그런데 (우리가) 물物과 더불어 (소유를 위하여) 해치고 다투면서 상傷함이 극極을 이루는 것이 마치 말달리는 듯하여 막을 수 없으니 슬프지 아니한가. 종신토록 부림을 받다가 그 성공을 보지 못하고 피곤해져 그 돌아갈 바를 모르니 슬프지 않은가.[5]

이 글에서 장자가 말하고자 하는 것은 이런 연속적 관계 안에서 이루어진 일시적 형체인 우리 몸을 고정된 '실체'로 여기는 자의식을 가지고 세계를 자기의 것으로 소유하려고 하는 데서 우리의 문제와 고뇌가 발생한다는 것이다.

---

5) 『莊子集釋』, 「齊物論」, 郭慶藩 撰, 中華書局, 1982, 56쪽. 如求得其情與不得, 無益損乎其眞. 一受其成形, 不忘以待盡. 與物相刃相靡, 其行盡如馳, 而莫之能止, 不亦悲乎. 終身役役而不見其成功, 茶然疲役而不知其所歸, 可不哀邪. 人謂之不死, 奚益. 其形化, 其心與之然, 可不謂大哀乎. 人之生也, 固若是芒乎. 其我獨芒, 而人亦有不芒者乎.

이런 상황에서는 불가피하게 타자와 더불어 '소유'를 놓고 경쟁할 수밖에 없다. 종신토록 시달리지만 끝내 성공(그 성공이 무엇인지도 불분명한)을 보지 못한다. 더러 성공하는 이도 있다는 반론을 제기해볼 수 있지만, 장자가 보기에는 성공을 보지 못하는 것이 필연이다. 장자에 따르면, 세계에는 소유할만한 그 어떤 고정된 실체도 존재하지 않기 때문이다. 성공도 못 하면서 생명이 다할 때까지 시달리고 피곤해져도 돌아가 마음을 쉴 곳이 없다. 그래서 삶이 허무(芒)하다. 이렇게 삶이 허무해지는 것은 '마음으로 짓기(成心)' 때문이라고 장자는 말한다.[6]

> 사람의 생生이 이와 같이 허무한 것인가. 나만 홀로 허무한 것인가 다른 사람들은 허무하지 않은 것인가. 대체 그 성심을 따라 그것을 스승으로 삼으면 누군들 스승이 없겠는가.[7]

그렇다면 우리의 삶 자체가 원래 이렇게 비극적인가? 자신만 그렇게 느끼는 것인가. 다른 사람들도 그런 것인가, 장자는 묻는다. 이러한 진술을 통해, 장자는 암시적으로 또 하나의 문제를 제기하고 있다. "이런 삶에서 벗어날 수는 없는가?" "이런 상황을 해결하고 치유하는 것은 불가능한가?"

---

[6] 『장자』에서 성심이 언제나 부정되어야 할 '마음의 작용'으로 자리하는 것은 아니다. 각 개별자가 자신의 자리에서 세계를 이해하고 관점을 갖는 것, 즉 성심은 불가피한 일이다. 각각의 관점과 시각을 갖는 것 자체는 문제가 되지 않는다. 장자 역시 문제 삼지 않는다. 오히려 장자가 문제 삼는 것은 자신의 성심成心으로 인하여 스스로 결박되어 고통받거나, 혹은 개별자의 성심을 타자에게 적용하려 하거나, 그것으로 타자를 판단하거나 강제하는 것이다. 거기서 각 개별자의 성심들은 긴장 관계에 놓이게 되고, 갈등하면서 시비是非하는 상황을 유발하는 것이다. 장자는 바로 그것을 문제 삼는다. 거기서 더욱 문제가 되는 것은 자신의 성심을 진리라고 간주하여, 그것을 보편화하려는 욕망을 가지는 것이다. 그래서 장자는 "자신의 성심을 스승(절대적 기준)으로 삼는다면 그 누군들 스승이 없겠느냐"고 말한다.

[7] 『莊子集釋』, 「齊物論」, 56쪽. 人之生也, 固若是芒乎. 其我獨芒, 而人亦有不芒者乎. 夫隨其成心而師之, 誰獨且無師乎.

만일 우리가 개별적이고 폐쇄적인 마음(成心) 속에 갇혀 있다면 어떻게 여기에서 벗어나는 것이 가능할까. 장자에 따르면, "마음" 자체는 인간을 성심 안에 가두기도 하지만, 다른 한편으로는 자기를 넘어서 성찰할 수 있는 위력을 갖고 있다. 바로 여기에 철학 하는 의미가 있다. 장자는 「덕충부」에서 말한다. "그 지知로써 심心을 얻고, 심心으로 상심常心[8]을 얻는다."

장자에 따르면, 벗어나야 하는 상태가 실체로 존재하는 것이 아니고, 해결해야 문제 역시 실체로 존재하는 것이 아니다. 그 문제가 되는 상태를 만든 것은 우리의 마음, 즉 성심이고, 또 그 상태를 '문제' 삼아 해결하려는 것 또한 우리의 '마음'이다. 장자는 우리가 '문제' 삼는 '그 문제'가 실상은 '문제'가 되지 않는 실체성 없는 것, 즉 허구적인 것, 다시 말해 성심에 따라 연역해낸 것임에 주목하고, '문제 삼는 마음'을 해소함으로써 '문제'를 해소하려고 한다. 그리고 문제가 해소된 마음을 허심이라 부르면서, 허심을 통해 이런 현실을 극복할 수 있으며, 한 걸음 더 나아가 삶 자체가 즐거운 것이 될 수 있다는 가능성을 보여준다. 즉 '마음으로 짓는 일(成心)'을 해체하고, 존재의 실상(恒物之大情), 즉 변화를 수용하는 것이다. 그는 「대종사大宗師」에서 이렇게 말한다.

배를 골짜기에 감추어 두고, 산을 연못 속에 감춰 두고 나서 이를 견고하다고 한다. 그러나 밤중에(우리가 의식하지 못하는 사이에) 힘 있는 자가 그것을 짊어지고 달아나도(감춰둔 것이 변화하여 버려도) 어두운 자는 알지 못한다(그 변화를 깨닫지 못한다). 작은 것을 큰 것 속에 감추는 것은 당연한 것인데도 오히려 가지고 달아나는 일이 있다. 만일 천하를 천하에 숨긴다면 가지고 달아날 데가 없으니, 이것이 항상적인 존재(物)의 실상이다.[9]

---

8) 『莊子集釋』, 「德充符」, 192쪽. 以其知得其心 以其心得其常心. 상심 역시 장자가 중요한 위상을 부여한 마음의 작용이다. 뒤에서 자세히 논할 것이다.

9) 『莊子集釋』, 「大宗師」, 243-244쪽. 夫藏舟於壑, 藏山於澤, 謂之固矣. 然而夜半有力者負之而走, 昧者不知也. 藏小大有宜, 猶有所遯. 若夫藏天下於天下而不得所遯, 是恆物之大情也. 特犯人之形而猶

여기서 배와 산, 그리고 감추는 행위 등은 일종의 메타포로 보아야 한다. 즉 배를 숨기고, 산을 숨기는 행위(藏)의 원관념은 대상을 '나의 소유물'로 확정하려는 태도이다.[10] 그러나 고정해 '나의 것'으로 만들 수 있는 것은 아무것도 없다. 아무리 '나의 소유'로 확정한다 해도, 의식하지 못하는 사이에 이루어지는 변화(밤에 가지고 달아나는 자)를 막을 수 없기 때문이다. 그렇기 때문에 모든 소유는 일시적일 수밖에 없다. 게다가 무언가를 소유하는 '나' 역시 변화하고 있는 일시적 존재이다.

장자는 인간을 포함한 세계의 '변화'는 막을 수 없는 것이며, 막을 수 없는 '변화'를 인정하고 수용하지 못하는 것은 지혜롭지 못한 것이라고 본다. 그에 따르면, 막을 수 없는 변화에 대한 가장 현명한 대응은 변화를 그대로 수용하고 그 변화를 타는 것이다.[11] 즉, 변화의 연속적 유대를 회복하는 것인데, 장자를 이를 '천하를 천하에 숨긴다(藏天下於天下)'라고 표현한다. '천하를 천하에 감추는 것'이 어찌 감추는 것이겠는가. 그것은 소유할 것이 없다는 것이다. 즉, 숨겨 소유할 만한 '나의 것'도 숨기는 고정된 '나'도 따로 존재하지 않는다는 것이다. 나아가 '천하에 천하를 숨기라는 것'은 '변화하는 과정 안'에서 그 '변화'를 타라는 권고이며, 변화를 있는 그대로 수용하면서 새롭게 그 변화를 맞이하라는 것, 이것이 바로 항상적인 존재의 실상(恒物之大情)이라는 것이다. 그런데 '변화'를 그대로 수용하고 맞이하는 것은 쉬운 일이 아니다. 곽상은 이 구절에 대해

喜之. 若人之形者, 萬化而未始有極也. 其爲樂可勝計邪. 故聖人將遊於物之所不得遯而皆存. 善妖善老, 善始善終, 人猶效之, 又況萬物之所係, 而一化之所待乎.

10) '감춘다(藏)'가 '사적 소유로 만든다'는 의미로 사용된 것을 뒷받침하는 용례는『예기』「예운禮運」편에서 찾아 볼 수 있다. 그 내용은 이렇다. 대도大道가 행해지던 대동사회大同社會에서는… 재화가 길 위에 버려져 낭비되는 것을 싫어하였고, 자신만을 위해 소유하지 않았다(大道之行也… 貨惡其棄於地也 不必藏於己).『禮記』권9,「禮運」, 보경문화사, 서울, 1991, 265쪽.

11) 변화를 '탄다'는 표현이 생소하게 들릴 수 있다. 여기서는 장자가 표현한 '乘天地之正'의 의미로 보아 '乘'을 우리말식으로 번역하기로 한다.

퍽 경청할 만한 해석을 하고 있다[12]. 곽상은 말한다.

> 세계는 한시의 정지도 없이 변화하고 있으며, 그렇기 때문에 언제나 새로운 것이다. 그런데도 우리는 그것을 깨닫지 못하고 옛날과 똑같을 뿐 새로운 것이 아니라고 생각한다. 배는 날마다 모습이 바뀌고 있지만 겉보기엔 옛것이나 다름이 없고, 산 역시 날마다 모습을 바꾸지만 예전과 같다고 느낀다. 마찬가지로 사실상 과거의 '나'는 지금의 '나'가 아니다, 나는 매 시점 새롭게 태어나고 있다. 그런데도 우리는 이것을 깨닫지 못하고 옛것에 집착해서 그것을 고수하려 하니 어리석은 일이다.[13]

곽상의 이 해석에서 주목할 만한 것은 '변화'를 '새로움'으로 해석하여 수용한다는 것이다. 오늘의 '나'를 어제의 '나'가 아닌 새로운 존재로서 거듭 수용한다. '나날이 변화하는 세계'를 '나날이 새로워지는 세계'로 수용한다. 변화를 새로움으로 수용하기 위해서는 보내야 할 것을 보낼 줄 아는 지혜가 필요하다. 그럴 때 우리의 삶은 허무(虛)한 것에서 벗어나 즐거움으로 전회될 수 있다. 장자는 이렇게 말한다.

---

12) 곽상은 『장자』를 지금 형태의 「내외잡內外雜」편 33편을 편정하고, 그에 대해 역사적으로 가장 권위 있는 주석을 달았다고 평가받는 학자이다. 그의 장자 해석이 퍽 독특해서 그에 대한 평가는 긍정과 부정에 걸쳐 폭넓게 이루어졌지만, 아직 그의 권위는 무너지지 않은 것으로 보인다. 부정적인 평가의 주 내용은 그가 장자의 철학을 자기 식으로 왜곡하였다는 것인데, 평자들은 특히 「소요유」편에서 그런 문제점이 가장 집중적으로 나타난다고 말한다. 이 점에 대해서는 「소요유」편에서 자세히 보기로 한다. 이 책에서는 곽상의 주注를 많이 인용할 것이다. 왜냐하면 필자의 입장과 맥락을 같이 하는 것이 대부분이기 때문이다. 입장의 차이를 보이는 부분에 대해서는 따로 논평할 것이다.

13) 「대종사」, 244쪽, 곽상 注. 天地萬物無時而不移也. 世皆新矣, 而自以爲故. 舟日易矣, 而視之若舊. 山日更矣, 而視之若前. 今交一臂而失之, 皆在冥中去矣. 故向者之我, 非復今我也. 我與今俱往, 豈常守故哉. 而世莫之覺, 橫謂今之所遇可係而在, 豈不昧哉.

우리는 다만 인간의 형체를 얻어 태어난 것만으로도 기뻐한다. 만일 인간의 형체가 만 가지로 변화하여 처음부터 그 극極이 있지 않다면 그 즐거워하는 것을 가히 이루 헤아릴 수 있겠는가. 그러므로 성인聖人은 물物이 가지고 달아날 수 없는 바에서 노닐면서 만물을 그대로 있게 한다. (성인은) 일찍 죽어도 좋고 늙어 죽어도 좋으며 시작도 좋고 마침도 좋게 여긴다. 사람들은 성인은 본받으려 하는데, 하물며 만물이 의지하는 바이며 모든 조화가 하나같이 의존하고 있는 것에 있어서랴.[14]

    장자에 따르면, 우리 인간은 인간으로 태어난 것을 행운으로 생각한다. 일반 적으로 열생오사悅生惡死의 관념을 갖고 있다. 하지만 우리의 형체는 언제나 변 화하여, 태어나고 성장하고 노쇠하고 죽어간다. 우리의 몸과 마음이 한시의 쉼도 없이 변화하기 때문에 그 어느 시점을 집어서 '나'라고 고정할 수 없다. 그런데 장자는 그 헤아릴 수 없는 '변화'를 무한한 '즐거움(樂)'으로 본다. 어제 의 '나'가 오늘의 '나'가 아니라면, 매번 변화할 때마다 우리는 새롭게 태어나는 것이다. 한 번 태어나는 것도 즐거운데, 수없이 새롭게 태어나고 있으니 그 즐거움이 끝이 있겠느냐는 것이다. 그 끝없는 즐거움을 누리고 있는 마음을 장자는 성인聖人으로 의인화하여 등장시킨다. 이 성인은 모든 변화를 타고 노닌 다. 자신도 변화하고 세상도 변화한다. 이 변화 속에서 아무런 집착도 고정화도 없이 그 자체로 노닌다(遊). 모든 변화를 선善으로 본다. 요절夭折도 장수長壽노, 태어남도 죽음도 선善으로 받아들인다.

    장자의 사유는 '변화'를 강조한다. 변화를 강조하는 것은 고정을 거부하는 것이고, 고정을 거부하는 것은 실체적 사유를 거부하는 것이며, 실체적 사유를 거부하는 것은 있는 그대로의 변화를 인정하고 수용하려는 것이다. 장자에 따 르면, 변화를 인정하고 수용할 때 우리의 삶은 '허무한 것(芒)'에서 '기쁜 것

---

14) 『莊子集釋』, 「大宗師」, 243-244쪽. 特犯人之形而猶喜之. 若人之形者, 萬化而未始有極也, 其爲樂 可勝計邪. 故聖人將遊於物之所不得遯而皆存. 善妖善老, 善始善終, 人猶效之, 又況萬物之所係, 而 一化之所待乎.

(噏)'으로 전회된다. 장자는 존재의 실상을 똑바로 대면하면서, 우리 삶의 문제를 정면으로 다룬다. 장자는 있는 그대로를 인정하고 수용하며 사는 것의 지혜와 실용을 제안한다. 이처럼 변화를 있는 그대로 수용하기 위해선 무엇이 필요한가? 장자는 〈좌망坐忘 이야기〉를 통해 해체를 통한 허심이 바로 그것이라고 말한다.

2절. 좌망 이야기: 성심의 해체와 허심

1. 해체와 실용: 좌망을 통한 동어대통의 우주적 유대 회복

장자가 제안하는 '허무한 삶'에서 '즐거운 삶'으로의 전회는 이상적인 세계의 도래와 함께 이루어지는 것이 아니라, 우리의 마음의 전회를 통해 이루어진다. 이 마음의 전회를 위한 장자의 전략은 해체인데, 그 해체의 대상이 되는 것은 허구적이고 관념적인, 세계와 자아에 대한 실체적 사유이다. 즉 '세계'와 '자아'가 실체라고 여기는 우리의 의식을 해체하고자 한다.

〈좌망坐忘 이야기〉가 장자의 사유를 이해하는 데 중요한 이유는 그것이 장자 사유의 전체 구도를 한눈에 보여주기 때문이다. 이 이야기에는 해체와 그를 통한 장자적 실용이 제시되어 있다. 안회顔回가 이루었다는 〈좌망坐忘〉은 멍하게 넋을 놓고 앉아 있는 것이 아니다. 존재의 실상을 그대로 수용할 수 있는 거울 같은 마음의 작용인 허심을 이루어 존재의 연속적 유대를 회복하는 것을 지칭한다. 허심은 존재의 실상에 다가가는 필요조건이다. 어느 것에도 집착하지 않는 허심은 역설적으로 모든 것에 깊이 있는 관심과 소통을 가능하게 한다.

〈좌망 이야기〉에도 어김없이 공자와 그의 제자 안회가 등장한다. 이 둘을 주인공으로 하는 우화가 『장자』의 여러 편에 등장하는 것은 장자의 전략 가운데 하나이다. 이 장에서는 장자의 수사적 특성에 대한 논의가 중심이 아니므로,

이 문제는 뒤편에서 논하기로 한다.

안회는 어느 날 스승 공자를 찾아와 자신의 공부에 진전이 있음을 고한다. 그런데 안회의 공부는 잊는 것(忘), 즉 덜어내는 것(損)과 여의는 것(遣)을 '얻은 것(益)', 즉 진전으로 삼는다. 즉 손損을 익益으로 삼는다.15) 역설적이다. 무엇을 얻었느냐고 하니 '잊음'을 얻었다고 한다.

안회의 입을 통해 장자는 좌망 공부의 진전 과정을 설명한다. 첫 번째 회견에서 당위를 벗어던지는 공부의 진전을 망인의忘仁義로 표현한다. 공자가 미흡하다고 하자 두 번째 회견에서 관계의 도구요 생生의 즐거움을 여의는 공부의 진전을 망예악忘禮樂이라고 한다. 여전히 미흡하다고 하자 세 번째 회견에 이르러 자아의 몸을 잊고 총명을 몰아내고 형체를 여의고 지知를 버려 대통大通에서 하나가 된 좌망을 하였다고 하자, 공자는 감탄하며 그 좌망의 효과를 '동同하였으니 무호無好요, 화化하였으니 무상無常'이라 하면서, 자신도 안회의 뒤를 따르겠다고 선언한다. 첫 번째 회견에서 시작하자.

2. 〈망인의〉·〈망예악〉

> 안회가 스승 공자에게 말했다. 제가 공부에 얻은 것이 있었습니다. 무엇이냐.
>
> 인의仁義를 잊었습니다. 좋지만 아직 멀었구나.
>
> 다른 날 또 와서, 안회가 말했다. 제 공부에 얻은 것이 있었습니다. 무엇을 말하는 것이냐.
>
> 예악禮樂을 잊었습니다. 좋지만 아직 아니구나.
>
> 다른 날 또 와서, 안회가 말했다. 저는 공부에 얻은 것이 있습니다. 무엇을 말하는 것이냐.
>
> 좌망坐忘에 들었습니다. 깜짝 놀라며, 좌망이라니, 뭘 말하는 것이냐.16)

---

15) 『莊子集釋』, 「大宗師」, 283. 곽상 注. 以損之爲益也.

안회는 자신의 공부에서 얻은 것(益)이 곧 잊음(忘)이라고 표현한다. 더하는 공부가 아닌 빼는 공부, 즉 마이너스 공부이다. 논자는 이를 '해체 공부'라 칭하고자 한다. 여기서 주목해야 하는 것은 안회가 '잃었다(失)'고 하지 않고 '잊었다(忘)'고 한 것이다. 전자는 구체적인 어떤 것을 소유하고 있는 상태에서 소유하지 않은 상태로의 전이를 표현한다. 즉 어떤 대상의 상실이다. 후자는 마음속에 있었던 것을 더 이상 마음속에 갖고 있지 않음을 표현한다. 나아가 마음에서 개의치 않는 것, 즉 돌아보지 않는 것, 매이지 않는 것으로 그 의미가 확대될 수 있다. 이는 공부의 진전이 '지식' 차원이 아니라 '마음' 차원에서, 이론적 앎의 차원이 아닌 삶의 확실성의 차원에서 이루어짐을 말하고 있다.17) 처음 잊은 것은 인의(仁義)의 당위이고, 다음에 잊은 것은 예악(禮樂)의 의식과 음악이며, 최후로 잊은 것은 '자아(自我)'이다. 장자의 해체 작업의 궁극은 '자아'의 해체에 있다. 그러면 인의와 예악과 자아를 잊는다는 것은 장자 사유에서 어떤 의미를 갖는가. 왜 해체해야 하는가. 김형효는 인의로 대표되는 당위적 도덕의 해체의 의미를 이렇게 정리한다.

> 장자가 현실을 해체하려 했던 것은 실용적인 것이 곧 현실적인 것이라고 여기는 실용주의적인 또는 당위의 도덕적 제한 내에서의 도의 지배를 추구하는 존재도학적인 인간 중심의 사고방식을 깨뜨리기 위해서였다. … 또 소요유는 당위적 존재도

---

16) 『莊子集釋』, 「大宗師」, 283-284쪽. 顏回曰 回益矣 仲尼曰 何謂也 曰 回忘仁義矣 曰 可矣, 猶未也. 他日, 復見, 曰 回益矣 曰 何謂也 曰 回忘禮樂矣 曰 可矣, 猶未也 他日, 復見, 曰 回益矣 曰 何謂也 曰 回坐忘矣 仲尼蹴然曰 何謂坐忘.

17) 비트겐슈타인은 "지식과 확실성은 다른 범주에 속한다(「확실성에 대하여 On Certainty」)"고 말한다. 비트겐슈타인에 있어 '지식'은 이론적 앎에, '확실성'은 삶에 각각 관련된다. 시비를 가리는 지식은 정당화와 논박에 연루되어 있는 반면, 확실성은 삶의 사실들을 통해 얻어진다. 안회가 얻었다는 '잊음'은 바로 비트겐슈타인 말한 삶의 확실성 차원에서의 자각에 해당하는 것이라고 볼 수 있다. 『노자에서 데리다까지』, 「해체에서 자연으로」, 이승종, 한국도가철학회, 예문서원, 404쪽 참조.

학 사상의 환원주의를 해체한다. 당위적 존재 도학의 사상은 제한적인 사유, 즉 인의가 지배하는 영역으로 모든 존재가 환원되기를 주장하는 의미를 내포하고 있다. 그런데 소요유의 사유는 그런 환원적이고 제한적인 도의 본질을 거부할 뿐 아니라 그 도道의 부자유스러운 질곡桎梏성을 해체하려고 한다. 왜냐하면 그런 제한적인 도의 현존은 그 도를 절대화하고 그 도를 절대화한 만큼 인간은 도의 도구가 되어 모든 것을 선택적인 체계로 대입시켜 어느 하나를 취사선택해야 하게 되기 때문이다. 선택의 구조는 취사取捨의 갈림길을 만든다.[18]

즉, 세상을 물질적으로 소유하고 지배하려는 경제 기술적 장악의 마음뿐 아니라 세상을 도덕적 이성으로 지배하려는 인의의 당위적 도학道學 역시 세상을 대상화하는 인간 중심의 사고방식에서 나온 택일적 사유·제한적 사유이고, 이러한 사유는 존재의 실상을 왜곡하여 인간을 당위적 도덕의 도구로 전락시키고, 인간을 부자유스러운 질곡으로 몰아간다는 것이다. 그런데 장자의 소요유적 사유는 그런 부자유스러운 질곡을 해체하고자 한다고 김형효는 본다. 실제로 『장자』 텍스트에서 장자는 이러한 당위적 인의에 의해 질곡되고 도구화된 인간의 모습을 '신체적인 형벌'의 은유를 통해 묘사한다. 장자는 '인의의 당위'를 마음에 세우고, 시비를 밝게 분별하는 것을 묵형墨刑을 당하고, 코를 잘리는 형벌을 받은 것에 비유한다. 장자는 이 형벌의 비유를 통하여 인의와 시비라는 제한적이고 허구적인 당위적 기준을 세워 존재의 실상을 왜곡하고 은폐하는 폐해를 지적한다. 장자의 해체 공부는 바로 이 인의와 시비의 소유적 사유[19]의 구조물들을 걷어내는 데서 시작한다.

---

18) 『노자에서 데리다까지』, 「도가사상의 현대적 독법」, 김형효, 31-32쪽.

19) 소유적所有的 사유란 넓은 의미에서 주체와 대상을 이분화하여 주체가 대상을 소유 혹은 장악, 지배하려는 대상적 사유를 가리킨다. 이성적 사유, 당위적 사유, 자아 중심적 사유, 인간 중심적 사유 등 이분법에 기초하여 중심을 세우고, 그 중심에 다른 것들을 환원시키고자 하는 사유를 모두 포괄하여 사용하기로 한다. 장자가 해체하고자 하는 것은 바로 이런 종류의 사유이다.

장자는 『장자』 텍스트에서 시비에 코가 잘리고, 인의에 묵형 당한 상처를 씻고 먼저 온전해지는 과정이 요구된다는 내용의 〈의이자意而子와 허유許由 이야기〉[20]를 〈좌망 이야기〉 앞에 배치하고 있다. 장자의 의도를 읽을 수 있다.

　　의이자가 허유를 뵈었는데, 허유가 말했다. 요堯가 자네에게 무엇을 가르쳤는가? 의이자 답하길, 요堯는 저에게 반드시 인의를 몸소 실천하고 시비를 분명히 밝히라고 가르쳤습니다.

　　허유 왈, (그런데) 자네는 (나에게) 무얼 배우겠다고 여기에 왔는가. 요가 이미 인의로 자네에게 묵형墨刑을 가했고, 또 시비로 코를 베었으니, 자네는 장차 무엇을 가지고 전사轉徙의 길에서 자유로이 노닐겠는가.

　　의이자 왈, 비록 그렇지만 저는 그 울타리에서라도 노닐고 싶습니다.

　　허유 왈, 그럴 수 없다. 대저 청맹과니와는 미목眉目과 안색顏色의 아름다움을 함께 할 수가 없고, 색맹과는 청황青黃의 보불黼黻의 장관을 함께 할 수 없다.

　　의이자 왈, 대저 무장無莊은 그 아름다움을 잃었고, 거량據梁은 그 힘을 잃었으며, 황제黃帝는 그 지知를 잃었으니 모두 (자연의 도라는) 화로 속에서 단련된 것입니다. 어찌 대저 조물造物자가 나의 묵형을 지우고 비형을 보완하여 나로 하여금 온전하게 하여 선생을 따르게 한 것임을 알겠습니까.

　　허유 왈, 아! 알 수 없는 일이다. 나는 너를 위해 대략을 말해 주겠다. 우리의 스승이시여! 우리의 스승이시여! 만물을 조화롭게 하지만 의義로 여기지 않고 은택이 만세에 미치지만 인仁으로 여기지 않는다. 상고上古보다 오래되었지만 늙었다고 하지

---

20) 『莊子集釋』, 「大宗師」, 278–282쪽. 意而子見許由, 許由曰 堯何以資汝. 意而子曰 堯謂我 汝必躬服仁義 而明言是非. 許由曰 而奚來爲軹. 夫堯既已黥汝以仁義, 而劓汝以是非矣, 汝將何以遊夫遙蕩恣睢 轉徙之塗乎. 意而子曰 雖然, 吾願遊於其藩. 許由曰 不然. 夫盲者無以與乎眉目顏色之好, 瞽者無以與乎青黃黼黻之觀. 意而子曰 夫無莊之失其美, 據梁之失其力, 黃帝之亡其知, 皆在鑪捶之間耳. 庸詎知夫造物者之不息我黥而補我劓, 使我乘成以隨先生邪, 許由曰 噫. 未可知也. 我爲汝言其大略. 吾師乎! 吾師乎! 韲萬物而不爲義, 澤及萬世而不爲仁, 長於上古而不爲老, 覆載天地, 刻彫衆形而不爲巧. 此所遊已.

않으며, 천지天地를 싣고 덮어 뭇 사물을 조형하지만 기교로 여기지 않는다. 이는 노니는 것일 뿐이다.

장자는 〈망인의〉를 해체 공부의 일차적 과제로 제시한다. 인의는 사회 도덕적 이념으로서 당위적 규정을 지시한다. 〈망인의〉는 당위를 잊는 것, 즉 당위의 절대적 근거를 해체하고, 탈근거[21] 위에 서는 것이다. 장자의 표현을 빌리면, 〈망인의〉는 묵형을 치료하여 일단의 온전함을 회복하는 것이다. 그러면 인의의 당위는 왜 잊어야 하는가.

인의의 기준을 세워 당위적 범주를 한정하게 되면, 인의 너머의 실상을 보기 어렵게 된다. 즉, 인과 의를 세우면 필연적으로 '불인不仁'과 '불의不義'를 마주 세워 배척하거나 단죄하게 된다. 하지만 주의할 것은 장자에게서 〈망인의〉가 인의를 행하지 않거나 행하지 말라는 것을 뜻하지는 않는다는 점이다. 〈망인의〉는 인의를 따로 세워서 행하지 않음이요, 남에게 강요하지 않음이다. 인의를 행해도 그것을 인의라고 명목을 지어 의식하지 않는다는 것이다. 인용문에서 허유가 말한 '만물을 조화롭게 하지만 의로 여기지 않고, 은택이 만세에 미치지만 인으로 여기지 않는다'는 것은 인의를 행하면서도 인의를 행한다는 의식을 갖지 않음이요, 인의를 행해도 행하는 자(주체)를 세우지 않으며, 따라서 인의를 행해도 그 마음에는 그 행적이나 자취를 남기지 않는 것이나. 장자는 허유의 입을 빌려, 이를 다만 '노닐었을 따름'이라고 표현한다.

장자에게서 '놀다' '노닐다(遊)'라는 표현이 대단히 자주 등장한다. 일반적으로 유심遊心이나 소요逍遙는 '한가로이 노니는 마음'으로 해석되는데, 이은 곧 무목적無目的 행위, 즉 무위無爲를 가리킨다. 이것은 이성적이고 계산적인 사유가 개입되지 않은 것, 이분법적인 택일적 사유가 해체된 마음의 상태를 지시한다.[22] 독일의 미학자인 쉴러는 "인간은 놀이를 즐기고 있을 때만이 완전한

───────────────

21) 하이데거의 개념이다. 제2장에서 상세히 논한다.

인간"이라고 하고, 요한 호이징가는 '인간은 호모사피엔스(지혜 있는 사람)가 아니고, 호모루덴스(노는 사람)'라고 정의한다. 그는 놀이란 자유로운 행위이며 실제 생활 밖에 있고, 물질적인 이익이나 효용과 관계가 없으며, 자기가 만들어 내는 한정된 시간과 공간 안에서 일정한 규칙에 따라 질서 정연하게 이루어지는 것이라고 한다.23) 김형효는 장자의 이 표현에 대해 매우 명석한 해석을 제시한다.

> 우리는 장자의 진술에 '노닐다' '놀다' 등의 표현이 많은 데 주목해야 한다. 놀이는 단가성의 논리를 거부한다. … 놀이는 아이들의 영역이다. 어른도 놀이의 충동을 느낀다. 놀이는 모든 이성적 판단과 선택의 요구를 거부하는 마음에서 움튼다. 놀이는 계산적 사고의 부정이다.24)

계산하지 않고 택일하지 않는 마음은 특별히 무언가를 원하지 않고, 추구하지 않으며, 무엇인가 행함에 있어 그 어떤 목적도 갖지 않는다. 아무런 동인動因 없이 행동한다. '노니는 삶'은 그 어떤 존재 이유도 필요로 하지 않고, 그 자체로 산다. 자신이 행하는 행위에 대해 어떤 이유도 갖지 않는다.

다음으로 장자는 안회의 입을 빌려, 두 번째로 〈망예악〉를 제시한다. 그런데 예악이 해체 공부에 있어 인의 다음 대상이 되는 것은 무슨 까닭인가. 인의는 당위적 규정이다. 앞에서 이미 인의는 묵형이라고 표현한 바 있으니 장자가 인의를 당위적 구속이자 자연이연自然而然의 실상을 협애화하고 왜곡하는 것으

---

22) 노니는 마음(遊心)은 현대 서양 미학에서 말하는 유희론遊戱論과 아주 흡사하다. 유희론은 독일의 프리드리히 쉴러(1759-1805)에서 시작되었다. 쉴러에 의하면 인간에게는 감성적인 충동, 이성적인 충동 그리고 유희의 충동 이렇게 세 가지 충동이 있는데, 이 가운데 유희의 충동이 감성적인 충동과 이성적인 충동을 결합시키고, 또 이 유희의 충동이 창작의 주요 동력이 된다고 본다.

23) 『호모루덴스』, 요한 호이징가, 김윤수 역, 까치, 1981 참조.

24) 『노장사상의 해체적 독법』, 김형효, 청계, 1999, 310쪽.

로 규정한 바 있다. 그런데 예악은 왜 그다음을 차지하는가. 그리고 예와 악은 왜 병칭되는가.

장자의 서술 특징 가운데 하나는 좀처럼 동어 반복을 허용하지 않는 것과 자신이 사용한 개념의 의미를 부연 서술하지 않는 것이다. 예컨대, 장자는 인의와 예악 등의 개념을 사용하지만 그것이 무엇을 지칭하는지 설명하지 않는다. 자신이 사용한 개념이 다시 고정화되게 되면, 언어의 실체성, 즉 지시하는 언어가 있으면 그에 해당하는 지시 사물이 실체로 존재한다고 여기는 관념을 해체하려는 자신의 목적에 어긋나는 것이 아마도 그 이유 가운데 하나일 것이다. 실체성을 부정하는 장자의 입장에서 보면, 개념으로 고정화하여 인의와 예악을 하나의 실체로 여겨지게 만드는 것은 자기모순에 빠지는 결과를 가져올 수 있기 때문이다. 그렇기 때문에 우리는 장자가 어떤 의미에서 예악이라는 개념을 사용했는지는 다른 텍스트의 전거를 통해서 논할 수밖에 없다.

『예기禮記』에 따르면, 예와 악은 종법 봉건 사회의 구별(分)과 조화(和)를 반영한 것으로,[25] 예와 악의 제작(制禮作樂)은 동시에 이루어졌다. 예가 '다름과 구별'을 강조한다면, 악은 '같음과 조화'를 강조한다. 그렇지만 이 둘은 공통적으로 인간의 현실(人情)을 관장한다.[26] 그리하여 악은 세상의 조화(和)를 도모하고, 예는 세상의 질서(序)를 도모한다.[27] 악이 없는 예는 기계화된 형식으로 전락하여 경직되고(離), 예가 없는 악은 음란으로 흐르게 된다(流). 그렇기 때문에 예와 악은 병칭되어야 그 의미를 제대로 드러낼 수 있다. 예와 악은 병행되면서 기존 질서의 조화와 안정을 공고히 하는데 그 목적을 두고 있다. 유학의 범위에서 공자가 말한 '예'란 주周나라 이래 신분제와 가족제의 기반 위에서

---

25) 『禮記』 앞의 책, 「樂記」, 461쪽. 樂이란 同을 위한 것이요, 禮란 異를 위한 것이니. 同하므로 相親하고 異하므로 相敬한다. 樂者爲同 禮者爲異 同則相親 異則相敬.

26) 『禮記』 앞의 책, 「樂記」, 476쪽. 음악은 같음을 통하게 하고, 禮는 다름을 구별한다. 禮樂의 설은 人情을 관장한다. 樂通同 禮辨異 禮樂之說 管乎人情矣.

27) 『禮記』 같은 책, 같은 곳. 463쪽. 樂者天地之和也 禮者天地之序也.

세워진 사회 질서이자 규범이다. 공자는 "사람이 인하지 않으면 예가 무슨 의미가 있으며, 사람이 인하지 않으면 악이 무슨 의미가 있느냐"고 하면서, 예가 도덕과 분리되어 형식화되는 것에 강력하게 반대하였다.[28]

요컨대, 〈예악〉이란 사회의 질서와 안정을 도모하기 위한 하나의 사회 시스템이라고 볼 수 있다. 이 예악을 장자식 관점에서 보면 인간 사회의 질서를 도모, 유지하기 위한 '부득이不得已의 원칙'[29]에 따른 '최소한의 합의'로서의 장치 혹은 제도이어야 한다. 그러나 현실에 있어 예악의 형식적 위의威儀는 본래의 의미와 취지에서 벗어나, 거의 묵형의 수준으로 인간을 옭아매며, 더 나아가 실상에서 멀어진 허구적인 틀로서 작용할 위험이 상존한다. 예악이 고정화된 규범이 되면서 그것은 인간의 필요에 의해 설치된 '최소한의 합의'로서의 시스템에서 멀어져 각 개별자의 고유성을 그 틀 안에 맞추어 넣으려는 억압적인 기제로 작용하고, 그 틀의 고정성이 좀 더 경직된 것으로 계승되면서 제도화되고 실상을 왜곡할 가능성이 커진다. 그런 의미에서 장자는 존재의 실상(道)을 회복하기 위한 전제 조건으로 〈망인의〉와 〈망예악〉을 제시한 것으로 볼 수 있다. 그럴 때만이 사물을 있는 그대로 수용하고 비출 수 있는 허심(mirroring)이 가능하기 때문이다.

3. 좌망과 동어대통

장자의 해체는 〈망인의〉와 〈망예악〉에서 한 걸음 더 나아가 〈자아〉의 해체 작업에 이른다. 〈자아〉의 해체는 장자의 해체에 있어 줄곧 궁극적 대상이 되고 있는 것인데, 안회가 이 지점에 이르렀음을 알리자 공자는 '놀람'의 형태로 집중적인 관심을 표명한다. 안회는 이 〈자아〉의 해체를 의미하는 좌망坐忘을 이렇

---

28) 『論語』, 「八佾」, 3. 子曰 人而不仁 如禮何 人而不仁 如樂何
29) 〈부득이〉는 장자의 주요 원칙 중 하나이다. 「인간세」 편에서 자세히 논할 것이다.

게 설명한다.

> 안회가 답한다. 팔과 다리를 버리고墮肢體, 총명을 몰아냈으며出聰明, 형形을 떠나고
> 지知를 버려 동어대통同於大通하였습니다.[30]

안회가 설명하는 〈좌망〉은 실체적 사유의 해체이다. '자아'가 실체가 아님을, 마음과 의식이 실체가 아님을 깨닫는 것이다. 그리하여 일신一身이 실체라는 관념과 의식을 해체하고 '나'가 아는 것이 다만 '나'의 마음에 비친 것을 해석한 것임을 알고 시비是非의 판단을 중지하는 것이다. 〈좌망〉은 대단히 구체적이고 마이너스적인 공부를 통해서 얻어지는 역설적인 성과이다. 장자의 부정은 긍정의 다른 얼굴을 안고 있다. 안회가 '망忘'을 통하여 '익益'하는 것처럼 '버림'으로써 '얻고', '비움'으로써 '채우는' 결과를 가져온다.

먼저 안회는 자신의 육체를 실체로 간주하여 그것에 의지하고 매이는 것에서 벗어났다고 말한다(墮肢體). 실체로 여기지 않음은 육신이 고정 불변의 절대성을 갖는 항상적인 존재가 아니라고 보는 것이다. 마치 허공에 그려놓은 연기처럼 곧 스러지고 말 허환虛幻하고 순간적인 것임을 알았다는 의미이다. 다시 말해, 변화하는 육신이라는 현상의 배후에 불변의 고정적인 존재론적 원리, 즉 형이상학적 불변자가 존재하지 않음을 알았다는 것이다. 그리고 자신이 보고 듣는 것을 실체로 여겨 의지하거나 매이지 않게 되었다(出聰明). 또 자신의 인식 세계에 들어온 형形, 즉 사물과 현상들을 실체로 여겨 집착하지 않으며 그것을 통해 얻은 지식을 소유하려 하지 않게 되었다(離形去知). 우리 눈에 보이는 사물과 현상들이 '없음(無)'에서 나와 '있는 것(有)'처럼 보이다가 결국 '없음'으로 돌아가는 고정적인 자기 동일성이 없는 것임을 깨달았기 때문이다. 결국 '나'를 비우는 것, 허심으로 복귀하는 것, 장자의 표현을 빌리면 〈무기無己〉

---

30) 『莊子集釋』, 「大宗師」, 284. 顔回曰 墮肢體, 黜聰明, 離形去知, 同於大通, 此謂坐忘.

이다. 〈심재心齋 이야기〉[31]에서 안회는 이를 이렇게 정리한다.

> 심재心齋하기 전에는 안회라는 '나'가 실체로 있었지만, 심재를 하고 나니 애초부터
> '안회'라는 '나'가 있지 않음을 알았다.[32]

심재 전에는 '나'가 있었지만, 심재 후에 '나'가 애초부터 존재하지 않았음을
알았다는 안회의 진술은 '나'라는 물리적 존재의 유무를 논하는 것이 아닐 것
이다. '나' 없음이라는 '무기'는 물리적인 '나'의 존재를 파괴하거나 소멸시키
는 것이 아니라, '나'라는 존재가 고정된 존재론적인 본질을 갖는 '실체'가 아님
을 의미한다. '나'라는 존재의 자기 동일적인 독립성이 해체되면, '나의 주장'이
나 '나의 것'을 내세울 수 있는 주체는 설 수 없게 된다. 그리고 해체 공부를
통해 이를 자각하게 되면서 우리는 연속적 세계의 실상에 복귀해 들어간다는
것이 장자의 생각이다. 장자는 이를 '동어대통'이라고 표현한다.

'통通'이 주는 이미지는 연속이요, 하나로의 연결이다. 장자에게서 '통함'이
란 물리적인 끈으로의 묶임이 아니라 '마음'에서의 유대를 지시한다. 안회의
보고에 따르면, 〈좌망〉을 통해 얻은 것은 무기無己이고, 그 결과로 체험한 것은
동어대통이다. 즉 자아와 세계의 이분법이 해소되고 존재의 연속성에 통하여,
세계와 '나'는 분리 불가능한 연속체로 연결되었다는 것이다. 이런 합일은 장
자에서 진인眞人 혹은 지인至人으로 의인화된다.

이와 같은 마음의 전회는 존재의 전 과정에서 중단되지 않는 연속성을 유지
하면서, 소유 세계에 거하면서도 그 세계에 초탈한 고요함과 평화를 누리게
한다.[33] 자아와 세계, 혹은 자아와 타자, 삶과 죽음, 시是와 비非의 이분법적

---

31) 「인간세」 초두에 수록되어 있다. 공자와 안회가 등장하여 인간의 역사 세계에 대처하는
   방법을 놓고 논변한다. 뒤에서 상세히 논할 것이다.

32) 『莊子集釋』, 「人間世」, 148쪽. 顏回曰 回之未始得使, 實自回也. 得使之也, 未始有回也. 可謂虛乎.

33) 『莊子集釋』, 「天道」, 聖人之心靜乎! 天地之鑑也, 萬物之鏡也.

분리 너머에서 이루어지는 동어대통은 어떤 이상적인 영역으로 탈출해 들어감으로써 얻는 것이 아니라 그 반대, 즉 안회의 말대로 〈망忘〉이라는 해체 작업을 통해 이루는 것이다. 그 해체를 통해 자신을 '구체적이고 지속적인, 바로 지금 여기'에서 허심으로 세계에 응하면서 우주적 유대가 회복된다.[34] 장자에 따르면, 그것이 존재의 본래 모습, 즉 존재의 실상이다.

4. 동어대통의 연속적 유대와 〈물고기 이야기〉

공자는 안회의 이런 성취를 칭찬하면서, 그 연속성에로의 합일에서 드러나는 모습을 이렇게 정리한다. "동어대통하였으니 따로 좋아하는 것도 없고(無好), 물화物化에 몸을 맡기니 고정된 것(常)도 없구나. 과연 훌륭하구나. 내가 너를 따라 배워야겠다."[35]

장자는 〈망인의〉·〈망예악〉·〈좌망〉의 해체 작업을 통한 연속적 유대의 회복을 자유롭게 노니는 〈물고기 이야기〉로 표현한다. 이 이야기에서 장자는 공자의 앞의 말(同則無好也 化則無常也)을 주체와 객체를 모두 잊고 그 연속성의 변화를 따른다(兩忘而化其道)고 부연한다.

> 샘이 마르면 물고기들은 땅위로 나와 서로 물기를 불어주고 물방울로 적셔주지만, 강호江湖에서 서로를 잊고(兩忘) 사는 것만 못하다. 요堯를 칭송하고 걸桀을 비난하는 것은 양망兩忘하여 화기도化其道하는 것만 못하다.[36]

---

34) David Hall, 『한 대의 사유 *Thinking from the Han*』, 176쪽 참조. 그는 一의 의미를 연속 (continuity)으로 읽는다. 'concrete and persistent here and now'.

35) 『莊子集釋』, 「大宗師」, 285쪽. 仲尼曰 同則無好也, 化則無常也. 而果其賢乎. 丘也請從而後也.

36) 『莊子集釋』, 「大宗師」, 242쪽. 泉涸, 魚相與處於陸, 相呴以濕, 相濡以沫, 不如相忘於江湖. 與其譽堯而非桀也, 不如兩忘而化其道.

이 구절에서 물고기가 '물을 떠나 있는' 상황은 '천인天人의 연속 관계(道)'에서 천天과 인人을 분리시켜 '인人의 세계'를 별도로 수립한 인간 중심적 역사세계를 지시하는 메타포로 볼 수 있다. 장자가 「대종사」에서 "물고기는 강호江湖에서 상망相忘하고, 사람은 도道에서 상망相忘한다"[37]고 말한 것을 보면, 물과 물고기의 연속성은 도와 인간의 연속성에 대한 유비적 수사修辭이다. '물고기가 물에서 노니는 것'은 세계와의 연속성을 의미하는 메타포이다. 연속성 속에서 결여 없이 조화롭게 산다. '물 밖으로 나옴'의 메타포는 연속성의 이탈, 곧 '자아'의 독립화, 고정화, 실체화를 상징한다. 결국 물고기는 물이라는 연속적 공간에서 살고 우리는 도라는 연속적 공간에 살면서, 물고기가 강호에서 서로를 잊고 자유로운 것처럼 우리는 도에서 서로를 잊고 자유롭게 살 수 있다는 것이 장자의 생각이다.

이런 맥락에서 보면, '땅 위로 나온 물고기'는 인의와 예악의 도를 배워 질서와 규범을 지키기 위해 수고를 무릅쓰며 살아가는 우리의 모습을 나타내는 메타포이다. 인의와 예악의 수립은 선악을 가르고, 시비를 나누며, 선善과 시是를 지키고 악惡과 비非를 배타하고 응징해야 하는 일을 수반한다. 장자에 따르면 피곤한 일이다. 결국 물고기들은 말라 죽고 만다. 아무리 서로를 살려주려고 물기를 적셔주어도 거기엔 한계가 명백하다. 이는 택일적 사유의 유위有爲이기 때문이다.[38] 장자식 사고에 따르면, 이분법적인 택일적 사유는 상대적으로 성립되는 가치를 절단하여 한쪽을 택하고 다른 한쪽을 버림으로써 가치를 반쪽으로 만드는 실상의 왜곡이다. 오히려 서로 살려주려고 애쓰지 말고 자유롭게 살 수 있는 강호에 있는 것이 온전히 서로를 살리는 길이다. 아름다운 선행이

---

37) 「대종사」, 272. 魚相忘乎江湖, 人相忘乎道術.

38) 장자는 유위有爲에 대해 아무런 개념 설명을 하지 않는다. 그리고 중요한 개념으로 무위와 유위를 가르지 않는다. 장자 전편의 내용에 의거해 연역해보면, 유위란 상대적인 대립적 가치들, 예컨대 생과 사, 시와 비, 미와 추, 선과 악, 이와 해, 득과 실, 동과 정, 남과 여 등을 이분법적으로 나누고 이 가운데 하나를 택하고 다른 하나를 버리는 인위적 가치체계에 따른 이원적인 택일적 사유를 가리킨다고 보인다. 여기서는 이런 의미로 사용하였다.

선악과 시비를 잊는 것만 못하다. 그러므로 장자는 이어서 선행의 대표적 상징인 요를 칭송하고 악행의 상징인 걸을 비난하는 것은 시비선악의 양쪽을 모두 잊고(兩忘) 그 연속적인 본래적 실상에 복귀하는 것만 못하다고 말한다. 장자는 이를 〈양망兩忘〉이라 칭하는데, 〈양망〉은 자연과 인간, 선과 악, 시와 비 등의 경계를 모두 잊는 것, 즉 이분법적 경계를 해체하고 하나로 연속되어 통하는 것이다.

연속성 회복의 다른 표현은 변화와 하나가 된다는 것이리라. 즉 변화를 타는 것, 변화를 있는 그대로 수용하는 것이다. 또 경계선이 없는 어떤 것을 경험하는 것이다. 타자와 하나 됨(爲一)을 경험하는 것은 "동일성"을 경험하는 것이 아니라 "연속성"을 경험하는 것이다.[39]

---

[39] 이것은 우리에게 어떤 감정을 수반하는 경험으로 전환될 수 있다. 예컨대 타자에 대한 사랑이나 타자의 고통에 대한 아픔 등으로 나타날 수 있다. '사랑'이 대상에 대한 소유의 관념으로 전락하지 않는다면 이 사랑은 타자에 대한 연속의 경험이다. '고통'의 공유는 '사랑'이라는 관념보다, 연속의 경험을 더욱 강화시키는 형태이다. 이 두 가지를 통합하면 일종의 '자비慈悲'라는 하나의 태도로 정립된다.

2장. 세계에 대한 장자의 해체적 시각

1절. 세계에 대한 실체적 사유의 해체

세계에 대한 장자의 해체적 시각에서 핵심은 장자가 세계를 실체론적으로 보지 않는다는 데 있다. 장자는 「대종사」에서 '세계를 안다는 것은 그 무언가 (所待)의 대상에 대한 이해인데, 그 무언가의 대상은 결코 고정되어 있지 않다 (所待者 特未定也)'라고 말한다.[40] 그에 따르면 세계는 독립적이고 자기 동일성을 갖는 어떤 고정된 세계가 아니다. 한 순간의 고정도 없이 변화하고 유전하며 각 개별자가 중층적으로 관계되면서 맺어지는 복합적인 그물망과 같은 하나의 장場이고, 그 안에서 개별자들은 자발적으로 서로 거래한다. 그런 면에서 개별자들은 구별되지만 차별되지 않는 동등함을 갖는다.

이런 견해는 서구의 지적 전통에서, 우주의 본질을 상정하고 인간의 정신이나 본질은 그것과 특별하고 밀접한 관계가 있다고 간주하는 것과 매우 대조된다. 그리스 사상에서 이런 견해는 플라톤에 의해 대표되는데, 플라톤과 장자는 세계에 대해 대단히 유사하게 분석하지만, 그 최종적 결론에 있어서는 반대의 방향을 취한다. 플라톤은 『크라튈로스 *Cratylus*』에서 이런 견해를 피력한다.

> 소크라테스: 나는 명명命名이 실제로 만물이 운동하며 변화하고 있다는 생각 아래서 지어진다는 것을 부정하지 않는다. 그것은 만물의 실상이다. 그러나 나는 그릇된 견해라고 생각한다. … 그리고 우리는 분명하게 언제나 사라져 버리는 미美에 대해 말한다. 그리고 먼저 이것이 있는 다음 저것이 있다. 단어가 우리 입에 있는 동안

---

40) 『莊子集釋』, 「大宗師」, 225쪽. 夫知有所待而後當. 其所待者特未定也.

그 말에 해당하는 사물은 이미 생겨났다 사라지지 않는가?

크라튈로스: 의심의 여지가 없습니다.

소크라테스: 그러면 어떻게 결코 동일한 상황에 존재하지 않는 실제적인 사물이 존재할 수 있는가? 그 동일성이 남아 있는 동안, 명백히 동일한 사물은 변화하지 않는다. 만일 사물들이 언제나 동일하고, 동일한 상태에 있으며, 결코 그 본래의 형태에서 벗어나지 않는다면, 결코 바뀌거나 변화하지 않을 것이다.

크라튈로스: 확실히 변하지 않을 겁니다.

소크라테스: 사물들은 어느 누구에게도 알려질 수 없다. … 그러나 지식의 본질이 변화한다면, 동시에 그 변화는 어떤 지식도 존재하지 않는 상태를 유발할 것이다. 만일 변화가 언제나 진행된다면 언제나 앎은 존재하지 않을 것이다. 이런 견해에 따르면 알 수 있는 자는 어디에도 없고, 알려질 수 있는 것도 어느 것도 없다. 그러나 만일 아는 자와 알려지는 것이 존재한다면, 나는 그것들이 우리가 지금 생각하는 것처럼, 어떤 과정이나 유전流轉과 비슷할 것이라고 생각진 않는다.[41]

플라톤의 입장은 명백하고 일관된다. 만물이 변화하고 운동한다는 것은 세상의 실상이고, 따라서 자기 동일성을 유지하는 고정된 실체란 존재하지 않지만, 그것은 올바른 견해라고 할 수 없다는 것이다. 왜냐하면, 변화가 언제나 진행되기만 하다면 우리는 아무것도 알 수 없고, 앎의 대상도 존재할 수 없으므로 어떤 지식도 존재하지 않는 상태가 유발될 것이기 때문이라는 것이다. 즉, 우주가 부단히 변화한다면 정확하고 절대적인 지식이란 불가능하다. 아무것도 알 수 없고, 알 수 있는 대상이 아무것도 없다는 것은 플라톤에게 받아들여질 수 없는 것이다. 그러므로 자기 동일성을 갖지 않고 변화하는 세계의 모습은 존재의 실상이라고 할 수 없다. 이런 이유로 플라톤은 실체(reality)는 변화하지 않는다고 결론 내린다.

---

[41] Plato, *Cratylus*, Stephanus 439-440. Jowett, Ⅰ. 228-229. *What is Taoism*, Herrlee G. Creel. 26쪽에서 재인용 the University of Chicago press. Chicago and London.

이에 반해, 동일한 문제에 대해 대단히 유사한 분석을 행하는 장자는 플라톤과 반대의 결론을 내린다. 세상은 한시도 쉬지 않고 변화하는 것이 실상이며, 그렇기 때문에 엄격한 의미에서 대상에 대한 앎이란 불가능하며, 변화하지 않는 실체(reality)란 존재하지 않는다는 것이다.

플라톤과 장자가 행한 변화하는 세계에 대한 분석과 고뇌는 동서를 막론하고 진행되어온 유서 깊은 문제이다. 이와 관련하여 여타의 존재론적 견해를 박이문은 이렇게 정리한다.

> 변화하는 사물과 현상은 그 자체를 존재하는 것으로 볼 수 없다. 가령, '이것이 강아지이다'라고 말할 때 만약 강아지가 각 순간 변화한다면 어떻게 그 강아지가 존재한다고 할 수 있겠는가. 그러므로 참다운 존재는 항상 변화를 계속하는 사물과 현상, 오직 부분이나 한 측면에 불과하다고 밖엔 볼 수 없는 사물과 현상 너머, 혹은 그 밑바닥에 있을 수밖에 없을 것이다. 그리하여 동서를 막론하고 많은 철학가들은 우리가 보통 존재한다고 믿는 사물이나 현상은 진정한 존재가 아니라는 생각에 도달했다. 힌두교에서는 사물과 현상을 '환상maya'이라고 믿었고, 이것과 대립해서 참다운 존재를 '브라만brahman'이라고 불렀다. 플라톤은 가사可思세계(intelligible world)에 존재하는 이데아를 실재하는 존재로 보고 우리가 경험을 통해서 있다고 믿는 물질의 세계를 '껍데기appearance'라고 보았다. 그리고 칸트도 가시적 세계와 비가시적 세계를 구별해서 각기 현상phenomena과 본체noumena라고 불렀다. 힌두교, 플라톤, 그리고 칸트의 위와 같은 존재론의 특색은 사이비적 존재와 진짜 존재로 각기 나누어 보고 진짜 존재를 비물질적인 것, 관념적인 것으로 보고 있는데 있다.[42]

여기에서 주목할 것은 힌두교나 플라톤, 칸트 등은 진정한 존재를 구하기

42) 『노장사상』-철학적 해석-. 박이문. 43-44쪽. 문학과지성사. 서울. 2005.

위하여 세계 자체를 이원화하여 '참된 것'과 '거짓된 것'으로 나누어 사유했다는 점이다. 그런데 이점은 장자의 사유와는 극적으로 대비되는 측면이다. 장자는 철저히 이분화 혹은 이원화하는 것을 거부한다. 그는 참된 존재의 세계가 우리가 경험하는 세계너머에 별도로 존재한다고 보지 않는다. 오히려 변화하는 세계 자체를 실상으로 보고, 참된 존재를 찾기 위해 변화하는 세계를 고정시키거나 이상적인 세계를 그려내는 것에 반대한다.

현상에 대해서는 유사한 이해에 기초하고 있지만, 장자가 내린 결론은 우리가 경험하는 세계 자체가 불변적인 고정성 없이 유전하고 변화하는 그물망이라는 것, 얽힌 채로 변화하고 유전하는 세계의 경계를 구분하고 표현할 수 있는 확정적인 지식이나 진리를 찾아내는 것은 불가능하다는 것, 실상의 세계는 그 자체로 연속되어 있다는 것, 그런데 세계의 연속성을 단절시키고 고정시켜 개념적으로 이해하는 것은 '우리의 마음'이라는 것이다. 장자는 실상을 이탈하여 세계를 고정시키고 자아를 세우는 마음을 성심成心으로 표현한다. 성심의 문제는 '없는 것(실체 없음)'을 '있다(실체)'고 생각하고, 그것을 토대로 하여 허상에 불과한 온갖 문제를 야기한다는 데 있다. 장자는 세계의 '주재자 없음'과 '구별 없는 연속성', 그리고 '고정적인 실체성이 없는 세계'를 표현하기 위하여 〈대괴大塊〉라는 메타포를 사용한다.

1. 고정적인 실체성이 없는 세계: 대괴

대괴大塊는 『장자』「내편」에서 세 차례에 걸쳐 나온다. 세 번 모두 자연自然, 도道, 세계의 실상 등의 의미로 사용되는데, 이 세 구절 중 두 구절은 정확히 일치하는 동일한 구절의 반복이다.[43] 그렇기 때문에 실제의 용례는 두 가지라

---

43) ① 『莊子集釋』, 「齊物論」, 45-46쪽. 子綦曰 夫大塊噫氣, 其名爲風. 是唯無作, 作則萬竅怒呺. 而獨不聞之翏翏乎. 山林之畏佳, 大木百圍之竅穴, 似鼻, 似口, 似耳, 似枅, 似圈, 似臼, 似洼者, 似汚者 ; 激者, 謞者, 叱者, 吸者, 叫者, 譹者, 宎者, 咬者, 前者唱于而隨者唱喁. 泠風則小和, 飄風則大

고 볼 수 있다.

① 자기子綦가 말했다. 대저 대괴大塊가 뿜어내는 기운을 이름하여 바람이라 한다. 바람이 일지 않으면 그뿐이지만, 일어나면 만 가지 구멍들이 요란하게 소리를 낸다.

② 대괴大塊는 나에게 형체를 주어 실어주었고, 나를 태어나게 하여 수고롭게 하였으며, 나를 늙게 하여 편안하게 해 주었고, 나에게 죽음으로 휴식을 주었다. 그러므로 나의 삶을 훌륭하게 하는 것은 나의 죽음을 훌륭하게 하는 소이所以가 된다.

'대괴'는 거대한 흙무더기란 의미로, 도의 자연 과정의 실상을 의미하는 은유인데, 이 대괴는 퍽 흥미로운 메타포이다. 장자가 보는, 있는 그대로의 세계인 자연은, 인간이 언어로 구분하고 개념을 고정하기 전에는 그 자체로 경계선을 가진 적이 없다. 세계는 고정된 실체도, 모양도, 인과적 질서도, 어떤 목적이나 의도도, 그리고 중심도 갖지 않는다. 데이비드 홀(David Hall)과 로저 에임스(Roger Ames)는 이러한 논의를 뒷받침하는 견해를 제시한다.

(대괴는) 우선 탈중심성(하나의 덩어리가 어떤 것의 중심이 될 수 있겠는가), 분석에 대한 무관심(하나의 덩어리는 단위 구성 요소로 분해되지 않고 으스러져 버린다), 위엄의 부재(덩어리들은 장엄하지 않다), 무인과성無因果性(하나의 덩어리가

和, 屬風濟則衆竅爲虛. 而獨不見之調調, 之 (ㅋㅋ) 〔刀刀〕 (二乎.)

② 『莊子集釋』,「大宗師」, 242쪽 .夫大塊載我以形, 勞我以生, 佚我以老, 息我以死. 故善吾生者, 乃所以善吾死也.

③ 『莊子集釋』,「大宗師」, 262쪽. 子來曰 父母於子, 東西南北, 唯命之從. 陰陽於人, 不翅於父母, 彼近吾死而我不聽, 我則悍矣, 彼何罪焉. 夫大塊載我以形, 勞我以生, 佚我以老, 息我以死. 故善吾生者, 乃所以善吾死也. 今 (之) 大冶鑄金, 金踊躍曰 我且必爲鏌鎁, 大冶必以爲不祥之金. 今一犯人之形, 而曰人耳人耳, 夫造化者必以爲不祥之人. 今一以天地爲大鑪, 以造化爲大冶, 惡乎往而不可哉. 成然寐, 蘧然覺.

진실로 무엇을 할 수 있겠는가), 무정형성(덩어리의 형태를 정확하게 무엇이라고 할 수 있겠는가), 비실체성(하나의 덩어리가 얼마나 오래 지속될 수 있겠는가), 목적론의 부재(도대체 하나의 덩어리가 무엇이 될 수 있겠는가, 무엇이 그것의 의도이겠는가) 등을 시사示唆한다.[44]

데이비드 홀과 로저 에임스에 따르면, 대괴의 '실체성 없음'은 어떤 것의 부정으로 정리된다. 탈중심성의 탈, 분석에 대한 무관심에서 무, 위엄의 부재에서 부, 무인과성의 무, 무정형성의 무, 비실체성의 비, 목적론의 부재에서 부 등이 그것이다. 역으로 이런 주장에서 '실체성'을 정의해본다면, 중심성(주재자)을 가지며, 분석 가능하고(경계 지을 수 있음), 장엄한 그 어떤 것이며, 인과적으로 설명 가능하고, 정형적인 모습을 가지며, 지속적인 자기 동일성을 일정한 목적 하에 유지하는 실재(reality)이다. 그러나 이 세계는 그 어느 것도 이런 조건에 부합하는 실재가 존재하지 않는다는 것이 장자의 입장이다.

장자에 의하면 세계는 어떤 의지나 목적을 갖는 중심, 혹은 주재자主宰者가 존재하지 않는다. 현상의 사물은 모두 자연으로 생성되고 변화하며 관계 속에

---

[44] David Hall and Roger Ames, *Anticipating China*, State University of New York Press, 1995, 233쪽에서 인용. 원문은 이렇다. In the first place, it(Great Clod) suggests eccentricity(Can a clod be the center of something?), indifference to analysis(A clod is not diassembled into its unit constituents: it crumbles), the absence of dignity(Clods are hardly majestic), acausality(What can a clod really do?), formlessness(What precisely is a clod's shape?), insubstantiality(How long does a clod last?), the absence of teleology(What in the world is a clod becoming? What is it meant to be?).
데이비드 홀과 로저 에임스는 공저 시리즈, *Anticipating China*, 『한대의 사유(Thinking from the Han)』, 『공자를 통한 사유(*Thinking through Confucius*)』를 출간하였다. 이 두 사람은 서양철학사의 혼란과 근대 문명의 문제를 서양의 이성 중심주의로는 극복 가능하지 않다고 보고, 그 극복의 대안적 사유로서 중국의 사유를 제시한다. 도저한 분석과 서양철학과의 비교 분석을 통해 이 분야 연구자들에게 대단히 계발적인 영향을 미치고 있다. 그러나 아쉽게도 아직 그들의 저작들은 한국어로 번역되지 않고 있다.

서 질서를 유지한다. 현상 배후에 존재하는 '절대자'에 의한 이원적 분리나 갈등은 존재하지 않는다. 만물은 저절로 그러하며, 그 의지하는 것을 찾을 수 없다. 즉 불변적인 존재론적 근거나 주재자를 세울 수 없고, 설사 세운다 해도 검증할 수 없다. 장자는 「제물론」에서 개별자들로부터 상이한 방식으로 울려 나오는 천뢰天籟45)에 주목할 것을 요구하면서 "그 소리는 만 가지로 다르지만, 스스로 그럴 뿐이고 스스로 취한 것일 뿐 소리 나게 하는 자가 누구이겠는가.46)"라고 말한다. 각각의 개별자는 자신의 성性에 따라 생성되고 소멸된다. 어느 것도 왜 그렇게 되었는지 알 수 없으며, 누구의 주재하에 그렇게 되었는지 확정할 수 없다. 서구의 합리적 사유는 이 세계를 주관하는 초월적 존재가 있다고 상정하고 그에 따라 세계의 질서를 구축한다. 그러나 장자에서는 주재자主宰者가 따로 설정되지 않는다. 오직 자연이연이다. 장자는 각 개별자들의 서로 다른 특유의 시각에서 구성된 세계를 성찰하도록 우리를 인도한다.

다양한 개별자의 존재 과정은 연관의 산물일 뿐이다. 특별히 그것을 관장하거나 결정하는 불변적인 중심이 존재하지 않는다. 모든 존재자는 모두 연관되어 서로 의지하고 있지만 그 의지하는 바의 끝(주재자)을 알 수 없다. 장자는 이것을 〈망량罔兩 이야기〉를 통해서 설명하는데, 이 이야기는 망량과 경景의 대화로 구성된다. 망량은 그림자(景)의 가장 자리에 생기는 옅은 그림자이다.47) 자신이 그림자임을 아는 그림자(景)와 그것을 모르는 그림자(罔兩)의 대화를 통해 장자는 형이상적 궁극자에 대해 알 수 없음을 논하고, 그것조차 실체

---

45) 천뢰 역시 도의 다른 칭위이다. 장자는 도에 대하여 다양한 뉘앙스를 갖는, 그리고 미세하게 강조점에서 차이가 나는 어휘를 사용한다. 예컨대, 도나 천도, 자연, 천예, 천균, 대괴 등은 대체로 도에 가까운 개념이다. 즉 실상을 표현하는 말인데, 단일한 어휘 하나로 종합하거나 통일하지 않는다. 역시 단일하고 통일적인 의미로서의 개념을 부정하는 莊子의 입장을 보여주는 듯하다. 천뢰의 경우는 다양성과 관계성 속에서의 발현이라는 의미가 강조된 개념이다. 뒤에서 자세히 논하기로 한다.

46) 『莊子集釋』, 「齊物論」, 50쪽. 子綦曰 夫吹萬不同, 而使其自己也, 咸其自取, 怒者其誰邪.

47) 『莊子集釋』, 「齊物論」, 곽상 注, 110. 罔兩. 景外之微陰也.

가 아님을 논한다. 〈망량 이야기〉를 정리해보자.

> 망량이 그림자에게 묻는다. 그대는 왜 그리도 종잡을 수 없이 움직이는가. 왜 주체
> 성을 가지고 지조 있게 움직이지 못하는가?
> 그러자 본 그림자가 답한다. 내가 무엇에 의존해 있는 게 아닐까. 그리고 내가 의존
> 하고 있는 것 역시 무언가에 의존해 있는 게 아닐까. … 왜 그런지를 내가 어떻게
> 알며, 그렇지 않은지를 어떻게 알까.[48]

그림자의 그림자인 망량이 의지하고 있는 것은 그림자 경景이다. 그림자 경
은 어떤 형체에 의지하고 있다. 그리고 그 형체는 또 어떤 것(주재자 혹은 궁극
자)에 의지할 것이다. 그렇다면 그 궁극자는 어디에 의지하겠느냐는 것이다.
분명 만물은 서로 의지하여 연관되어 있는데, 그 의지依支의 궁극, 다시 말해
근거를 소급해 들어가다 보면 역시 무한소급에 빠지게 되고, 결국 도달하는
곳은 '졸호무대卒乎無待'의 의지하는 바 없음, 즉 '궁극적 원인자 없음'에 도달하
게 된다는 것이다.

> … 그리고 이 실체성을 해체하게 되면 존재의 실상에 가까워진다(是亦近矣). 그러나
> 그런 존재의 실상을 누가 주재하는지 알 수 없다. 실사 주재가 있다 해도 그 조짐을
> 알 수 없다. 연관에 의해 이루어지는 작용은 있으나 그 실체를 볼 수 없고, 실상은
> 있어도 형체는 없다.[49]

자연의 존재 과정은 분명히 작용하지만 그 형체를 잡아낼 수 없다. 고정적인
객관적 실체가 아니기 때문이다. 변화하고 유전하는 세상 그 자체의 모습일

---

48) 『莊子集釋』,「齊物論」, 110-111. 罔兩問景曰 曩子行, 今子止 曩子坐, 今子起, 何其無特操與 景曰
吾有待而然者邪. 吾所待又有待而然者邪. 吾待蛇蚹蜩翼邪. 惡識所以然. 惡識所以不然.

49) 주 3)에서 인용한 구질과 같다.

뿐이다. 중심, 환원해 들어갈 궁극적 주재자의 부재는 필연적으로 주종主從의 인과적 관계를 해체시킨다. 인과적 관계의 해체란 사유에 있어 매우 중요한 의미를 지닌다.

〈근거〉와 〈원인〉은 서로 다르다. 〈근거〉는 현상을 자동사적 혹은 자발적으로 생기生起하게 하지만, 〈원인〉은 결과를 타동사적으로 생산한다. 현상은 근거의 바깥에 존재하는 것이 아니다. 근거가 스스로 현현하는 것이 현상이다. 원인은 결과를 만든다. 그리고 결과는 늘 원인의 바깥에 있다. 그래서 원인은 결과를 소유하려는 욕망을 일으킨다. 원인으로서의 주체가 결과를 지배하기 위해선 필연적으로 자아 중심적으로 나아갈 수밖에 없다. 자아 중심주의는 인간 중심 주의로 나아간다. 인간 중심주의는 두 방향으로 나아간다. 경제 기술적 인간 중심주의는 이해관계를 분별한다. 도덕 당위적 인간 중심주의는 선악을 최종 적 기준으로 세상을 심판한다. 이 두 가지 경향 모두 분별적이고 택일적인 선택 적 논리에 소유적 사유가 진행되고 있다.50)

장자는 이러한 인과론적인 소유적 사유를 해체하고, 대괴라는 '고정된 근거 가 없는 근거', 즉 〈무〉에 기초하여 모든 존재자가 '자연이연'으로 현현하였다 고 본다. 그리고 이 원인이 되는 중심이 없이 연속적 세계 안에서 각 개별자들 은 각기의 중심을 가지고 평등하게 자신을 실현하고 있음을 우리에게 보도록 권유한다.

2. 탈중심 · 무정형 · 무목적 · 무인과적인 실체성 없는 세계: 혼돈

탈脫중심적이고, 무無정형적이며, 무無목적적이고, 무無인과적인 실체성 없 는 세계에 대한 또 하나의 메타포는 혼돈渾沌이다. 혼돈은 통상 우주적 질서인 코스모스(cosmos)의 대립 개념으로 무질서를 의미하는 '카오스(chaos)'로 번

---

50) 「소유와 당위를 넘어선 無의 길」, 김형효, 미출간 논문 참고.

역되지만, 이것은 온전한 해석으로 보기 어렵다. 앵거스 그레이엄(Angus Graham, 1919-1991)은 그의 책 『장자Chuang Tzu』에서, 이 〈혼돈의 죽음〉을 영어로 번역하면서 혼돈을 우리가 일반적으로 생각하는 '카오스'의 의미와 혼동해서는 안 된다고 주장한다. 그리하여 '혼돈'을 영어로 번역하기를 거부하고, 그대로 '혼돈'을 음역해서 사용한다. 그는 이렇게 말한다.

> 혼돈이란 태초에 하늘과 땅이 나누어지고 만물이 구별되게 되는 최초의 무정형의 덩어리(primary blob)이다. 중국의 우주론에서 원초적인 것이란 어떤 강요된 법칙에 의해서 질서로 환원되는 카오스가 아니다. 그것은 한꺼번에 말아놓은 모든 것들의 혼합물(blend of everything)이다. 혼돈이란 단어는 영어의 '호치포치(뒤범벅)'과 '롤리폴리(소라 모양의 푸딩)'를 겹쳐 놓은 것이다. 중국 레스토랑에서 식사를 하면 일종의 덤플링(경단과 비슷한 것)인 '운툰(wuntun)'의 형태에서 혼돈을 만나게 될 것이다.[51]

그레이엄에 따르면, 혼돈은 땅과 하늘과 만물이 구분되기 이전의 원초적 덩어리이다. 정해진 형태가 없고, 중심이 없으며, 강제적인 질서도 없고, 인과적인 목적도 존재하지 않는 원초적 실상이다. 이때 장자가 말하고자 하는, 최초 혹은 원초란 물리적인 시간적 선후에 있이 최초가 아니라 우리의 의식 세계에 수용되어 우리 마음에 의해 해석되기 이전의 존재 실상을 가리키는 것으로 보인다. 장자는 〈혼돈 이야기〉에서 이렇게 말한다.

> 남해의 제帝는 숙儵(빠르게 나타나는 모양)이요, 북해의 제帝는 홀忽(빠르게 사라지는 모양)이며, 중앙의 제는 혼돈이나. 숙과 홀은 때때로 혼돈의 땅에서 서로 만나 대접을 받았는데, 혼돈의 대접이 매우 훌륭했다. 숙과 홀은 혼돈의 덕에 보답하고자

51) A. C. Graham, *Chuang Tzu*, Hackett Publishing Company, Indianapolis/Cambridg,. 2001, pp. 98-99.

말하길, 사람들에게는 모두 보고 듣고 먹고 숨 쉬는 구멍이 일곱 개 있는데, 혼돈만
이 없으니 시험 삼아 뚫어주자. (그래서) 하루에 구멍 하나씩 뚫었는데, 칠일이
되자 혼돈이 죽었다.[52]

혼돈에 대한 일반적인 해석은 '연속되어 구별 없음' 혹은 '경계 없음'을 나타
내는 메타포로 보는 것이다. 성현영은 혼돈을 '비유비무非有非無'라고 보고[53],
여혜경呂惠卿은 '불유불무不有不無'로 해석하는데.[54] 전자는 '있는 것도 아니고
없는 것도 아님'의 상태로 본 것이고, 후자는 '생기지도 않고 없어지지도 않는
다'는 의미로 본 것이다. 공통적으로 이 두 학자는 혼돈이 〈유〉와 〈무〉의 대립
적 경계가 세워지지 않은 원초적 모습을 나타낸다고 본다. '유무'는 이분법적
경계 혹은 구별을 대표하는 개념이다. 그러므로 '유무'가 없다는 것은 곧 남북,
선악 등을 비롯한 일체의 대립적인 경계와 그 경계로 인한 차별이 서지 않았음
을 나타낸다.

요컨대, '구별 없는 연속성'의 혼돈이 존재의 원초적 실상이라는 것인데, 그
실상은 '보답'이라는 인위적 행위에 의해 파괴된다. 유를 상징하는 남해의 〈숙〉
과 무를 상징하는 북해의 〈홀〉이 〈혼돈〉에게 일곱 개의 구멍을 하나씩 뚫어
주자 7일 만에 혼돈은 죽고 만다. 혼돈의 훌륭한 대접이란 구별 없음, 차별
없음에서 나오는 있는 그대로의 인정과 존중, 즉 자기 생각으로 상대를 바로
잡으려는 상정이 아니라 상대의 시각을 그대로 인정해 주는 상존相尊이었으리
라.[55] 자연의 생명과 소멸 과정, 즉 도는 보답하지 않는다. 시우時雨가 은혜를

---

52) 『莊子集釋』,「應帝王」, 309쪽. 南海之帝爲儵, 北海之帝爲忽, 中央之帝爲渾沌. 儵與忽時相與遇於渾
沌之地, 渾沌待之甚善. 儵與忽謀報渾沌之德, 曰人皆有七竅以視聽食息, 此獨無有, 嘗試鑿之. 日鑿
一竅, 七日而渾沌死.

53)「응제왕」, 309. 성현영 疏. 南海是顯明之方, 故以儵爲有. 北是幽闇之域, 故以忽爲無. 中央旣非北
非南, 故以渾沌爲非無非有者也.

54) 漢文大系 9, 莊子翼 권3,「응제왕」, 40쪽. 呂註. 南陽喩儵然而有, 北陰喩忽然而無, 中央不有不無.
여혜경은 宋代의 학자로 노자와 장자에 대한 연구로 이름이 높다.

바라고 초목들에게 물을 베푸는 것이고 아니고, 초목 역시 시우에게 별도의 보답을 하지 않는다. 연속적인 세계라는 하나의 몸 안에서 일어나는 일이다. 제 몸 안에서 일어나는 일인데 누가 누구에게 보답을 할 수 있겠는가. 있는 그대로의 자리에서 서로 거래할 뿐이다. 보답이라는 이름으로 자기 생각을 남에게 강요하고 그 생각으로 획일화하려고 할 때, 그리고 무질서의 질서를 강요된 질서로 획일화하려 할 때 존재의 실상은 훼손되기 시작한다. 장자는 말한다. "마음으로 도를 훼손하지 않고, 인위人爲로 천天을 도우려 하지 않는 것이 진인眞人의 길"[56]이라고.

인위적인 보답은 결국 혼돈을 죽음으로 이끌었다. 이 '죽음'이라는 것 역시 메타포로 읽어야 할 것 같다. 〈혼돈의 죽음〉은 '원초적 실상'의 상실, 혹은 은폐를 의미하는 것으로 볼 수 있다. 장자에 따르면, 존재의 실상은 소성小成에서 은폐된다.[57] 구멍이 이루어지면서(成) 혼돈의 목숨은 무너진다(毁). 그 은폐의 주역은 일곱 개의 구멍, 즉 우리의 얼굴에 나 있는 일곱 개의 감각기관이다. 우리는 감관을 통해 세계에 대한 정보를 수집하고, 그것에 기초해서 의식을 형성한다. 이 의식은 '나'라는 의식 주체를 세우고 '대상'을 마주 세운다. 그 대상이 되는 것이 타자를 비롯한 세계 전체이다. 본래 실체성 없는 세계가 실체를 가진 세계로 우리 앞에 마주서는 것은 바로 우리가 의식을 통해 세계를 받아들이고 해석하기 때문이라고 장자는 본다. 장자에 따르면, 존재의 연속성은 '마음'에 의해 단절되고, 실체처럼 보이는 세계는 '마음'에 의해 현현顯現한

---

55) '차별없는 대우'를 뒷받침하는 견해로 여혜경의 견해가 있다. 여혜경은 숙과 홀에 대한 혼돈의 대접을 이렇게 설명한다. "숙과 홀이 비록 혼돈과 달랐지만 혼돈은 일찍이 그들을 다르게 대하지 않았다. 그러므로 대접하는 것이 매우 훌륭했다고 말한 것이다(儵忽雖異於渾沌 渾沌未嘗與之異 故云待之甚善)." 『장자의』, 여혜경 찬, 예문인서관, 민국13년, 80쪽에서 인용. 그리고 相正과 相尊은 莊子 사유에서 중요한 위상을 갖는 실천적 태도이다. 뒤에서 자세히 논하기로 한다.

56) 『莊子集釋』, 「大宗師」, 229쪽. 是之謂不以心捐道. 不以人助天. 是之謂眞人.

57) 『莊子集釋』, 「齊物論」, 63쪽. 道隱於小成.

다. 오로지 세계는 우리의 마음에 의해 해석된 것으로 존재할 뿐이다.

3. 세계와 마음의 연속성

세계를 객관적 실체로 보지 않는 장자는, 이 '세계'가 우리의 마음과 연관 속에서 현현한다고 본다. 이러한 견해는 결코 텅 빈 물리적 공간에 우리의 마음이 의지에 따라 물리적인 세상을 그려서 지어낸다는 의미가 아니다. 연속적인 세계의 한 고리로 우리가 존재하는 것처럼, 우리의 마음 역시 세계와 연속되어 있으며, 그 연속성에 따라 세계가 우리 마음에 현현한다는 것이다. 여기에는 우리가 결코 세상을 그 자체로, 있는 그대로 인식할 수 없다는 장자의 생각이 들어 있다. 즉 세계는 객관적으로 존재하는 것이 아니라 우리의 마음에 해석된 모습으로 그렇게 존재한다는 것이다. 장자는 말한다.

> 세계는 나와 함께 일어나고(天地與我並生), 만물은 나와 하나로 연속되어 있다(萬物
> 與我爲一). 이미 하나로 연속되어 있는데, 어떻게 그에 대해 말할 수 있는가.[58]

장자의 관점에 따르면, '나'와 함께 생기生起하는 세계는 우리 마음과 연관되어 전개되는 세상을 지시한다. 장자는 이 구절을 통해 이 세계는 이미 '나'와 하나로 연속되어 있기 때문에 대상화가 불가능하고, 또 대상화가 불가능한 관계로 대상적 인식이 불가능하다는 것, 즉 말로 표상할 수 없다고 말한다. 예컨대 칼은 칼 자신을 찌를 수 없고, 눈은 눈 자신을 볼 수 없는 것처럼, 이미 '나'와 하나 되어 있는 세계를 대상화하여 말할 수 없기 때문이다. 데이비드 홀은 〈일一〉의 개념을 "연결되어 있음", "연속되어 있음(continuity)"으로 해석하는데 설득력 있는 견해이다[59]. 〈위일爲一〉은 자주 〈물아일체物我一體〉의 다른

---

[58] 『莊子集釋』, 「齊物論」, 79쪽. 天地與我並生, 而萬物與我爲一. 既已爲一矣, 且得有言乎.

표현으로도 사용되는데, 이때 물아일체는 물物과 아我가 동일해지는 것이기보다는 세계라는 총체적 연관 속에서 하나의 연대로 묶이는 것을 의미할 것이다. 세계라는 자발적인 거래의 장場에서 자아는 능동적으로 세상을 만들면서 동시에 수동적으로 세상에 의해 만들어진다. 이 과정에서 세계는 '나'로 연속되고, '나'는 세계로 연속된다. 결국 장자에 따르면 세계이든 만물이든 독립적으로 생기하는 것이 아니라 우리의 마음과 연관되어 일어나고 스러지는 실체성 없는 구체적 사태로만 존재한다. 세계란 우리의 앎에 따라 다르게 드러난다. 장자는 이렇게 말한다.

> 옛 사람은 앎이 지극한 데 이르렀다. 어디에 이른 것인가. 애초에 물物이 있었던 적이 없다는 것이다. 최고의 앎이어서 더할 것이 없다. 그다음은 물이 있긴 하지만 본디 경계(封)가 없음을 알았고, 그다음은 경계가 있긴 하지만 본디 시비가 없음을 알았다. 시비가 드러난 것은 도가 무너진 까닭이요, 도가 무너진 것은 인간의 애착이 생겼기 때문이다.[60]

---

59) 데이비드 홀 & 로저 에임스, *Thinking from the Han*, 66쪽 인용. 저자들은 '하나됨(爲一) 이란 동일해 지는 것이 아니라 구체적인 특정자에 대한 구체적인 연속성의 체험이라고 본다. 원문은 이렇다. "The experience of oneness relevant to Daoist, therefore, is *this one or that one*. The Daoist does not become one with all things; rather, as a deferential self, he may at least approach becoming one with *this or that thing*. In effect, the sage becomes one with all other things only through celebrating his or her *continuity* with other things based upon an intuition of parity". 번역문은 다음과 같다. "도가와 관련된 하나 됨의 경험은 그러므로 '이것(this one)'이거나 '저것 (that one)'이다. 도가는 만물과 하나가 되지 않는다. 오히려 공경적 자아로서 최소한 이것 (this thing) 혹은 저것(that thing)과 하나가 되는데 접근한다. 결국, 성인은 동등함의 직관(intuition of parity)에 기초하여 다른 사물과의 연속성을 찬미함으로써 다른 모든 사물들과 하나가 된다."

60) 『莊子集釋』, 「齊物論」, 74쪽. 古之人, 其知有所至矣. 惡乎至. 有以爲未始有物者, 至矣, 盡矣, 不可以加矣. 其次以爲有物矣, 而未始有封也. 其次以爲有封焉, 而未始有是非也. 是非之彰也, 道之所以虧也. 道之所以虧, 愛之所之成.

최고의 앎의 상태에서 보면, 이 세상에는 독립적이고 고정된 실체가 없다(未始有物). 그다음 차선의 앎의 상태에서 보면, 이 세상에 물이 있긴 하지만 구분(封)이 없다. 그다음 앎의 상태에서 보면, 구분은 있지만 시비는 없다.

장자에 따르면, 세상은 일정한 모습으로 고정적으로 존재하지 않기 때문에, 세상을 보는 앎의 상태, 즉 시각에 따라서 그만큼 현현한다. 본래는 실체가 없는 세계이다. 오직 마음과 함께 생기했을 뿐이다. 세상이 객관적 실체로 고정되어 존재한다면, 그것이 우리의 앎에 따라 다르게 나타나지 않을 것이다. 우리가 마주하고 있는 세계는 구체적인 사태로, 그 세계와 연관을 맺고 있는 개별자의 수만큼, 그리고 시시각각 변화하는 구체적인 모습으로만 존재한다. 그렇기 때문에 서복관徐復觀이 "장자는 실제로 심心에 입각점을 두었다[61]"고 말한 것처럼, 장자에게서 '마음'이란 대단히 중요한 의미와 위상을 갖는다.

2절. 자아의 실체성 해체

1. 자아의 역설

장자의 해체 전략의 궁극은 자아의 해체에 있다. 앞으로 보겠지만, 장자가

---

[61] 서복관, 『중국 인성론사』 142쪽, 을유문화사, 서울, 1995. 이와 같은 맥락에서, 장자가 '마음'의 문제를 중심으로 삼는다고 보는 다른 견해로 陳鼓應의 견해를 들 수 있다. 그는 '마음'을 '정신'으로 바꾸어 표현하는데 맥락은 거의 유사하다. 그는 이렇게 말한다. "『장자』에는 心을 언급한 대목이 180여 군데 있는데, 이것을 통하여 장자가 心을 얼마나 중시했는지 알 수 있다."(398쪽) 그리고 또 " 장자는 道와 인간을 아주 밀접하게 묶어 놓고, 노자처럼 도의 객관적 실재성을 논증 설명하거나 도를 도달할 수 없는 어떤 개념으로 만드는데 애쓰지 않고 도를 체득한 후의 정신적인 상태를 묘사할 뿐이다. 장자에 있어서 도는 인간이 도달해야 할 최고의 경지이고 인생에서 추구해야 할 최고의 경지가 바로 도의 경지이다. 형이상의 본체론과 우주론적 색채가 농후한 노자의 도가 장자에 와서는 정신적인 경지로 內化되었다." 『노장신론』, 347쪽, 최진석 역, 소나무, 2.

집요하게 〈시비〉 문제와 〈피아〉 문제, 그리고 〈생사〉 문제에 천착한 이유는 바로 여기에 있다. 장자의 자아 해체에서 자아란 경험적 실물로서 존재하는 유기체를 지시하는 것이 아니다. 즉 '나'를 물리적으로 해체하거나 소멸시키는 것이 아니다. 유기체의 해체는 죽음과 더불어 자연스럽게 찾아오는 자연의 한 과정일 뿐이다. 정작 장자가 해체를 권하는 것은 '자아가 실체라고 보는 의식', 그리고 그에 기초하여 형성된 강고한 고정된 자의식이다.

장자에 따르면, 우리 인간은 변화 유전하는 세계에 얽혀서 변화하고 움직인다. 마찬가지로 '나'라는 '자아' 역시 독립적이고 고정적인 실체로 확정하기 불가능하다. 아무리 독립적인 자의식을 가지고 '자아'를 규정한다 해도 세계와 얽혀 함께 움직이는 '자아'는 그 자체로 독립시키는 것도 고정시키는 것도 불가능하다. 일시적으로 확정한다 해도 그 확정된 자아는 변화를 피할 수 없다. 우리의 의식은 세계 속에서 거래하며 변화한다. 몸도 변화하고 마음도 변화한다. 시간적으로 변화하는 것만이 아니다. 우리는 공간적으로 변화하는 세계에 연속되어 있다. 그러니, 어느 시점, 그리고 어느 지점에 경계를 그어 고정된 '나'라는 '자아'를 확정할 것인가.

그런데 우리는 '나'를 알고 있고, '나'가 생각하고 '나'가 살아간다. 나의 주장이 있고, 나의 소유가 있으며, 나의 욕망을 가진다. 우리가 알고 있는 '나'란 어떤 '나'인가. 그리고 우리는 어떤 경로를 통하여 '나'를 알 수 있는가.

'인간' 또는 '자아'가 무엇이냐는 물음은 우리가 자기의식과 자기 관심을 갖고 있는 한 부단히 제기되는 것이다. 그것은 삶의 주체인 우리가 자신을 어떻게 인식하느냐에 따라 삶의 존재 방식이 달라지기 때문이다. 그렇기 때문에 우리는 자신은 누구이며, 자신의 삶의 방향은 올바른지에 대해 회의하고 반성하는 것이다. 이 '자아'의 문제는 실상 모든 문제의 근원이 된다. 우리가 안고 있는 모든 문제의 핵심에는 '나'와 '내 것'과 관련된 문제가 얽혀 있기 때문이다. 그런 까닭에 장자의 해체 전략의 궁극이 '자아의 해체'에 놓여 있는 것이다.

그런데 '자아'란 무엇인가라는 물음은 여타의 질문과는 다른 성격을 갖고 있다. 예컨대, '책'이란 무엇인가. '흙이란 무엇인가'라는 질문과 다르다. 묻는 주체도 '나'이고, 물음의 대상 역시 '나'이기 때문이다. 일반적으로 묻는 행위에는 묻는 주체와 물음의 대상이 이분화 되는 성격을 그 자체로 내포하고 있다. 그렇기 때문에 '자아'란 무엇인가라는 질문은 필연적으로 '자아'를 두 개의 자아로 분리시켜야 한다. 그렇다면 묻는 '자아'를 지금 현재 '나'가 경험하고 의식하고 있는 '자아'라고 한다면, 물음의 대상이 되는 '자아'란 어디에 있는 '자아'인가. 이 질문의 경우에는 '자아'가 스스로 자신을 어떤 존재로 대상화하여 '표상화'한 다음, 그것을 다시 반성적으로 인식하는 것이라 볼 수 있다. 즉 묻는 '자아'가 물음의 대상이 되는 '자아'를 다양한 자료를 토대로 한 반성작용에 의해 일정한 이미지로 표상한 후, 그것을 인식이라는 작용을 통해 수용하는 것이다. 따라서 그렇게 알게 된 '자아'는 있는 그대로의 자아가 아니라 인식하는 자에 의해서 인식된 대상적 자아이며, 더욱 문제가 되는 것은 반성작용을 통해 대상화하여 인식된 자아는 실상의 자아라기보다는 개념화된 자아의 일부라는 것이다.

장자에 따르면 '자아'는 결코 '자아'를 있는 그대로의 실상으로 알 수 없다. 왜냐하면 실상의 '자아'는 이분화가 불가능한 것이기 때문이다. 연속적인 세계로부터 분리도 불가능할 뿐 아니라 '나'의 마음에서도 분리할 수 없는 것이 실상이다. '나'란 별도의 실체로 존재하는 것이 아니라 관계 속에서 생성되었다는 것이 장자의 생각이다. 상대를 대상화할 때 '나'도 같이 생겨난다. 장자는 말한다.

> 피彼가 없으면 아我도 없고, 아我가 없으면 (대상으로) 취할 것이 없다. 이는 실상에 가까운 것이다.[62]

---

62) 『莊子集釋』, 「齊物論」, 55쪽. 無彼無我 非我無所取 是亦近矣.

이 구절에 따르면, '자아'란 타자의 타자(the other of the other)로서 성립되어 세워진다. 타자성 없이는 '자아'가 성립할 근거가 없다. '자아'는 우리가 세계를 대상화하면서 시작된다고 장자는 본다. 존재의 실상에는 이분법이 존재하지 않는다. 우리의 의식이 세계를 인식의 범주 안에 들이기 위하여 이분二分한다. 그리고 마침내는 '자아' 조차도 이분화하여 인식한다. 이분하지 않고 대립적 경계를 세우지 않으면, '나'와 '세계'(彼此)는 경계 없이 연속되어 있다. 이것은 존재의 실상이지만 주재자 없는 자연일 뿐이다.

그렇기 때문에 도저히 알 수 없으며, 그 실체성을 증명할 수 없는 자아의 문제에 관해 장자는 꿈의 은유를 사용한다. 「대종사」에서 이렇게 말한다.

> 또 (사람들은) 서로 더불어 '나는 나일뿐'이라 하지만 내가 이른바 '나'임을 어떻게 알 수 있겠는가. 또 너는 꿈에 새가 되어 하늘을 날아 보았는가. 꿈에 물고기가 되어 연못에서 놀아보았는가. 지금 말하는 자도 깨어 있는지 꿈꾸고 있는지 알 수가 없다.[63]

우리는 '나'는 이걸 한다, '나'는 저걸 한다고 말한다. 그러나 우리가 이야기하는 '나', 즉 우리가 알고 있는 '나'란 것이 과연 '나'인지 입증할 방법이 없다. 우리는 새가 되어 하늘 높이 날아오르기도 하고, 물고기가 되어 연못 속으로 가라앉는 꿈을 꾸기도 한다. 그러나 그 꿈을 이야기하고 있어도, 그 이야기를 하는 자가 꿈을 꾸고 있는지 깨어 있는지 알 수 없다. '나'라는 주체를 의식하고 있는 마음 자체가 '꿈'과 같이 허구적인 것이라는 것이다.

이 꿈의 비유를 통해 우리가 얻는 것은 그 이전의 관념, 즉 '자아'가 실체라는 관념들을 모두 해체하는 것이다. '꿈'으로 은유되는 '자아'는 고정적인 자기 정체성을 확인할 길이 없는 존재이다. 자아의 문제는 해결된다기보다 해소된다.

---

[63] 『莊子集釋』, 「大宗師」, 275쪽. 且也相與吾之耳矣. 庸詎知吾所謂吾之乎. 且汝夢爲鳥而厲乎天, 夢爲魚而沒於淵. 不識今之言者, 其覺者乎, 其夢者乎.

'자아'의 해소는 깨달음과 관련되기 때문에 '자아'가 해소되지 않는 한 어떤 깨달음도 이루어지기 어렵다. 깨닫는 것은 실체인 것처럼 보였던 '모든 대상들과 자아'의 정체성이 실체로 존재하지 않는다는 것이다.

또, 장자는 연속적 관계망 속에서 '나'를 독립시킬 수 없음을 논하기 위해 인체의 비유를 사용한다. 장자에 따르면 우리 몸은 우주자연과 같다. 하나의 연속적 전체를 이루고 있는 우리 몸은 모든 부분이 하나로 얽혀 있으면서 비로소 전체로 존재한다. 그 어느 하나도 분리해서 따로 떼어놓을 수 없다. 게다가 어느 장기나 기관이 주재자라고 볼 수 없다. 의식을 가진 '자아' 혹은 '마음'을 주재자로 상정한다 해도, 그 '마음'의 실체를 찾을 수 없다. 본디 독립된 것(私)이 없다. 이를 장자는 이렇게 말한다.

> 백 개의 뼈마디와 아홉 개의 구멍, 여섯 개의 장기가 모두 갖추어져 있지만 '오吾'는 그 어느 것과 친한 것인가. 그대는 그 모두를 좋아하는가. 아니면 사사로이 좋아하는 것이 있는가. (사사로이 좋아하는 것이 있다면) 모두가 신첩臣妾이 됨이 있는 것이다. 그 신첩은 족히 서로를 다스릴 수 있는가. 번갈아 가며 서로 군신君臣이 되는가. 진군眞君은 있는 것인가.[64]

백 개의 뼈마디와 아홉 개의 구멍, 여섯 개의 장기는 우리 몸을 이루는 요소들이다. 그러나 이것들은 모두 연속되어 있기 때문에 엄밀하게 구별되지 않는 것들이다. '구별되지 않는 구별'에 의거하였을 뿐이다. 우리는 어디에서 어디까지 정확히 코라고 할 수 있는가. 연결되어 있는 각 부위의 장기들은 정확히 어느 지점까지 끊어서 해당 장기로 규정할 것인가. 엄밀하게 보면 인식 가능하게 하려는 편의상 구별한 것일 뿐 그 자체를 구별할 수도, 따로 떼어서 존재하게 할 수도 없다. 연속적으로 덩어리져 있는 것이 우리 몸의 실상이다. 게다가

---

64) 『莊子集釋』, 「齊物論」, 55-56쪽. 百骸, 九竅, 六藏, 賅而存焉, 吾誰與爲親. 汝皆說之乎? 其有私焉. 如是皆有爲臣妾乎. 其臣妾不足以相治乎. 其遞相爲君臣乎. 其有眞君存焉.

신체의 일부 어디를 집어서 주인이라 할 것인가. 어느 장기를 집어서 '나'라고 할 것인가. 독립되어 있는 것은 존재하지 않는다. 마치 신첩臣妾과 같다. 신첩들 가운데 누가 군주가 될 수 있는가. 그러면 우리 몸 자체가 몸의 주인인가. 그것도 아니다. 몸이란 시간이 경과하면서 닳아 스러지는 덧없는 물화物化과정의 물物에 불과하다. 마음이 주재하는가. '마음'이란 아무리 그 실체를 찾아도 찾을 수 없다. 게다가 '마음'은 결코 '마음'을 대상화할 수 없다. 자아의 역설과 마찬가지로 '마음' 역시 '마음'을 지시하거나 인식하여 찾을 수 없는 역설적 관계에 놓여 있다. 그러면, 다시 참된 주재자(眞君)가 따로 있는 것 같지만 그것을 알 수 없다. 설사 있다 하여도 볼 수 없고 확정할 수 없다.

요컨대, 우리가 '실체'로 존재한다고 알고 있는 '자아'란 결국 우리 '마음'에 비쳐진 영상과 같은 것이고, 세계 역시 우리 '마음'에 의해 해석된 세계이다. 그러면 결국 중심적으로 따져 보아야 하는 것은 마음인데, 마음은 어떻게 보는가. 장자는 마음을 어떻게 보고 있는가.

장자는 마음도 실체가 아니라고 본다. 마음은 그 자체로 드러나지 않는다. 대상적으로는 파악되지 않으며 다만 무언가를 매개로 해서만 나타난다. 모든 것을 다 보면서도 자신은 보지 못하는 '눈'처럼 마음은 마음을 볼 수 없다. 거울이라는 매개를 통해서만 눈이 눈을 볼 수 있는 것처럼, 마음은 그 마음에 비친 세계를 통해서만이 자신을 볼 수 있다. 마치 영사기 안의 필름의 내용을 알기 위해선 그 영사막에 비친 모습을 통하는 것이 유일한 길인 것처럼, 우리는 우리의 마음이 투사되고 있는 반영매체, 즉 마음에 의해 해석된 '세계의 모습'을 통해 그 마음을 드러낸다. 장자는 그렇게 드러난 마음의 작용을 반성적으로 검토한다.

장자 전편에 거의 180여 번 정도의 〈심心〉이 등장하고, 부정적인 뉘앙스이든 긍정적 뉘앙스이든 성심成心·유심遊心·허심虛心·상심常心·유봉지심有蓬之心·사심師心 등 마음의 작용을 표현하는 〈심〉의 칭위稱謂들을 다양하게 사용하고 있지만, 성리학의 이기理氣론에서처럼 마음의 구조를 논하거나 마음의 형이상학적 근거를 논하지 않는다. 심지어 마음이 '무엇'이라고 정의내리지도 않는다. 그 이유가 무엇이겠는가. 이것은 장자 사유 맥락에서 보면 당연하고 자연스러운 것이다. 우리의 '마음'은 대상화가 불가능하기 때문에 '마음' 그 자체의 실상으로 볼 수 없으며, 보는 마음이든 보여지는 마음이든 그 마음은 실체가 아니기 때문이다. 그렇기 때문에 〈심〉에 대한 단일한 의미를 갖는 개념 규정이 가능하지 않으며(실상 장자는 어떤 어휘를 사용하든 그것이 개념화되어 고정되는 것을 극도로 경계한다), 세계를 비추어 담고 있는 구체적인 사태로서의 〈심〉의 작용만을 논할 수 있다는 것이 장자의 입장이다. 장자에게서 '마음'은 곧 '마음의 작용'을 일컫는다. 마음의 작용을 떠나 마음이 따로 있는 것이 아니다.

장자가 세계와 마음의 연속성 속에서 중심적으로 다루는 것은 세계 혹은 타자이기보다는 우리 자신이고, 좀 더 한정해서 논하면 우리의 '마음'이다. 장자가 언어와 인식의 한계를 논하면서도 지적이고 문학적 경향이 강한 수사를 번다하게 구사한 것은 세상에 대한 도덕적 당위의 지배를 요구하거나 이상 사회를 위한 사회 정치 혁명을 요구하기 위함이 아니다. 우리의 사유를 자극하고 반성을 도모함으로써 마음의 존재론적 전회를 촉구하기 위한 것이다. [65] 장자가 마음의 문제를 중심적으로 다루는 것은, 장자의 입장에서 볼 때 그것이 '문제 해결'에 있어 존재의 '실상'에 기초한 가장 현실적인 방법, 즉 실용적인 방법이기 때문이다.

예를 들어 우리가 사는 온 세상이 가시투성이에 돌밭 길이라고 가정해 보자. 그리고 우리가 이 험한 가시투성이의 돌밭 길을 죽는 그날까지, 우리가 가진 육신이 소멸되는 그날까지 걸어가야 하는 불가피한 도정途程에 있다고 하자. 이런 상황에서 우리가 취할 수 있는 가장 실용적인 방법은 무엇일까. 우선 생각

---

[65] 그렇게 장자가 마음을 중시한다고 해서, 그 마음의 위상이 더욱 독보적이고 높은 그 어떤 것은 아니다. 다만 실상에 의거할 뿐이다. 궁극에 가서 장자는 이 마음조차도 해체한다. 해체된 마음은 비추는 작용만 할 뿐 아무런 작용도 하지 않는다. 장자를 이를 허심으로 표현한다. 이에 대해서 뒤에서 논하기로 한다.

할 수 있는 것이 가야 할 길을 가죽과 같이 덮을 수 있는 재료를 사용하여 포장하는 것이리라. 그러나 온 세상의 길을 포장한다는 것은 비용도 비용이려니와 가능하지도 않다. 이 문제에 대한 장자식 해법은 바로 이것이다. 자신의 발에 질기고 탄력 있는 가죽으로 된 신발을 만들어 신고 거친 세상을 직접 발로 밟고 가는 것이다.[66] 이런 측면에서 결코 장자는 현실을 도피하거나 무시하지 않는다. 오히려 '가죽신'을 만들어 신고 험한 세상을 껴안고 가는 방법을 제시해준다. 가죽신을 신는 것은 바로 마음의 전회를 가리킨다. 그리고 이렇게 가죽신을 신고 자유롭게 세상을 노니는 마음을 장자는 지인至人으로 의인화한다.

2. 꿈: 〈나비의 꿈〉과 〈장오자의 꿈 이야기〉

이 작업에서는 세계의 실체성 해체와 자아의 실체성 해체를 별도로 다루었지만, 그렇다고 해서 세계와 자아의 해체가 별개의 것이거나, 시간적 혹은 인과적 선후를 두고 이루어지는 것이 아니다. 이 두 가지 해체는 동시적으로 이루어진다. 세계의 실체성이 해체되면서 자아의 실체성이 해체되고, 자아의 실체성이 해체되면서 세계의 실체성도 해체된다. 세계와 자아가 연속되어 있기 때문이다.

장자는 세계와 자아를 실체로 보는 우리 의식의 허구성을 해체하기 위해, 그리고 세계의 해체와 자아의 해체를 별개의 것으로 보는 허구적 의식을 해체하기 위해 〈꿈〉의 메타포를 사용한다. 장자에 따르면, 우리가 경험하고 소유하고자 하는 세계(대상)는 꿈과 같이 허구적인 것이다. 우리에게 필요한 것은

---

66) 이 돌밭 길과 가죽신 이야기는 1999년에 제작되어 2000년에 개봉된 '컵(The Cup, Phorpa)'이라는 키엔츠 노부 감독의 호주와 부탄의 합작 영화에 나오는 대사에서 빌려온 것이다. 영화 안에서 한 티베트 승려가 어린 수도승들을 대상으로 하는 법문에서 이 말이 나온다. 아마 불교 경전에 유사한 내용이 있을 것으로 보인다.

바로 그 꿈에서 깨는 것, 즉 세계가 실체라는 의식의 허구성에서 벗어나는 것이다. 그런데, 여기서 유의할 것은 꿈에서 깨어난 자아, 즉 깨달은 자아를 별도의 실체인 것처럼 '최종적인 주체'로 의식하는 것의 문제이다.

장자에 따르면 '꿈을 꾸는 자아'나, '꿈에서 깨어난 자아'나 모두 실체로서의 주체가 아니다. '나'라는 자아의 자기동일성이 확보되지 않는다면, '나'가 인식하는 대상 역시 고정적일 수 없다. 장자는 '나'가 인식하고 있는 세상, 이것을 꿈이라고 말한다. 그리고 꿈이라고 인식하는 '나' 역시 자기 동일성을 확보할 수 없으니 역시 꿈이라고 할 수 있다. 장자가 꾼 '나비의 꿈'도 꿈이고, '꿈에서 깨어난 장주'도 꿈이다. 오직 남는 것은 물화일 뿐이다.

> 옛날 장주莊周가 꿈에 나비가 되었는데, 자유롭게 나는 나비였다. 스스로 기분 좋게 뜻대로 날고 있었고, (자신이) 주周임을 알지 못했다. 잠시 후 깨어나자, 황황히 주가 되었다. 주가 꿈에 나비가 된 것인가. 아니면 나비가 꿈에 주가 된 것인가. 주와 나비는 필시 구분이 있다. 이것을 일러 물화라고 한다.[67]

나비는 꿈속에 등장한다. 꿈속에서 훨훨 날아다니며 즐거운 마음으로 자유를 누리고 있다. 장주의 입장에서는 아직 꿈을 깨지 않은 상태이다. 나비는 간단한 존재가 아니다. 일단 아름답다. 자유롭게 날아다닌다. 그리고 나비는 변신하며, 그 변신은 극적일 정도로 경이롭다. 추한 것에서 아름다운 것으로 변신한다. 그러나 아름답고 자유로우며 즐거운 나비로의 변신도 깨고 나면 꿈이다.

꿈을 꿀 때에 장주는 자신을 '장주'로 의식하지 않았다. 꿈속에서 장주는 나비로서 행복했다. 깨어난 후에야 장주는 그것이 꿈이었음을 안다. 그러나 꿈이었음은 알았지만, 깨고 나니 나비와 장주가 혼동된다. 혹시 나비가 장주가 되는 꿈을 꾼 것은 아닌가. 여기서 꿈을 꾼 자도, 꿈에서 깬 자도 장주이지만

---

67) 『莊子集釋』,「齊物論」112쪽. 昔者莊周夢爲胡蝶, 栩栩然胡蝶也, 自喩適志與. 不知周也. 俄然覺, 則蘧蘧然周也. 不知周之夢爲胡蝶與. 胡蝶之夢爲周與. 周與胡蝶, 則必有分矣. 此之謂物化.

무언가 불확실하다.

꿈속의 내용은 당연히 허구적인 것이다. 그러나 꿈을 꾸고 있을 당시에는 그것을 알지 못한다. 깨고 난 후에야 그것이 꿈임을 안다. 그래서 장주는 나비와 자신의 차이를 안다. 그런데 깨고 나서도 혼동이 된다. 지금 장주의 모습 역시 나비의 꿈속일 수 있다는 것이 그것인데, 말하자면 깨고 나서 자각하고 있는 장주 역시 꿈이 아니라고 단정할 수 없다는 것이다. 그리하여 장주는 새로운 통찰을 얻게 된다. 즉 꿈속에서의 나비도 '꿈'이지만, 꿈에서 깨어난 장주 역시 꿈이라는 것이다

물리적으로 나비가 장주가 되는 일은 없다. 그러므로 이 혼동은 실체로서 두 존재자의 혼동은 아니다. 다만 꿈속에서 나비를 실재라고 여긴 것이나 깨어나서 장주 자신을 실재라고 여기는 것이나 다르지 않다는 것이다. 분명히 서로 다른 것으로 구별되지만, 둘 모두 꿈처럼 허구적인 것이다. 오직 변화하는 과정(物化)만 남는다. 대상과 자아도 실체성이 없다. 장자의 〈나비의 꿈〉은 세계와 자아에 대한 반성적 사유로 우리를 인도한다. 장자가 스스로를 주체로 보고 있다는 것 자체, 그가 꿈에서 깨어 꿈을 꾸고 있었다는 것을 의식하는 자체가 하나의 꿈이라고 가정할 수 있다. 대상 세계의 허구성 뿐 아니라 장자는 자아 주체의 허구성을 논하기 위해 이렇게 어렵고 복잡한 우화를 엮어낸다.

장자의 이러한 반성은 또 다른 꿈 이야기, 장오자長梧子의 이야기에서 좀 더 부연된다.

꿈에서 술을 마시던 자가 아침이면 일어나 슬피 곡을 하고, 꿈에 슬피 곡을 하던 자가 아침이면 일어나 즐거이 사냥을 한다. 바야흐로 꿈을 꿀 때는 그것이 꿈인 줄 알지 못한다. 꿈속에서도 또한 그 꿈을 점치다가 깨어난 후에야 비로소 꿈임을 안다. 또 크게 깨달은 후에야 이것이 큰 꿈이었음을 안다. 어리석은 자는 스스로 깨어 있다고 여기면서 아는 체 한다. (그러면서) 군주라고 뽐내고, 목동이라고 천대한다. 구丘나 자네 역시 모두 꿈이다. 내가 자네에게 꿈이라고 말하는 것 역시 꿈이

다. 이런 말을 괴이한 말이라고 이름 짓는다. 만세 후에 대성을 만나서 그 해답을 아는 것은 아침저녁의 일이다.[68]

장오자 역시, 우리가 알고 있는 모든 대상이 꿈과 같이 일시적인 것이며, 꿈이라고 말하는 자신 역시 꿈이라고 말한다. 자신 역시 실체성 없이 연관 속에서 존재하는 그물코의 하나일 뿐이라는 것이다.

꿈꾸고 있으면서 깨어 있다고 여기는 것은 실체가 아닌 것을 실체라고 여기며 집착하고 추구하는 것일 것이다. 또 자기가 아는 것이 옳고 정당하다고 여기는 것일 것이다. 장오자는 그것이 꿈과 같은 것이라고 말한다. 그런데 여기서 중요한 것은 그렇게 말하는 자신도 꿈이라는 것이다. 그래서인가. 옛날의 진인은 꿈을 꾸지 않는다고 장자는 말한다.[69]

요컨대, 장오자의 말에서 연역하면, 〈나비 꿈 이야기〉의 나비도 꿈이고, 꿈을 꾸고 깨어난 장주도 꿈이며, 나비와 장주를 혼동하는 것도 꿈이고, 꿈이라고 아는 것도 꿈이다. 이 꿈의 은유를 통해 장자가 말하고자 하는 바는 우리가 아는 세계는 실체성이 없는 것이며, 동시에 실체성 없는 세상을 자각하는 우리의 '자아' 역시 실체성이 없다는 것이다. 실체성 없이 오묘하게 변화하면서 얽혀 있는 것이 존재의 실상, 곧 물화라는 것이다.

---

68) 『莊子集釋』, 「齊物論」 104쪽. 夢飮酒者, 旦而哭泣, 夢哭泣者, 旦而田獵. 方其夢也, 不知其夢也. 夢之中又占其夢焉, 覺而後知其夢也. 且有大覺而後知此其大夢也, 而愚者自以爲覺, 竊竊然知之. 君乎, 牧乎, 固哉. 丘也與女, 皆夢也, 予謂女夢, 亦夢也. 是其言也, 其名爲弔詭. 萬世之後而一遇大聖, 知其解者, 是旦暮遇之也.

69) 『莊子集釋』, 「大宗師」, 228쪽. 古之眞人, 其寢不夢.

3절. 장자의 언어 해체

1. 언어의 한계

장자의 사유에서는 '언어' 역시 하나의 '물物'이다. 우리는 언어를 통해 축적된 지식, 경험, 원리나 법칙 등을 가지고 세계를 그 틀에 맞추어 보고 경험을 정리한다. 우리의 경험은 언어적인 개념 체계 및 해당 범주의 언어로 정리되고 배열되는 한에서만 자각될 수 있다. 그러나 이 언어는 부단히 변화하고 새롭게 현전하는 세계의 유동성을 정지시키며, 고정된 언어의 기준은 고정된 세계를 만들어낸다. 장자는 바로 이렇게 세계를 고정화하여 존재의 실상에서 멀어지게 하는 개념적·형이상학적 언어의 한계를 논하면서, 실체론적 언어관을 해체하고자 한다.

장자는 세 가지 점에서 언어를 문제 삼는다. 하나는 언어 자체가 존재 과정의 실상(道)을 온전하게 반영하지 못한다는 점, 즉 언어의 한계이고, 다른 하나는 그럼에도 불구하고 우리는 언어가 지시하는 세계를 실체, 즉 '하나의 명名 = 하나의 사물'로 착각하는 경우가 많다는 점, 즉 언어의 부정적 측면이다. 그리고 마지막 하나는 이 두 가지 문제가 있음에도 우리는 언어를 매개하지 않으면 세계에 대한 이해아 해석 및 세계와의 소통이 가능하지 않다는 섬, 즉 역설적 상황이다.

장자에 따르면, 언어 자체는 존재의 실상을 정확하게 반영하지 못한다. 존재의 실상은 연속적인 흐름, 즉 변화인데 언어는 그와 반대로 고정화시켜 개념화하는데 그 본질이 있다. 그런 까닭에 언어는 존재의 실상을 왜곡하고 실체화한다.

언어는 소유所에 대한 지향성을 강화하는 중요한 인자이다. 이름(名)은 그것이 대상의 실체적 본질이라는 그릇된 환상을 불러일으킨다. 명名은 그 대상과 동일시된다. 추상 명사 역시 동일한 기능을 한다. 사랑이나 기쁨, 증오와 평화 같은 말들은 어떤 확고한 실체인 듯한 인상을 준다. 그러나 그 대상의 배후에는 어떤 실체적 본질도 없다. 바로 여기에 언어의 문제와 한계가 있다. 장자는 줄곧 이 언어의 허구성을 드러내고 이를 해체하는데 많은 힘을 기울인다.

변화하는 세계를 언어로 표현하면 순간의 변화하는 세계의 고정화가 불가피하다. 그러나 세계는 한시도 고정시킬 수 없다. 여기에 언어와 세계의 역설적인 관계가 성립한다. 예컨대, 하나의 사과에서 시작한 존재 과정은 흙이나 먼지로 끝나겠지만 사실 그것이 끝은 아니다. 이 과정은 반복적으로 다시 시작된다. 사과의 씨앗은 나무가 되고, 나무는 숲이 되고, 그 숲이 흙이나 먼지가 되지만, 우리는 그렇게 되는 순간을 말할 수 없다. 이러한 존재의 변환은 마치 하나의 원처럼 한시의 중단도 없이 진행된다. 이 원 안에는 고정된 개념을 이루기 위해 필요한 고정된 순간이 존재하지 않는다. 우리가 '사과'라고 부르는 것도 이러한 원의 전체적 관계 속에서 분리할 수 없고, 사실상 언제나 변화하고 있다. 따라서 앞에서 소크라테스가 말한 '아는 자도 없고 알 수 있는 대상도 없다'는 말은 이런 의미를 전적으로 담고 있다.

우리가 무엇에 대해 말한다는 것은 그 '무엇'과 '나' 사이에 거리가 있음을 전제한다. 즉 주객이 나누어져야 한다. '나무가 푸르다'고 말하는 것은 여기 말하는 '나'가 있고, 저기 말해지는 '푸른 나무'가 있어서 가능한 것이다. 그러나 장자에 따르면, 이것은 그렇게 보일 뿐 실상 그 나무와 '나'의 마음이 연속되어 생기한 것이라면 그 '나무'와 '나' 사이에는 주객을 나눌 만한 거리가 있다고 할 수가 없다. 장자는 말한다.

> 세계는 내 마음과 함께 일어나고, 만물은 내 마음과 하나로 연속되어 있다. 이미 하나로 연속되어 있는데, 어떻게 그에 대해 말할 수 있는가.[70]

언어는 우리와 세계를 이어주는 일종의 길이다. 로마로 가는 길과 로마는

---

70) 「齊物論」, 79쪽. 天地與我並生, 萬物與我爲一, 旣已爲一矣, 且得有言乎.

연결되어 있고 뗄 수 없지만 로마로 가는 길이 로마 자체는 아니다. 모든 강은 바다로 연결되어 있지만 강이 곧 바다는 아니다. 실상을 드러내는 언어는 실상에 이르는 길을 지시하는 기표로서의 의미를 지니지만 실상 그 자체는 아니다. 자연 과정의 실상은 언어로 표상할 수 있는 정지의 틈, 고정화된 순간을 한시도 보여주지 않기 때문이다.

따라서 언어가 드러내는 것은 존재하는 사물 자체가 아니라 우리의 의식에 의해 파악된 것의 표상일 뿐이다. 실제로 일어나는 사실 그 자체는 언어에 담아 전할 수 없다. 이름은 이름으로 불리는 사물 그 자체가 아니며, 서술된 사태는 사태 자체가 아니다. '사과'는 '사과' 자체가 아니며, '뜨겁다'는 말은 전혀 뜨겁지 않다. 그런데 문제는 우리가 언어적으로 고정된 이름 혹은 개념을 실체로 오인한다는 데 있다. '사과'라는 개념을 접하면 우리는 '사과'가 실제로 존재한다고 생각한다. 그리고 동시에 사과의 모습과 색상을 떠올리고 그 향기와 맛을 기억해 낸다. 그러나 '사과'라는 개념은 사과가 아니며, 사과 그 자체 역시 사실은 부단히 변화하고 있기 때문에 고정화된 실체가 될 수 없다. 이것이 장자가 보는 언어의 본질이다. 사실은 사실로 체험될 뿐 언어에 의해서 실체로 만들어지거나 실체로 전달될 수 없다. 다만 의미를 전달하는 과정에서 관념적이고 영상적인 어떤 이미지를 전할 수는 있지만 그것이 실재 자체는 아니다.

게다가 장자에 따르면, 언어는 변화하는 세계를 고정시켜 표현하는데 그 시작부터 문제가 있지만, 나아가 언어는 그렇게 표현된 세계에 대해서도 항상적인 자기 동일성을 갖지 않는다. 즉 그 지칭 대상을 일정하게 표현하지 못하는 한계를 갖는다. 언어를 통한 지시란 그 기준이 되는 잣대를 어디에 두느냐에 따라서 다르게 표현되는 가변적인 것이기 때문이다. 실상의 존재의 과정에는 애초부터 경계(封)가 있는 것이 아니고, '말'에는 고정된 의미가 처음부터 주어져 있지 않다. 우리가 '나'를 독립적으로 세우면서 '타자' 혹은 '세계'가 대상화되어 마주하는 것처럼, '이것'을 정하면서 '이것 아닌 저것'의 경계가 발생한다. 예컨대, '사과'라는 경계를 지으면서 '사과'와 '사과 아닌 것'의 경계가 지어지고, '좌左'를 정하면서 '좌'와 '좌 아닌 것' 즉 '우右'의 경계가 생긴다. 나아가 '이것'을 '옳은 것'이라 하면서 '저것'을 '옳지 않은 것'이라고 보는 시비 판단이 생겨난다. 장자는 이렇게 말한다.

> 대저 도道는 애초부터 경계가 없고, 언어에는 처음부터 항상된 의미(常)가 없다. 이 때문에 '이것(是)'을 세우면서 구분의 경계(畛)가 생긴다. 그 경계에 대해 말해본다면, 좌左가 있으므로 우右가 있다.[71]

언어적 구분에서 시작되는 개념화는 '기준'을 세우면서 시작된다. 처음부터 그런 의미가 항상적으로 언어에 담겨 있는 것이 아니다. 그런데 그 '기준'은 '자기'를 중심으로 하게 마련이다. 언제나 문제가 되는 것은 '이것'을 정하고, '이것(是)'을 옳다고(是)고 여기면서 시작된다. 그렇기 때문에 자아의 개입이 강화된 언어일수록 더 편파적이고 부분적이다. 그래서 장자는 이를 경계하여 이렇게 말한다. "말은 풍파風波와 같고, 행위는 득실得失이 있다. 바람과 물결은 일어나기 쉽고 얻고 잃는 것은 위태롭기 쉽다. 사람들이 노하는 까닭은 다른 데서 말미암는 것이 아니다. 교언巧言과 편사偏辭 때문이다."[72]

장자에 따르면, '상常'이 없는 언어를 항상된 것(常)로 여기고, 경계가 없는 세계를 경계 지어 고정화하고 있는 것이 바로 우리의 실정이다. 장자에 의하면 언어적 개념화, 즉 이름 짓기는 우연적인 것이다. 마치 사람들이 많이 다닌 곳에 길이 생기는 것처럼, 사물은 우연히 그렇게 부르다 보니 그것이 이름이 된 것이고, 시간이 지나면서 그것이 개념으로 고정되고, 절대화되었다는 것이다. 언어(名)로 분절된 세계는 그 자체로 자기 동일성을 갖지 않는다. 우리가 세계에 부여한 이름은 본질적으로 그 존재자와 필연적 관계를 갖지 않는다.

---

71) 「제물론」, 83쪽. 夫道未始有封, 言未始有常, 爲是而有畛也, 請言其畛 : 有左, 有右.

72) 「인간세」, 160쪽. (夫) 言者, 風波也. 行者, 實喪也. (夫) 風波易以動, 實喪易以危. 故忿設無由, 巧言偏辭.

결국 언어를 매개로 하는 세계에 대한 인간의 관계는 언어를 통해 해석되고 수용된 관계를 실체화한 것에 지나지 않는다.

> 길이란 다니니까 생기는 것이고, 물物이란 그렇게 부르니까 그런 것이다. 왜 그러한
> 가. 그러니까 그러하다. 왜 그렇지 않은가. 그렇지 않으니까 그렇지 않다.[73]

장자의 입장은 이런 언어적 개념들은 존재론적 실체를 갖지 않는 허구적이라는 것이다. 문제는 실체성 없이 우연과 우연의 습관화에 의해 만들어진 언어적 가상을 실상으로 만들고, 그것을 실상이라 믿어 집착하는 데서 비롯한다. 이런 식의 언어는 변화하는 세계를 고정시켜 소유 가능한 대상으로 전환시키고, 세계와 타자를 소유의 대상으로 변질시킨다. 이 과정 속에서 우리는 점점 더 존재의 실상에서 일탈하게 되고, 자신의 삶을 소유에 대한 집착으로 몰고 나간다.

2. 장자 언어관의 이중성

그렇다면 우리는 언어 없이 사고할 수 있는가. 장자에 따르면 우리는 객관적인 세계에 존재하는 것이 아니라 언어를 매개로 하여 해석된 세계에 존재한다. 세계는 우리의 감각을 통해 들어오지만 그 이미지가 우리의 감각을 통해 표현되기 전에는 그 뜻을 통하게 할 수 없다. 우리는 언어를 매개하지 않고는 세계를 인식의 틀 안으로 들여올 수가 없는 것이다.

우리는 언어를 매개로 하여 대상에 대한 우리의 경험을 어떤 질서를 마련하는 개념의 틀 속에 정리한다. 그리고 이렇게 개념의 틀에 넣는 것은 일정한 작업을 수반한다. 이런 작업을 통해 우리는 세계를 해석하고 구성한다. 이것은

---

[73] 「齊物論」, 69쪽. 可乎可. 不可乎不可. 道行之而成. 物謂之而然. 惡乎然. 然於然. 惡乎不然. 不然於
不然.

이분화된 세계와 자아의 관계 속에서 피할 수 없는 앎의 모순이자 한계이다.

그러나 장자에 따르면, 이런 언어에 의한 세계의 고정화는 실상에 반反하는 것이고, 언어를 사용하여 세계를 고정화할수록 우리는 실상에서 멀어지게 된다(愈言而愈失). 여기서 우리는 또 다시 역설적 상황에 봉착하게 된다. 우리가 쓸 수 있는 것이라고는 '의식'과 그 의식을 세계와 매개해 주는 언어밖에 없는데, 언어를 버린다면 우리는 어떻게 세계를 이해하고 해석하며 소통하는가. 의식을 가지고 어떻게 의식을 해체하는가.

박이문은 장자가 권하는 것이 "언어가 존재와 동일하지 않다는 사실을 지적하고 언어에 의해 차별되고 부분화되고 왜곡되기 이전의 존재 자체를 직접 볼 것을 요구한다"[74]라고 보지만, 사실 언어에 의해 차별화되고 부분화되고 왜곡되기 이전의 존재 자체라는 것이 실체로서 존재하는 것이 아니며, 더욱이 대상화할 수 있는 그 무엇이 아니라는 장자의 견해에 비추어 볼 때, 그의 견해는 결정적으로 문제가 있다. 즉 박이문은 보아야 할 '그 무엇'이 언어 이전의 상태로 혹은 인간 의식이 개입하기 이전의 상태로 존재한다고 보는 주장인데, 의식하기 이전, 혹은 인간의 마음으로 해석하기 이전의 세계는 어디에 어떻게 존재한다고 볼 수 있는가. 장자에 따르면 그런 세계는 별도로 존재하지 않는다. 오직 세계는 우리의 마음과 동시적으로 생기生起하고 우리의 마음과 연관해서 일어나며, 우리에게는 오직 우리의 시각에 의해 '해석된 세계'로서만 존재한다. 그런 면에서 박이문의 견해는 온당하다고 보기 어렵다. 그렇다면 실체성 없고, 대상화할 수 없는 세계를 어떻게 이해하며, 어떻게 언어를 버리면서 언어로 표현할 수 있는가.

세계와 우리의 관계는 결국 존재와 언어의 관계로 귀착된다. 연속적 세계에서 '주체로서의 인간'이라는 관념적 독립은 실상 언어에 의해 이루어지며, 우리가 자연 세계의 다른 존재자들과 다른 인간 세계를 구축하고 살고 있는 근본

---

74) 『노장철학』, 박이문, 62쪽.

적인 이유가 바로 언어를 사용하는 존재라는 데 있기 때문이다. 그러나 아무리 장자가 실체론적 언어를 부정한다 해도, 우리는 언어를 갖고 살아야 하며, 운명적으로 세계와 대상적 관계를 맺고 살아야 한다. 그렇기 때문에 장자의 부정이 다만 부정 자체, 즉 언어의 해체 자체에서 끝나서는 의미를 가질 수 없다.

존재의 실상을 말로 할 수 없다 해서 우리가 말을 하지 않거나 말을 할 수 없는 것은 아니다. 그러나 아무리 말로 해도 그 말은 실체와 비슷하게 여겨질 뿐 실체가 아니다. 장자에 의하면, 언어를 통해서는 실상에 가까이 다가갈 도리가 없다. 언어를 통해서 알 수 있는 것은 우리의 마음이 세계를 어떻게 구성하고 이해하고 해석하고 있는가이다. 마음에 의해 구성된 세계, 마음과 하나로 연관되어 생기하는 세계는 체험될 뿐 진술될 수 없다. 진술한다고 생각하지만, 그것은 연관되어 생기하는 세계에 대한 우리의 생각을 진술할 뿐이다. 세계 자체의 모습, 즉 실상이 아니다. 그러나 그렇다 해도 언어를 버릴 수는 없다. '존재의 실상(道)은 언어로 말할 수 없다'는 것도 언어이다. 오히려 장자가 권하는 것은 언어를 버릴 수 없지만 언어에 묶여서는 안 된다는 것이다. 언어를 사용해도 그 언어가 가지고 있는 표상적 의미에 사로잡히지 않아야 한다. 장자는 장오자의 입을 통하여 방편으로의 언어를 사용하는 태도에 대해 이렇게 서술한다.

> 장오자가 (구작자瞿鵲子에게) 말한다. "내가 그대에게 허망하게 말하고자 하니, 그대 역시 허망하게 들어라."[75]

장오자 자신이 '망언妄言'을 하고 있으니, 듣는 구작자는 '망청妄聽'을 하도록 권하는 장자의 생각에는 이미 말하는 자도, 듣는 상대도, 말하는 내용도 실체성 없는 허망한 것이라는 전제가 바탕하고 있다. 그럼에도 말하는 것은 이러한

---

75) 「齊物論」, 100쪽, 予嘗爲女妄言之, 女以妄聽之.

방편의 말이 아니라면 자신의 생각을 전달한 방법이 없기 때문이다. 그러니 '듣고 버리라'는 것이다. 그래서 장자의 등장인물들은 늘 '시험 삼아(嘗試言之)' 말한다. 장자는 줄곧 언어의 실체성을 〈무언〉과 〈무지〉 등의 표현을 통해 전면적일 정도로 부정하면서도, 그 말의 방편적 효과에 의거하여 〈무언〉과 〈무지〉의 의미를 말한다. 부정 뒤에 열리는 활발한 언설을 장자는 실천하고 있다.

장자에게서 언어는 한편으로는 허구성을 드러내고 실체성을 해체하는 방편적인 물物이지만, 다른 한편으로는 시시각각 달라지는 무한 관계의 무한 변화를 드러내는 새로운 세계의 현현을 보여주는 물의 하나이다. 장자의 언어 사용에 많이 등장하는 '상대적 표현'이나 '회의적·부정적 표현'들은 인위적인 이념이나 인식의 절대화 및 고정화를 해체하기 위해 설정된 것일 뿐, 상대주의 혹은 회의주의 자체를 주장하기 위한 것이 아니다. 철학적 사유에서 〈회의〉는 그 사유의 넓이와 깊이를 확장적으로 전개시키는 계기가 된다. 〈회의〉는 그 자체가 목적이 아니라, 철학적 잠재력이 자기를 개방하고 그 범위를 넓혀 가는 방식 자체이다. 장자는 〈회의〉의 방식을 통하여 기존의 진리, 혹은 사실로 주장되어 온 각종의 개념이나 관념, 가치를 검토하고 그 연관을 명료히 함으로써 해체하려 한다. 장자의 사유에서 〈회의〉는 매우 활력적인 부분에 해당한다.

『장자』에 나타나는 이런 상대주의적 측면을 장자의 주된 특성으로 보고 이에 대해 집중적으로 비판하는 연구자들도 있다. 대표적인 인물은 임계유任繼愈인데, 그는 장자의 상대주의가 결국 불가지론不可知論의 논증에 불과하다고 본다. 그리하여 장자와 같이 상대주의를 지식론의 기초로 삼는 태도는 필연적으로 절대적 회의론이나 불가지론 내지는 극단적인 주관주의로 흐르게 되어 결국에 가서는 허무주의에 빠지고 만다는 것이다.[76] 그러나 장자는 오히려 상대주의적 진술을 통하여 절대성을 해체하는 동시에 상대주의적 관점을 극복하고자 한다. 이것은 인위적 지성, 유위有爲적 사유, 대상적 사유의 상대성을 보여주

---

76) 『중국철학사』 제1권, 任繼愈, 人民出版社, pp. 166-173.

기 위한 반성적 전략의 일환이다. 그렇다고 해서 장자가 절대絶對를 내세우는 것은 아니다. 장자의 사유에서는 궁극적으로 상대와 절대라는 경계조차 해체한다. 장자가 사용하는 부정적 진술 또한 세계의 허구성을 실체화하는 인위적 지성의 대상적 사유를 해체하기 위한 방편으로 사용된 것이지, 부정 그 자체에 목적을 두지 않는다. 이승종 말대로, "데리다의 해체주의가 차이의 철학이라면 장자의 철학은 이 차이도 해체하여 균형과 대긍정大肯定에 이르려 하는"77) 사유이기 때문이다.

한편으로, 장자는 〈통상담론 normal discourse〉에 해당하는 기존의 고정화된 언어 규칙을 부정과 역설을 통해 반성하고 검토함으로써 그것의 허구성을 드러내어, 세계와 자아에 대한 실체론적 사유의 해체를 도모하지만, 다른 한편으로는 기존 언어 체계의 제약적 사용, 즉 언어 자체가 담고 있는 고정성이나 실체성을 거세한 사용을 통해 언어란 세상을 이해하고 자신을 표현하는 도구이며, 그 도구의 외연은 무한하고 우연적이며, 활발하고 창조적인 사용을 통해 세상을 더욱 풍부하게 이해하고 만들어나갈 수 있다는 제안을 담고 있다. 이것이 불언지변不言之辨과 부도지도不道之道를 강조하면서도 다언多言으로 나아간 장자를 이해할 수 있는 길이다.

---

77) 『노자에서 데리다까지』, 「해체에서 자연으로」, 이승종, 401쪽. 한국도가철학회, 예문서원. 2002. 여기서 이승종은 장자의 이러한 태도는 사물과 언어의 공성空性을 깨달은 후, 그 공성마저도 해체하려는 용수와 비트겐슈타인을 닮았다고 보고 있다. 데리다는 차연差延 (deference)이라는 개념을 통해 세계의 존재자들이 '차이'에 기초하여 '연장'되어 있다고 본다. 그 '차이'를 세계를 연결시키는 근거가 된다고 본다. 데리다의 철학에서는 이 '차이' 가 부각된다. 이에 비해 장자는 '차이'를 인정하고 그 '차이'를 통해 거래하는 세계의 연속성에 중심을 둔다. 그리하여 궁극에 가서는 개별자의 '차이' 조차도 해체하여 하나의 연속적 장場 안으로 포섭하여 대조화로 세계를 읽는다.

3. 언어적 매개를 넘어서: 대안으로서의 지인의 미러링

우리의 마음은 다가오는 만물을 어떻게 수용하는가. 우리는 기존의 축적된 지식, 경험, 습관, 범주나 원리 등을 가지고 다가오는 사물이나 사태를 무의식적으로 틀에 맞추어 본다. 게다가 세계에 대한 우리의 경험은 개념적 체계 및 해당 범주의 언어로 정리될 수 있는 조건하에서만 자각되며, 이 체계 자체는 해당 공동체의 문화적 맥락에 의해 결정된다. 이때 중심적 여과지로 작용하는 것이 '언어'이다. 언어는 역사적으로 우리의 삶의 과정을 고정하여 표현한 것이다. 해당 언어의 문법과 문장 구조, 어원 등의 차이는 바로 역사적·문화적 경험의 차이를 드러낸다. 그리고 언어는 해당 문화의 구성원들의 사고를 이끌어 주는 논리로 작용한다. 에리히 프롬(Erich Fromm, 1900-1980)은 "우리가 무언가 느끼고 경험한다고 생각하지만, 실제로 경험하는 것은 경험이 아니라 (언어를 매개로 한) 그것에 대한 기억과 사고"라고 말한다.[78]

그런데 언어와 개념은 늘 새로운 사건의 흐름이라는 유동성을 정지시키기 때문에, 우리의 경험이 언어를 통해 매개될 때 다양한 방식으로 변화하는 세계는 우리의 유형화된 규칙성과 구조에 의해 각 개별자의 고유성은 부정된다. 그리고 고정화된 언어와 가치의 기준은 고정화된 세계를 만들어낸다. "모장과 여희는 우리에게 미인이지만, 물고기나 사슴은 그녀들을 보면 도망간다."[79]

이를 극복하기 위해 장자가 제시하는 대안은 바로 왜곡 없이 세계와 우리와의 관계를 구체적인 사태로 미러링(mirroring)하는 것이다. 즉 언어를 매개하지 않고, 즉 무매개적으로 거울같이 세상을 직접 그대로 비추는 것이다. 장자는 세계와의 무매개적 대면을 '날개 없이 나는 것'으로 비유한다.[80]

---

78) 『禪과 精神分析』, 에리히 프롬, 스즈끼 다이세쯔, 데 마르티노 공저, 원음사, 57쪽.

79) 「제물론」, 93. 毛嬙麗姬, 人之所美也, 魚見之深入, 鳥見之高飛, 麋鹿見之決驟. 四者孰知天下之正色哉.

80) 언어를 매개하지 않는 것, 즉 무매개적인 인식이란 실체론적 언어를 부정하는 것이다.

걷지 않기는 쉽지만 땅을 밟지 않기는 어렵다. … (너는) 날개가 있어서 난다는 말을 들었어도 날개 없이 난다는 말을 듣지 못했을 것이다. 유지有知로서 안다는 말은 들었어도 무지無知로서 안다는 말은 듣지 못했을 것이다. 저 텅 비어있음을 보라. 빈방(虛室)이 빛을 뿜어내니, 길상吉祥은 그 고요함에 머문다.[81]

아예 걷지 않으면 몰라도 걷게 된다면 땅을 밟지 않을 수 없다. 즉 땅을 매개로 하지 않으면 우리는 걸을 수 없다. 마찬가지로 날개가 없으면 날 수 없고, 지식이 없으면 무언가에 대해 아는 것이 어렵다. 이것은 경험적인 사실이다. 그래서 장자는 '날개 없이 난다는 말과 무지로서 안다는 말'은 들어 보지 못했을 거라고 말한다.

그럼에도 불구하고 장자는 다시 '무익無翼의 비飛'와 '무지無知의 지知'에 대해 아느냐고 물음으로써, 그러한 상황이 가능함을 내비치고 있다. 여기서 '날개 없음(無翼)'과 '지식 없음(無知)', 곧 '매개 없음'은 '언어'와 '개념'이라는 매개를 통하지 않는 실상과의 대면을 비유한 것이다. 그런데 날개 없이 날고, 지식 없이 아는 것은 땅을 딛지 않고 걷는 것과 같이 경험적인 이해 속에서는 잘 수용되지 않으며, 장자 역시 그것이 일상적인 우리에게 매우 당혹스런 이야기임을 알고 있다. 그럼에도 불구하고 장자는 부연설명하지 않고 이렇게 덧붙인다. "저 텅 비어 있음을 보라. 허실虛室에 빛이 드니 그곳은 길상吉祥이 머무는 곳"이라고.

장자는 '유익의 비'를 '유지의 지'에 대응시키고, '무익의 비'를 '무지의 지'에 대응시킨다. 그리고 무익-무지-허실로 이어지는 전개 방식을 사용하여 논의를

그러나 장자의 언어관은 활발하고 살아 있는 구체적인 사태에 대한 개별자의 해석된 세계를 표현하는 것 자체를 부정하는 것은 아니다. 개별자의 미러링에 의한 세계에 대한 해석 역시 언어를 통하지 않으면 표현될 수 없다. 이 점이 바로 장자의 차원을 달리하는 이중적 언어관의 핵심이다.

81) 「인간세」, 150. 絶跡易, 無行地難 … 聞以有翼飛者矣, 未聞以無翼飛者也, 聞以有知知者矣, 未聞以無知知者也. 瞻彼闋者, 虛室生白, 吉祥止止.

전개한다. 그렇다면 장자는 왜 여기에서 허실을 언급하는가. 왜 허실에는 빛이 밝게 비추고 길상이 모이는가. 우리는 여기서 장자의 '허실'이 우리의 '텅 비어 있는 마음'을 나타내기 위한 은유라는 점에 주목해야 한다. 장자는 허실처럼 '텅 비어 있으면서 만물을 비추는 마음의 작용' 그리하여 '길상이 고요함에 머무는 마음의 작용'을 설명하기 위해 '거울의 비유'를 사용한다.

장자가 말하는 '무지', 즉 앎의 해체는 기존의 이분법적 세계 인식에 기초한 상식적이고 일상적인 소유적 앎의 버림이다. 이 이분법적 앎을 해체할 때 비로소 '참된 실상에 대한 앎' 즉 무지의 지가 가능하다는 것인데, 이는 앎이기보다는 '비춤'에 가까운 마음의 작용을 의미한다.

장자는 기존의 언어와 지식을 버리고 그것에 매이지 않는 곳, 빈 방과 같은 마음, 곧 허심을 회복하는 것이 바로 날개 없이 날고, 지식 없이 무매개적으로 세상과 대면하는 길임을 시사하고 있다. 그리고 이 '거울같이 비추는 마음'을 장자는 '지인至人'으로 의인화한다. 우리는 장자가 허심의 작용을 설명하기 위해 왜 '거울'의 비유를 사용했는지에 대해 알아보아야 한다. '거울'이란 어떤 작용을 하는가. 장자는 지인의 용심用心을 이렇게 설명한다.

> 지인이 마음을 쓰는 것은 거울과 같으니, 만물을 보내지도 않고 맞이하지도 않는다. 만물에 응하면서도 저장하지 않는다. 그러므로 능히 모든 만물을 두루 감당하여 비추면서도 스스로 상하여 지치지 않는다.[82]

거울 같은 마음은 허심의 작용을 나타낸다. 거울은 은유이다. 거울은 다가오는 사물을 차별 없이 비춘다. 추하다고 해서 거부하지 않고, 아름답다고 해서 부르지 않는다. 그리고 평가하지 않는다. 또 한 번 비추었다고 해서 그 모습을 거울 안에 담아 두었다가 나중에 다시 꺼내어 비추지 않는다. 그리고 언제나

---

82) 「응제왕」, 307. 至人之用心若鏡, 不將不迎, 應而不藏, 故能勝物而不傷.

비추는 작용을 멈추지 않는다. 어두운 곳에서는 어둡게 비추고, 밝은 곳에서는 밝게 비춘다. 어두운 곳을 비춘다 해서 거울은 그 어둠에 물들지 않는다.

거울은 철저히 현재 진행형으로 작용한다. 과거에 사로잡히지도 미래를 계산하지도 않는다. 거울이 접하는 형상을 있는 그대로 비출 수 있는 것은 거울이 대상이 어떻게 비출 것인지 영리하게 계획하여 준비하지 않기 때문이다. 대상이 거울에 미운 모습을 비추었다고 해서 상처받지 않는다. 당연히 복수하지도 않는다. 담담히 다가오는 대로 비출 뿐이다. 어떤 고정된 기준이나 가치를 대상에 부여하지 않는다.

게다가 거울은 접하는 사물의 자발성을 억압하지 않는다. 부당하게 차별하지 않고 개별자들의 특수성을 그대로 비추고 인정하는 미러링(mirroring)이 자신과 타자 사이의 연속성을 유지하면서 피차彼此의 각득기의各得其宜를 향상시킬 수 있다는 것이 장자가 우리에게 권하는 중심적인 메시지이다.[83]

---

83) 각득기의는 곽상郭象이 사용한 개념이다. 모든 개별자가 연속적인 장 안에서 각기 최적의 상태로 상호 거래한다는 것을 골자로 하는 것인데, 제물론 편에서 상세히 논한다. 곽상의 원문은 이렇다. "이 장은 물物은 각기 그 마땅함이 있음을 말한 것이다. 그 마땅함을 얻는다면 어디를 간들 소요하지 않겠는가 (此章言物各有宜, 苟得其宜, 安往而不逍遙也)." 『莊子集釋』, 39쪽 인용.

3장. 장자의 언어적 수사

1절. 우언 · 중언 · 치언

장자의 언어적 수사修辭는 두 가지로 집약된다. 하나는 기존의 고정화된 언어규칙을 전복하여, 언어에 대한 실체론적 사유를 해체함으로써 마음의 전회를 도모하는 것이고, 다른 하나는 언어의 개념적 고정화의 우를 범하지 않으면서 해체 작업을 진행하는 동시에 자신의 생각을 드러내는 것이다.

장자의 수사적 전략은 버튼 왓슨(Burton Watson, 1925-2017)이 "탁월한 거짓말(supreme swindle)"이라고 번역한 "괴이한 말(弔詭)"을 통해서 잘 드러난다.[84] 곽상은 이 〈조궤弔詭〉에 대하여 "(장자의 말이) 평범하지 않은 것이기 때문에 평범한 사람이 알 수 있는 것이 아니다"라고 말한다. 그렇기 때문에 장자의 말을 '괴이한 말'이라고 이름 붙인다는 것이다.[85] 만일 우리가 장자의 이 '괴이한 말'을 액면 그대로 받아들이거나 그대로 부정해 버리면, 장자의 말은 말 그대로 궤변으로 끝나게 된다.

장자가 사용한 이 조궤의 구체적 방법을 장자의 후학들은 「우언寓言」 편에서 세 가지로 정리한다. 즉 우언寓言과 중언重言과 치언巵言이다.

---

[84] *The Complete of Chuang-tzu*, Burton Watson, University Press, p. 48. 1968. 이종성은 그의 책 『도가 철학의 문제들』(문경출판사, 1999, 189쪽)에서 이 조궤의 번역어를 '수준 높은 거짓말'로 다시 해석한다. 이 해석도 왓슨의 의도를 잘 파악한 것 같다. *조궤는 제물론에 나오는 말이다. (『장자집석』, 「제물론」, 104쪽) 인용 부분은 다음과 같다. 丘也與女, 皆夢也, 予謂女夢, 亦夢也. 是其言也, 其名爲弔詭. 萬世之後而一遇大聖, 知其解者, 是旦暮遇之也.

[85] 『장자집석』, 「제물론」, 106. 곽상 註. 夫非常之談, 故非常人之所知, 故謂之弔當卓詭, 而不識其懸解.

우언은 열에 아홉이고, 중언은 열에 일곱이며, 치언은 날마다 새로워지는 말이니 천예天倪로써 화和한다. … 우언은 다른 것을 빌려 논한 것이다. 친아버지가 자기 아들의 중매를 직접 하지 않는 것은, 아비가 아들을 칭찬하는 것이 다른 사람이 칭찬해 주는 것만 못하기 때문이다. … 중언은 (시비의) 말을 그치게 하기 위한 것이다. 웃어른의 말은 나이를 앞세워 옳다고 여기기 때문이다. … 날마다 나오는 치언은 천예로써 화하고, 만연曼衍을 따르며, 궁년窮年하기 위함이다.[86]

이 가운데 가장 많은 비중을 차지하는 것은 우언이다. 인용문에 따르면, 사람들은 자신의 견해와 같으면 옳다 하고 다르면 그르다고 하기 때문에 그런 문제를 효과적으로 피하기 위해서 제3자의 입을 빌려 말한 것이라 한다. 대체로 우화의 형식을 띠고 있는 이 우언은 자신의 진의를 직접적으로 표현하지 않고 여러 가지 비유와 암시, 혹은 가상 인물이나 실제 인물을 자기 식으로 등장시켜 그들에게 가탁함으로써 자신의 생각을 받아들이도록 하는 설득적인 표현 방식이다. 예컨대, 연숙連叔이나 견오肩吾, 남곽자기南郭子綦, 접여接與 등등의 이야기가 이에 속한다. 우화에는 말의 일차적 의미를 넘어선 또 다른 의미가 함축되어 있음을 시사한다. 따라서 우언을 읽을 때에는 그 이면의 의미에 주목해야 한다. 표면의 의미, 즉 기의記意를 버려야 한다. 우언을 읽는 태도에 대해 성현영은 이렇게 말한다.

이는 우언일 뿐이다. 반드시 막고야藐姑射산이라는 것이 실제로 있는 것이겠는가. 마땅히 표면적인 말을 잊고(버리고) 그 말하고자 하는 바를 깊이 살펴야 한다.[87]
중언은 자신이 하고자 하는 말을 중요한 인물들의 권위를 빌려 표현하는

---

86)「寓言」947쪽. 寓言十九,重言十七,巵言日出,和以天倪.寓言十九, 藉外論之. 親父不爲其子媒. 親父 譽之,不若非其父者也 … 重言十七,所以已言也,是爲耆艾,年先矣 … 巵言日出,和以天倪,因以曼衍, 所以窮年.

87)「소요유」, 28. 성현영 疏. 斯蓋寓言耳, 亦何必有姑射之實乎, 宜忘言以尋其所況

방식이다. 인용문에 따르면, 사람들은 나이가 많은 자들의 말을 옳다고 하기 때문에 보다 설득력을 발휘할 수 있다고 한다. 역시 역사적으로 또는 당대의 권위를 가진 인물들에게 가탁하여 설득력을 높이려는 목적을 갖는 표현방식이다. 대표적인 사례로 자주 등장하는 인물은 요와 공자 및 그 제자들이다.

치언의 문자적 의미는 '술잔과 같은 말'이다.88) '치卮'란 술잔의 이름인데, 이 술잔은 술이 차면 기울고, 잔이 비워지면 바로 서게 만들어진 것이다. 바로 술잔에 술이 채워지고 비워지는 것이나 술잔 모양이 기울고 바로 서는 것이 상황의 변화에 그대로 순응한다(物來而順應)는 점을 취하여 '무심에서 나오는 말'을 비유하는 데 사용된 것이다. 즉 '자아'를 해체하고 자연의 변화에 따르는 말이다. 일출日出은 곽상에 따르면 일신日新의 의미, 즉 어떤 고정 관념도 없이 무심에서 나오는 자연스러운 언어 표현이다. 이 치언은 장자에서 구체적인 형태를 갖추고 나오지 않지만, 엄밀히 본다면 장자의 말 전체가 바로 무심에서 나오는 치언이라고 볼 수도 있다. 즉 장자의 이중적인 언어관, 즉 부정과 해체의 언어 및 자연 과정(인간의 삶 포함)의 새로움을 드러내는 언어 모두의 근거가 되는 형태이기도 하다.

요컨대, 장자의 우언과 중언, 그리고 치언은 중점에 따라 다르게 표현되고 구별되지만, 궁극적으로는 그 허심에서 나오는 언어라는 점에서 공통적이다.

2절. 은유

은유隱喩는 장자가 가장 빈번하게 사용한 언어적 수사이다. 장자 전편에 등장하는 이야기들이 '비현실적'으로 보이면서 난해한 이유는 은유를 사용하여 진술함으로써 일의적 의미로 잘 받아들여지지 않기 때문이다. 은유는 대상에

---

88) 「寓言」 947쪽. 곽상 註 참조. 夫卮 滿則傾 空則仰 非持故也.

대한 이해를 돕기 위하여 알기 쉬운 일상적 사물을 빗대어 설명하는 방식인데, 데리다의 말에 따르면 은유는 철학적 언어의 쓰임 전체에 깊이 연관되어 있다.[89] 장자에게서 은유는 철학적 메시지를 담고 있는 우언에 비견된다.

장자가 은유를 사용하는 목적은 언어가 갖는 고정화된 일의성을 해체하기 위함이고, 거기서 연유되는 소유적 사유를 해체하기 위함이다. 은유적 표현은 그 표현된 언어의 표면적 의미가 아니라 그 이면에 깔려 있는 다른 의미를 지향하기 때문에, 언어가 만들어 내는 가상적 실체성에서 탈피하여 그 이면의 메시지에 귀를 기울이게 하는 힘을 갖는다. 게다가 시적 언어와 같이 그 함축적 의미에 대한 다양한 해석을 가능하게 한다.

살아 있는 은유는 세계에 대한 새로운 체험적 이해를 반영한다. 로티는 "언어의 역사는 은유(metaphor)의 역사"라고 말하는데[90], 새로운 은유는 새로운 시각과 논리적 공간을 창조하는 데 도움이 된다. 은유가 고정된 문자적 의미를 갖는 것으로 변형되면, 그것은 죽은 은유가 되어 버린다. 다른 은유를 사용하는 것은 세상에 대해 다른 시각을 갖는 것이다.

따라서 장자의 시적詩的이고 은유적인 표현을 고정된 문자적 의미로 해석하여 분석하는 것은 '혼돈渾沌의 일곱 개의 구멍'처럼 장자의 본래 면목을 훼손할 우려가 항존恒存한다. 하지만 그 은유적 표현에 대한 다양한 해석의 장에서 설득력 있는 하나의 해석과 이해로 자리할 수 있다면 무의미하다고 할 수는 없는 작업이다. 우리가 텍스트로 전해지는 과거의 철학적 유산을 검토하고 해석하는 것은 과거로 돌아가 그 철학자의 문제의식을 읽고 그 상황으로 소급되어 그 문제 해결을 위한 노력을 공유하려는 데 있는 것이 아니다. 그것은 현재의

---

89) *Margins of Philosophy*, J. Derrida, Trans. A. Bass, University of Chicago Press, 1982, p. 209. 『노자에서 데리다까지』, 「해체에서 자연으로」, 이승종, 한국도가철학회, 예문서원, 2002, 392쪽 재인용.

90) 『우연성, 아이러니 그리고 연대 *Contingency, Irony and Solidarity*』, Richard Rorty, Cambridge University Press, 1989, p. 27 참조.

시점에서 과거의 사유를 해석함으로써 다시 사유하는 것이고, 그 사유가 현재의 문제를 해결하는 데 시사점을 주는가를 찾아내는 것이며, 미래를 열어나가는 단초를 찾는 것이다. 따라서 장자의 은유적 표현들에 대한 분석적 검토나 해석이 혼돈칠규渾沌七竅의 결과를 가져올 위험이 있는 것은 사실이지만 그렇다고 해서 해석적인 사유의 길을 포기할 수 없다. 오히려 그 은유적 메시지에 대해 가능한 다양한 해석을 감행하는 가운데 우리는 장자의 또 다른 얼굴을 만나게 될 가능성을 포기할 수 없기 때문이다.

장자가 사용하는 은유의 다양한 해석 가능성으로 인하여, 그의 우화에 대한 다양하고 상이한 해석이 존재한다. 그러나 각 해석이 갖는 타당성을 검토하는 것은 이 책의 중심 작업이 아닐 뿐 아니라, 다양한 해석들은 각기의 시각에서 해석된 것으로 인정하는 것이 온당하다고 보기 때문에 그것의 옳고 그름의 문제를 따지는 데 지면을 소모하지 않을 것이다. 앞으로 이어질 『장자』「내편」에 대한 텍스트 분석에 있어서도, 각 우화의 내용들은 다양하게 해석될 소지가 분명히 존재하고 있고, 장자 역시 단일한 해석보다는 다양한 해석을 기하면서 언어적 수사를 사용하였다고 보이기 때문에, 논자의 시각에서 가급적 작업의 일관성 있는 타당성을 유지할 수 있는 한에서는 자유롭게 해석해 보고자 하지만 그 해석이 언제나 오로지 옳은 것이라고 주장하지는 않을 것이다. 이미 장자의 사유는 옳고 그른 것을 가리는 사유에서 벗어나 있기 때문이다.

예컨대, 「소요유」 편의 곤어鯤魚와 대붕大鵬, 남명南冥과 북명北冥, 「덕충부」에 등장하는 수많은 불구의 기형자들, 광인 접여接輿, 재처럼 굳어져 있는 남곽자기南郭子綦, 구름을 타고 다니는 열자列子, 볼 때마다 관상이 달라지는 호자壺子, 불특정하게 등장하는 진인·지인·성인 등등은 시각에 따라 매우 해석의 스펙트럼이 넓은 것들이다. 어느 하나를 고정하여 올바른 해석이라거나 장자의 의도를 정확히 재현했다고 단정할 수 없다. 게다가 그렇게 해야 할 필연적인 이유도 없다.

3절. 초과적 어법에 대한 장자의 변론:
〈견오와 연숙의 이야기〉

은유와 과장을 포함한 우언·중언·치언 등으로 이루어진 장자의 초과超過적 담론은 상식적인 세계를 사는 우리들에게는 낯설고 이해하기 어렵다. 그런 까닭에 장자의 담론은, 비현실적이어서 인간 세계, 즉 소유 세계의 실정(人情)에 맞지 않는다는 것이 일반적인 평가이다. 〈견오肩吾와 연숙連叔의 이야기〉에서 접여接興의 말에 대한 견오의 평가는 이런 세간의 평가를 대변한다. 그렇다면 장자는 스스로 자신에 대한 이런 세인들의 평을 모르고 있었을까.

장자의 언어적 수사는 의도적인 것이다. 그의 언어 수사는 오히려 그런 평가를 잘 알고 있기 때문에 구사할 수 있는 것이라고 보는 것이 타당하다. 장자는 〈견오와 연숙의 이야기〉를 통해 자신의 어법에 대한 변론을 전개하면서, 자신의 비현실적 담론이 갖는 현실성과 근원적 사실성을 논한다. 이 이야기에는 접여가 등장한다. 접여는 제물론에서 광인狂人으로 등장하는데, 여기에서 접여는 장자의 대변자 역할을 수행한다. 장자는 접여에 대한 변론을 통하여 자기 담론에 대해 의외로 친절하게 대답하며 설명한다. 그러나 경험적이고 상식적인 언어를 사용하지는 않는다.

> 견오가 연숙에게 물어 말했다. "나는 접여에게 말을 들었는데, 그 말이 너무 커서 마땅하지가 않고, 이야기가 한참 나아가 (현실로) 돌아올 줄을 모른다. 그 말이 놀랍고 두려운데 마치 은하수가 끝이 없는 것 같다. 그 길과 뜻이 너무 커서 인간의 실정에는 맞지 않았다."[91]

---

91) 「소요유」 36-27. 肩吾問於連叔曰 吾聞言於接興, 大而無當, 往而不返. 吾驚怖其言, 猶河漢而無極也；大有逕庭, 不近人情焉.

접여의 말에 대한 견오의 평가는 장자에 대한 세인들의 평과 유사하다. 견오가 지적하는 문제는 장자가 사용하는 과장법, 초과적이며 비현실적인 우화, 은유와 역설과 반어 등의 어법 등인 듯하다. 그래서 견오 자신의 개념적이고 분석적인 사유로는 요해가 불가능하다는 것이다. 그러자 연숙은 견오에게 어떤 이야기냐고 묻는다.

> 연숙이 그 말이 무엇이냐고 물었다. 견오가 말하길, (접여가 왈曰) 막고야산에 신인神人이 살고 있는데 피부는 마치 빙설과 같고, 부드럽기가 처자와 같고 오곡을 먹지 않으며, 바람을 마시고 이슬을 마시며 구름을 타고, 용을 몰고 날며 사해의 밖에서 누닌다네. 신기神氣가 집중되면 사물이 병들지 않게 하고 그해 곡식도 잘 익게 한다네. 나는 이 말이 하도 미친 것 같아서 믿어지질 않는다.[92]

견오는 들은 말을 전한다. 막고야산에 신인이 살고 있는데 피부는 마치 눈과 얼음 같고, 부드럽기는 어린 처녀와 같으며, 오곡五穀을 먹지 않고 바람과 이슬을 마시며, 구름을 타고, 용을 몰아 날며 사해 밖에서 노닌다. 신기가 집중되면 사물이 병들지 않게 하고 그 해 곡식도 잘 익게 한다고 말한다. 그런데 견오 자신은 이런 말이 대단히 미친 말인 듯하여 믿을 수 없다고 평한다.

과연 접여의 말에는 어떻게 이해해야 하는지 알 수 없는 이야기뿐이다. 상식적인 경험 세계 안에서 볼 때 기상천외한 말들이다. 그래서 견오는 '미친 소리' 같아서 믿을 수 없다(狂而不信)고 표현한다. 먼저 막고야산, 빙설 같은 피부와 어린 처자와 같은 부드러움을 가진 신인, 바람과 이슬을 먹으며 오곡을 먹지 않음, 구름을 타고 다니며 용을 몰아 사해 밖에서 노니는 것 등등 마치 태고의 신화 한편을 듣는 듯하다. 장자의 언어적 수사의 문법을 전제하지 않으면 이해

---

92) 「소요유」 27-28. 連叔曰 其言謂何哉 曰藐姑射之山, 有神人居焉, 肌膚若冰雪, (綽)〔淖〕約若處子. 不食五穀, 吸風飲露, 乘雲氣, 御飛龍, 而遊乎四海之外. 其神凝, 使物不疵癘而年穀熟. 吾以是狂而不信也.

의 한 걸음도 디딜 수가 없다. 그런 상태의 견오에게 연숙은, 장님은 문장文章의
아름다움을 볼 수 없고, 귀머거리는 종과 북의 소리를 들을 수 없다고 말한다.
연숙의 말에 따르면, 우리는 먼저 눈을 뜨고 귀를 열어야 한다. 이것은 깨달음
과 관계된다.

> 연숙이 말했다. 아 그런가. 장님은 문장의 아름다움을 보는데 함께 할 수 없고, 귀머
> 거리는 북과 종의 소리를 들을 수 없다. 어찌 오직 육체에만 장님과 귀머거리가
> 있겠는가. 대저 앎에도 (장님과 귀머거리가) 있네. 이제 그 말은 지금 자네를 두고
> 하는 말이다.93)

 연숙은 육체에만 장님과 귀머거리가 있는 것이 아니라, 앎에도 장님과 귀머
거리가 있으며, 이것은 견오에게 해당된다고 말해준다. 그러므로 견오가 이해
하지 못하는 것은 당연하다. 이 우화가 던져주는 메시지를 통찰하기 위해선
먼저 앎의 눈을 떠야 한다.
 장님 역시 은유이다. 장님이 눈으로 세상을 볼 수 있든 없든 세상 자체가
달라지지 않는다. 세계의 실상에 눈을 감고 있는 것은 다름 아닌 견오로 대표되
는 우리 자신이다. 그리고 이 실상을 가리고 덮은 것은 바로 일상적, 경험적
인식에 기초한 소유적 사유라고 장자는 본다. 그래서 장자는 그것을 해제하고
자 하기 때문에, 조롱하고 과장하고 뒤집어엎는 방식의 언어를 구사한다. 눈을
뜨게 하기 위해서이다. 마치 맹인이 보아야 할 세상이 새로 만든 세상이 아니라
원래부터 있었던 세상인 것처럼, 다만 달라진 것이 있다면 맹인이 눈을 뜨는
것뿐이듯, 원래 연속적인 세계에 대해 우리가 눈을 뜨는 것만이 필요하다. 그
눈을 뜨기 위한 노력이 바로 해체이다. 그러면 우리는 어떻게 앎의 눈과 귀를
열리게 할 수 있는가.

---

93)「소요유」30. 連叔曰 然. 瞽者無以與乎文章之觀, 聾者無以與乎鐘鼓之聲. 豈唯形骸有聾盲哉？夫知
  亦有之. 是其言也. 猶時女也.

먼저 이 이야기는 과장적이고 초과적인 형태로 진행된다. 뒤에서 살펴볼 대붕大鵬의 여정과 유사하다. 과장적이고 초과적인 사유는 일차적으로 소유적인 경험적 인식 세계의 틀을 해체해야 할 필요를 제기하기 위한 수사적 장치이다. 김형효의 말처럼, "과장법은 인간의 이성적 사유가 만드는 절대성이나 전체성을 파괴하고 이성의 제한적 사고방식의 울타리를 벗어나는 초과적 사유를 표현하려는 의도"에서 생기며, 이것은 현실의 세계, 경험적 인식의 세계 안을 박차고 싶을 때 사용되는 언어의 유희이다.[94] 장자는 과장법을 통하여 경험적 세계를 실체로 여기고 그것을 소유·지배하려는 제한적 사유, 대상적 사유를 해체하고자 한다.

따라서 장자의 의도에 따라 이 우화를 이해하는 하나의 방법은 먼서 상식적이고 경험적인 인식의 틀을 일단 내려놓는 것이다. 개념적이고 분석적인 이해 능력을 동원해서는 도저히 알 수 없는 것이기 때문이다. 그다음 장자의 이 허풍스런 과장적 이야기에 담겨 있는 이면의 메시지에 귀를 기울여 본다. 막고야산과 신묘불측神妙不測의 신인에 대한 상징적 은유가 무엇인지 통찰해 보아야 한다. 막고야산과 신인의 은유는 무엇을 말하려는 것인가.

오강남吳剛男은 그의 책『장자』에서, 신인에 대한 신비적 초월적 묘사는 "위대한 사람이 보통 사람과 다름을 이야기하는 방식으로 옛날에는 이런 극적인 방법, 신화적인 표현방법을 써서 말한 것이 보통"이었으며, "이런 신화적 표현은 보통 말로 묘사할 수 없는 엄청난 진실을 전하고자 할 때 옛사람들이 예사로 쓰던 '문법'인 셈"이라고 말한다.[95]

하지만 이런 식의 이해로는 장자의 사유에 가까이 다가가기 어렵다. 이런 관점은 장자를 우리로부터 더욱 먼 곳으로 데려가 버리기 때문에 우리는 다만 그의 여러 우화를 먼발치에서 구경해야 하는 결과를 가져온다. 우리가 힘을

---

94) 『노장 사상의 해체적 독법』, 김형효, 청계, 1999, 236쪽에서 인용.

95) 『장자』, 오강남, 현암사, 1998, 47쪽 참조. 오강남은 현재 캐나다 리자이나 대학교 비교종교학과 교수로 재직하는 학자이다. 다른 저서로『도덕경』(현암사, 1995)이 있다.

기울여야 하는 것은 왜 이렇게 신비적인 묘사를 했느냐는 것과, 거기에 담겨 있는 함의가 무엇인가를 찾아보는 것이다.

막고야산과 신인의 은유에 대한 가능한 해석 가운데 한 가지는, 첫째 막고야산이라는 가공架空의 지역이다. 성현영의 소疏에 따르면, 막고야산은 '멀리 떨어진 곳'을 의미한다고 한다.[96] 그런데 멀리 떨어져 있다는 것은 어디로부터 멀다는 것인가. 그 기준점은 아마 소유 세계에 사는 우리들의 경험적인 인식 혹은 지식을 의미하는 것 같다. 세상에 대한 모든 것을 대상적 사유를 통해 구분하고 소유적 가치 체계로 덮어 놓은 인위人爲의 세계와 존재의 실상과의 간극間隙을 공간적 거리로 표현했다고 볼 수 있다. 소유 세계 이해 기준으로는 신인의 깨달음을 평가할 방법이 없기 때문에 세상 끝의 막고야산, 즉 소유 세계적 질서 너머의 세계를 상정함으로써 그에 의탁하여 진술한 것이다. 소유적 사유를 해체하지 않고는 막고야산에 들어 설 수 없다는 의미이리라.

둘째, 신인의 은유는 매우 함의가 깊다. 먼저 신인을 절대 신비를 지닌 초월적 인물로 보아서는 설명이 어렵다. 그런 해석은 종교적 도교의 술사로 나아가는 길이다. 장자적 기준에서 보면 〈신인〉은 〈자아를 해체한 마음〉을 의인화한 것이다. 인간에 대립되는 신神의 개념에는 이미 인위적·소유 세계적 틀을 해체한다는 함의가 들어 있다. 그런데 이 신인은 오곡(쌀·보리·기장·조·콩)을 먹지 않고 바람과 이슬을 마신다. 오곡은 세상 사람들이 육신의 보존을 위하여 일상적으로 섭취하는 기본적인 곡식들이다. 달리 말하면, 소유 세계의 일차적인 양식, 즉 우리가 일상적으로 먹고 사는, 욕망 충족물이다. 신인은 그런 소유 사회의 개인적·사회적 욕망을 충족시키는 데 초연하다. 이것은 그 욕망의 충족이 인간을 존재적으로 섭생하는 것이 아니라는 것, 소유 세계의 성취가 인간을 신인의 깨달음으로 인도하지 않는다는 것을 나타내기 위한 은유로 읽을 수 있다.

---

96) 「소요유」 28. 성현영 疏. 藐. 遠也. 山海經云 姑射山在寰海之外, 有神聖之人, 戢機應物.

진고응은 신인의 피부가 "눈처럼 하얗고 자태는 처녀처럼 단아하고 아름다운 것"이 신인의 용모가 청순하고 자태가 부드럽고 조용함을 나타내는 것이라고 해석한다. 그런데 그러한가.[97] 용모에 대한 서술인가. 이 역시 은유로 보는 것이 이해에 도움이 된다. 이는 오히려 신인의 외면적 용모라기보다 마음의 상태를 표현한 것이다. 순수하고 부드러운 마음을 말이다.

게다가 이 신인은 구름을 타고, 용을 몰고 다니며 사해 밖에서 노닌다. 이 역시 은유이다. 구름이란 고정되지 않은 것, 즉 변화를 상징한다고 볼 수 있다. 그러므로 구름을 탄다는 것은 역시 변화를 수용하고, 그 변화에 따라 함께 변화한다는 것이리라. 그러므로 '변화'를 고정시켜 실체화한 세계, 대상적으로 경험되는 이분법적 세계인 '사해四海'의 밖에서 노닌다. 신인이 노니는 사해 밖의 세계란 별도로 존재하는 이상적인 세계가 아니라, 우리가 살고 있는 이 세계에서 이분법적 사유를 해체하면서 현현하는 세계이다. 이 세계에서 신인은 특정한 목적에 구애되어 세상을 구분하거나 판단하지 않으면서 자유롭게 노닌다.

그런데 연숙의 말은 여기서 그치지 않는다. 연숙이 묘사하는 신인은 점입가경이다. 신인의 덕德, 즉 능력은 만물을 두루 섞어 하나로 만든다. 그리고 물物에 상傷하지 않는데, 홍수가 나도 빠지지 않으며, 뜨거워도 뜨거운 줄 모른다. 거의 살아 있는 인간에 대한 묘사라고 보기 어렵다. 이런 묘사를 대할 때 우리는 세 가지 정도의 대응을 생각해 볼 수 있다. 하나는 '말도 안 되는 궤변'이라 보고 무시해버리는 것, 또 하나는 액면 그대로의 의미를 추종하여 바람과 이슬을 먹는 도사道士의 길을 가는 것, 그것도 아니라면 그 안에 담겨 있을 수 있는 또 다른 차원의 진실이 무엇인가를 깊이 있게 찾아보는 것이리라. 이미 우리는 세 번째의 길을 가고 있다.

그 사람의 그 덕은 장차 만물을 두루 포괄하여 하나로 하는 것이다. 세상에서는

97) 陳鼓應, 앞의 책, 225쪽 참조.

난세를 다스려 줄 것을 바라겠지만 누가 쓸데없이 천하를 일삼겠는가. 그 신인은 물에 의해 상하지 않는다. 큰 홍수가 하늘까지 닿아도 빠지지 않으며, 큰 가뭄에 돌과 쇠가 녹아 흐르고 토지와 산이 타들어가도 뜨거운 줄 모른다. 이 사람은 그 먼지나 때, 쌀겨나 쭉정이로도 장차 요순과 같은 성인을 빚을 수 있는데, 누가 기꺼이 물을 일삼겠는가.[98]

존재의 실상을 회복한 신인은 만물을 두루 포괄하여 하나로 한다. 즉 본래의 경계 없는 세계의 연속성을 회복한다. 이미 연속되어 유전하는 세계라는 그물 망에 스스로 하나의 그물코가 되어 들어간다. 하나로 연속되어 있기 때문에 따로 상하게 할 수 없다. 불은 불을 뜨겁게 할 수 없고, 물은 물을 빠뜨릴 수 없다. '먼지와 때', '쌀겨와 쭉정이' 역시 요나 순 같은 성인들과 연속되어 있는 하나의 세계, 즉 하나의 장 속에 존재한다. 신인은 경계 짓지 않는다. 경계 짓지 않기 때문에 피차가 대상화되지 않는다. 어느 것 하나 '나'와 분리된 것이 없고, 나 아닌 것이 없다. 역으로 '나 아닌 것이 없으면서 나도 없다'. '나'로부터 나간 것이 모두 나에게로 돌아오는 것은 그것이 모두 연결되어 있기 때문이다.

그런 까닭에, 신인에게는 불도 물도 대상화되지 않는다. 이미 스스로 불을 만나면 불이 되고, 물을 만나면 물이 되는 화광동진和光同塵[99]의 존재의 실상 (道)을 회복한 신인에게는 외물에 외해 상傷할 민한 외물外物, 즉 대상이 따로 존재하지 않는다는 것에 대한 은유적 표현이다. 그렇기 때문에 물을 일삼는 것(以物爲事)을 하지 않는다. 이물위사以物爲事하는 것은 소유 세계에 대한 물리적·이념적 지배나 장악을 위한 것이다. 세상에서는 난세를 다스려주길 구하지

---

98) 「소요유」 30-31. 之人也, 之德也, 將旁礴萬物以爲一世蘄乎亂, 孰弊弊焉以天下爲事. 之人也, 物莫 之傷, 大浸稽天而不溺, 大旱金石流土山焦而不熱 是其塵垢秕穅, 將猶陶鑄堯舜者也, 孰肯以物爲事.

99) 이것은 노자에 나오는 개념이다. 빛을 만나면 빛이 되고 먼지를 만나면 먼지가 되어 화합하는 것이 곧 도道. 즉 존재의 실상이라는 것이다. 장자의 신인의 경계 없는 연속적 속성을 드러내는 의미로 인용하였다. 『도덕경』 4장. 道, 沖而用之, 或不盈, 淵兮似萬物之宗. 挫其銳, 解其紛, 和其光, 同其塵, 湛兮似或存, 吾不知誰之子, 象帝之先.

제1부 장자의 해체적 사유 123

만 그것은 세상을 대상화할 때만 가능한 것이다. 그러나 장자에 따르면 세계의 실상은 대상화되지 않는다. 대상화된 세상은 허구적인 것이다. 따라서 허구적인 대상을 지배 장악하려는 시도는 부질없는 것일 뿐이다.

역사적인 소유 세계의 질서를 대변하여 이물위사의 위대한 성취를 이룬 요 임금이 막고야산에 가서 네 명의 신인을 만나고 왔다. 연숙의 말은 계속된다.

> 송나라 사람 하나가 장보章甫라는 관을 밑천삼아 월越나라로 갔다. 월나라 사람들은 머리를 짧게 자르고 문신을 하기 때문에 그 관은 쓸데가 없었다. 요는 천하의 백성을 다스려 천하의 정치를 평안히 하였는데, 네 명의 신인을 만나러 막고야산에 들어갔다. 분수의 북쪽 도읍에 돌아오자 멍하니 천하를 잃었다.[100]

〈장보章甫를 팔러 간 송인宋人〉과 〈관冠을 쓰지 않는 월인越人〉의 유비는 소유 세계의 종주宗主로 추앙받는 〈요〉와 소유적 가치를 해체하고 그 너머에서 노니는 〈신인〉의 관계를 유비한 것이다. 요는 '평천하平天下'를 이룬 자신의 덕을 가지고 막고야산에 갔지만, 그 신인들에게 그 '평천하의 덕'은 쓸데가 없다. 신인에게 소유 세계 최고의 덕이 소용없는 것은 월인越人에게 장보가 소용없는 것과 같다. 시각의 전환을 요구하는 장자의 전략이 반영되어 있는 언어적 수사이다.[101]

---

100) 「소요유」30-31. 宋人資章甫而適諸越, 越人斷髮文身, 無所用之. 堯治天下之民, 平海內之政, 往見四子藐姑射之山, 汾水之陽, 窅然喪其天下焉.

101) 곽상은 이 구절에 대한 주注에서 월인越人에게 장보가 소용없는 것은 요에게 세상이 소용없는 것과 같으며, 요는 일찍이 세상을 소유한 적이 없었다고 말하면서 요를 높인다. 일리 있는 해석이긴 하지만, 여기선 신인과 요를 대비하고 있으므로 장보를 밑천삼은 송인宋人을 요에 견주는 것이 더 적절하다. 곽상은 일관되게 자득지장自得之場의 각득기의各得其宜의 관점에서 해석하면서, 인간세에 대한 적극적인 역사 참여를 옹호한다. 그리고 장자가 세상에 버림 받은 이유가 무위를 산림에 은거하는 도피적인 것으로 보았기 때문이라고 본다. 곽상에서 가장 이상적인 인격은 역시 인간세의 역사에 적극 참여한 요이기 때문에 그렇게 해석한 듯하다.

요는 인간 역사 세계의 덕을 상징하는 인물이다. 그 요가 신인들을 만나고 돌아온 후, 망연茫然히 천하를 잃었다. 요가 천하를 잃은 듯이 한 것은 무기無己, 즉 자아를 잃은 것이다. 요의 자아는 천하 자체이다. 장자는 인간의 역사 세계에 대해 특별한 위상을 부여하지 않는다. 자연과 인간의 어느 쪽에 대한 우위도 부정하는 장자의 입장에서는 인간이라고 해서 특별한 존재가 아니며, 더욱이 그 인간의 역사라 해서 특별한 것이 없는 하나의 물物일 뿐이다. 물로서의 고유성을 갖고 있긴 하지만 그것은 연속적 세계의 물 가운데 하나일 뿐이다.

　그렇기 때문에 적극적으로 인간 역사 세계에 역사役事하려는 의지를 특별히 높이 평가하지 않으며, 권하지도 않는다. 오히려 그런 유위적인 역사 현실에의 참여가 가져오는 인간에 대한 구속과 질곡에 주목하면서, 그런 참여의 근거가 되어 온 절대성 혹은 당위성을 해체한다. 이 문제는 「인간세」 편에 대한 텍스트 분석에서 좀 더 상세히 고찰할 것이다.

제2부

『장자』「내편」:
텍스트 속으로

1장. 『장자』 사유의 오리엔테이션: 소요유

『장자』「내편」을 구성하는 각각의 이야기들의 배치는 겉보기에는 무작위적이고, 내용적으로 모순적인 듯하지만, 그러한 무작위적 배치와 내용적 모순은 일정한 기능을 담당하고 있으며, 각 편은 긴밀한 구도 속에서 연계되어 있다. 「소요유」[102] 편을 분석하는 데 있어 주안점은 두 가지이다. 하나는 『장자』에 왜 「소요유」가 텍스트의 첫머리에 배치되어 있는가 하는 것이고, 다른 하나는 왜 거기에 퍽 과장적이고 비상식적이며 다소 황당해 보이는 신화적인 스토리를 채택하였는가 하는 점이다.

이러한 의문을 해결하는 과정은 장자가 자신의 사유를 효과적이고 설득력 있게 전개하기 위하여 사용한 구성(plot) 및 수사적 장치를 해명하는 것과 연관된다. 「소요유」에는 몇 가지 메타포와 함께 우화를 통해 장자 사유의 전체적인 오리엔테이션을 제시하는 지도가 담겨 있다.[103] 실상 장자가 소요유를 첫

---

[102] 『장자』「소요유」의 첫 번째 이야기는 신화적인 구성을 하고 있다. 호이징가는 "신화는 성실하게 받아들여지기는 하지만, 완전무결하게 진지한 적이 있었는지는 문제로 남는다" 라고 말한다. 놀이로서의 신화는 이성이 도달할 수 있는 한계를 넘어선 통찰의 영역까지 비상할 수 있기 때문이다. 다시 말해 논리적 판단의 경계를 넘어선다는 것이고, 그런 점에서 신화는 놀이의 영역 안에 머문다. 인용 부분. 요한 호이징가, 『호모 루덴스』, 까치, 2004. 197쪽 참조.

[103] 일반적으로 「소요유」의 붕새의 남명을 향한 비행을 물질적 형상의 구속에서 벗어나 끝없이 광활한 세계를 창조해 내고 호방한 기개를 드러내 보이는 것, 초월적 세계로의 정신적 비상 등으로 해석하여 장자 사유의 구경究竟을 드러낸다고 본다. 그런 견해를 가진 학자 가운데 한 사람이 진고응陳鼓應이다. 진고응은 "소요유는 어느 것에도 구속됨이 없는 마음, 유유자적하며, 편안히 노니는 마음을 그리고 있다"고 본다. 그리고 "자유롭게 비상하는, 개방된 정신을 그리고 있는 이 글 전편에는 어느 것에도 구애되지 않는 마음이 사물과 은밀히 합일하는 정신이 흐르고 있다"고 말한다. 그러나 이러한 해석에는 장자가 구사하고 있는 구체적인 전략적 장치를 간과하고 있다. 논자는 이런 식의 해석에 동의하지 않는 것은 아니지만, 그것만으로는 「소요유」를 모두 설명하기에는 부족하다고 생각하고 있다.

부분에 배치한 것에는 장자의 의도[104]가 개입되어 있다고 보인다.[105] 그것은

진고응의 해석을 더 들어보자. "거곤巨鯤이 대붕大鵬으로 변신하여 날개를 펼치고 날아오를 때 바다가 출렁거리고 거센 파도가 치는 모습은 흡사 천지개벽을 방불케 한다. 그가 비상하는 것을 보라. 날개로 바닷물을 박차고 오를 때 이 파도는 천지를 뒤덮는다. 물기둥이 삼천리 상공까지 솟아오른다. 강풍이 몰아닥치고 야생마처럼 구름이 질주한다. 공기 중에 흐르는 기운은 먼지가 소용돌이치는 것 같고 왜소한 생물들은 바람에 날려 흩어져 버린다. 힘찬 기세, 얼마나 경이로운 고아경인가. 대붕이 구름 속을 뚫고 직진해 들어간다. 하늘은 텅 비어 있으면서 드높다. 위로도 끝이 없고 영공에서 아래를 내려다보아도 역시 창망하며 끝이 보이질 않는다. 창망한 하늘은 드넓고 광활한 세계로서, 이에 대한 묘사는 우리들의 사유를 드넓고 드높은 초월의 세계로 이끈다."

이 견해는 일면 타당하다. 신화적 형태를 갖는 신비스러운 이야기를 무구한 마음으로 좇아가다 보며 우리 마음도 어느새 창망한 하늘을 드높이 비상하는 대붕이 된 기분을 느끼게 되고, 사유의 폭을 확장하게 하는 계기를 마련해 준다. 그러나 거기서 끝나는 것인가?

인용 부분. 『노장신론』, 진고응, 최진석 역, 소나무, 2001, 215쪽.

104) 여기서 '장자의 의도'를 논하기 위해서는 『장자』 「내편」이 장자의 저술이며, 그 편집 역시 장자에 의해 이루어졌다는 전제를 두어야 한다. 현재 전하는 『장자』라는 책은 4세기 진晉의 곽상이 정리한 33편으로, 「내편」 7편과 「외편」 15편, 그리고 「잡편」 11편으로 구성되어 있다. 즉 그 분류 자체가 곽상에게서 비롯된 것이라 할 수 있는데, 왜 이렇게 나누었는지는 분명하지 않다. 다만 이 가운데 「내편」 7편은 곽상이 편집하기 전부터 묶여 있었는데, 그것은 이 내편 7편을 대체적으로 장자 자신의 저술로 여겼기 때문이었을 것이라는데 대부분의 학자들이 동의한다.(오강남, 앞의 책, 19쪽 참조) 『장자』에 대한 문헌 분석을 본격적으로 진행한 류사오간은 『장자』 「내편」은 "기본적으로 전국 중기의 작품이고, 『장자』 〈외·잡편〉 은 기본적으로 장자 후학의 작품"이며, "장자 본인의 사상을 연구하려면, 내편을 주된 자료로 삼아야 한다"고 말한다.

일본인 학자 후꾸나가 고지(福永光司)의 경우에는, 장자 철학을 중국 고대의 실존주의로 해석하는데, 여기서 그는 "내외편의 형식적인 구별을 중시하기보다 전체 내용 가운데 장자 철학의 본질적인 부분을 선택하여" 연구하였는데, "〈제물론〉에서는 萬物齊同의 철학, 그 사상을 계승하고 발전시킨 〈秋水〉의 하백과 북해약의 문답, 「則陽」의 소지少知와 대공조의 문답, 그리고 〈知北遊〉의 仲尼과 冉求의 문답 등이 장자 철학의 본질적인 측면을 가장 잘 드러낸 부분"이라고 말한다. (『장자-고대 중국의 실존주의』, 이동철, 임현규 역, 청계, 1999, 9-11쪽 참조)

논자는 이 논문에서 劉笑敢의 견해를 지지하며, 『장자』가 장자 자신의 직접 저술일 확률이 높을 뿐 아니라, 더 나아가 그 편집에 있어서도 일정한 플롯을 찾아낼 수 있다는 점에 착안하여 장자의 의도가 반영된 편집일 가능성이 높다고 보고, 이에 근거하여 '장자의 의

자신의 사유 여정에 동참하는데 필요한 마음의 상태를 준비시키는 과정으로서의 오리엔테이션(orientation) 작업이다. 그는 이를 통하여 우리의 개념적이고 분석적인 사유, 일상적이고 경험적인 사유, 대상적이고 소유적인 사유를 일단 잠재우고, 그것에서 일차적으로 벗어나는 것을 목적으로 하는 〈시각의 전환〉을 시도한다. 시각의 전환을 이루지 않고 「제물론」 이하로 이어지는 본문으로 들어가는 것은 자신의 메시지를 제대로 이해하기 힘든, 혹은 자신의 메시지를 일상적인 분석적 이해 능력으로 절하시켜 버리는 결과를 가져올 수 있기 때문이다.106)

도'를 설정하였다.

105) 「소요유」 편의 편제에 장자의 의도가 있다는 견해를 가진 학자로 이종성이 있다. 그는 이렇게 말한다. "장자는 왜 소요유를 첫머리에 놓은 것일까. 그것은 소요유가 장자 철학이 목표로 설정한 究竟義이기 때문이다. 장자 철학에 있어서 소요유는 절대자유의 궁극적 경지를 의미한다." 그러나 「소요유」의 어디에 절대자유가 나와 있다는 말인가. 붕새는 다만 각고의 노력을 들이고 바람이라는 관계성 속에서의 기회를 만나 남행을 하고 있을 따름이다. 그리고 어디에 究竟義가 있다는 것인가. 구경의는 무엇을 가리키는가. 절대자유라는 것이 장자에게서 어떤 어휘로 표현되어 있는가. 혹시 편명인 소요유의 해석을 「소요유」 편의 본문 내용의 해석으로 확대하거나 대치한 것은 아닌가. 인용문. 『도가철학의 문제들』, 이종성, 문경출판사, 143쪽.

106) 「소요유」 편을 장자 사유 여정의 전모를 소개하는 편으로 이해하는 학자는 많지 않다. 김충렬은 『노장철학강의』(서울, 예문원, 1995, 258쪽)에서 「소요유」의 〈대붕 이야기〉가 세상을 초탈한 절대적인 정신적 자유를 주장하는 심미적 인간이라는 이해를 보인다. 김충렬식의 이해가 고금의 주석가들이 보이는 일반적인 이해이다.

이와 다른 맥락에서 〈鯤〉이라는 물고기가 〈大鵬〉으로 변신하여 비행한다는 점에 주안을 둔 해석으로 앨린슨이 있다. 그는 이 이야기에서 '자기 변형(self transformation)'을 소요유의 핵심적 메시지로 파악한다.(앨린슨, 앞의 책, 41-47쪽) 앨린슨의 견해가 그나마 이 작업에서의 관점에 근접해 있다고 볼 수 있다.

곽상은 '모든 존재자가 自得之場이라는 자연 속에서 性에 맡기고 능력에 걸맞게 일하며 분수에 마땅하게 한다는 점에서 한 가지로 逍遙하므로 그 사이에 우열이나 승부가 없는 것'이 소요유의 본의라고 본다. 즉 自得의 자리에서 각기 분수에 따르는 것이 소요라고 보는 것이다 .(『장자집석』 소요유, 1쪽. 곽상 註. 夫小大雖殊, 而放於自得之場, 則物任其性, 事稱其能, 各當其分, 逍遙一也, 豈容勝負於其間哉)

요컨대, 「소요유」 편에서는 장자의 해체 전략의 구체적 전술이 발휘되고 있다. 통상적인 독해 양식과 분석적인 이해를 해체하고자 하는 것이다. 「소요유」 편만이 아니라 『장자』의 「내편」의 여타 편의 배치에서도 장자는 섬세한 배려를 하고 있다.

「소요유」 편에서 두드러진 것은 과장법과 우화의 신화적 서술이다. 수사학적으로 과장법은 현실 이성적 사유가 의심스러울 때, 즉 제한적 사유·소유적 사유에 대한 회의를 품고 이를 파괴하기 위해 사용된다. 장자의 과장적이고 신화적인 우화들은 분석적이고 개념적인 사유를 일단 유보시키고, 직관적이고 통찰적인 사유의 기능을 활성화한다. 초현실적인 우화를 통해서, 경험적 현실 세계에 대한 우리 이해의 타당성 문제를 제기하고 반성한다. 그런 의미에서 소요유는 결코 비현실적인 것이 아니다. 이 역시 장자에게 의도된 것이다. 이러한 소요유의 성격을 김형효는 이렇게 설명한다.

> 소요유의 초과超過적 사유는 곧 초현실주의를 연상시킨다. 초현실주의 사상이란, 현실주의적 사유에 의해 어떤 제한된 기준을 설정하고 이성 중심의 환원주의를 강조하면서 실용적인 관점에서 잘 계산된 이해타산을 저울질하는, 그런 제한된 속박을 초탈하려는 자유의 정신을 뜻한다. 이 소요유는 초현실적이지만 결코 비현실적인 것은 아니다.[107]

신화적인 우화를 읽을 때 우리는 액면 그대로의 의미로 접근하지 않는다.

이에 반해 곽상의 해석에 문제를 제기하며 상반된 견해를 보이는 학자로 支道林이 있다. 그는 소요유를 최고의 절대적 경지에 이른 것으로 해석한다. 그는 "逍遙라는 것은 至人의 마음을 밝힌 것이며… 진실로 至足이 아니라면 소요할 수 없다. 곽상의 해석에는 미진한 바가 있다"라고 주장한다.(『장자집석』 「소요유」 1쪽, 곽상 註 보충. 支氏逍遙論曰 夫逍遙者, 明至人之心也… 苟非至足, 豈所以逍遙乎. 此向郭之注所未盡)

[107] 『노자에서 데리다까지』, 「도가사상의 현대적 독법」, 김형효., 한국도가철학회, 예문서원, 31쪽.

그것이 갖는 상징적 의미나 은유적 함축을 염두에 둔다. 우화는 본질적으로 액면 그대로의 사실이 아니기 때문이다. 그러나 사실이 아니라고 해서 진실하지 않은 것은 아니다. 다른 차원의 진리 값을 갖는다. 개념에 의한 분석적 이해를 내려놨을 때 우리는 원초적인 마음, 즉 자연의 마음으로 우화에 접근할 수 있다. 로버트 앨린슨(Robert Allinson)의 말을 들어보자.

> 신화라는 양식에는 통상적인 의미의 참이나 거짓이 없다. 일단 참 거짓의 논쟁은 중지된다. '옛날 옛적에'로 시작되는 동화를 들으며 아이의 마음이 활짝 열리듯 신화의 형식은 독자의 마음을 특별한 형식의 소통으로 열어놓는 방아쇠이다. 신화의 형식은 정신의 수용적 감수성을 촉발한다. 철학적 맥락에서 보면 신화를 전략적 장치로 사용한 것은 이어질 내용들이 어떤 특별한 의미에서 참일 수 있다는 가능성으로 철학적 마음을 열어 놓는다.[108]

그러나 이러한 신화적 서술에도 일정한 사유의 문법이 내장되어 있다. 장자의 사유 여정을 좇다 보면 우리는 일정한 목표점(남명南冥 혹은 천지天池)이 있음을 본다. 그러나 그 이후의 단계로 가면 그러한 목표에 도달하려고 인위적으로 노력해서는 안 된다는 것을 발견한다(송영자宋榮子). 애초에 제시되었던 도달 목표가 나중에 가면 허구임이 드러난다. 즉 목표 지점 자체가 해체된다. 그런데 그 허구는 그런 목표에 도달하기 위한 인위적 노력 역시 해체해야 함을 깨닫도록 준비시키는 허구이다. 즉 앨린슨의 말을 빌리면 〈없어서는 안 될 허구 necessary fiction〉이다.[109]

「소요유」에 지배적으로 나타나는 장치에서 다른 하나는 은유이다. 은유는

---

108) 『장자, 영혼의 변화를 위한 철학』(로버트 앨린슨, 김경희 역, 그린비, 2005, 서울, 70쪽) 로버트 앨린슨은 홍콩 중원대학의 철학과 교수로 재직 중이며, 『중국적 정신의 이해: 철학적 뿌리들』(Understanding the Chinese Mind: The Philosophical Roots)의 편집자이다.
109) 앨린슨, 같은 책, 72쪽.

신화처럼 분석적 사유를 해체하는데 유효한 형식이다. 은유는 설명으로 기능하지 않는다. 은유는 개념에 선행하는 수준에서 이해할 수 있다. 은유에 대한 이해는 직관적이다. 이러한 이해를 산문적으로 환원하려 할 때 분석적 개념이 투입되는데, 이 작업에서의 분석 작업 역시 그러한 맥락에서 이루어지는 한계를 시작부터 안고 있다.

「소요유」의 대붕大鵬와 곤어鯤魚의 메타포는 그 의미가 심장하다. 곤어의 붕조로의 변신은 자아의 전회, 마음자리의 이동을 상징하는 은유적 장치이다. 그리고 북명은 출발점이다. 물고기는 자신을 새로 변화시킨다. 물고기는 잡을 수 있는 생물을 의미하지만 그 물고기는 자신을 다른 것, 즉 대붕大鵬으로 변화시킬 수 있는 능력을 내부에 갖고 있다. 그 능력이 바람을 만났을 때, 즉 관계성 속에서 구만리 장천을 날아오를 수 있다. 그 변신을 감행하기 위해선 엄청난 노력과 존재 기반의 동요를 겪어야 한다.

1절. 사유 여정의 지도 – 도지경: 〈대붕 이야기〉

첫 번째 이야기의 요체는 '곤어鯤魚의 대붕으로의 변신'과 '붕조의 남행南行', 그리고 '비행하면서 내려다본 지상의 세계'이다. 북명이라는 출발짐과 남명이라는 목석지가 등장하고, 그 남명은 다음 이야기에서 지인至人으로 의인화된다. 먼저 이야기를 들어보고, 하나씩 살펴보자.

> 북명에 물고기가 있는데, 그 이름을 곤鯤이라 한다. 곤의 길이는, 몇천 리나 되는지 알 수 없다. 화化 하여 새가 되는데, 그 이름을 붕鵬이라 한다. 붕의 등 넓이는 몇천 리나 되는지 알 수 없다. 노하여 하늘을 날면, 그 날개가 마치 하늘의 구름을 드리운 듯하다. 이 새는 바다 기운이 움직이면, 남명으로 장차 날아가려 한다. 남명이란 하늘의 연못이다. 제해齊諧란 괴이한 일을 기록한 것이다. 그 책에는 "붕새가 남명

으로 날아갈 때 3천 리나 되는 파도를 일으키고, 바람을 일으키며 날아오르면 구만 리를 오르는데 육 개월이나 쉬지 않고 간다"고 한다. 야마野馬는 먼지와 아지랑이이다. 살아 있는 것들이 서로 호흡하며 내뿜는 것이다. 하늘은 푸르고 푸르지만 그것이 제 색일까. 그 멀리 떨어져 있어 그 닿은 바를 모르기 때문일까. 붕새가 아래를 내려다본다면 역시 그럴 것이다.110)

북명에 살던 곤어가 변신하여 대붕이 되어 남명으로 날아간다. 그 남명은 '천지天池'라고도 한다. 그런데 이 두 짐승은 인간의 지각 범주에 들이기 어렵게 넓고 크며, 날아오르기 위해 삼천리나 되는 파도를 일으키고 구만리를 날아오르며 육 개월이나 쉬지 않는다. 비행하면서 아래를 내려다보니, 살아 있는 것들이 내뿜는 먼지와 아지랑이가 있다. 그리고 하늘을 보면 푸르고 푸르지만 그것이 제색인지 의문스럽다.

이 이야기에서 주목되는 것은 북명과 남명, 곤어와 대붕, 삼천리 파도와 구만리 장천長天의 비행, 그리고 야마野馬와 하늘의 색에 대한 의문 등이다. 이 각각은 은유적 의미를 담고 있다.

북명과 남명은 대립구조를 취하고 있다. 남과 북의 대립, 물속과 하늘의 대비가 그것이다. 출발지로서의 북명과 목적지로서의 남명은 방위적으로도 남북南北을 하나로 연결하는 여정이며, 이 두 지점은 연관된 불가분리의 길이다. 여기서 문제는 북명과 남명의 상징이 무엇을 의미하느냐이다. 여기에 대해 설득력 있는 해석을 남긴 성현영에 따르면, 남은 계명啓明의 방소이고, 북은 유명幽冥의 땅이다. 어두운 물에서 나와 밝은 하늘로 향하고, 물속의 한정된 막힘을 떨쳐내고 탁 트인 하늘로 나아간다. 북에서 남으로 이어지는 여정은 도를 향한

---

110) 「소요유」 2-4쪽. 北冥有魚, 其名爲鯤. 鯤之大, 不知其幾千里也. 化而爲鳥, 其名爲鵬. 鵬之背, 不知其幾千里也. 怒而飛, 其翼若垂天之雲. 是鳥也, 海運則將徙於南冥. 南冥者, 天池也. 齊諧者, 志怪者也. 諧之言曰 鵬之徙於南冥也, 水擊三千里, 搏扶搖而上者九萬里, 去以六月息者也. 野馬也, 塵埃也, 生物之以息相吹也. 天之蒼蒼, 其正色邪. 其遠而無所至極邪. 其視下也, 亦若是則已矣.

길(道之遷)이다.111)

이 견해에 따르면, 가고자 하는 곳은 계명(밝음)의 장소인 남명이고, 출발 지점은 유명(어두움)의 지역인 북명이다. 출발 시점에서는 물속에 잠겨 있었으나 목적지를 향해 갈 때는 날개를 펴고, 구만리를 가야 한다. 어두운 북명의 메타포는 세상을 자기 인식 수준에 한정시키고 그 속에 갇혀 있는 우리의 마음 상태, 즉 우리 인간이 놓인 현실의 상황이라고 볼 수 있다. 장자가 보기에는 존재의 실상을 왜곡하여 만들어진 질곡桎梏된 현실이다. 질곡된 현실에서 벗어나는 남행은 〈도지경道之遷〉, 즉 존재의 실상을 깨닫기 위한 공부 과정이다.

곤어와 대붕 역시 대립적 구조물이다. 물속에 구속되어 있는 곤어는 현실 상황에 놓여 있는 우리 마음의 모습이다.112) 이 물고기가 새가 되어 날아간다. 그러나 이 둘은 별도의 존재가 아니다. 곤어가 변화하여 대붕이 되었으니 이 둘 사이에는 연속적 관계가 형성된다. '화化'란 존재 성격의 바뀜, 즉 변역變易이다. 다른 무엇으로 바뀌지 않는 사물이란 존재하지 않는다. 그러나 장자의 관점에서 보면, 이것은 '다른 무엇'으로 바뀌는 것이 아니라 연속성 속에서 새롭게 달라지는 '다른 모습'으로의 변화이다. 고정된 것은 허구적인 우상일 뿐이다.

변신을 감행한 붕조는 계명의 방소인 남쪽을 향한다. 그 과정은 엄청난 수고와 충격을 수반한다. 물속과 지상의 협애狹隘한 굴곡에서 벗어나기 위해 치러야 할 일차적 과정이다. 붕새가 남명으로 가는데 산천리나 되는 파도를 일으키고 구만리나 가며 육 개월이나 쉬지 않는다. 경험적 사유, 분석적 사유, 개념적 사유

---

111) 「소요유」 4쪽. 成玄英 疏. 南卽啓明之方, 魚乃濡溺之蟲, 北蓋幽冥之地, 欲表向明背暗, 捨濡求進, 故擧南北鳥魚以示爲道之遷耳.

112) 이종성은 '곤'이 개별적 인간의 존재 방식으로서의 존재 구속성을 상징한다고 본다. 이 견해에 대체로 동의한다. 그의 말을 보면, "장자는 소요유에서 개별적 인간의 현실적 존재 양상을 곤이라는 물고기에 비유하여 설명한다. 곤은 개별적 인간의 존재 방식으로서의 존재 구속성을 상징한다. 특히 이것은 현실에 놓여진 개별적 인간의 심리 상태를 상징한다. 그런데 일상의 존재 구속성은 곤의 크기처럼 엄청나다." (『도가 철학의 문제들』, 이종성. 문경출판사, 1999, 200쪽)

를 반성하고 해체하는 작업은 평범하지도 않고 단순하지도 않다. 장자에 있어 경험적 인식을 회의하는 과정은 과거의 축적된 인식과 역사를 총체적으로 해체하는 과정으로 이끌기 때문에 자신에 대한 부정을 필연적으로 수반한다. 그렇기 때문에 일상적·경험적 사유에 충격을 가할 수밖에 없다. 큰 파도와 바람, 먼 공간적 거리와 시간은 도지경의 평탄치 않음과 그에 수반되는 벽력같은 충격을 표현한다.

대붕은 구만리 하늘을 오른다. '하늘'의 메타포는 철학적인 '자기 초월', 즉 메타적 사유를 상징하는 것으로 보인다. 즉 '자신과 자신을 둘러싼 세계'에 대해 전체적으로 조감鳥瞰하는 성찰적 사유이다. 높이 나는 새는 전체를 멀리 본다. 동시에 도도히 날아오르는 새의 눈으로 지상의 물건들, 우리가 몸과 마음을 담고 살아 왔던 세계에 대한 성찰을 시작함을 의미한다.

삼천리의 파도와 바람을 일으키는 충격과 사유의 전회를 수반하는 남명으로의 여정은 육 개월이나 쉬지 않고 계속된다. 하늘을 날면서 아래를 내려다본다. 〈야마〉, 즉 살아 있는 것들이 호흡하며 기운을 내뿜는 세계가 보인다.[113] 그 세계는 마치 먼지 같고 아지랑이 같다. 먼지와 아지랑이는 잡을 수도 없고, 보존할 수도 없는 것, 즉 실체가 아니다.

그리고 푸르고 푸른 하늘은 진정 하늘의 색인가 하고 의문한다. 하늘 앞에 늘 따라붙는 '푸른'이라는 관형어는 우리가 일고—考의 의심도 없이 사용해온 관용구이다. 이 구절은 '당연한 것'으로 여겨왔던 인식에 대해 의문을 가져볼 것을 권유한다. 즉 기존의 인식에 대한 반성을 촉구한다.

---

113) 野馬를 '살아 있는 것들이 서로 호흡하여 내뿜는 기운'이라고 해석한 것은 여해경(吉甫)이다. 원문은 이렇다. 野馬塵埃 皆生物之以息相吹. 『漢文大系』『莊子翼』「소요유」 2쪽. 呂註.

2절. 도지경의 허들: 지적 용렬과 지적 교만

　남명을 향한 도지경은 순탄치 않다. 함정을 내장하고 있다. 그런데 문제는, 그 함정이 도지경 자체에 존재하는 것이 아니라 우리의 마음에 있다는 것이다. 이 때문에 장자는 사유 여정에 잠시 브레이크를 걸고 두 번째 이야기에서 이 문제를 검토한다.

　깨달음을 향한 구도求道의 여정은 자칫 새로운 허상을 만들 가능성이 있고, 또 새로운 집착 혹은 고정화의 우를 범할 수 있다. 자아自我를 해체하는 여정에서 또 다른 독단적인 자아, 즉 '구도자로서의 자아'를 배타적으로 세울 수 있다. 만일 메추라기를 소지小知라 보고, 자신을 대붕의 대지大知라고 보는 자의식을 갖고 이 사유 여정에 참여한다면 문제가 될 수 있다. 지적 용렬함과 교만함은 모두 상대적인 이분법적 사유에서 비롯되는 것이기 때문이다.

　두 번째 이야기는, 대붕이 구만리 창공을 올라 남명을 향해 비행하는데 이를 본 메추라기가 무엇 때문에 저런 부자유스러움을 감행하는지 모르겠다며 비웃는 것으로 시작한다.

> 매미와 메추리가 붕새를 보고 비웃으며 말했다. "우리는 힘껏 날아올라도 느릅나무나 다목 나뭇가지에 머문다. 때로 거기에도 못 가서 땅바닥에 떨어져 부딪히기도 한다. 그런데 저 붕새는 뭐 하러 구만리를 올라가서 남쪽으로 가려 하는가?"
> 교외로 소풍 가는 사람은 세끼 먹고 돌아와도 여전히 배가 부르지만, 백 리를 가는 자는 하루 동안 식량을 찧어 준비해야 하고, 천 리를 가는 자는 석 달 동안의 양식을 모아야 한다. 그러니, 저 두 작은 새가 어찌 알겠는가.114)
> 소지小知는 대지大知에 미치지 못하고, 소년小年은 내년大年에 미치지 못한다. 무엇

---

114) 「소요유」 9쪽. 蜩與學鳩笑之曰 我決起而飛, （槍）〔搶〕榆枋, 時則不至而控於地而已矣, 奚以之九萬里而南爲. 適莽蒼者, 三餐而反, 腹猶果然, 適百里者, 宿舂糧；適千里者, 三月聚糧. 之二蟲又何知.

으로 그러함을 아는가. 하루살이는 그믐과 초하루를 알지 못하고, 매미는 봄과 가을을 알지 못한다. 이것들은 소년이다. 초나라 남쪽에 명령이라는 것은 오백 년을 봄으로 삼고, 오백 년을 가을로 삼는다. 먼 옛날 대춘이라는 것은 팔천 년을 봄으로 삼고, 팔천 년을 가을로 삼는다. 그런데 팽조는 특별히 오래 산 것으로 소문나 있으며, 중인衆人들은 이를 부러워하여 짝하고자 한다. 역시 슬프지 않은가?

메추라기는 대붕을 비웃는다. 그들은 자기 경험에 비추어보며 대붕의 구만 리 비행을 믿지 못하고 의심한다. 그들의 경험적인 세계에서 볼 때 붕새의 이야기는 터무니없다. 여정에 따라 식량을 준비해야 하는 것처럼, 메추라기의 여정은 대붕과 같은 여정이 필요하지 않으며, 가능한 일도 아니다. 그렇기 때문에 그러한 여정 자체를 이해할 수 없다. 그러나 필요하지 않고, 이해할 수 없는 것이 상대를 비웃을 이유가 되는 것은 아니다. 실상 대붕을 통해 제시하는 장자의 여정은 경험적 현실(메추라기 입장)에서는 이해하기 어려운 것이다. 그런데 붕새는 메추라기를 군이 이해시키려 하지 않는다. 대붕 자신의 여정 자체가 자랑할 만한 것이 아님을 알고 있기 때문이다.

소지小知와 대지大知, 소년小年과 대년大年은 차이가 있다. 그런데 장자에 따르면 이 차이는 자연이고, 자연의 실상이다. 차이가 있지만, 소지와 소년이 대지와 대년을 부러워할 필요가 없고, 역으로 대지와 대년이 소지와 소년을 경멸할 이유가 없다. 하루살이가 회삭晦朔을 모르고 매미가 춘추春秋를 모르는 것은 당연하다. 붕새는 메추라기의 낮고 짧은 비행을 경멸한 이유가 없고, 메추라기 역시 대붕의 비행을 쓸모없는 것이라고 비난할 이유가 없다. 개별자 간의 차이는 다만 차이일 뿐, 그 차이가 차별적인 서열이나 가치로 전화하는 것은 소유 세계의 소유적 욕망과 관계되는 것이다. 만일 장자가 시작한 이 사유의 여정을 소유적 욕망에 의해 시작한 것이라면 그 자체는 슬픈 일이다. 사유 여정은 자연스러운 존재의 욕망에 의해 깨달음을 얻어나가는 자연의 길, 즉 도지경이다. 깨달음을 얻었다고 해서 더 우월해지는 것도 아니고, 얻지 못했다고 해서 본래의 세계가 달라지는 것도 아니다. 다만 세계를 바라보는 시각을 전환하고 넓혀서 개별 존재자가 열어나가는 세계의 지평을 넓혀 보자는 것이다. 그런데도 소지와 소년은 대지와 대년을 부러워하거나 비웃는다. 어리석은 일이고, 장자의 말에 따르면 슬픈 일이다. 이에 대해 대붕은 아무런 대응을 하지 않는다. 메추라기의 소지와 비웃음을 자연으로 받아들인다. 무시가 아니라 그 자체에 대한 이해와 수용이다. 모든 개별자는 각기의 년年과 지知에 맞는 이해를 할 뿐 다른 개별자의 그것을 따를 필요도 가능성도 없다. 우열優劣이든 대소大小이든 서로 의존해서 형성되는 상대적 개념일 뿐이다. 대붕의 관점에는 이미 소유적 세계의 우열을 나누는 기준이 의미가 없기 때문이다.

소지와 대지, 소년과 대년에 대한 해석은 그 해석 자체에 있어 많은 논란이 되는 부분이다.115) 전통적으로 '소대지변小大之辯'에 대한 해석은 크게 나누어 보면 두 가지로 정리되는데, 하나는 곽상식의 해석으로 '소小와 대大'의 구별 자체를 파기한다는 것으로, 소대小大가 각기 각득기의各得其宜의 입장에서 갖고 있는 분分으로서의 지知이므로 그 자체로 평등하다는 견해이다. 그러므로 소와 대는 모두 각자의 자리에서 소요逍遙할 수 있다. 다른 하나는 소를 파기하고 대를 세운다는 것으로 용렬한 지를 제거하고 더욱더 큰 지를 세운다는 것이다. 이런 시각에서 보면, 소지를 제한적 사유를 나타내고, 대지를 초탈적 사유를 지시하는 것이며, 소지는 극복해야 할 앎의 상태로, 대지는 지향해야 할 앎의 궁극으로 보게 된다. 앞서 인용한 앨린슨(Allinson) 역시 붕조와 메추라기의 관점, 즉 소지와 대지의 관점은 가치론적으로 동등하지 않으며, 그 차별적인 차원이 있다고 본다. 그러므로 곽상 식의 각득기의의 분分을 인정하는 평등적 관점은 적절치 않다고 주장한다.116)

그러나 지향해야 하는 앎의 상태나 깨달음의 문제를 다룰 때 장자는 지知나

---

115) 논란의 자세한 내용은 이종성의 『도가철학의 문제들』 146-154쪽을 참조하라.
116) 앨린슨, 앞의 책, 99쪽.

식識보다는 '비춘다'는 의미의 조照나 '밝음'을 의미하는 명明을 자주 사용하는 것에 주목해야 한다. 서복관徐復觀이 "장자는 … 완전하게 지知를 반대하지는 않았다"[117]고 말한 것처럼, 장자의 사유는 '마음'의 문제를 중심으로 삼고 있으며, 해체를 위한 지적 활동 혹은 지의 작용의 필요성은 제약적으로 인정한다. 장자에게, 해체는 무기無己에 이르기 위한 하나의 방법일 뿐 그 자체가 목적이 아닌 것처럼, 지 역시 그 자체의 확실성을 추구하기 위한 것이 아니라 허구성을 밝혀 실체론적 사유를 해체하려는 방편으로서의 지일 뿐 그 자체가 목적이 아니다. 그렇기 때문에 장자의 사유에서 지는 언제나 제약적으로 허용된다. 따라서 분별적이고 제약적인 지는 그것이 소지이든 대지이든 방편적인 의미의 지에서 벗어나지 않는다. 장자는 그 지의 분별성이 해체되면서 드러나는 진지眞知의 작용을 거울처럼 비추는 밝음, 즉 명이라고 표현하며, 존재의 실상에 임하는 우리의 태도로 '이명以明'을 권한다.

그러므로 이 작업에서는 소지小知와 대지大知를 차이(辯)로 볼 뿐 차별로 보지 않는 견해를 취한다. 소小를 부분적이고 상대적인 것으로 보고, 대大를 전체적이고 절대적인 것으로 상정하여 소를 극복하고 대의 차원에 도달해야 한다고 보는 견해에 동의하기 어렵기 때문이다. 메추라기가 작게 보는 것(小知)은 당연하지 않은가. 그것은 자연의 실상이다. 장자가 경계한 것은 메추라기의 작음이 아니다. 즉 소가 문제 되는 것이 아니라, 자기와 다르다 해서 비웃는 것이 문제가 되는 것이다. 그것은 자연의 실상이 아니라 우리의 가치를 개입시켜 대소의 상대적인 기준을 세워 실상을 절단한 것이다.

장자가 대소를 대비하여 논하는 것은 그 존재의 우열을 논하기 위한 것이 아니라 자기와 타자 사이의 현격한 차이가 있음을 자각하지 못하고 자기중심적으로 사태를 해석하고 단정하는 지적 용렬함 혹은 교만함을 깨우치기 위한

---

117) 徐復觀은 말한다. "장자는 실제로 心에 입각점을 두었으며, 완전하게 知를 반대하지 않았다. 따라서 세상 사람들이 막연하게 反知 두 글자로 장자를 설명하기 좋아하는 태도는 장자의 본 의도를 잃은 것이다."『中國人性論史』, 을유문화사, 142쪽.

것이다. 장자의 사유에서 소지와 대지는 모두 상대적인 영역에 속하는 지적 인식 능력이다. 소지와 대지의 분별과 우열이 해체된 곳에서 진지眞知가 드러난다. 소대지변小大之辯 자체가 상대적 관점에 따른 것이기 때문에 남행하는 대붕大鵬의 입장에서는 이러한 분별이 무의미해진다. 그러나 진지조차도 실체가 아니다. 장자가 여기서 브레이크를 건 것은, 소유론적 욕망에 의해서 자신의 여정에 참여하는 것이라면 다시 한번 스스로에 대한 엄중한 반성이 필요함을 역설한 것으로 보인다.

3절. 도지경의 이정표

1. 소지에 갇힌 마음: 메추라기

〈대붕 이야기〉는 경험적 인식과 개념적 사유, 분석적 사유 등 소유적 사유 구조를 부정하는 데서 시작하여 결국 '자아'의 해체에 이른다. 이때 해체한다는 것은 자아를 죽여 없애는 것이 아니라 자아에 대한 실체론적 의식을 해체하는 것이다. 이어지는 이야기는 송영자榮子와 열자列子 그리고 지인至人을 대비한다. 이 이야기는 메추라기 우화에 바로 이어진다.

자신의 작은 자유에 비추어 대붕의 높은 비행을 비난하는 메추라기의 입장에서 벗어났다면, 그리고 소지와 소년을 가볍게 보지 않고 대지와 대년을 부러워하지 않는 상대적인 비교 의식에서 벗어났다면 다시 사유의 여정을 떠나야 한다. 장자는 이 여정의 세 지점에 이정표를 세워 두고 각 지점의 여정을 검토한다. 장자는 이 이정표를 의인화하여 송영자와 열자 그리고 시인으로 표현한다.[118]

---

118) 논자와 유사한 입장으로 논자의 입장을 지지해주는 견해가 있다. 오강남은 이 우화가 자유의 네 단계를 보여준다고 주장한다. 그의 견해를 요약하면, 장자는 이 우화를 통해 인간이 잠재력을 살려 변혁하는 데 네 가지 단계가 있음을 암시하는데, 첫째 단계는 아직

그렇지만 이 여정을 계속하기 위해선 우선 메추라기의 입장에서 벗어나야 한다. 장자는 말한다.

> 그러므로 그 능력(知)이 한 관직을 맡을 만한 자, 행동이 한 고을을 맡을 만한 자, 덕德이 한 나라의 군주에 부합하는 자들 역시 그 스스로 보는 것이 역시 대붕을 비웃는 메추라기와 같다.[119]

그 능력(知)이 한 관직, 한 고을, 한 나라의 군주를 맡을 만한 자들은 나름대로 일부분의 소유적인 성취를 이룬 자들이다. 자기들의 경험적인 지식과 능력과 견주어 대붕의 여정을 비웃는다. 우리는 아는 것에 의지하여 세상을 바라보고 상대를 평가한다. 그런데 우리는 무엇으로 아는가. 우리의 지적 능력은 어떻게 우리로 하여금 알게 하는가. 그리고 그 아는 것은 정확한 실상을 반영하고 있는가. 장자에 따르면 결론은 '아니다'이다. 감각과 지각을 바탕으로 형성된 우리의 의식은 자연의 실상을 아는 데 결정적으로 기여하지 못한다. 우리의 감각과 지각에는 한계가 있고, 대상화된 세계에 대한 지식은 참된 앎이 아니라는 것이 장자의 입장이다. 자기가 아는 것을 기준으로 삼는 것은 대붕을 비웃는 메추라기의 입장에서 벗어나지 못한 것이다. 소지에 갇힌 마음, 즉 지적 용렬함이다. 일단 이것을 넘어서야 한다.

변하지 못한 常識人이며, 둘째는 송영자의 경우처럼 칭찬이나 비난에는 초연하지만, 아직 칭찬과 비난을 칭찬과 비난으로 의식하는 분별의 마음이 있는 단계이고, 셋째는 열자처럼 자유자재로 노닐지만 아직 외부요인에 기대야 하는 단계이며, 넷째는 궁극적 이상의 단계로 우주의 원리에 따라 자연과 하나가 돼 무한한 경지에 노니는 '절대자유'의 단계라고 말한다. (『장자』, 오강남, 현암사, 1998, 39-40쪽.)

[119] 「소요유」 16쪽. 故夫知效一官, 行比一鄉, 德合一君, 而徵一國者, 其自視也亦若此矣.

2. 대지에 갇힌 마음: 송영자

〈메추라기 우화〉의 은유는 자기 마음에 펼쳐진 세계를 세계의 전부라고 알고, 자신의 자유를 최대의 자유라고 여기며 대지·대년의 자유와 지식을 무용無用한 수고로움이라고 여기는 왜소한 자의식을 가진 마음 상태와 지적 용렬함을 비유한다. 송영자는 바로 그런 좁은 세계를 가진 자들을 다시 비웃는다. 그러나 송영자의 비웃음 역시 대지와 대년이 소지와 소년을 경멸하는 것이니, 갇혀 있다는 점에서는 메추라기의 입장과 같은 맥락이다. 대지에 갇혀 있는 마음, 즉 지적 교만함이다.

> 그런데 송영자는 빙그레 이것을 웃는다. 또 세상이 모두 그를 기려도 더 권하지도 않고, 온 세상이 그를 비난해도 구애되지 않는다. 내외의 분을 정하고, 영욕의 경계를 구분하여 이에 그칠 뿐이다. 그는 세상의 일에 구구하게 따지지 않는다. 비록 그러나 아직 세우지 못한 바가 있다.[120]

송영자는 메추라기 입장을 비웃는다. 온 세상이 그를 칭찬해도 온 세상이 그를 비난해도 개의치 않는다. 내외를 확실히 구분하고 영욕榮辱의 경계를 분명히 한다. 세상에 복을 구하는 것, 즉 소유적인 욕망에 애착이 없다. 그래서 구구하게 이해를 분별하지 않는다. 그런데 장자에 따르면 아직 세우지 못한 것이 있다.

내외內外와 영욕榮辱은 대립적인 상관 개념이다. 내외를 구분 짓고 영욕을 분명히 하는 것은 이분법적인 택일적 사유에 기초한다. 세상을 이분二分하고 한쪽을 취하고 다른 한쪽을 버린다. 장자는 이런 택일적 사유를 유위有爲적 사유라고 본다. 장자의 지적에 따르면, 송영자의 세상 보기는 여전히 이분법적인

---

120) 「소요유」16-17쪽. 而宋榮子猶然笑之. 且擧世而譽之而不加勸, 擧世而非之而不加沮, 定乎內外之分, 辯乎榮辱之境, 斯已矣. 彼其於世未數數然也. 雖然, 猶有未樹也.

사유에서 머물러 있다는 말이 된다. 성현영은 송영자에 대한 해석에서 "비록 유는 잊었지만, 능히 무를 버리지 못했다"라고 말하는데, 이 견해는 상당한 시사점을 던져 준다.[121]

장자는 우리가 피차彼此를 나누어, 하나를 취하고 다른 하나를 배제하는 사유, 다시 말해 이기적 욕망이 개입된 택일적 사유에 의해 현현하는 세계를 '유有'의 세계로 본다. '유'라고 표현하는 것은 세계를 실체성 있는 대상적 존재로 여긴다는 것이다. 이 세계의 실체성을 해체하기 위하여, 즉 유의 실체성을 부정하기 위해 '무無'를 제시한다. 일차적인 부정이다. '무'란 실체성 '없음'이고, 존재 근거의 '없음', 즉 존재의 탈근거를 의미한다. 그러나 '무' 역시 실체가 아니다. 그 '무엇'인가가 실체로 존재하기 위해서는 그 '무엇이 아닌 것'이 대대待對적으로 성립되어야 한다. 예컨대 '사과'가 실체로 성립하기 위해선 '사과 아닌 것'이 실체로 성립되어야 한다. 그런데 장자에 따르면 이 세계에는 '그 무엇'이라는 것이 실체로 존재하는 것이 없다. 연속적 관계망 속에서 변화하고 유전하고 있을 뿐이다. 그러므로 '무'가 실체가 되기 위해서 요청되는 '무' 아닌 것, 즉 실체인 '그 무엇'이 존재하지 않기 때문에 '무' 역시 실체로 볼 수 없다. 그런데 송영자는 유를 부정하고 여의는 것에는 이르렀지만, 그 무의 실체성을 버리지는 못했다. 무에 집착하고 있다는 것이다.

결국 송영자의 내외와 영욕을 구분하는 이분법적 사유는 유와 무를 나누어 무에 집착하고 유를 버리는 결과를 가져온다. 그렇기 때문에 소지와 대지를 나누고, 대지의 입장에서 소지의 메추라기를 비웃은 것이다. 그러나 장자의 사유에는 피차·선악·시비·대소의 이분법적 근거가 해소된다. 이런 입장에서 보면, 송영자는 유무의 이분법적인 사유 체계를 넘어서지 못한 것이고, 장자는 바로 이 점에서 그가 '아직 세우지 못한 것(未樹)'이 있다고 말한다. 대지와 소지의 이분법에 갇혀 있다.

---

121) 「소요유」, 성현영 疏, 17쪽. 榮子雖能忘有, 未能遣無.

3. '변화'에 의지하는(所待) 마음: 열자

다음의 이정표는 열자이다. 열자는 바람을 타고 여행을 다니면서 15일 동안
이나 돌아오지 않는다. 앞선 송영자에 비해서 훨씬 자재自在한 모습으로 묘사된
다. 그는 내외와 영욕을 구분하지 않는다. 그러나 장자에 따르면, 송영자는 세
속의 복을 이루는데 관심이 없었고, 열자는 걷는 것은 면했지만 (이 둘 모두)
여전히 의지하는 것(所待)이 있다.

> 저 열자는 바람을 몰고 다니며, 냉연히 잘 다니며 십오일이 지나서 돌아온다. 송영
> 자(彼)는 복을 이루는 것에 급급하지 않았다. 열자(此)는 걷는 것은 면했다. 그러나
> 여전히 의지하는 것이 있다.[122]

열자라는 이정표에는 은유가 등장한다. 바람을 몰고 여행하는 것, 15일 동안
의 여정을 갖고 있다는 것이 그것인데, 결과적인 평가는 여전히 소대所待가 있
다는 것이다. 여기서 주목할 만한 것은 '바람'과 '15일'의 은유가 갖는 함의이
다. '바람'을 유동성, 즉 '고정됨 없음'을 상징하는 것으로 본다면, 장자의 관점
에서 그것은 '변화' 그 자체로 읽을 수 있다. 그러므로 '바람을 몰고 다니는
것(御風而行)'은 곧 앞서 '변화를 탄다'는 것으로 볼 수 있는데, 여기서 또 눈여겨
보아야 할 것은 '탄다(乘)'고 하지 않고 '몬다(御)'고 한 것이다. 어御는 '수레를
몬다'는 의미에서 '다스린다'는 의미까지 확대되는데, 단순히 '탄다'는 것과는

---

122) 「소요유」 17쪽. 夫列子御風而行, 泠然善也, 旬有五日而後反. 彼於致福者, 未數數然也. 此雖免乎
行, 猶有所待者也. 일반적인 해석으로는 彼와 此가 모두 열자를 가리키는 것으로 보아, "열
자는 복을 이루는데 급급하지 않았다. 이것은 걷는 것은 면했지만 아직 의지하는 바가
있는 것이다"(郭象)로 해석한다. 그런데 '彼此'라는 말은 서로 대립개념으로 사용되기 때
문에, 하나의 대상을 彼此를 사용하여 동시적으로 지칭하는 것은 무리가 있는 듯하다. 공
간적으로 볼 때 此는 상대적으로 가까운 거리, 彼는 상대적으로 먼 거리를 칭하는 것으로
보아서, 彼는 송영자를 此는 열자를 가리키는 것으로 해석한다.

그 의미에서 차이가 드러난다. 전자가 수동적 의미가 강하다면, 후자는 능동성이 강조된다. 그런 측면에서 가능한 해석은, 열자의 경우에는 '변화를 타는 자아'가 세워져 있다는 것이다. 그렇기 때문에 한 절기에 해당하는 15일이면 돌아올 수밖에 없다. '15일'은 일 년을 24개의 절기로 나눌 때의 한 단위에 해당한다. '보름의 기간'이다. 24개의 절기는 농경 사회에서 태음력의 단점을 태양력으로 보완한 것이니, 15일로 표현된 기간은 인간의 농사일과 관련되는 것이다.[123] 말하자면 열자는 변화를 타고 자재하게 운위運爲하지만, 곧 '자아'를 세우고 인간 소유 세계로 복귀한다. 육 개월에 미치지 못한다. 해체의 길에 들어섰지만 아직 '자아'의 해체에 이르지 못했다.

장자에 따르면, 자아와 세계는 동시적으로 성립된다. '자아'가 세워지면 '대상'으로서의 세계가 마주한다. 연속성이 단절되면서, 마주하는(의지하는) 대상으로서의 '그 무엇'(所待)이 아직 존재한다. 즉 '기대는 것'이 있다. 무언가에 기대어 움직이려면 그것은 고정된 것이어야 한다. 열자는 자신이 의지하여 몰고 다니던 '바람', 즉 변화 자체를 대상적 실체로 본다. 그러나 장자에 따르면 '변화한다'는 것은 고정되지 않음이고, '변화하는 것' 배후에 불변의 존재론적 실체란 없다고 본다. 그런데 열자는 '변화' 자체를 고정해 다시 실체화하고 있다. 그런 까닭에 장자는 열자에게 여전히 '소대所待가 있다'고 말한다.

4. 무기 · 무공 · 무명: 지인(신인 · 성인)

장자의 해체 전략에 있어 최종적인 지점은 자아의 해체에 있다. 세계와 자아

---

123) 節氣란 태양년을 태양의 黃經에 따라 24등분하여 계절을 세분한 것이다. 黃經이란 태양이 춘분점을 기점으로 하여 黃道(지구에서 보았을 때 태양이 1년 동안 하늘의 한 바퀴 도는 길)에 따라 움직인 각도를 말하며, 이 黃經이 0도일 때를 춘분, 15도일 때를 淸明 등으로 구분하는데, 15도 간격으로 24개의 절기의 날짜가 구분된다. 24절기는 계절을 세분한 것으로 대략 15일을 간격으로 나타낸 달력이라 할 수 있다. (『한국민족문화대백과사전』 19권, 1991, 한국정신문화연구원, 645-646쪽 참조.)

의 해체는 연속성의 회복으로 이어지고, 연속성의 회복은 다시 세계와 자아의 해체로 이어진다. 그리하여 자아는 세계로 연속되고, 세계는 자아로 연속된다. 소요유의 목적지를 장자는 승천지지정乘天地之正하고 어육기지변御六氣之辯하며 유무궁遊無窮한 지인至人과 신인神人과 성인聖人의 무기無己·무공無功·무명無名으로 표현한다. 여기서 지인의 '지'가 '이르다. 도달하다'는 의미를 갖고 있음을 상기해야 한다. 소요유의 사유 여정의 목표가 해체解體를 위한 것임을 장자는 지인을 통해서 말한다.

> 만약 승천지지정乘天地之正하고, 어육기지변御六氣之辯하며 유무궁遊無窮하는 자는 어디에 소대所待가 있겠는가. 그러므로 지인至人은 기기가 없고, 신인神人은 공功이 없으며, 성인聖人은 명名이 없다.[124]

무기·무공·무명은 해체의 총체적 내용이다. 연속성을 회복한 지인은 마주할 대상이 없다. 변화하는 세계와 한 몸으로 연속되어 있기 때문에 따로 의지할 바(所待)가 없다. 연속성을 회복한 무대無待의 마음을 장자는 승천지지정·어육기지변·유무궁이라고 서술한다. 그러면 장자가 연속성의 내용으로 서술한 승천지지정과 어육기지변 그리고 유무궁은 구체적으로 어떤 상태의 마음을 가리키는가.

자아의 해체를 의미하는 무기無己란 '자신의 육신'을 소멸시키는 것을 의미하는 것도 아니지만, 동시에 아무것도 하지 않는 무기력 상태에서 모든 것에 수동으로 임하는 것만을 의미하지도 않는다. 무기의 마음은 모든 것을 비추는 거울과 같이 작용하지만, 거울은 붉은색과 푸른색을 구별한다. 애락哀樂에 물들지 않지만, 애락을 느끼지 못하는 것은 아니다. 무기란 수동이면서 능동이고, 능동이면서 수동이다. 능동 과잉은 자아의 과시나 전시의 심리를 담고, 수동

---

124) 「소요유」 17쪽. 若夫乘天地之正, 而御六氣之辯, 以遊無窮者, 彼且惡乎待哉. 故曰, 至人無己, 神人無功, 聖人無名.

과잉으로 방어를 위한 자아의 은폐를 담고 있지만, 무기는 능동과 수동의 양면을 포괄하면서 동시에 어느 한 쪽으로 기울지 않는다. 내세울 만한 '기己', 즉 자아가 해체되었기 때문이다.

앞에서 논한 것처럼, '타다'의 '승乘'과 '몰다'의 '어御'는 각기 상대적으로 수동과 능동이 강조된 표현이다. '승'이 '어'에 비해 수동적으로 몸을 싣는 것의 의미라면, '어'는 '승'에 비해 능동적으로 그것을 운전 혹은 운행함을 의미한다. 전자가 변화의 수용을 의미하는 수동성이 배어 있다면, 후자는 변화 속에서 능동적 운행의 의미가 강화된다. 이에 비해 '놀다'를 의미하는 '유遊'는 바로 수동을 배타하지 않는 능동과 능동을 배타하지 않는 수동, 즉 능동과 수동의 구별이 무의미해지는 상태를 의미한다고 해석할 수 있다. 특정한 목적을 갖지 않으므로 목적에 매이지 않고, 있는 그대로의 상태에서 평안하게 노닌다. 대상과 자아가 구별되지 않고 함께 어우러진다. 그 어우러짐에는 제한이 없다(無窮). 연속적인 관계망의 자연(天地之正)을 타고, 우연적이면서 신비한 변화 과정(六氣之辯)을 능동적으로 수용하면서 피차彼此의 구애와 제한이 없는(無窮) 자재함을 누린다.

'노니는 기분으로 삶을 제약 없이 영위하라(遊無窮)'고 하는 장자의 메시지는 세상을 꿈으로 보는 그의 전제와 맞닿아 있다. '꿈'이라는 것은 먼저 세상에 대한 실체성을 부정한다. 그리고 다음으로 세상을 '꿈'이라고 이해하는 것 역시 꿈이라는 사실은 우리 마음의 실체성을 해체한다. '세상의 실체성'과 세상의 실체성 없음을 이해하는 '마음의 실체성'을 해체한 후, 마음에 현현하는 세계는 그 무엇이든 '꿈'이라는 것이다. 그렇다면 이 '꿈'으로서의 삶과 세계는 어떻게 수용해야 하는가. 장자가 권하는 것은 '꿈'은 '꿈인 채'로 즐기라는 것이다. 꿈이기 때문에 집착할 필요가 없다. 그러나 꿈이라고 해서 무시하거나 부정할 수도 없다. 집착하지 않고, 무시하거나 부정하지 않을 수 있는 마음은 바로 '놀이'하는 마음이다. '놀이'하는 마음은 이성적인 것 이상이다.

4절. 해체를 위한 시각의 전환

1. 자연 세계(無爲)와 인간 세계(有爲)에 대한 이분법 해체: 〈요와 허유 이야기〉

　장자에 따르면, 존재의 실상은 각 물이 자발적으로 상호 작용하는 연속적 그물망이지만, 그 상호 작용은 각 물의 차이에 근거하여 이루어진다. 각 물은 어느 것과도 같지 않고 대체할 수 없는 각각의 고유성을 갖고 있고, 이 고유성은 중층적인 연관 속에서 상호 거래할 수 있는 기초가 된다. 장자에게서는 형체를 갖고 작용하는 것은 모두 이 물의 범주에서 벗어나지 않으며, 물화物化의 과정에서 떠나지 않는다. 그렇기 때문에 우리의 언어도 마음도 몸도, 더 나아가 진리에 대한 이념도 물화 과정에 있는 하나의 물에 불과하다. 그리고 그 가운데 어떤 물도 존재의 근거가 되는 중심이 될 수 없기 때문에 다른 물을 자신에게로 환원시킬 수 있는 특권을 가지지 않는다.

　장자에게서 물화 과정에 있는, 동등하게 거래하는 물은 서로 다르기 때문에 그 다름을 인정하지 않고 차별적으로 문제 삼는 것은 문제가 된다. 물은 서로 다를 뿐 어떤 물도 다른 물보다 우월하지 않으며, 또 열등하지 않다. 서로 다른 물을 하나로 수렴하는 절대적 주재자도 없고, 그것을 심판하는 절대적 선善도 인정하지 않는다. 그렇기 때문에 타자를 바로 잡으려 할 것(相正)도 없고, 타자를 부러워하며 따를 것(相傾)도 없다. 가장 온전한 태도는 각 개별자의 자발성에 맡기는 것(自正)이다. 상정相正하려 하거나 상경相傾하려 하는 것 역시 소유적인 욕망이라는 것이 장자의 생각이다.[125]

　장자는 소요유의 대붕의 여정을 통하여 소요유의 목표가 소유적 사유를 해체하는 데 있음을 보여주었다. 소유적 사유란 앞서 논해온 실체론적 사유인데,

---

125) 相正, 相傾, 自正은 모두 『장자』 「내편」에 나오는 용어들이다. 앞으로 계속 원문과 함께 소개될 것이다.

세상을 대상화하여 소유하고 지배하려는 목적과 연관된 여러 가지 형태의 사유를 포함한다. 이 사유의 특징 가운데 하나는 세계를 이분법적으로 나누고, 그 중 한쪽에 중심을 두어 다른 쪽을 포섭하거나 배제하는 것이다. 장자가 대붕의 여정에서 제시한 이분법적 사유의 예시는 대지와 소지, 대년과 소년이고, 결국 장자는 대지와 소지의 차이는 필연적이지만, 그 차이가 차별이 되는 것의 문제와 그 근거 없음을 논했다. 대지와 소지를 나누고 대지에 중심을 두고 소지를 경멸하거나, 소지의 입장에서 대지를 비웃는 것은 모두 소유적인 시각에서 벗어나지 못한다는 것이기 때문이다. 장자에 따르면 대지와 소지는 동등하게 연속되어 있다.

장자는 〈대붕大鵬의 여정〉을 소개하고 나서, 다시 즉 자연과 인간을 분리하고 자연과 인간 어느 한쪽에 우위를 부여하는 이분법적 사유를 검토한다. 이번 등장인물은 요堯와 허유許由이다.

이 이야기에서 장자가 지적하고자 한 이분법적 사유의 예시는 자연 세계와 소유 세계의 이분화이다. 이런 이분화는 요의 입을 통해 진행되는데, 그는 자신을 소유 세계의 은유로 상정하고, 허유는 자연 세계의 은유로 표현한다. 소유 세계란 인간의 역사 세계, 즉 물리적인 힘으로든 이념적 당위로든 세계를 소유하고 지배하려는 세계이다. 그러므로 전설적인 태평성군太平聖君인 요가 그 상징 기호로 사용되었다. 그리고 자연 세계는 그런 소유 세계를 떠난 자연의 세계이기 때문에, 세속을 떠난 은자 허유가 채택되었다.[126] 다시 말해 요 자신은

---

126) 이런 해석은 논란이 될 소지가 많이 있다. 그러나 장자의 부정否定이 부정을 위한 부정이 아니라 해체를 위한 부정이라는 점을 상기할 필요가 있다. 예컨대 無나 不 계열의 표현들은 그 자체를 실체로 확정하기 위한 것이 아니라 '有'로 대표되는 실체적 사유를 해체하기 위한 수사적 방편이다. 그러므로 유위와 무위를 이분법적으로 나누고 무위에 중심을 세워 유위를 배제하는 사유는 장자적 사유에서 볼 때 온전한 실상을 드러낸다고 보기 어렵다. 이 〈요와 허유 이야기〉에 대한 해석은 참으로 다양하다. 주된 논점은 요를 높이느냐 허유를 높이느냐. 아니면 요를 비판하느냐 등인데, 곽상의 경우는 요를 추앙하기 위한 것이라 보고 있다. 그러나 장자의 시각에서 볼 때 그 무엇을 높이거나 추앙한다는 것이 성립되기

인간의 유위를, 허유는 자연의 무위를 지시한다. 그러나 앞서 자연과 인간의 관계(천인天人관계)에서 본 것처럼, 장자는 자연과 인간을 둘로 나누지 않으며 별개의 것으로 보지 않는다. 어느 한 쪽에 중심을 두고 상대를 중심으로 환원시키는 환원주의에 반대한다. 장자의 자연, 즉 천에는 자연과 인간이 모두 하나로 속해 있으며 분리되지 않는다. 그러므로 장자는 인간과 자연의 관계에서 어느 쪽에도 그 우위優位를 두지 않는다.

그러므로 장자의 입장에서 볼 때, 요에 의해 허유로 상징된 무위의 자연 세계는 존재의 실상이 현현한 그런 세계를 지칭하는 것으로 보기 어렵다. 장자에 따르면 존재의 실상은 우리의 마음과 연속되어 현현하는 것일 뿐 대상적으로 이분화되지 않는다. 대상화될 수 없는 연속적 그물망이 이분법인 구도 속에서 하나의 세계로 실체화되었다면 그것은 이미 존재의 실상에서 어긋난 것이다. 이미 소유적 사유 속에서 하나의 실체로 대상화된 세계이다.

장자의 관점에서 궁극적으로 볼 때, 유위와 무위의 구분은 이분법적 사유에서 벗어나지 못한 것이다. 나아가 유위를 버리고 무위에 중심을 두는 것은 택일적 사유에서 벗어나지 못한 것이다. 장자는 결코 우열을 가리기 위해 담론하지 않는다. 궁극적으로 존재의 실상은 자연 세계와 소유 세계의 이분법이 해소된 자리에서 현현한다는 것이 장자의 생각이다.

장자는 〈요와 허유 이야기〉를 통해 요에 의해 구분된 사언 세계와 소유 세계는 각기 하나의 물物일 뿐이며, 연속적으로 즉卽해 있지만 자연 세계의 원리와 소유 세계의 원리는 동일한 차원에서 평면적으로 호환互換될 수 없음을 논한다. 즉 서로 상정할 수 없고 그럴 필요도 없다. 소유 세계는 소유 세계의 원리에 따라 움직이고, 자연 세계는 자연 세계의 원리대로 움직인다. 요리사(숙수)와 제주祭主(尸祝)는 그 자리가 다르다. 상대가 제 몫을 못한다 해서, 서로 간여하거

어렵다. 요와 허유의 우열을 논하기 위해서 이 이야기를 진행시켰다고 보기엔 많은 무리가 따른다. 일단 생각해 볼 수 있는 것은 요가 유위를 허유가 무위를 상징한다고 보는 것에는 대체로 합의할 수 있을 듯하다.

나 대신할 수 없다. 각각의 원리와 질서에 따르는 것이다.

> 요가 천하를 허유에게 양위하려고 말하기를, 해와 달이 떠 있는데, 횃불을 쉬지
> 않고 밝힌다면, 그 빛은 또한 밝기가 어렵지 않은가. 때에 맞는 비가 내리는데도
> 여전히 물을 대고 있다면, 그 물 대는 것은 또한 수고롭지 않은가. 부자夫子께서
> 즉위하시면 천하가 다스려질 것인데, 내가 아직 시동노릇 하고 있으니, 내 스스로
> 보기에 부족한 것이 많다. 청컨대 천하를 맡아주시오[127].

먼저 장자는 요의 입을 통해 소유 세계의 대부분 존재자들이 추구하는 부귀
와 권력을 왜소화하면서 그 소유적 가치의 절대성을 해체한다. 요의 말에 따르
면, 소유 세계의 유위는 아무리 잘해도 해와 달 옆의 횃불이며, 때 맞춰 내려주
는 시우時雨에 비하면 사소한 물대기이다. 수고로울 뿐 아니라 불필요한 일이
다. 요는 '유위'와 '무위'를 나누고, 유위가 무위보다 열등하다고 판단하고 있
다. 다시 말해, 유위의 요는 무위의 허유를 '상경'하고 있다. 그래서 '유위'의
요가 '무위'의 허유에게 자리를 내어주겠다고 한다.

그러나 이렇게 이분화된 두 세계의 관계는 요의 시각에 의한 것이다. 허유는
세상을 이분화하지 않는다. 장자는 허유의 입을 통해 요의 문제를 지적한다.
진정한 '무위'는 '유위와 무위'를 가르지 않는다.

> 허유가 말한다. 자네가 천하를 이미 다스려지게 하였다. 그런데 (쓸데없이) 내가
> 자네를 대신하다니 (무엇 때문인가)? 이름 때문인가. 이름이란 실實의 빈賓(나그네
> 와 같이 실체가 없는 것)이다. 내가 장차 빈이 되어야겠는가. 뱁새와 메추라기는
> 깊은 숲에 둥지를 트는데 나뭇가지 하나면 족하고, 두더지가 강물을 마시는데 배를
> 채우면 그만이다. 그대는 돌아가 쉬라. 나에게 천하란 소용할 데가 없다. 숙수가

---

127) 「소요유」 24. 堯讓天下於許由, 曰 日月出矣而爝火不息, 其於光也, 不亦難乎. 時雨降矣而猶浸灌,
其於澤也, 不亦勞乎. 夫子立而天下治, 而我猶尸之, 吾自視缺然, 請致天下.

요리를 잘하지 못한다하여 시동尸童이나 신주神主가 제기를 들고 다니며 대신할 수는 없는 것이다.[128]

허유는 소유 세계와 자연 세계가 즉卽해 있지만 각기의 원리에 의해 움직임을 알고 있다. 그러면서 그 어느 쪽도 우위를 갖지 않고 하나의 물物로써 존중하고 있다. '상존'의 원칙에 따른다. 허유는 소유 세계와 자연 세계의 구분을 알지만 근원적 실상에서는 구분하지 않는다. 역으로 근원적 실상에서는 이 두 세계를 구분하지 않지만, 요의 시각에 의한 두 세계의 구분을 이해하지 못하는 것은 아니다. 허유는 소유 세계의 문제를 무시하지 않는다. 그러나 요가 추구하는 존재 세계와 소유 세계의 질서를 일치시키려는 그 시도의 비현실성과 불필요함을 안다. 무위의 자연적 실상(facticity)과 인간에 의해 형성된 소유 세계의 현실(facts)의 동화하기 어려운 인간 역사의 운명적 현실을 직시한다. 이 우화에서 장자가 논하고자 하는 것은 결코 요와 허유의 우열이 아니다.[129]

장자는 필요에 따라 구분된 각기의 세계를 인정하고, 각각의 세계에서 소요

---

[128] 「소요유」 23. 許由曰 子治天下, 天下旣已治也. 而我猶代子, 吾將爲名乎. 名者, 實之賓也. 吾將爲賓乎. 鷦鷯巢於深林, 不過一枝 ; 偃鼠飮河, 不過滿腹. 歸休乎君, 予無所用天下爲. 庖人雖不治庖, 尸祝不越樽俎而代之矣.

[129] 곽상은 이 우화를 요와 허유의 우열로 해석한다. 곽상은 이 문제에 있어 비상하게 흥분하고 있다. 요는 이미 無爲之治를 완성했기 때문에 허유가 대신할 필요가 없다. 더 나아가 허유가 소유 세계의 일에 무심한 것은 山林에 묻혀 있어야만 無爲한다는 고정관념 때문이며, 이것이 바로 노장의 담론이 세상에서 버림받은 것이라고 본다. 곽상은 초지일관 존재 세계와 소유 세계를 구분하지 않는다. 심지어 장자가 수사적 방편으로 사용한 것까지도 인정하지 않는다. 이 두 가지를 모두 自得之場의 관점에서 본다. 그러나 장자는 소유 세계와 존재 세계를 실상에서는 구분하지 않지만, 경험 세계에서의 구분은 인정하고 이것을 활용하여 여러 가지 수사를 구사한다. 그럼에도 곽상은 요를 극도로 높이면서 허유를 匹夫라고 낮춘다. 그 이유는 허유가 은자이기 때문이라는 것이다. 원문은 「소요유」 24. 곽상 注. 夫自任者對物, 而順物者與物無對, 故堯無對於天下, 而許由與稷契爲匹矣. 대저 自任하는 자는 物에 對하게 되고, 順物하는 자는 物과 더불어 대함이 없다. 그러므로 堯는 천하에 對함이 없으나 허유는 직이나 설과 더불어 필부이다.

할 수 있음을 논한다. 각 물物은 그 물의 고유한 자리에서 온전할 수 있다. 숙수는 요리하는데서 소요逍遙하고 제주는 제사를 주관하는데서 소요할 수 있다. 서로를 상경相傾하거나 상정相正하는 것은 불필요한 일이다. 허유는 무위가 유위를 대신할 수 있다고 생각하지도 않지만, 유위를 부러워하지 않는다. 요가 절대시하는 '천하'란 허유에게 '쓸모없는 것'이다. 같은 차원에서의 중요도를 갖지 않는다.

여기서 허유가 '명名'을 '실實의 빈賓'이라고 한 것에 주목할 필요가 있다. 빈賓이란 손님이다. 다시 말해 나그네이다. 일시적으로 머무는 존재이다. 고정적 실체성을 부정하고 그 일시성, 임시성을 강조한다. 소유할 수 있는 것이 아닌 허구적인 것이다. 허구적인 것을 추구하면서 소유적 욕망을 확대하지 않아야 한다고 허유는 말한다. 뱁새에게 나뭇가지 하나를 넘어서는 것과, 두더지에게 한모금의 물을 넘어서는 것은 필요 이상의 소유적 욕망이다. 이와 마찬가지로, 요가 무위로 세상을 다스리려 하는 것 역시 역사 세계에 대한 소유적 욕망이라는 것이 장자의 생각이다. 뱁새가 나무 전체를 차지하고 둥지를 틀려고 하는 것과 다르지 않다는 것이다.

2. 고정된 시각(有蓬之心)의 해체에서 얻는 실용성: 〈손 연고 이야기〉

장자가 「소요유」 편에서 집중하고 있는 것은 해체를 위한 시각의 전환과 메타적인 현실 읽기이다. 이어지는 우화에서, 장자는 〈혜시惠施와 장자의 논변〉을 통하여 '자기중심적인 시각'에서 바라본 유용과 '물 자체'의 시각에서 판단한 유용을 대비함으로써 시각의 전환을 촉구한다. 장자는 먼저 고정화된 자기중심적 시각, 즉 유봉지심有蓬之心[130])의 해체를 권하며, 시각의 차원을 달리할

---

130) 봉蓬은 '쑥'을 의미한다. 有蓬之心은 '쑥 무더기에 갇힌 마음'이라고 해석되는데, 여기서는 그 의미가 상징적 의미를 갖는다고 보아, 고정화된 자기 시각에 갇힌 마음이라고 해석한

때 열리는 새롭고 넓은 시야를 보여준다. 자아의 해체에서 일차적인 것이기 때문이다.

이 이야기에는 혜시惠施가 등장한다. 혜시는 실존인물이다.[131] 실존 인물에 가탁해서 논의를 전개한 우화이니 중언重言에 해당한다. 혜시는 명가名家의 유명한 논객인데, 빈틈없는 논리와 분석으로 일세에 이름을 남겼다. 장자는 논변의 상대를 혜시로 설정함으로써 혜시의 트레이드마크인 '논리'와 '분석'으로 대표되는 실체적론 사유를 해체하고자 한다. 그리고 나아가 차원을 달리하는 '유용'을 논하면서 '유봉지심'으로 그를 논파한다.

> 혜시가 장자에게 말했다. 위왕魏王에게 박씨를 얻었는데 그것을 심어 키웠더니, 다섯 석이나 되었으나 무르고 견고하지 못하여 물도 간장도 담을 수 없으니 도무지 쓸모가 없었다. 잘라서 바가지로 쓰려고 했더니 깊이가 얕아서 쓸모가 없었다. 엄청나게 크긴 하지만 쓸모가 없어서 부수어 버리고 말았다.[132]

다. 참고로, 곽상은 '곧게 뻗지 못한 마음(非直達者也.『장자집석』 38쪽). 성현영은 '구부러져 곧지 못한 마음'(拳曲不直也『장자집석』 38쪽)이라고 해석한다. 참고로 안동림은 '꾸불꾸불하고 곧지 못한 쑥과 같은 마음'이니 '꽉 막혀 있는 마음'이라고 해석한다(안동림, 『장자』 49쪽).

131) 혜시는 공손룡과 더불어 제자백가 중 名家를 대표하는 인물이다. 장자와 동시대인으로, 宋人이라 전해지며 위魏나라 재상을 지낸 바 있다. 정확한 생몰연대는 전하지 않지만, 장자보다 조금 앞선 시기에 세상을 떠난 것으로 추정된다.『장자』의 다른 편에서도 수차례 등장하여 장자와 대등하게 논변을 전개하는데, 그런 면에서 볼 때 장자와 긴밀한 교류가 있었던 것으로 보인다. 잡편의 「徐无鬼」에는 장자가 "혜시가 죽고 난 후 더불어 상대할 자도 없고, 더불어 이야기할 사람도 없다"고 한탄하는 대목이 나오는데, 일반적으로 이에 근거하여 혜시가 장자보다 먼저 세상을 떴으며, 장자의 각별한 벗이었으리라는 추정을 하고 있다. 인용 부분.『장자집석』「徐无鬼」843쪽. 원문 自夫子之死也 吾无以爲質矣 吾无與言之矣.

132)「소요유」36. 惠子謂莊子曰 魏王貽我大瓠之種, 我樹之成而實五石, 以盛水漿, 其堅不能自擧也. 剖之以爲瓢, 則瓠落無所容. 非不呺然大也, 吾爲其無用而掊之.

장자는 혜시의 입을 빌려 자신에 대한 세간의 평, 즉 장자가 엄청난 거대 담론을 전개하지만, 그것은 비현실적이고 무책임한 황당지설에 가까워서 도무지 쓸모가 없다는 평을 우회적으로 박에 비유하여 표현한다.

그런데 혜시가 장자를 공박하기 위해 거론한 박에 대한 이야기를 보면, 혜시는 박에 대해 미리 자신의 용도를 정하고 거기에 맞추어 박에 대해 평가하고 결론 내린다. 박이 너무 크면서 무르고 약하여 쓸모가 없다는 것이다. 여기에는 장자의 말이 너무 우활迂闊해서 소유 세계의 실정에는 쓸모가 없다는 간접적인 비판이 들어 있다. 그러자 장자는 〈손 연고 이야기〉를 가지고 혜시에게 응수한다. 비현실적이고 무용하다는 비판에서 시각을 전회하면 그와 다른 반대의 결과를 얻을 수 있다는 것이다.

> 장자가 말했다. 자네는 진실로 크게 쓰는데 서툴군. 송나라에 손이 트지 않는 약을 잘 만드는 자가 있었는데, 대대로 솜 빼는 일을 해왔다. 어떤 손이 그 말을 듣고, 그 비방을 백금에 사고자 청했다. 가족들이 모여 의논해 말하길, '우리가 대대로 솜 빼는 일을 해왔지만 불과 몇 금 벌지 못했다. 지금 하루아침에 그 기술을 백금에 팔게 되었구나' 하며 팔도록 하였다. 손이 그 비방을 얻어 오왕吳王에게 선전했다. 월나라가 침략해오자, 오왕은 그를 장수로 삼았다. 그는 월인越人과 수전水戰을 벌였는데, 월인을 크게 물리치고, 땅을 나누어 그 땅을 봉해 받았다. 능히 손을 트지 않게 하는 것은 같았지만, 한 사람은 봉해 받았고, 다른 한 사람은 솜 빼는 일을 면하지 못했으니, 그 쓰는 바가 달랐기 때문이다. 지금 자네는 오석의 박으로 어찌 큰 술통을 만들어 강호에 띄우지 않으면서 그 바가지가 낮아서 쓸데가 없다고 근심하는가. 자네의 마음은 쑥처럼 막혀 있구나.[133]

---

133) 「소요유」 37. 莊子 曰 夫子固拙於用大矣. 宋人有善爲不龜手之藥者, 世世以洴澼絖爲事. 客聞之, 請買其方百金. 聚族而謀曰 我世世爲洴澼絖, 不過數金, 今一朝而鬻技百金, 請與之. 客得之, 以說吳王. 越有難, 吳王使之將, 冬與越人水戰, 大敗越人, 裂地而封之. 能不龜手, 一也. 或以封, 或不免於洴澼絖, 則所用之異也. 今子有五石之瓠, 何不慮以爲大樽而浮乎江湖, 而憂其瓠落無所容. 則夫子猶

장자의 첫 번째 응수는 혜시가 '용대用大'를 모른다는 것이다. 〈손 연고 이야기〉의 핵심은 이렇다. 한 집안을 먹여 살리던 기술이 어떤 사람의 새로운 시각을 얻어서 수많은 병사를 구하는 기술로 사용되었다. 장자의 말에 따르면 '용대'이다. 작은 용도에 구애되지 않고 큰 용도를 찾았다. 그 용도는 '약'이 아니라 약을 보는 '시각'에 의해서 달라진다. 장자는 더 큰 시각을 갖기 위해 좁게 갇힌 시야를 넓히라고 권한다. 소요유의 목적이기도 한다.

그리고 장자는 덧붙인다. 그 박이 너무 커서 쓸모없다고 탓하지 말고 큰 통을 만들어 강호江湖에 띄우라고. 고정된 시각에 집착하는 혜시 그대의 마음은 쑥 무더기와 같이 막혀 있는 유봉지심이라고.

여기서 눈여겨보아야 할 것은 두 사람의 사물을 보는 눈이 어떻게 다른가, 즉 시각이다. 혜시는 자신의 용도라는 견지에서 박의 용도를 보고, 장자는 박 자체에서 용도를 본다. 그리고 거기서 용도를 찾아낸다. '쓸모'로 사물을 판단하는 것이 아니라 '사물'에서 쓸모를 찾아낸다. 이것이 장자가 말하는 '나 없는 나', 즉 무기의 시각에서 물 자체를 보는 방법이다. 무기의 시각에서 보면 아무리 큰 것도 아무리 작은 것도 세상에 쓸모없는 것이란 없다. 사람도 사물도 버리는 것이 없다.[134] 이에 비해 유봉지심은 '제 속에서 헤어 나오지 못하는 마음'이다. 쑥 무더기는 제 속에 파묻혀 있어서 위로 훌쩍 솟아오르지 못한다. '나'와 '내 것'이라는 관념의 허상에서 벗어니지 못한다. 혜시는 박식과 논리적 언변을 자랑하지만 유봉지심에서 벗어나지 못했기 때문에 자신의 쓸모로만 사물을 보려고 한다. 따라서 혜시에게는 쓸모 있는 것과 없는 것, 버릴 것과 버릴 수 없는 것이 나뉜다. 이분법적 분리와 택일적 사유가 나타난다. 장자적 시각에서 보면 전형적인 유위적 사고이다. 그러나 무기의 시각에서 보면 존재 자체에 이미 '쓸모'가 있다. 무기의 마음에는 쓸모없는 것이 없다. 쓰는 자와

有蓬之心也夫.

[134] 노자의 『道德經』 27장에 나오는 말이다. 원문은 이렇다. 是以聖人常善求人, 故無棄人, 常善救物, 故無棄物, 是謂襲明.

쓰이는 것이 따로 분리되지 않는다. 이미 '하나'로 연속된 까닭이다.

3. 무용과 무하유지향: 〈혜시의 무용한 나무 이야기〉

명가名家의 유명 논객인 혜시가 장자의 이런 응수에 자신을 포기하기에는
아직 이르다. 앞의 이야기에서 장자는 혜시를 자기중심적 시각, 즉 유봉지심이
라고 논박했다. 혜시는 이제 범위를 조금 넓혀볼 필요가 있다. 그래서 혜시는
'자기 시각'이 아니라 '목수의 시각'을 빌려 다시 '쓸모없음'이라는 말로 장자
를 공격한다. 큰 나무가 있는데, 사람들이 쓸모없는 가죽나무(樗)라고 부른다.
크기만 했지 쓸모가 없어서 목수들도 돌아보지 않는다고 혜시는 또 장자를
빗대어 무용한 나무 이야기를 펼친다.

> 혜시가 장자에게 일러 말했다. 나에게 큰 나무가 있는데, 사람들은 그것을 저樗(쓸
> 모없는 나무)라고 부른다. 그 큰 뿌리는 울퉁불퉁하여 먹줄을 칠 수가 없고, 작은
> 가지는 구부러져서 자를 댈 수가 없다. 길에 세워 두어도 목수가 돌아보지 않는다.
> 지금 자네의 말은 크기만 했지 쓸데가 없어, 사람들이 함께 외면해 버린다.[135]

같은 물건이라도 누가 어떤 시각에서 보느냐에 따라 다른 것으로 나타난다.
목수가 볼 나무는 먼저 재목감으로 보게 마련이다. 너무 크기만 해서는 재목으
로 쓸 수 없으니 무용하다. 여기서 혜시는 '자신의 쓸모'가 아니라 '인간의 쓸
모'라는 규구規矩로 장자의 말을 비판한다. 장자의 말은 황당하고 인간의 역사
세계에 별로 쓸모가 없어서 모두 등을 돌린다는 것이다. 또 장자를 비판하기
위한 언설을 시작한다. 장자가 혜시의 입을 빌려서 말이다.

이에 대해 장자는 너구리와 살쾡이를 예로 들면서 눈앞의 작은 이익에 날뛰

---

135) 「소요유」 39. 惠子謂莊子曰 吾有大樹, 人謂之樗. 其大本擁腫而不中繩墨, 其小枝卷曲而不中規矩,
   立之塗. 匠者不顧. 今子之言, 大而無用, 衆所同去也.

다가 더 큰 자들이 설치해 놓은 올가미에 걸려 죽는 그들의 부질없는 모습을 그려 보여준다. 그리고 너무 커서 잘 보이지 않는 검은 소를 등장시킨다. 그 소는 쥐를 잡지 못한다. 검은 소는 이익(쥐)을 잡으려 하지 않지만 자신을 잘 보존한다. 삶을 곤고困苦하게 하지 않는 것은 장자에게 아주 중요한 일이다.

> 장자가 말한다. 자네는 너구리와 족제비(狸狌)를 보지 못하는가. 몸은 낮게 엎드리고, 사냥감을 기다리는데 동서로 뛰면서 높고 낮은 데를 피하지 않다가 덫이나 그물에 걸려 죽는다. 검은 소는 하늘을 드리운 구름 같이 크지만 작은 쥐를 잡지 않는다. 지금 자네의 큰 나무가 무용하다고 걱정하지 말고, 무하유지향無何有之鄕의 광막지야廣莫之野에 심어 두고 그 곁에서 한가로이 소요할 생각을 해보는 것이 어떻겠는가. 도끼에 찍혀 요절할 염려도 다른 물에 해를 입을 염려도 없다네. 쓸모가 없다 해서 어찌 곤고困苦하겠는가.136)

장자의 시각에 따르면, 자연은 인간의 쓸모 때문에 존재하는 것이 아니다. 자연은 함께 더불어 노닐 '자아'의 연속이요, 보살피고 받들어야 하는 '내 몸'의 연장이다. 자연을 이용 가치인 쓸모의 관점에서 보려면 먼저 그 자연을 자기와 별개의 존재로 대상화하여야 한다. 즉 연속성을 절단하고 '자아'를 독립시켜 고정해야 한다. 자기 자신을 스스로 이용 가치의 관점에서 볼 수는 없기 때문이다. 장자가 여러 차례 이 소유 세계의 유용이 갖는 한계와 자기 담론의 무용지대용無用之大用을 거듭 논하는 것은 바로 이런 까닭에서이다. '쓸모'로 세계에 접근하는 것은 소유적 사유의 전형적인 방식이고, 이런 사유는 자신의 존재를 해치는 결과를 가져올 수 있다. 마치 족제비가 이익을 찾아 날뛰다가 덫에 걸려

---

136) 「소요유」 40. 莊子曰 子獨不見狸狌乎. 卑身而伏, 以候敖者 ; 東西跳梁, 不辭高下 ; 中於機辟, 死於罔罟. 今夫斄牛, 其大若垂天之雲. 此能爲大矣, 而不能執鼠. 今子有大樹, 患其無用, 何不樹之於無何有之鄕, 廣莫之野, 彷徨乎無爲其側, 逍遙乎寢臥其下. 不夭斤斧, 物無害者, 無所可用, 安所困苦哉.

죽게 되는 것처럼 되어버릴 수 있다.

따라서 장자의 사유에서는 이 '쓸모'로 세상을 바라보는 자기중심적 시각, 인간중심적 시각을 문제 삼으며, 그것의 전환을 권한다. 마음의 자리를 전회하여 존재의 실상에서 노니는 지혜가 필요하다. 아무것도 실체로 '있다'고 할 수 없는 '무하유지향無何有之鄕'은 바로 존재의 실상이 그대로 현현한 마음의 자리를 의미하리라.[137]

견오肩吾와 혜시의 입을 빌려 행한 장자 자신의 비현실적이고 무용해 보이는 과장적이고 초과적인 언설에 대한 장자의 응수는 대붕과 곤어의 우화로 시작되는 소요유 편의 여정을 마무리하기 위한 것이다. 그의 황당한 이야기를 누가 어떻게 믿으며, 진지하게 받아들일 수 있느냐는 세간의 평에 대한 문제의식이 담겨 있다. 장자는 이 이야기들을 통해 소요유 편을 읽는 방법을 제시하고 있다. 곤어와 붕새를 비롯한 여러 이야기가 무용해 보여도 무용한 것이 아니며, 시각을 달리한다면 더 큰 것을 볼 수 있다는 것이 그것이다.

이 우화들을 통해 우리는 장자에 대한 당대의 평 가운데 가장 주된 것이 바로 이 '무용성'이라는 비판이었음을 볼 수 있다. 요컨대 장자의 언설이 과장적이고 허황하며, 도무지 무용한 비현실적 이야기들이라는 것인데, 그것을 반박하는데 혜시가 선택된 것은 그가 변설에 능하여 논쟁으로 굴복시키지 못하는 상대가 없다는 유명한 명가의 논객이기 때문이리라.

---

137) 무하유지향이란 '어떤 有도 있지 않은 곳'이란 의미로 번역된다. 일반적으로 廣莫之野와 더불어 장자의 이상향을 의미한다고 보는 견해가 지배적이다. 여기서는 '유'를 '자기동일성을 갖는 불변적 실체'라고 해석하여 '실체'라고 할 만한 것이 없음을 아는 마음, 혹은 그 마음에 현현한 세계라는 의미로 본다.

2장. 『장자』의 해체: 제물론

「제물론」에서는 우리의 고정된 의식, 경험적 의식, 소유적 사유, 대상적이고 이분법적인 사유를 해체하기 위한 장자의 친절한 사유 여행이 계속된다. 우리가 '아는 것'은 우리가 '그렇다고 생각하기 때문'이고, 우리가 실체라고 여겼던 것, 더 나아가 당위라고 여겼던 것은 우리가 필요에 의해 '그렇게 정했기 때문'이라는 설명이다.

「소요유」에서 전체 사유의 방향과 구도를 잡은 장자는 「제물론」에 이르러, 세상에 대한 우리 인식의 타당성을 면밀하게 검토한다. 우리가 경험하고 문제 삼는 세계가 실상은 불변적인 실체성이 없다는 것을 논한 후, 그 실체성을 해체한 후에 드러나는 세계의 모습을 제시한다. 장자는 이를 위하여 이분법적 사유의 산물인 시비是非와 생사生死, 피차彼此의 구분이 모두 존재론적인 근거가 없음을 밝히면서 이를 넘어서기 위하여 '도추道樞'에 설 것을 권하며, 도추에서 '이명以明'으로 바라본 세계의 실상을 보여준다.

장자는 존재의 실상을 '평등하면서 조화로운 다양성'으로 보는데, 이는 「제물론」을 이루는 주된 내용이다. 곽상은 「제물론」에 대한 총평으로 '평등'을 골자로 하는 '피아균彼我均'을 제시하는데, 이점에서 설득력이 있다.[138] 장자가 제물론에서 말하는 요체要諦는 '각각이지만 차별되지 않는 개별자들의 다양한 조화의 세계'이며, 제물의 세계에서 추구하는 것은 결코 만물이 같아지는 '획일劃一'이 아니라 '큰 것'은 큰 대로 '작은 것'은 작은 대로 평등하게 인정되며 조화를 이루는 '제일齊一'이다.

제물의 세계는 별도의 세계로 존재하는 공간이 아니라 거울같이 비추는 텅 빈 마음인 '허심虛心'을 이루었을 때 현현하는 세계이다. 이 제물齊物의 세계에

---

138) 「제물론」 43, 곽상 注. 夫自是而非彼, 美己而惡人, 物莫不皆然. 然, 故是非雖異而彼我均也.

서 장자는 각 개별자의 차이를 다양성으로 존중하는 것, 즉 상존相尊의 덕을 제시한다. 상존의 덕은 이분법적인 앎을 해체하고(無知) 소유적 행위를 해체(無爲)하며, 소유적 욕망의 해체(無欲)를 구체적인 내용으로 하면서, 자신의 입장에서 상대를 지배하려는 욕망인 상정相正의 중지와 각 개별자의 고유성에 맡기는 자정自正을 권한다.

「제물론」편은 일곱 가지 우화로 구성되어 있는데, 이 우화들 역시 일정한 플롯을 가지고 연결되어 있다. 첫 번째는 〈천뢰天籟 이야기〉, 두 번째는 〈조삼모사朝三暮四 이야기〉, 세 번째는 〈소문昭文·사광師曠·혜시의 이야기〉, 네 번째는 〈요와 열 개의 해 이야기〉, 다섯 번째는 〈설결齧缺과 왕예王倪 이야기〉, 여섯 번째는 〈장오자長梧子와 구작자瞿鵲子의 이야기〉, 그리고 마지막 일곱 번째는 장주莊周의 〈나비의 꿈〉이다. 〈천뢰 이야기〉로 시작하여 〈나비의 꿈〉으로 마무리된다.

〈천뢰 이야기〉에서는 다양한 개별자의 존재 과정의 모습인 천뢰를 들어야 할 것과, 그것을 듣기 위한 필요조건으로 무기無己의 마음인 〈오상아吾喪我〉를 들고, 이분법적 마음의 경계가 해소된 〈오상아〉의 물아양망物我兩忘을 위해서는 성심成心과 사심師心을 해체하고 도추에 서서 이명으로 비추는 마음이 요구됨을 논하여 '앎의 해체'를 위한 틀을 제시하고 이후의 우화에서 세부적인 내용을 검토한다.

〈조삼모사朝三暮四 이야기〉에서 장자는 우리의 앎이 제한적이고 편파적임을 논한 후, 제한적인 지식을 사용하여 일어나는 시비를 원숭이의 조삼모사에 비유하여, 시비하지만 시비가 없는 화시비和是非를 권한다. 화시비를 위해선 도추에 서고 자연의 균형(天鈞)에 맡겨 시비가 없으면서 각자의 시비를 인정하는 양행兩行이 필요함을 역설한다.

피차를 나누고 시비를 가르는 것은 궁극적으로 타자와 세계를 자신의 뜻대로 바로 잡거나(相正) 이해시키려는 것(相明)인데, 장자는 이를 '명지明之'라고 표현하여 그 불가능함을 논한다. 이를 위해 장자는 〈소문·사광·혜시의 우화〉에서 이른바 세상에서 성공한 세 사람을 등장시켜 '명지' 불가능성을 논한다.

〈요와 열 개의 해 이야기〉에서 장자는 자신에게 조회하지 않는 나라들을 정벌하여 조회를 받아야 한다고 생각하는 요를 등장시켜, 〈제일〉이 〈획일〉이 아님을 밝히면서 제물의 의미를 복습한다. '열개의 해(十日竝出)'라는 메타포를 사용하여, '하나의 해'를 고집하는 소유적 사유를 전복시킨다.

〈설결과 왕예 이야기〉에서 장자는 세계의 시원始原·보편자·세계에 대한 통일적인 설명 등의 문제에 대해 논한다. 그리고 진리를 확정하는 것, 시원을 알아내는 것, 보편자의 존재를 입증하는 것, 세계에 대해 통일적으로 설명하는 것 등의 불가능함을 논한다.

〈장오자와 구작자의 이야기〉에서는 각 존재자가 서로 품어주고 서로 저장하는 것, 즉 어떤 존재자도 독립적일 수 없는 존재임을 상온으로 표현하고, 다양한 개별자의 시각에 따라 현현하는 세계의 스펙트럼을 자연의 조화(天倪)로 보고, 개별자 간의 연관된 거래(曼衍)에 따라 자연의 균형(天鈞)에 맞추어 각기의 고유성에 맡기는 것(自正)이 필요함을 말한다. 그리고 마지막 구절에서 장오자의 입을 통해 앞서의 논의 역시 모두 꿈이라고 정리한다. 이 '꿈' 이야기는 다음 〈나비의 꿈〉으로 이어진다.

〈나비의 꿈 이야기〉를 통해 장자는 우리가 알고 있는 '세계와 나'는 실체성이 없다는 점에서 '꿈'과 같은 것이며, 실체성 없는 세싱을 '꿈'이라고 자각하는 우리의 '자아' 역시 실체성이 없는 '꿈'과 같은 것이라고 말한다. 실체성 없이 오묘하게 변화하면서 얽혀 있는 것이 존재의 실상이라는 것이다. 장자의 사유가 유희적인 면모를 보이는 것은 그가 꿈을 있는 그 자체로, 즉 꿈인 채로 즐기기 때문이다. 장자에 따르면 상온하여 있는 개별자들을 상존하면서 이것은 가능해진다.

1절. 제물의 평등: 동일성과 차이, 그리고 상존

1. 제물에 관한 논의

장자에게서 연속적 유대를 회복하여 '동어대통同於大通'하는 것이 '밤에는 모든 소가 검다'라는 식의 김빠진 동일성을 의미하는 것은 아니다.[139] 그런 동일은 획일이지 평등(齊一)이 아니다. 실제로 앵거스 그레이엄이 지적한 대로, 장자는 역설적으로 말할 때를 제외하고는, 모든 것이 하나(一)라고 결코 말한 적이 없다.[140] 장자는 객관적인 실체로서 하나(一)가 존재한다고 보지 않았고, 세상을 하나로 만드는 데 관심을 두지 않았다. 장자의 목적은 오히려 그 반대에 있다고 볼 수 있다. 즉 만물이 하나로 같아지거나 수렴되는 것에 중심을 두는 것이 아니라, 각 개별자가 각기 그 자체로 존재할 수 있는, 구별되지만 차별되지 않는 질서 속에서 상이한 방식으로 불어 나오는 고유의 소리인 '천뢰'를 발견하고 존중하는 것이다.

이러한 입장은 '제물론'이라는 편명에도 나타난다. 제물론은 "다양한 물론物論을 가지런히 하기"라는 해석도 있지만, 오히려 '제물에 대한 논의'를 의미한다고 보는 것이 일반적이다.[141] 여기서 핵심이 되는 말은 '제齊'인데, '고르다'

---

[139] '밤에는 모든 소가 검다'는 표현은 데이비드 홀의 *Thinking from the Han*, State University of New York Press, 58쪽에 나온 말을 다시 사용한 것이다. 그런데 이 말은 홀이 처음 사용한 것이 아니다. '밤에는 모든 소들이 검다'라고 말하여 모든 구별이 사라지는 합일 상태를 설명한 셸링(Schelling)이 헤겔로부터 비판받았던 말이다. 하나가 된다는 것은 미분화된 합일 속에서 개별자의 정체성을 상실하는 것이 아니라는 의미에서 비판한 것이다. 『장자, 영혼의 변화를 위한 철학』(로버트 앨린슨, 김경희 역, 그린비, 2005, 서울) 21쪽 참고.

[140] 데이비드 홀, 위의 책, 67쪽 재인용. 인용 원문 "Angus Graham has noted that the *Zhuangzi* never does say that everything is one (except as one side of a paradox)."

[141] '제물론'이라는 편명에 대한 해석은 분분하다. 齊는 '고르게 하다' 物은 '사물', 論은 '의논' 혹은 '이론'인데, 이 셋을 어떻게 연결하여 해석하느냐에 따라 의미가 달라진다. 齊物을

'가지런하다'는 의미를 갖는 이 말은 '획일적으로 같다'는 의미가 아니라 '다양함 속에서 찾을 수 있는 조화와 일치'를 의미하는 것으로 보는 것이 맥락에 적합하다. 다시 말해, 서로 다른 길이의 다리를 가진 학과 오리의 차이를 다리를 자르거나 늘려서 같게 만드는 것이 아니라, 다리가 긴 학은 긴 대로 짧은 오리는 짧은 대로 평등하게 조화를 이루도록 하는 것이 바로 '제'의 적극적인 의미이다.[142]

그러므로 이 '제물'에 대한 보다 구체적이고 정확한 의미는 '만물이 있는 그대로 비치도록 허용하는 거울 같은 마음에 현현하는 평등의 세계'라고 해석할 수 있다. 즉 제물의 세계는 별도의 세계로 존재하는 것이 아니라, 거울같이 텅 빈 마음에 현현하는 세계의 모습을 의미한다는 것이다. 따라서 제물론의 요지를 한 단어로 정리하면 '허심에서 드러나는 제일의 세계'라고 할 수 있을 것이다. '각각이지만 차별되지 않는 개별자들의 다양한 세계'가 장자의 눈에 비친 제물의 세계이다.

제일을 이해하는 데 두 가지 점에 유의해야 한다. 하나는 제일이 같아지는 것을 의미하는 것이 아니라는 점이고, 다른 하나는 허심으로 만물을 있는 그대로 비추는 것이 결코 수동성을 의미하는 것이 아니라는 점이다.

제일은 세 가지 점에서 그 평등의 의미를 찾을 수 있다. 첫째, 장자의 제물의

묶어서 해석하면 '齊物에 관한 논의'가 되고, 齊 + 物論을 연결하면 '사물에 대한 여러 이론을 고르게 하는 것'이 된다. 그리고 齊+物+論으로 연결하면 '事物과 理論을 고르게 함'으로 해석된다. 일반적으로 첫 번째 해석이 통용되며, 안동림(『장자』, 45쪽)이나 데이비드 홀(『한대의 사유』, 58쪽)도 같은 견해를 보인다. 본 작업에서도 이 견해를 취한다.

[142] 학과 오리의 이야기는 『장자』 외편의 「騈拇」 편에 나오는 우화인데, '齊一'의 의미를 해석하는 데 도움이 된다고 여겨 인용하였다. 원문은 다음과 같다. "이런 까닭에 비록 오리의 다리가 짧다고 해서 그것을 길게 늘이는 것은 오리에게 괴로운 일이요, 학의 다리가 길다고 해서 그것을 잘라주는 것은 슬픈 일이다. 그러므로 길게 타고난 것을 잘라서는 안 되고 짧게 타고난 것을 늘여서도 안 된다. 이런 문제는 근심할 까닭이 없는 일이다." (是故 鳧脛雖短, 續之則憂. 鶴脛雖長, 斷之則悲. 故性長非所斷, 性短非所續, 無所去憂也) 『장자집석』 「병무」, 317쪽.

세계에서는 각 개별자는 세계라는 전체적 그물망 속에서 다른 개별자와는 다른 자신의 고유성, 즉 차이를 가지며 이 차이에 기반하여 상호 거래하면서 관계를 맺는다. 그런데 각 개별자의 차이는 우주적 연대라는 그물망 속에서는 하나로 연속되어 있다. 장자에 따르면 이 연속적 그물망은 특정한 중심자, 즉 주재자가 없으며, 이 주재자가 없는 장場에서 각 개별자는 다른 무엇과도 바꿀 수 없는 고유성을 가지고 거래한다는 점에서 평등하다. 둘째, 장자는 이 연속적 유대 위에서 개별자 사이에서 얻어지는 차이를 다양성과 조화로 인정하고 존중한다. 각 개별자의 고유성은 다른 개별자가 존재하는데 상호 필수적이라는 점에서 또한 각 개별자는 상호 동등하다. 셋째, 장자는 철저한 형태로 세계에 존재하는 개별자 배후의 존재론적 불변자, 즉 주재자를 부정한다. 그렇기 때문에 각 물物의 모든 존재방식은 각 개별자의 시각과 고유성에 의해 진행되며, 여기에는 수직적 구조나 서열이 존재하지 않는다. 그런 점에서 모든 개별자는 평등하다.

허심의 비춤은 단순한 수동적 작용이 아니라 물과 마음의 거래去來라는 점에서 능동도 아니고 수동도 아니며, 동시에 능동이면서 수동인 상호 거래이다. 능동이냐 수동이냐를 가름하는 것은 '마음의 주체'를 의식적으로 세우는가에 있다. 무기無己의 마음은 '나'를 세우지 않는다.

결국, 장자에게서 지인至人으로 의인화된 마음은 '만물과 하나 됨'을 얻는 것에 중점을 두기보다는 '만물과 하나로 연속된' 토대 위에서 각 개별자의 특수성과 가능성을 발견하고 체험하고 존중하는 것에 더 중점을 둔다고 볼 수 있다. '지인의 하나 됨'은 '이것'과 '저것'의 상대성을 자각하고, 그 피차의 경계를 해체한 위에서 '이것' 혹은 '저것' 이라는 개별자와의 연속성을 체험하는 것이다.

2. 각 개별자의 시각에서 진리가 현현하는 제물의 세계

「제물론」에서 가장 빈도 높게 등장하는 쟁점은 '시비'이다. 시비는 '이것'과 '이것 아닌 것' 혹은 '옳은 것'과 '그른 것'을 의미하는데, 통상 자기에게 가까운 것, 혹은 자기 자신이 옳다고 여기는, 즉 '이것(是)'이 곧 '옳은 것(是)'이라는 우리의 일반적 사고를 풍자한다. 이 〈시비〉에 함축된 언어의 수행적 (performative) 기능은, 우리가 세상에 대하여 이름을 짓는(名) 가운데 우리가 이 세계를 존재하도록 명(命)하는 것이다. 즉 시비 문제는 실체로서의 문제가 아니라 명명命名 행위와 같이 우리의 마음에 의해 만들어진 것이라는 점이다.

존재자는 언제나 그 안에 대립적 측면을 포함하고 있다. 이 대립적 측면은 물物을 변화로 이끈다. '이것'은 '저것'을 품고 있고, '저것' 역시 '이것'을 품고 있다. 시是는 비非에서 나오고, 비는 시에서 나온다. 마찬가지로 태어나는 것은 동시에 '죽는 것'을 품고 있으며, 죽음 역시 태어남과 동시에 시작된다. '가능함'은 동시에 '불가능함'을 품고 있고, 그 역도 마찬가지이다. '옳은 것'에 근거하여 '그른 것'을 정하고, '그른 것'이 기준이 되어 '옳은 것'이 정해진다. 사물을 구별하고 판단하기보다는 있는 그대로의 방식의 상황을 밝게 비추는(照之于天) 성인聖人은 '이것'과 '저것'의 대립적인 이분법적 구도를 해체한다. 그리고 도추道樞에 선다.

도추란 문門의 지도리로서, 지도리의 기능은 대립적 양측 사이를 왔다 갔다 하는 것이다. 어느 한 곳에 자리를 고정하지 않고, 변화의 진행 과정에서 각 개별자의 상황에 내재해 있는 가능성과 특수성에 충실하게 접근해 가는 작용을 한다.

장자에 따르면, 도추에 서 있는 마음에는 절대적으로 옳은 것(是)도 없고, 절대적으로 그른 것(非)도 없다. 즉 시비의 절대적 근거는 존재하지 않는다. 절대적 근거가 없다는 것은 각 개별자가 스스로 근거가 될 수 있음을 의미한다. 그러므로 우리가 절대적 진리를 확정하기 위해 세상의 문제에 대한 정답을 구한다 해도 정답을 찾을 수 없다. 확정적 진리가 없다면, 정답으로 제출된 어떤 답도 정답으로 확정할 수 없다. 정답인지 아닌지의 여부를 확정할 수 있는 '기준으로서의 진리'가 없기 때문이다. 그런데 역설적으로 이와 동시에 제출된 모든 답은 '정답'일 수 있다. 왜냐하면 기준이 되는 정답으로서의 '확정적 진리'가 없기 때문에 제출된 답이 '정답'이 아니라고 결정할 수 없기 때문이다. 그 결과 각 개별자의 시각에 따라 제출된 것은 모두 정답이 될 수 있다. 장자의 입장에 따르면, 진리가 따로 있는 것이 아니다. 각 개별자들의 고유성을 연속적 유대 속에서 실현하고 있는 그대로의 상태가 곧 진리(道卽物)이다.

그러므로 모든 '정답이 될 수 없는 것'과 '정답이 될 수 있는 것'은 동시적이고 동연同延적이다. 서로 즉卽해 있다. 전자가 해체를 위한 절대 부정의 근거라면, 후자는 조화로운 제물의 세계를 위한 절대 긍정의 근거이다. '부정의 해체'와 '긍정의 조화'는 서로 대립적이면서 연속되어 있다. 마치 불교의 공空이 일체의 것에 대한 실체성을 부정하면서도 역설적으로 일체를 그대로 긍정한다는 깊은 철리哲理를 담고 있는 것처럼 그렇다. 모든 개별자의 진리가 그 자체로 (확정적) 진리가 아니면서도 그 자체로 각각의 진리를 구현하고 있는 조화의 세계가 바로 장자의 제물의 세계이다. 장자는 이를 조화로운 자연의 무지개(天倪)라고 표현한다.[143]

---

143) 天倪의 倪는 '어린아이, 가장자리'라는 의미를 갖는다. 그래서 일반적인 해석은 하늘의 어린아이, 즉 순수함을 의미한다고 본다. 성현영은 그의 疏에서 倪를 '分'으로 보는데, 이 견해를 채택할 경우 나누어짐과 하나 됨의 성격을 드러내는 것. 즉 '구별 없는 구별'을 갖는 자연의 실상을 드러내는 하나의 메타포로 무지개를 생각해볼 수 있다. 그래서 과감하게 倪(예)를 音相似通의 원칙에서 보아 무지개를 의미하는 霓(예)로 해석해보기로 한다. 霓는 '무지개, 가장 자리'라는 의미를 갖는다.

3. 상존의 구체적 양식:
행위의 해체(無爲) · 욕망의 해체(無欲) · 앎의 해체(無知)

제물의 세계에서 각 개별자는 서로 어떤 태도로 임해야 하는가. 장자의 제물의 세계에는 어떠한 형태의 환원주의나 결정론, 혹은 중심주의를 갖고 있지 않다. 환원시킬 만한 어떠한 중심도 실체로 존재하지 않기 때문이다. 심지어 무無조차도 환원해 들어갈 만한 결정적인 실체가 아니다. 이것은 상대주의나 허무주의가 장자를 벗 삼지 못하는 이유이기도 하다.

고정된 중심을 갖지 않는 장자의 제물을 곽상은 각득기의各得其宜라고 표현한다. 각득기의란, 각 물들이 전체적인 연속적 장場에서 최적의 상태로 존재한다는 것을 의미한다. 그 각득기의를 인정하고 존중하는 것, 그 연대성 속에서 각 물의 차이성을 다양성으로 존중하는 것, 이것을 장자는 상존의 미덕으로 높인다. 상존의 행위는 언제나 다른 사람의 시각에 자신을 바꾸어 볼 것을 요청하며, 동시에 자신의 입장에서 상대를 지배하려는 욕망, 즉 상정 행위를 중지할 것을 요구한다.

상존적 양식의 행위는 각 개별자의 차이를 인정하고 존중하며, 각기의 가능성에 편견 없이 접근해 갈 수 있게 한다. 그 상존의 행위는 장자에게서 무위無爲로 대표되는 무無의 양식, 즉 해체적 양식의 행위와 상통한다. 즉 앎의 해체(無知)와 행위의 해체(無爲), 그리고 욕망의 해체(無欲)가 바로 그것이다. 이 무無의 행위들은 실체론적 사유를 해체한 자리 위에서 상존의 구체적인 방식으로 능동적이고 적극적인 모습으로 거듭난다. 무의 양식 모두는 무목적이고, 비실체적이며, 무인과적인 세계를 향유하고 존중하는 길을 제공한다.

2절. 상아에서 현현하는 존재의 실상: 〈천뢰 이야기〉

1. 오상아와 천뢰

「제물론」은 남곽자기南郭子綦와 그의 제자 안성자유安城子游의 이야기로 시작한다. 이 이야기는 상당히 긴데, 처음에는 스승과 제자의 대화로 진행되다가, 후반은 남곽자기가 제자에게 들려주는 형식으로 진행된다. 첫 번째 이야기의 핵심 주제는 〈천뢰天籟〉이다.

소요유를 통하여 사유 여정을 마치고, 우리는 「제물론」에 진입한다. 소요유의 여정에서 우리가 얻은 것은 경험적 세계에 대한 일차적 인식으로부터 벗어나 세계와 자아에 대해 반성적으로 사유할 것과 그 실체성을 해체하기 위한 시각 전환의 필요성이었다. 소요유의 여정에서 목적지로 제시된 무기無己·무명無名·무공無功의 마음은 「제물론」의 첫 이야기에서 남곽자기의 〈상아喪我〉로 표현된다. 〈상아〉의 마음, 즉 소유적 사유를 걷어낸 마음만이 천뢰를 들을 수 있다. 천뢰는 만취부동萬吹不同의 다양한 개별자의 존재 과정이다. 제각각이지만 차별되지 않으면서 조화롭게 하나로 연속된 실상의 세계이다. 〈상아〉에 이르렀다면 이제 세상의 실상을 논할 차례이다.

장자는 남곽자기의 이야기에서 시작한다. 장자는 남곽자기의 무기 상태를 상아로 표현한다. 그리고 '나'라는 의식이 없어진 마음의 상태를 〈고목枯木〉과 〈죽은 재(死灰)〉의 은유로 표현한다. 남곽자기가 안석에 기대어 앉아 있는데, 짝을 잃은 듯하자, 제자 안성자유安城子游가 곁에서 보고 스승의 형체는 고목 같고, 마음은 사회死灰 같아서, 이전의 스승 모습이 아니라고 하며 놀란다. 남곽자기의 〈오상아〉는 제물론 전체를 이해하는 실마리이다.

> 남곽자기가 안석에 기대어 앉아 있는데, 하늘을 우러르며 길게 숨을 쉬니, 멍하여 그 짝을 잃은 것 같았다. 안성자유가 곁에서 모시고 서 있다가 말하길, 어디에 계신

겁니까. 형체는 진실로 가히 고목과 같게 하고, 마음은 진실로 죽은 재와 같이 하고 계십니다. 지금 안석에 기대어 있는 자는 전에 안석에 기대어 있던 자가 아닙니다.144)

안성자유의 말에 따르면, 이전의 남곽자기와 지금의 남곽자기는 다르다. 그 달라진 모습을 보고 제자는 놀란다. 남곽자기에게 이전과 다른 '변화'가 이루어졌다. 이 변화는 곤어鯤魚 대붕大鵬으로 변신한 것만큼이나 크고 놀라운 일이다. 그런데 그 변화한 모습이 마치 짝을 잃은 듯(喪其耦)하다. '짝'이란 무엇인가. '짝'이란 다름 아닌 상대, 즉 대상화된 타자 혹은 세계이다. 그것을 '잃었음'은 대립적 상대가 소멸되었음을 의미한다. 곧 이분법적인 사유를 벗어났다는 것의 상징적 은유이다. 그런데 그 '짝을 잃은 모습(喪其耦)'이 마치 마른 나무 같고, 죽은 재와 같다. 그런데 '무엇'이 말라버리고 죽어버린 것인가. 장자의 사유 구조에서 보면 바로 '나'라는 의식이리라. 고목과 사회를 액면 그대로 해석하면, 남곽자기는 신경마비 환자 정도로 격하된다. 이것은 '나'가 실체라는 의식이 소멸된 모습의 상징적 수사로 보는 것이 온당하다. 마치 바닷물처럼. 물은 한번도 '나'라는 의식을 가지고 스스로 움직인 적이 없고, 움직인다는 의식도 갖지 않는다. 다만 바람과 공기와 기타의 내적 요인의 연관 속에서 생기生起하는 구체적인 사태일 뿐이니, 어디에서 어디까지 '나'가 움직인 것이리 할 깃인지 경계 짓기 어렵다. 우리는 '나'가 생각하고 '나'가 말한다는 의식을 갖고 있지만, 장자에 따르면 이것은 실상이 아니라 우리의 '의식 내용'일 뿐이다.

짝을 잃었다는 것, 즉 대상의 소멸(喪其耦)은 곧 '나'의 해소와 동시에 진행되는 사건이다. 곽상의 말을 빌리면 내외內外를 잊은 것이다.145) 그러면 '나'라는

---

144) 「제물론」 43. 南郭子綦隱机而坐, 仰天而噓, 荅焉似喪其耦, 顏成子游立侍乎前, 曰 何居乎. 形固可使如槁木, 而心固可使如死灰乎. 今之隱机者, 非昔之隱机者也.

145) 「제물론」 45. 곽상 註. 吾喪我, 我自忘矣 ; 我自忘矣, 天下有何物足識哉! 故都忘外內, 然後超然 俱得.

것을 움직이는 주재자는 무엇인가. 이것을 설명하기 위해 장자는 천뢰 이야기를 시작한다. 자신의 모습을 보고 놀라 질문하는 제자에게, 남곽자기는 제대로 잘 보았다고 하면서 자신의 상태를 '나는 자아를 해체했노라(吾喪我)'고 설명한다. 그리고 문득 인뢰人籟와 지뢰地籟 그리고 천뢰天籟에 대한 이야기를 꺼낸다.

> 자기子綦가 말하길 "언偃아, 역시 좋지 않으냐, 그 질문이. 지금 나는 아我를 잃어버렸다. 너는 그것을 알겠느냐. 너는 인뢰는 들었지만 아직 지뢰는 듣지 못했구나. 너는 지뢰는 들었지만 아직 천뢰는 듣지 못했구나.[146]

남곽자기는 자신이 〈상아〉했노라고 답한다. 상아는 아를 잃는 것이다. 아가 없으면 그 상대인 물物도 성립하지 않는다. 즉 아를 잃는 것은 필연적으로 물아양망으로 귀결된다. 보는 자와 보는바, 즉 주체와 객체의 이분법적 경계가 소멸된 마음이다.

'상아'의 상태는 무감각한 돌멩이가 되는 것이 아니다. 오히려 모든 소리를 빠짐없이 들을 수 있는 귀를 갖게 되고, 모든 사물을 놓치지 않고 보는 눈을 갖게 되며, 모든 것을 샅샅이 느낄 수 있는 촉감을 갖게 되는 것이다. 맑은 거울 같은 마음을 회복하게 된다. 그러나 느낄 뿐(비출 뿐) 동요하지 않는다. 들을 뿐 휘둘리지 않는다. 볼 뿐 사로잡히지 않는다. 그것이 자기 몸의 연장일 뿐, 대상적 실체가 아님을 알기 때문이다.

이어서 스승과 제자 간에 인뢰와 지뢰와 천뢰에 대한 이야기가 펼쳐진다.

> 자기子綦가 말했다. 대저 대괴(자연)가 뿜어내는 기운을 이름하여 바람이라 한다. 바람이 일지 않으면 그뿐이지만, 일어나면 만 가지 구멍들이 요란하게 소리를 낸다. 너는 홀로 그 요요한 소리를 듣지 못했는가. 산의 숲이 (바람에) 흔들리면 백 아름

---

146) 「제물론」 45. 子綦曰 偃, 不亦善乎. 而問之也. 今者吾喪我, 汝知之乎. 女聞人籟而未聞地籟, 女聞地籟而未聞天籟夫.

이나 되는 큰 나무의 사이와 구멍들은 마치 코 같고, 입 같고, 귀 같고, 가로보(기둥머리) 같고, 가축의 우리 같고, 절구 같고, 웅덩이 같고, 얕은 웅덩이 같다. 격한 소리, 부르는 소리, 꾸짖는 소리, 들이마시는 소리, 부르짖는 소리, 크게 소리치는 소리, 굴속 같은 소리, 지저귀는 소리, 앞에서 부르면 뒤에서 따라 소리한다. 작은 바람이 불면 작은 소리로 화답하고, 큰바람이 일면 큰 소리로 화답한다. 사나운 바람이 가라앉으면 여러 구멍은 빈다. 너는 홀로 그 여러 가지 흔들리는 것을 보지 못하였는가.

자유子游가 말했다. 지뢰는 여러 구멍에서 나는 소리 같은 것이고, 인뢰는 비죽比竹과 같은 것이군요. 감히 묻겠습니다. 천뢰는 무엇입니까.

자기가 말했다. 대저 불어 나오는 소리는 만 가지로 다르지만, 그 스스로 그럴 뿐이다. 모두 스스로 취한 것이니 소리 나게 하는 자가 그 누구이겠는가.[147]

스승과 제자의 대화가 왠지 잘 들어맞지 않는다. 스승은 대괴大塊의 바람 이야기를 하였고, 제자는 자기식으로 인뢰와 지뢰에 대한 이해의 소견을 밝힌다. 그리고 스승은 다시 취만부동吹萬不同이지만 누가 주재하는 것이겠느냐는 말로 매듭짓는다.

여기에 장자 특유의 논의 전개 방식이 드러난다. 자신이 사용한 어휘나 개념을 정의하거나 부연하지 않는다. 스승의 입으로는 인뢰와 지뢰, 천뢰에 대한 구별된 개념 정의도 설명도 제시되지 않는다. 다만 제자가 대괴의 바람 이야기를 통해, 인뢰는 인간이 만든 악기와 같은 것에서 나는 소리이고, 지뢰는 여러 구멍에서 나는 소리라고 이해하고 그렇게 말한다. 그리고 천뢰가 무엇인지를

---

147) 「제물론」 45-50. 子綦曰 夫大塊噫氣, 其名爲風. 是唯無作, 作則萬竅怒呺. 而獨不聞之翏翏乎. 山林之畏佳, 大木百圍之竅穴, 似鼻, 似口, 似耳, 似枅, 似圈, 似臼, 似洼者, 似汚者 ; 激者, 謞者, 叱者, 吸者, 叫者, 譹者, 宎者, 咬者, 前者唱于而隨者唱喁. 泠風則小和, 飄風則大和, 厲風濟則衆竅爲虛. 而獨不見之調調, 之(ㅋㅋ)〔刀刀〕(二乎.) 子游曰 地籟則衆竅是已, 人籟則比竹是已. 敢問天籟 子綦 曰 夫吹萬不同, 而使其自己也, 咸其自取, 怒者其誰邪.

다시 묻는다. 그러나 스승은 천뢰에 대해 별도의 설명을 하지 않는다. 다만 수없이 다양한 소리가 나지만 스스로 그럴 뿐 주재자가 없다는 말만 한다. 이를 우리는 어떻게 이해해야 하는가. 두 가지 측면에서 접근해 볼 수 있을 것 같다.

한 가지 시도해 볼 수 있는 해석은 인뢰·지뢰·천뢰로 〈오상아〉를 부연하는 것으로 보아, 온갖 소리를 내는 구멍을 '마음'의 은유로 보는 것이고, 다른 한 가지는 천뢰를 〈오상아〉의 마음 상태에서 들려오는 자연의 실상으로 보고, 천뢰의 '취만부동'과 '스스로 말미암음'과 '주재하는 자 없음'의 서술을 자연의 실상에 대한 설명으로 해석하는 것이다.[148]

대괴를 앞서 살펴본 대로 도도의 은유라고 본다면, '대괴가 내쉬는 숨결'인 바람 역시 도의 작용에 대한 은유라고 볼 수 있다. 남곽자기의 여러 가지 소리에 대한 장황한 묘사는 도가 온갖 구멍에 산종散種되어 어떻게 소리 나게 하는가를 말해 준다. 막혀 있는 구멍은 바람이 통할 수 없기 때문에 소리를 나게 할 수 없다. '나'를 잊었다는 말(吾喪我)은 '나'를 구멍처럼 허虛하게 비웠다는 말이다. 「인간세」 편의 "오직 도道는 허虛에 모인다(唯道集虛)"라는 장자의 말은 이런 해석을 뒷받침한다. 허는 도가 모이는 곳이다. 남곽자기는 이미 도가 넘나들 수 있도록 마음을 허하게 비워낸 자이다.

그런데 '구멍'이 소리를 나게 하긴 하지만 구멍이 단독으로 소리를 낼 수는 없다. 대괴가 바람을 일으키면 온갖 '구멍'들은 노호怒號하면서 소리를 내지만, 바람이 가라앉으면 뭇 구멍들은 다시 허로 돌아온다. 허심의 거울 같은 작용과 흡사하다. 온갖 사물이 거울에 비치면, 거울은 그것을 가감 없이 그대로 비추지만 사물이 떠나가면 거울은 아무런 자취도 남기지 않고 허로 복귀한다. 거울의 비춤과 구멍의 울림은 그런 면에서 마음의 작용에 대한 유비로 해석될 수 있다. 우리의 마음은 스스로 무언가를 행한다는 의식을 갖고 있지만, 우리 마음은 존재자들의 거래 관계에 의해 다양한 모습과 소리로 작용한다. 작용이 끝나면

---

148) 진고응은 온갖 구멍들이 노호하는 소리를 춘추 전국 시대의 백가쟁명이라고 본다. 설득력이 없을 뿐 아니라 깊은 철학적 탐구가 보이지 않는 해석이다. 앞의 책, 235쪽.

허로 돌아올 뿐이다. 바람 자체는 소리를 내지 않는다. 그 바람이 공기와의 마찰이나 여러 물物의 구멍과 만나야 소리를 낸다. '구멍'도 '대괴의 바람'도 소리의 진짜 주인은 아니다. 그들 사이의 관계의 작용에서 일어나는 상호 작용이다. 그런 면에서 비죽比竹의 인뢰나 중규衆竅의 지뢰는 다르지 않다. 통소의 구멍만으로는 아무런 소리도 낼 수 없다. 통소의 구멍에 바람이 통과될 때 비로소 소리가 날 수 있다. 소리의 주인은 통소도 바람도 아니다. 둘의 상호 작용일 뿐이다. 장자가 인뢰와 지뢰를 구분한 것에서 다른 의도를 찾아내기는 어렵다. 이 두 가지가 모두 상호 연관으로 생기生起하는 다양하고 구체적인 존재의 사태를 표현해 주는 천뢰로 포섭되기 때문이다.

스승 남곽자기는 천뢰에 대해서도 무언가를 지칭하며 설명하지 않는다. 취만부동의 '서로 다른 다양성'과 그 '차이를 포함하는 다양성에 기초한 상호 거래'를 '자취自取'와 '주재자 없음'으로 표현할 뿐이다. 바람은 소리를 내되 그 소리를 자기 것으로 소유하지 않는다. 바람 소리는 있어도 '바람의 소리'는 없다. 큰 구멍을 만나면 큰 소리를 내고, 날카로운 것을 만나면 날카로운 소리를 낸다. 모든 것을 만나 모든 소리를 내지만 그 어느 것에도 매이거나 한정되지 않는다. 그것은 '모든 구멍'도 마찬가지이다. 큰바람을 만나면 큰 소리를 내고, 작은 바람을 만나면 작은 소리를 낸다. 그리고 바람이 멎으면 다시 고요하게 텅 빈 구멍으로 돌아온다. 그 어느 소리도 자기 것의 소리가 없다. 연관에 따른 변화에 응할 뿐이다. 그렇게 만드는 어떤 주재자도 존재하지 않는다.

곽상에 따르면, 주체와 객체가 소멸한 연후에 주체와 객체가 뚜렷이 살아난다고 말한다.[149] 장자는 개별자들로부터 상이한 방식으로 울려 나오는 천뢰에 주목할 것을 요구하면서 "그 소리는 만 가지로 다르지만 스스로 그럴 뿐 누구의 주재하에 그렇게 되었는지 확정할 수 없다"라고 말한다. 각각의 개별자는 자신의 성性에 따라 생성되고 소멸한다. 곽상의 표현을 빌리면 각득기의이다.

---

149) 주 118 인용문 참조.

서구의 합리적 사유는 이 세계를 주관하는 초월적 존재가 있다고 상정하고 그에 따라 세계의 질서를 구축하지만, 장자에게서는 주재자가 따로 설정되지 않는다. 오직 자연이연自然而然이다. 장자는 자아의 해체, 즉 상아喪我를 통해 각 개별자의 서로 다른 특유의 시각에서 구성된 세계의 실상을 성찰하도록 우리를 인도한다.

2. 피차와 시비의 해체: 도추와 이명

남곽자기의 이야기가 계속 이어진다. 취만부동의 천뢰에 귀 기울이는 것은 각 개별자의 시각에 의해 해석되고 구성된 세계를 인정하고 주목하는 것이다. 각 개별자의 시각을 인정하기 위해서는 그 시각 자체의 온당함을 인정하는 것이다. 장자는 이어지는 이야기에서 그 근거를 논한다. '피차'와 '시비'가 모두 상대적인 것임을 밝혀 '피차'와 '시비'가 독립적이고 고정적인 성격, 즉 절대적 근거를 갖지 않음을 논하는데, 그 핵심은 '자아'의 해체이다.

'보는 나'를 세우지 않으면 '피차'와 '시비'는 성립될 수 없다. '보는 나'를 세우는 마음을 장자는 성심成心이라고 표현하는데, 이 성심은 물物을 자기를 중심으로 하여 대상적으로 바라보게 한다. 장자에 따르면 시비의 근원은 따로 있는 것이 아니다. 이 성심이 시비의 근원이 된다. 장자는 성심이 없는데도 시비가 생기는 것은 불가능하다고 말한다. 이 불가능을 말하기 위해 장자는 다시 탁월한 스타일리스트의 면모를 발휘한다.

> 어리석은 자는 성심成心을 스승으로 삼는다. 성심이 없는데도 시비가 있다는 것은, 오늘 월나라로 간 자가 어제 도착했다는 것과 같다. 이는 없는 것을 있다고 여긴 것이다. 없는 것을 있다고 여긴다면 비록 신우神禹가 있어도 또 능히 알 수 없는데 내가 홀로 어찌하겠는가.150)

마음으로 짓지 않았는데도 시비가 있다는 것은 있을 수 없는 일이다. 월나라에 오늘 간 자가 어제 도착했다고 하는 것과 같은 어불성설이다. 없는 것을 있다고 강변하는 것과 같다. 장자는 이것을 안타까워한다. 그렇다면 인간의 시비는 피할 수 없는 것인가.

대저, 말이란 입에서 나오는 소리가 아니다. 말이란 말한 바의 의미가 있다. 말한 바가 특별히 정해진 뜻이 없다면 과연 말이라 할 수 있는가, 일찍이 말한 적이 없는 것인가. 말이 새 소리와 다르다고 여기는데, 역시 구분이 있는 것인가, 구분이 없는 것인가. 도道는 어디에 숨어서 진위眞僞가 있는 것인가. 말이란 어디에 숨어서 시비가 있는 것인가. 도는 어디로 가서 있지 않은 것인가. 말이란 어디에 있어서 가하지 않은 것인가. 도는 소성小成에 숨고, 말은 화려함에 숨는다. 그러므로 유묵儒墨의 시비가 있어서, 상대편이 그르다 하는 것을 옳다 하고 옳다 하는 것을 그르다 한다. (상대가) 그르다 하는 것을 옳다 하고 옳다고 하는 것을 그르다 하고자 하니, 이명以明만 한 것이 없다.[151]

사람의 말은 단순히 숨을 내쉬는 것과 다르다. 사람의 말이 불어오는 바람소리(地籟)와 다른 점은 그 말속에 뜻을 품고 있다는 점이다. 사람의 말소리는 새소리와 같기도 하고 다르기도 하다. 뜻을 품었다는 점(人爲)에서 다르고, 소리(自然)라는 점에서 같다. 다시 말해, 사람의 말과 새의 소리는 그 뜻의 담지 여부에 따라 다르지만, 각기 하나의 물物이라는 점에서는 같다. 그렇기 때문에 말과 새소리는 같기도 하지만 다르기도 하다. 그 다른 점의 핵심은 말(言)에는 지시하는 바의 의미가 있다는 것이다.

---

150) 「제물론」 56쪽. 未成乎心而有是非, 是今日適越而昔至也. 是以無有爲有, 無有爲有, 雖有神禹, 且不能知, 吾獨且奈何哉.

151) 「제물론」 63. 夫言非吹也. 言者有言. 其所言者特未定也. 果有言邪, 其未嘗有言邪. 其以爲異於鷇音, 亦有辯乎, 其無辯乎. 道惡乎隱而有眞僞, 言惡乎隱而有是非. 道惡乎往而不存, 言惡乎存而不可. 道隱於小成, 言隱於榮華. 故有儒墨之是非, 以是其所非而非其所是. 欲是其所非而非其所是, 則莫若以明.

그런데 장자에 따르면 그 말의 의미는 특정할 수 없는데, 뜻을 품어 그 의미를 정한다는 데 문제가 있다. 어떻게 소리의 의미를 정하는가. 장자에 따르면 내가 옳다고 하는 것을 상대는 그르다고 하고, 상대가 옳다고 하는 것을 나역시 그르다고 한다. 정할 수 없다는 것은 피아彼我의 상황과 각기의 시각에서 말미암는 것이어서 유동적이기 때문이다.

장자는 도道는 어디에나 있지만 소성小成에 가려지고, 진정한 말은 화려한 수식에 가려진다고 한다. 개별자의 성심成心에 의해 연속성이 단절되고, 고정적인 언어 개념이 실상을 은폐한다는 의미이다. 시비는 피차를 구분하는 성심에서 오는 필연적 결과이다. '나'를 세우지 않고 대상을 가르지 않는 한 존립할 수 없는 것이 시비이다. 상대를 대상화하고, '나'를 주인으로 세우는 한, 즉 양방을 모두 실체화하여 소유하려 하는 한 시비는 피할 수 없는 현존이다. 장자는 피차 각기의 시각에서 시비를 주장하며 서로를 비판한 예로 유묵儒墨, 즉 유가와 묵가의 논쟁을 든다. 이는 역사에 남은 뚜렷한 예시로, 묵자가 유가의 공자를 비판하고 겸애兼愛와 절용節用, 그리고 상동尙同을 주장하자 이에 대해 맹자가 묵자의 겸애를 '무부無父'라 비판하며 논쟁한 것을 가리킨다.[152] 묵가의 입

[152) 묵자墨子(479?-381?) 성은 묵墨이고 이름은 적翟이라 하는데, 춘추시대 말엽 전국시대 초엽에 크게 활약했다. 묵적은 공자 이후 첫 번째 주요 사상가로, 그 명성이나 집단의 영향력이 공자만큼이나 크고 높았다고 전해진다. 당시 묵가는 전쟁을 막기 위한 군사 집단 역할을 담당했는데, 그 지도자를 거자鉅子라 했으며, 묵적이 초대 거자이다. 묵적은 제자들을 이끌고 송宋나라를 침입하려는 초나라 왕을 만나 전쟁을 막았다는 이야기가 전한다. 묵가는 유가의 공자가 네 가지 점에서 세상을 망쳐 놓았다고 비판했다. 첫째는 天과 鬼의 존재를 신령하다고 생각하지 않은 것이고, 두 번째는 장례 절차가 복잡하고 사치스럽다는 점이고, 세 번째는 음악을 중시하는 비생산적인 면이 있다는 것이며, 네 번째는 운명론에 가까운 천명론을 제시하여 나태한 기풍을 조성하여 민생民生을 해친다는 것이다. 묵자는 『묵경』「非儒」 편에서 이렇게 말한다. "아무리 오래 살아도 그들의 학문을 다 배울 수 없으며, 아무리 힘이 넘치는 장년이라도 그 예를 다 행할 수 없으며, 아무리 많은 재산을 쌓더라도 그 음악을 넉넉히 즐길 수 없다. 그들은 … 백성을 음란하게 만든다."
이에 대해 拒楊墨을 자임한 맹자는 "양 씨는 자기만을 위하니 이는 임금이 없는 것이요, 묵 씨는 兼愛를 주장하니 이것은 아비가 없는 것이다. 아비도 없고 임금도 없으면 禽獸나]

장에서 자신들의 학설에 비추어 보면 유가는 그릇된 것일 수밖에 없고, 유가의 입장에서 보면 묵가의 학설은 잘못된 것일 수밖에 없다. 그렇기 때문에 서로 다른 학파를 형성하여 비판하고 다툰다는 것이다.

그래서 장자는 말한다. 실상에서 벗어나서 있지도 않은 것을 있다고 하는 시비를 계속하며 허구적인 삶에 빠져 어리석게 사는 것보다 실상을 보는 밝은 지혜(以明), 즉 거울 같은 마음으로 사태를 밝게 비추는 것이 더 낫다고.

결국 장자는 이 성심을 해체하는 것, 즉 자아를 해체하는 것을 최종 관심사로 삼으면서, 그 해체한 자리에 설 것을 권한다. 장자에 따르면 그 성심이 해체된 자리에 서는 것이 '도추道樞'이고, 그렇게 보는 것이 자연의 실상에서 비추는 '조지우천照之于天'의 이명이다. '하늘의 입장에서 비춘다'는 의미로 해석되는 '조지우천'의 천天은 천인天人이 대립적으로 나누어지지 않은 천이요, 인간까지 포섭되는 천이다. 대상을 소유하려는 마음을 내려놓을 때 드러나는 밝은 지혜(以明)로 세상을 비출 때, 그 결과 도래하는 것은 모든 존재자의 의미를 인성할 수 있다. 그렇게 할 때 비로소 천뢰에 귀 기울일 수 있다. 통상 일의적 의미로 개념화할 수 있는 것들에 대해 장자는 다양한 어휘로 풀어 설명한다. 고정성을 지닌 개념화의 우를 막기 위한 것이다. 우리는 언제나 개념을 만나면, 그 개념에 상응하는 실체가 있다고 여기는 습관을 작동시키는 것을 장자는 우려한다. 요컨대, 상이한 자에게 들리는 것은 주재사 없는 천뢰였다. 그리고 상아한 자가 서 있는 그 자리가 장자에 따르면 바로 도추이다. 도추란 무엇인가.

1) 도추

성심에 입각한 시비를 해체하기 위하여 '이명'을 제시한 장자는 뒤이어 그에 대한 구체적 논의를 전개하는데, 그 요뽯는 이분법적인 사고에서 나온 자기중심적 편견을 해체하라는 것이다. 이를 위해 장자는 먼저 우리가 '있다고 믿는

다름없다. … 그런데 이 삿된 설들이 백성을 속이고 仁義의 도를 막아버렸다."(『맹자』「등문공」하)라고 말하며 이에 대해 親親而仁民의 차별애를 주장했다.

것'의 근거를 해체한다. 그 첫 번째가 바로 '이것'과 '저것'을 나누는 〈피시彼是〉이다. 우리는 '이것'을 '이것'이라 믿고, '저것'을 '저것'이라 믿지만 실상 '이것'이 '이것'이 아니고, '저것'이 '저것'이 아니라는 것이다. 즉 '이것'과 '저것'이 절대적인 근거를 가지고 고정된 것이 아니라 시각에 따라 정해지는 것이고, 또 피시가 동시적인 사태로 생기生起하는 것임을 논함으로써 피시의 고정성을 해체하고자 한다. 여기서 장자가 '이것'과 '저것'의 대립적 정립을 설명하면서 피차彼此를 사용하지 않고 피시를 사용한 것은, 우리가 '이것(是)' 혹은 '이쪽'이라는 의식을 가질 때, 이미 '나의 쪽'이 '옳다(是)' ―시是는 '이것'이라는 의미도 있지만 '옳다'는 의미로도 쓰인다― 는 판단을 전제하거나 결론 내릴 의도가 있음을 시사示唆하는 것이다. 즉 시비 판단의 계기가 이미 전제되어 있는 것이다. 장자가 시비 문제에 포커스를 두고 있는 것은 시비 문제가 바로 우리의 마음, 즉 고정된 자의식의 문제와 뿌리 깊게 연관되기 때문이다. 장자는 말한다.

> 물物에는 저것 아닌 것이 없고, 물에는 이것 아닌 것이 없다. 스스로를 저것으로 본다면 (자타가) 보이지 않고, 자아를 세우면 (자타를) 인식하게 된다. 그러므로 말하기를 저것은 이것에서 나오고, 이것 역시 저것으로 인한다고 한다. 저것과 이것이 방생方生한다는 설이다.153)

모든 존재자는 '이것'의 입장에서 볼 때 '저것'이 아닌 것이 없고, '저것'의 입장에서 볼 때 '이것' 아닌 것이 없다. '기준'으로 삼는 시각에 따라 객체이기도 하도 주체이기도 하다. 그런데 장자의 시각에서 보면 이 둘은 별개의 것이 아니다. '이것'을 정하지 않으면 '저것'을 정할 기준이 성립되지 않고, 역으로 '저것'을 지시하지 않으면 '이것'이 정해지지 않는다. 따라서 '나'라는 '이것'은

---

153) 「제물론」 66. 物無非彼, 物無非是. 自彼則不見, 自知則知之. 故曰彼出於是, 是亦因彼. 彼是方生之說也.

상대인 '저것'과의 관계에서 성립될 뿐 별도의 존립 근거를 갖지 않는다. 즉 나는 '나(이것)'라는 독립된 존재가 아니라 상대방의 입장에서 본 상대(自彼), 즉 타자의 타자이다. 성현영의 말처럼, 자신을 상대편의 상대편, 즉 타자의 타자로 인식한다면 '자아'는 독립적으로 드러나지 않으며, 스스로 '자아'를 내세울 때 '이것'이 세워지고 자타가 분리된 것으로 인식된다.[154] 다시 말해, 보는 시각을 '상대방'으로부터 잡는 것, 즉 상대방의 상대방으로서 '자아'를 본다면 보는 '나'가 드러나지 않으므로 '보이는 물物'도 마주하지 않는다(自彼則不見). '보는 나'를 세울 때 '아는 대상'이 생기生起한다(自知則知之). 그런 까닭에 '이것'과 '저것'은 동시적으로 생기하는 것(binary opposition)이며, 그렇기 때문에 그 어느 것도 상대를 환원시킬 만한 중심이 될 수 없고, 어느 것도 우열을 나눌 수 없다. 그것을 장자는 '피시방생彼是方生의 설說'이라 이름한다.

장자에 따르면 '이것'과 '저것'만이 동시적 사태로 생기하는 것이 아니라, 생사生死와 가부가可不可, 시비是非 등 이분법적인 짝을 갖는 모든 것 역시 그러하다. 앞서 본 것처럼 시비 역시 나란히 일어나는 것이다. 상대를 전제로 해야만 성립하는 관계의 네트워크이다. 자아는 '타자의 타자'라는 식의 해석이다. 결국 상대하여 생기하는 것은 연관에 의해 성립하는 것이고, 이 연관 역시 고정적 실체가 아니기 때문에 근거가 없다. 그러므로 장자는 피차와 시비의 이분법적 대립의 근거를 해체한 도추에 서기를 권한다.

> 비록 그렇지만, 바야흐로 생生이 있으니, 바야흐로 죽음이 있고, 바야흐로 죽음이 있으니 바야흐로 삶이 있다, 바야흐로 가可함이 있으니, 바야흐로 불가함이 있고 바야흐로 불가不可함이 있으니 바야흐로 가可함이 있다. 시是로 인하여 비非가 있고, 비로 인하여 시가 있다. 이런 까닭에 성인聖人은 상대편을 말미암지 않고, 조지우천照之于天하니 이것은 모두 인시因是(대조화로 모두를 긍정하는 것)이다. (절대 긍정

---

154) 「제물론」성현영 疏. 66. 自爲彼所彼, 此則不自見. 自知己爲是, 便則知之.

속에서는) 이것이 역시 저것이고, 저것 역시 이것이다. 저것 역시 하나의 시비이고, 이것 역시 하나의 시비이다. 결국 또 이것과 저것이 있는 것인가. 이것과 저것이 없는 것인가. 이것과 저것이 그 짝을 찾지 못하는 것이 도추이다.[155]

도추란 문을 여닫는 '지도리'이다. 문의 상대적 운동, 즉 열림과 닫힘이 모두 도추에서 일어난다. 도추는 열림만을 옹호하거나 닫힘만을 옹호하지 않는다. 지도리는 열림과 닫힘의 운동의 근원이면서 스스로는 움직이지 않는다. 자신은 움직이지 않지만 문의 모든 움직임을 그 안에 담고 있다. 아무리 작은 움직임도 지도리와 연결되지 않은 것이 없다. 지도리는 중심의 둥근 고리에 자리하여 사방으로 여닫히는 문의 움직임에 제한 없이(無窮) 응한다. 물론 이 도추 역시 은유이다. 텅 비어 있으면서 모든 것에 응하는 마음의 은유이다.

문門은 도추가 있기 때문에 자유롭게 열리고 닫힌다. 도추는 무궁한 개폐의 원천이지만 문의 자리를 한정하지 않는다. 다시 말해 무궁한 시와 무궁한 비가 가능하다. 무궁한 시비가 가능하다는 것은 역설적으로 그 시비의 절대적 근거가 없기 때문에 시비의 고정성이 소멸되면서 시비가 무궁하게 성립되는 것이다. 장자를 이를 일러 양행兩行이라고 하는데, 열림이든 닫힘이든, 시이든 비이든 도추는 거기에 매이지 않는다.

장자는 도추를 통하여 이것과 저것의 대립적 짝(상대)을 세우지 않는 것, 대상화하지 않는 것, 주객의 이분법을 해소하는 것, 양쪽의 실체성을 모두 잊는 것(兩忘), 소유적 사유에서 벗어나는 것 등을 표현하고자 한다. 도추에 서면 우리는 소유 세계의 시비가 설 수 있는 근거가 해소되어 버린다는 것이다.

각 개별자가 자신의 자리에서 세계를 이해하고 관점을 갖는 것은 불가피한 일이다. 각각의 관점과 시각을 갖는 것 자체는 문제가 되지 않는다. 장자 역시

---

155) 「제물론」 66. 雖然, 方生方死, 方死方生. 方可方不可, 方不可方可. 因是因非, 因非因是. 是以聖人 不由, 而照之於天, 亦因是也. 是亦彼也, 彼亦是也. 彼亦一是非, 此亦一是非. 果且有彼是乎哉. 果且 無彼是乎哉. 彼是莫得其偶, 謂之道樞.

문제 삼지 않는다. 오히려 장자가 문제 삼는 것은 개별자의 성심成心을 타자에게 적용하려 하거나, 그것으로 타자를 판단하거나 강제하는 것이다. 거기서 각 개별자의 성심은 긴장 관계에 놓이게 되고, 갈등하면서 시비하는 상황을 유발하는 것이다. 장자는 바로 그것을 문제 삼는다. 거기서 더욱 문제가 되는 것은 개별자의 성심을 진리라고 간주하여, 그것을 보편화하려는 욕망을 가지는 것이다. 그래서 장자는 "자신의 성심을 스승(절대적 기준)으로 삼는다면 그 누군들 스승이 없겠느냐"고 말한다.[156]

그러나 도추에 서면 시비를 가르는 기준점이 해소되기 때문에 개별자의 무궁한 시비에 자유롭게 응할 수 있다. 즉 자아의 시비에 대한 편중이 없기 때문에 상황에 따른 시비를 부득이의 상황 원리에 따라 판단할 수 있다. 다시 말해 시비하려는 마음 없이 시비의 근거가 없는 시비를 상황의 필요에 따라 인정할 수 있다. 옳다고 주장하지만 그것은 절대적으로 옳아서가 아니며, 그르다고 하지만 그것이 절대적으로 그르기 때문이 아니다. 옳은 것도 그른 것도 모두 고정된 근거를 갖지 않는다. 다만 우리의 마음이 그렇게 판단한 것일 뿐이다. 그 바탕, 즉 도추道樞에 서면 시비 없는 시비가 가능하다. 곽상이 말한 것처럼, 무시무비無是無非이기 때문에 능히 시비에 응할 수 있다. 그리고 개별자들의 시비는 무궁하기 때문에 무궁無窮으로 응할 수 있다.[157]

그러기에 존재의 실상에서 사물을 보는 성인聖人은 '이쪽'이라는 제한된 자리에서 사물을 보지 않는다. '조지우천照之于天' 한다. 즉 자연의 존재 과정 전체에서 사물을 본다. 그리하여 대조화 속에서 개별자를 있는 그대로 긍정하는 '인시'가 가능해진다.[158] 전체의 과정에서 보면 이것과 저것은 동시적이다. 시

---

156) 「제물론」 56쪽. 夫隨其成心而師之, 誰獨且無師乎.

157) 「제물론」 68. 곽상 註. 대저 시비를 뒤집어엎으면 서로 늘 무궁하니. 그러므로 그것을 일러 環이라 한다. 환 가운데는 비어 있다. 지금 시비를 환으로 알고 그 中을 얻은 자는 시도 없고 비도 없다. 無是無非인 고로 능히 시비에 응할 수 있다. 시비는 무궁한 고로 무궁에 응할 수 있다. 夫是非反覆, 相尋無窮, 故謂之環. 環中, 空矣. 今以是非爲環而得其中者, 無是無非也. 無是無非, 故能應夫是非. 是非無窮, 故應亦無窮.

와 비 역시 동시적이다. 시비는 동시적이면서 상관적이다. 성인은 이 둘 모두를 상관적으로 포용하면서 본다. 한쪽만 존재하지도 않고 한쪽만 사라지지도 않는다. 동시에 출현하고 동시에 사라진다. 현상적으로 있으면서 그 근거가 없고, 그 근거가 없으면서 현상적으로 있다. 그래서 있으면서 없다고 한다. 이것과 저것, 시와 비, 생과 사는 별개의 것(不二)은 아니지만 별개의 것으로 현상한다 (不一). 이 둘을 함께 보아야 한다. 불일이불이不一而不二의 실상을. 이것이 도추의 관점이고, 조지우천이며, 밝게 비추는 이명이다. 이명으로 볼 때 비로소 보면서도 예속되지 않는 자유로운 시각이 성립된다.

2) 이명

'도추에 서 있는 마음'은 고리(環)의 중심처럼 비어 있지만 모든 것에 제한 없이(無窮) 응할 수 있는 마음의 자리, 곧 허심虛心의 은유이다. 성리학의 개념을 빌리면, 비어 있지만 신비스러워 어둡지 않는 허령불매虛靈不昧의 마음이다. 이 마음은 세계를 초월하는 마음이 아니라 일체의 세계에 민감하면서 사려 깊게 응하는 마음이다. 장자에 따르면 도추의 마음은 고요하게 움직이지 않은 듯이 중심에 있지만 세계에 무궁하게 응한다. 이 도추의 마음은 다만 응할 뿐, 해석하거나 판단하지 않는다. 비출 뿐이다. 장자는 그 마음의 기능을 이명으로 표현한다.

---

158) '因是'는 「제물론」에 여러 차례 등장하는 개념인데, 이에 대해 옛 주석가들은 그다지 중요하게 여기지 않고 지나간 경우가 대부분이다. 곽상의 경우는 해당 인용문의 注에서 '達者의 因是가 어찌 선악을 가리는 因是이겠느냐'고 보는데 대체로 '커다란 긍정(是)으로 因한다'는 맥락으로 사용하고 있다. 현대의 학자들은 가운데, 안동림의 경우는 '시비를 초월한 커다란 긍정에 의존하는 것'(앞의 책, 60쪽)으로 보고, 아베 요시오(阿部吉雄)는 '대자연의 대긍정에 因함'이라고 해석한다.(『莊子』 동경, 明德출판사, 1968) 그레이엄은 '상황에 따라 그러함(That's it by circumstance)'이라 해석하고(앞의 책, 84) 여기서는 '대조화의 자연 속에서 개별자의 고유성을 있는 그대로 인정함'으로 해석한다.

추樞는 비로소 그 고리의 가운데를 얻어 무궁無窮하게 응한다. 시是 역시 하나의 무궁이요, 비非 역시 하나의 무궁이다. 그러므로 이명以明만 한 것이 없다고 하는 것이다. 손가락(실체 개념)을 가지고 손가락이 아님을 깨우치는 것은, 손가락 아님을 가지고 손가락 아님을 깨우치는 것만 못하다. 말을 가지고 말이 아님을 깨우치는 것은 말이 아닌 것(空, 無)으로서 말이 아님을 깨우치는 것만 못하다. 천지는 하나의 손가락이고, 만물은 하나의 말이다.[159]

소유 세계의 이분법적 사유에서 피차와 시비는 필연이고, 그것은 무궁하게 전개된다. 우리는 누구나 자신의 뒷모습을 볼 수 없다. 숲을 보면 나무를 볼 수 없고, 나무를 보면 숲을 볼 수 없다. 숲과 나무를 동시에 보는 것은 불가능하다. 우리의 인식에는 부분성과 편파성이라는 한계가 있고, 그렇기 때문에 각 개별자의 입장에서 시비와 피차 나누고 주장하면 서로 간의 다툼은 불가피한 일이다. 그래서 장자는 〈이명〉만 한 것이 없다고 한다. 그러면 〈이명〉이란 무엇을 가리키는가.

장자는 이명을 논하기 위해 손가락과 말의 메타포를 사용한다. 이 메타포를 통해 장자는 차원을 달리하는 사고를 요청한다. 같은 평면에서 이전투구하는 시비는 필연적으로 충돌할 수밖에 없다. 손가락으로 손가락이 아님을 설명한다는 것은 '나'의 시是를 가지고 '타인'의 시是를 시가 아니라고 하는 것이다. 즉 내가 옳다고 여기는 것을 가지고 타인이 옳다고 하는 것을 그르다고 하는 것이다. '나'의 시는 '나'를 중심으로 이루어진 성심의 결과이고, '너'의 시는 '너'를 중심으로 이루어진 성심의 결과이다. 이는 각자의 성심으로 상대방의 성심을 공격하는 것이다. 그러면 이를 극복하기 위해서는 어떻게 해야 하는가. 다른 차원의 구분이 필요하다.

---

159)「제물론」66. 樞始得其環中, 以應無窮. 是亦一無窮, 非亦一無窮也. 故曰莫若以明. 以指喩指之非指, 不若以非指喩指之非指也. 以馬喩馬之非馬, 不若以非馬喩馬之非馬也. 天地一指也, 萬物一馬也.

예컨대 소나무와 대나무는 둘만 놓고 보면 서로 다르게 보이지만(그래서 피차와 시비가 갈라지지만), 곁의 바위와 비교해 보면 '나무'로 보인다(소나무와 대나무의 피차와 시비가 소멸된다). 손가락만 놓고 보면 엄지와 검지 등 다섯 손가락이 모두 다르게 보이지만 '발'과 비교해보면 그냥 '손가락'으로 보인다. 이런 비교 단위를 점차 궁극으로 소급해 보자. 생명으로, 존재자로, 자연으로. 사과와 오렌지는 다르지만, 과일이라는 상위 개념에서 보면 하나(一)이듯이, 하늘이나 땅, 손가락이나 말 등 자연의 모든 존재자가 도추의 환중環中, 즉 도라는 견지에서 보면 하나(一)일 뿐이고, 그 하나는 연관된 그물망으로 움직이는 장場이다. 그 점에서 피차가 구분되지 않는 연속적 일자一者이다. 이것이라고 지칭할 만한 고정된 실체가 없다. 그러므로 실체가 없는 것의 비실체성을 논하려면 다른 비교 단위가 필요하다. 손가락 아닌 것, 즉 궁극적으로는 무이다. 우리의 마음이 허심으로 돌아가는 것이 필요하다.

이런 해석의 관점에서 본문을 다시 정리해보면, 손가락이라는 실체 개념을 가지고 손가락이 손가락 아님(실체가 아니라는 것)을 깨우치는 것은, 손가락 아님(無 또는 실체성 없음)을 가지고 손가락이 손가락 아님(비실체성)을 깨우치는 것만 못하다. 길이 본래부터 길로 존재하는 것이 아니라 사람이나 짐승이 다녔기 때문에 길이 된 것처럼, '손가락'은 우리가 손가락이라고 부르니 손가락이지 '손가락'이라는 별도의 실체가 있는 것이 아니다. 소나무가 소나무인 까닭은 우리가 소나무라고 이름 붙였기 때문이다. 똥을 더럽다고 하지만 그것은 인간이 그렇게 느끼고 표현했기 때문이다. 세상에 대한 온갖 평가와 이해는 결국 우리의 경험과 인식, 그리고 판단이라는 울타리 안에서만 유효하다. 장자는 결론 내린다. 천지는 하나의 '손가락'이고, 만물은 하나의 '말'이라고. 개체 사이의 경계나 구분을 없애고 도道에서 보면, 손가락과 나뭇잎 사이에는 아무런 경계가 있을 수 없으며, 말과 소 사이에도 경계가 있을 수 없다. '손가락'이 '손가락'이 되고, '말'이 '말'인 이유는 우리가 그렇게 이해하고 해석했기 때문이지, 별도의 실체인 것이 아니다. 도추의 환중에 서서 이명으로 임하는 것만 한 것이 없다.

3. 천균과 양행: 지의 한계와 〈조삼모사 이야기〉

우리의 지각과 지성, 즉 분별지를 통해서는 그 부분성과 편파성으로 인하여 사물 전체를 한꺼번에 볼 수 없다. 보이지 않는 것은 볼 수 없고, 들리지 않는 것은 들을 수 없다. 그러나 볼 수 없고, 들을 수 없다고 해서 존재하지 않거나 변화하지 않는 것은 아니다. 누군가를 볼 때도 우리는 그의 이마와 뒤통수를 한꺼번에 볼 수 없다. 숲과 나무를 동시에 보는 것은 관념 속에서나 가능하다. 즉 상상력을 발동하지 않는 한 이 두 가지를 동시에 볼 수는 없다. 우리의 지성은 태생적으로 편파적이며 부분적이다. 한계를 갖는다. 서 있는 건물을 보면서 무너지는 건물을 볼 수는 없다. 그러나 무너지는 것은 서 있기 때문이요, 서 있는 것은 언젠가 무너지게 되어 있다. 양면을 모두 보는 것은 불가능하지만 그 양면은 서로 의지하고 있다. 밤과 낮은 서로 연속되어 진행되지만 우리는 밤과 낮을 동시에 볼 수 없다. 하지만 볼 수 없다고 해서 이 둘이 연속되어 있지 않은 별개의 것은 아니다.

편파적이고 부분적인 우리의 지식은 제한적이다. 여기서 문제가 되는 것은 그 제한적임을 우리가 자각하는 것이 용이하지 않다는 것이다. 우리의 '시비'는 바로 이 제한적 지식에 기초하여 일어난다. 장자는 이를 원숭이의 〈조삼모사〉에 비유한다.

> 가可한 것을 가하다 하고, 불가不可한 것을 불가하다 한다. 길은 다니니까 생기는 것이고, 물物은 그렇게 부르니까 그런 것이다. 왜 그러한가. 그러니까 그러하다. 왜 그렇지 않은가. 그렇지 않으니까 그렇지 않다. 물에는 진실로 그러한 바가 있고, 물에는 진실로 가한 바가 있다. 물에는 그렇지 않은 것이 없고, 물에는 가하지 않은 것이 없다. 그러므로 풀줄기와 대들보, 추醜한 자와 서시西施를 들어보면 (그 비교가) 다소 괴이하긴 하지만, 도에서 보면 하나가 된다. 그 나누어지는 것이 이루어지는 것이다. 이루어지는 것이 허무는 것이다. 무릇 물에는 이루어짐도 허물어짐도

없다. 다시 통하여 하나가 된다. 오직 통달한 자만이 통하여 하나 됨을 알고, 쓸모없는 것이 쓸모 있음을 안다. 용庸이란 용用이고, 용用이란 통通이며, 통通이란 득得이다. 적득適得은 (실상에) 가깝다. 인시因是할 뿐이다. 이미 그러한데 그러한 이유를 모르는 것을 일러 도라 한다. 사물이 본래 하나임을 알지 못하고 죽도록 한쪽에만 집착하는 것을 일러 '조삼(아침의 셋)'이라 한다. 무엇을 일러 조삼이라 하는가. 저공狙公이 도토리를 주며 말하기를, 아침에 세 개 주고 저녁에 네 개 주겠다. 하니 여러 원숭이들이 모두 성을 냈다. 다시 말하길, 그러면 아침에 네 개 주고 저녁에 세 개 주겠다. 하니 여러 원숭이가 모두 기뻐했다. 명실名實은 변한 것이 없는데 기뻐했다 성냈다 하니, 역시 인시이다. 이런 까닭에 성인은 시비를 화和하고 천균天鈞에서 쉰다. 이것을 일러 양행兩行이라고 한다.[160]

이 세계에는 고정적으로 가한 것도 없고 불가한 것도 없다. 역으로 모두 가하기도 하고 불가하기도 하다. 이런 모순적인 표현은 이러한 평가가 고정적인 실체를 대상으로 하지 않음을 드러내기 위한 것이다. 풀줄기는 수직으로 서 있고, 대들보는 가로로 놓여 있어 평면적으로 비교하는 것이 무의미하다. 또 추한 문둥이와 아름다운 서시西施를 비교하는 것은 우리 눈으로 볼 때는 말도 안 되는 것 같다. 하지만 도추에서 보면 이것들은 서로 다르지 않다고 장자는 말한다. 천지 만물이 하나의 '손가락'이라고 말한 것이 그것이다. 그것들은 생로병사 하는 연속적인 세계의 한 고리들일 뿐이다. 그래서 하나(一)가 된다. 도추는 모든 것을 포용한다. 이 도추에 설 때 모든 존재자의 참다운 평등성을

---

160) 「제물론」 69-70. 可乎可, 不可乎不可. 道行之而成, 物謂之而然. 惡乎然. 然於然. 惡乎不然. 不然於不然. 物固有所然, 物固有所可. 無物不然, 無物不可. 故爲是擧莛與楹, 厲與西施, 恢恑憰怪, 道通爲一. 其分也, 成也;其成也, 毁也. 凡物無成與毁, 復通爲一. 唯達者知通爲一, 爲是不用而寓諸庸. 庸也者, 用也;用也者, 通也;通也者, 得也;適得而幾矣. 因是已. 已而不知其然, 謂之道. 勞神明爲一而不知其同也, 謂之朝三. 何謂朝三. 狙公賦芧, 曰:「朝三而暮四,」衆狙皆怒. 曰:「然則朝四而暮三,」衆狙皆悅. 名實未虧而喜怒爲用, 亦因是也. 是以聖人和之以是非而休乎天鈞, 是之謂兩行.

깨닫는다. 장자는 이를 제물이라고 한다. 제물은 도추에 설 때 드러나는 세계이다. 「제물론」 편에서는 제물을 볼 수 있는 전제, 즉 도추道樞에 선다는 것, 그리고 도추에 섰을 때의 모습을 보여준다.

장자에 따르면, 신명을 수고롭게 하는 분별지, 즉 계산적 사유는 어떻게 사용해도 존재의 실상(一)을 볼 수 없다. 그것에 의지해서 희비하는 것은 그야말로 원숭이 꼴이다. 원숭이들은 실상이 달라진 것이 없는데도 스스로 화내고 웃는다. 조삼모사이든 조사모삼이든 차지하는 도토리 양에는 변함이 없지만, 당장의 눈앞의 계산에 속아서 기뻐하고 성낸다. 분별지에 기초한 계산적 지식은 전체 혹은 진리를 가장한 허구적인 것일 뿐이다.

장자는 이 조삼모사의 우화에서 〈달자達者의 통위일通爲一〉과 계산적 사유에 의한 〈조삼모사의 위일爲一〉을 대비한다. 곽상은 이에 대해 달자의 〈위일〉은 시간과 노력을 들여 정신을 수고롭게 한 것이 아니며, 원숭이들이 정신을 수고롭게 하여 〈위일〉한 것은 족히 의지할 수 없다고 말한다.[161] 존재의 실상을 파악하고 세계와 마음의 연속성을 깨닫는 것은 시간과 노력을 들이는 일이 아니라는 것이다. 즉 지식과 분별을 위주로 하는 의식적 노력의 결과로 얻을 수 있는 것이 아니다. 존재의 실상을 파악하는 공부는 노자의 〈위학일익爲學日益 위도일손爲道日損〉[162]의 맥락에서 보면 일익日益법에 의한 공부를 통해서는 불가능한 공부, 오직 일손日損법에 의해서만 가능한 공부, 즉 해체(忘) 공부이다.

장자는 시비를 중단시키거나 소멸시킨다고 표현하지 않는다. 시비를 화한다고 말한다. 단斷도 멸滅도 아닌, 즉 시비의 부정도 시비의 긍정도 아닌 화이다.

---

161) 「제물론」, 곽상 注. 73. 達者가 一하는 것이 어찌 시간과 노력을 들여 정신을 수고롭게 한 것이겠는가. 만일 정신을 수고롭게 하여 하나가 된 것이라면 족히 의지할 수 없나. 저것과 히나기 아닌 섯과 다를 것이 없다. 역시 원숭이들이 헛갈려서 좋아하는 바를 옳다고 여긴 것과 같다. 夫達者之於一, 豈勞神哉. 若勞神明於爲一, 不足賴也. 與彼不一者無以異矣. 亦同衆狙之惑, 因所好而自是也.

162) 『도덕경』 48. 爲學日益, 爲道日損. 損之又損, 以至於無爲, 無爲而無不爲. 取天下, 常以無事, 及其有事, 不足以取天下.

여기에 주목할 필요가 있다. 화한다는 것은 시비를 한 마디로 잠재워버리거나 잘라버리는 것이 아니라 서로 조화시켜 스스로 풀어지도록 하는 것, 즉 해소되도록 한다는 것이다. 화시비和是非는 시비하지만 시비가 없는 것, 시비가 없으면서 각자의 시비가 모두 인정되는 것이다(兩行). 화시비를 위해서는 도추에 서고 자연의 균형(天鈞)에 맡기는 것이 필요하다. 자아의 판단을 최소화하는 것, 각기 영역의 논리에 맡기고 '나'의 판단을 제약적으로 사용하는 것, 시비를 나누지 않고 자연의 조화에 맡기고 분별적 지성을 쉬게 하는 것이 필요하다.

3절. 제물의 일(一)과 획일의 일(一)

장자에 따르면 아무리 훌륭한 것, 아무리 완전해 보이는 것이라 해도 '자기의 생각'을 기준으로 하여 '타자의 생각'을 자기와 같게 만드는 것은 불가능하다. 피차를 나누고 시비를 가르는 것은 궁극적으로 상대를 자기 생각대로 바로 잡거나(相正) 상대에게 자기 생각을 이해시키거나 혹은 강요(相明)하려는 것인데, 이것이 궁극적으로 불가능하다는 것이다. 장자는 이를 '명지明之' 불가능하다고 표현하는데, 장자적 시각에서 볼 때 '명지'하고자 한다면 '명지'할 대상이 먼저 실체로 존재해야 하지만 실상이 그렇지 않기 때문에 원천적으로 불가능하다는 것이다. 여기서 말하는 '명지'와 앞서 장자가 제시한 막약이명莫若以明의 '이명以明'은 아주 다르다. 이명이 '존재의 본래적 밝음' 즉 고유성에 의거한다면, '명지'는 인위적으로 '밝히는 것'이며, 그런 점에서 소유적 사유의 전형적인 형식이다. '나'의 생각으로 상대를 소유 혹은 지배하고자 한다. 자신의 견해도 소유물이고, 그 생각을 확대하여 타자의 생각까지 소유하고자 한다. 소유는 권력을 지향한다. 그렇기 때문에 '명지'는 제물齊物의 일一이 아니라 획일劃一의 일一을 위한 것, 즉 연속성의 회복을 위한 것이 아니라 타자에게 자신을 강요하는 획일로 전락하는 것이 필연이다.

1. '명지' 불가능성: 〈소문 · 사광 · 혜시 이야기〉

장자는 '명지' 불가능성을 논하기 위해 이른바 세상에서 성공한 세 사람의 예를 든다. 거문고 명인으로 알려진 소문昭文, 북의 달인 사광師曠, 변론의 명수 혜시이다. 연주를 하게 되면 연주하여 이루는 소리만큼 버리는 소리, 즉 허무는 소리가 많아진다. 변론을 펴게 되면 주장하면서 이루는 만큼 간과하고 버리는 의견도 많아진다. 성成했다고 할 수도 훼毁했다고 할 수 없다. 무언가를 이룬다(成)는 것은 다른 한편으로 그것을 허무는 것(毁)을 수반한다. 빛에 그림자가 따르는 것처럼 성에는 언제나 훼가 따른다.

고지인古之人의 앎은 지극한 데 이르렀다. 어디에 이른 것인가. 애초에 물物이 있었던 적이 없다는 것을 알았다. 이는 최고의 앎이니 더할 것이 없다. 그다음은 물이 있다고 여기지만 아직 봉封은 시작되지 않았다. 그다음은 봉이 있다고 여기지만 시비是非는 아직 시작되지 않았다. 시비가 드러나면 도道가 무너진다. 도가 무너지면 애愛가 성成한다. 결국 또 성成과 휴虧가 있는 것인가. 성과 휴가 없는 것인가. 성과 휴가 있는 고로, 소씨의 고금鼓琴이 있는 것이다. 성과 휴가 없는 고로 소씨는 고금하지 않는다. 소문의 고금과 사광의 지책枝策, 혜시의 거오據梧, 이 세 사람의 지知는 거의 (최고 경지에) 가까웠고 모두 그 성盛한 자들이다. 그러므로 말년까지 기록되었다.

오직 그들이 좋아한 것이 다른 사람들과 달랐고, 그 좋아한 것으로 끝까지 밝히고자 하였다. 저들은 밝힐 수 없는 것을 밝히려 했기 때문에 견백堅白의 어리석음으로 끝났다. 그 아들은 그 문文을 이어받는 데서 끝났을 뿐 종신토록 성취가 없었다. 이와 같은 경우에 성이라 할 수 있다면, 비록 아我라도 성이 있다. 이와 같은 것을 성이라 할 수 없다면, 물과 아 역시 성이 없다. 이런 까닭에 드러나지 않는 지혜의 빛을 성인聖人은 도모한다. (자기의) 시是를 쓰지 않고 용庸(시비 없는 시비)을 쓰는 것, 이것을 일러 이명以明이라고 한다.[163]

장자에 따르면 존재의 실상인 도는 시비가 드러나면서 무너진다. 시비는 자아와 세계의 연속성 단절의 결정적 계기를 던져주기 때문이다. 도가 무너진 것은 애착(愛)이 생긴 것 때문인데, 이것은 장자가 자아의 해체 문제에 그토록 천착하는지의 이유이기도 하다. 그러고 나서 장자는 다시 묻는다. 본래 성훼成毁는 있는 것인가. 장자는 성훼 역시 우리의 마음에 의해 동시적으로 일어나는 것일 뿐 실체가 어떠한지 알 수 없으며, 실체가 있다고 말할 수 없다고 한다.

장자에 따르면, 소문과 사광과 혜시는 각 분야의 지知에서 거의 최고에 가까웠던(盛) 자들이다. 그들이 좋아한 것은 다른 사람들과 달랐고, 그 좋아한 것을 끝까지 밝히고자 하였다(明之). 그들은 밝힐 수 없는 것을 밝히려 했기 때문에 견백堅白의 어리석음(혜시의 경우)으로 끝났다.

이 세 사람은 이룸(成)을 소유하고자 했고, 자식에게 전수하고자 했다. 그러나 그것은 자식으로 하여금 거문고 줄만 만지다 죽게 하였고, 견백의 궤변으로 끝나게 하였다. 과연 이것을 진정한 이룸이라고 할 수 있는가. 이들은 명지할 수 없는 것을 명지하고자 했다고 장자는 말한다. 즉 성훼가 동시적임을 모르고, 훼를 버리고 성만 취하고자 하였다는 것이다.

명지는 '논리적 명료화'라고 볼 수 있다. 즉 상대에게 자신의 생각을 논리적으로 명료하게 밝히는 것이다. 그런데 그것이 가능한가. 우리는 어디까지 함께 알 수 있는가. 어디까지 공동 인식이 가능한가. 공동의 진리를 공유할 수 있는가. 이에 대한 장자의 결론은 '불가능하다'는 것이다.

---

163)「제물론」74-75. 古之人. 其知有所至矣. 惡乎至. 有以爲未始有物者. 至矣. 盡矣. 不可以加矣. 其次以爲有物矣. 而未始有封也. 其次以爲有封焉. 而未始有是非也. 是非之彰也. 道之所以虧也. 道之所以虧. 愛之所之成. 果且有成與虧乎哉. 果且無成與虧乎哉. 有成與虧. 故昭氏之鼓琴也；無成與虧. 故昭氏之不鼓琴也. 昭文之鼓琴也. 師曠之枝策也. 惠子之據梧也. 三子之知幾乎. 皆其盛者也. 故載之末年. 唯其好之也. 以異於彼. 其好之也. 欲以明之. 彼非所明而明之. 故以堅白之昧終. 而其子又以文之綸終. 終身無成. 若是而可謂成乎. 雖我亦成也. 若是而不可謂成乎？物與我無成也. 是故滑疑之耀. 聖人之所圖也. 爲是不用而寓諸庸. 此之謂以明.

'명지'는 타자를 이해시키기 위한 논리적 방편이다. 논리적 명료화의 추구는 서로 반대되는 부분을 명료화하거나 아니면 서로 동의하는 부분을 명료화하는 것으로 귀결된다. 명료화된 것이 반대되는 부분이라면 상호 간에 효과적인 소통이나 교류가 이루어지기는 어렵다. 또 명료화된 부분이 동의하는 부분이라 하더라도 명료화가 진전될수록 공동으로 전제하고 있는 것에 대한 의미나 중요도에서 차이가 부각되면서 또 다시 비생산적인 갈등이 노출되게 마련이다. 말하자면 동일한 입장 혹은 이론을 공유함으로써 동의점을 찾아낸다 해도, 그다음의 순서는 서로의 차이를 드러내는 방향으로 가게 된다. 따라서 어떤 이론이나 학문 체계에서도 명료화를 추구하는 정교화된 지적 활동은 폐쇄적인 자기만의 체계를 발생시키게 되고, 자아와 타자의 구분 및 그 이론의 정당성에 대한 의견 대립은 더욱 높아지게 된다.

장자는 바로 이런 점을 간파하고 있다. 지성, 이성에 의해 안다는 것은 언제나 아는 것만큼 모르는 것이 있게 되고, 갖는 것만큼 버리는 것이 있게 된다. 자기가 알고 있는 것을 명료화하는 것은 타자와의 분리를 강화하는 것 외에는 결과적으로 아무것도 기대할 수 없다는 것이다. 자신의 잣대로 타자와 같아지는 것(相明, 相正)의 불가능함을 역설하고 있다. 왜냐하면 우리는 태생적으로 편파적이고 부분적인 지知만을 발휘할 수 있을 뿐이며, 또 개별자의 시각이라는 점에서 벗어날 수 없기 때문이다. 그러므로 자기 것을 타자에게 완전하게 이해시키거나 같아지게 만들려는 시도는 어리석으며 실상에도 맞지 않는다. 곽상이 "물은 스스로 명할 뿐 상대를 명하려 하지 않는다, 만일 상대가 이해 못 할 때 불성不成이라고 말한다면 만물이 모두 서로 불성한 것이다, 그러므로 성인聖人은 이것을 드러내어 상대를 밝히려 하지 않고, 자기를 버리고 물物을 쫓으려 하지 않는다. 상대에게 맡기고 그 능한 바에 알맞게 하기 때문에 곡성만물이불유曲成萬物而不遺한다. 지금 이 세 사람(소문·사광·혜시)이 자기가 좋아하는 것을 가지고 상대를 명지하려는 것은 망령되지 않은가"라는 평은 '명지'의 이러한 한계를 적실하게 지적한다.[164]

2. 제일과 획일: 〈요와 열 개의 해 이야기〉

장자의 사유에 따르면, 제물의 〈일一〉은 획일의 〈일〉이 아니다. 다양하지만 차별되지 않는 조화의 〈일〉이요, 연관과 연속을 밝히는 〈일〉의 장場이다. 이에 비해 '명지'하여 하나가 되는 것은 다양성을 인정하는 제일의 연속성이 아니다. 장자는 다시 소유 세계의 성왕聖王 요가 등장하는 우화를 제시하며, 이 문제를 논의한다. 요는 〈일〉의 의미를 '하나의 해'를 고집하는 획일로 이해한다. 이에 대해 장자는 열 개의 해(十日竝出)를 제시하며, 그 〈일〉이 갖는 다양성을 논한다.

요는 뭇 나라들을 정벌하여 천하를 질서 있게 다스리고 있는데, 유독 세 나라가 정벌되지 않았다. 그들이 조회를 하지 않는 것이다. 그래서 요가 순舜에게 이 문제를 의논한다.

> 옛날 요가 순舜에게 물어 말했다. 나는 종宗과 회膾, 그리고 서오胥敖를 정벌하고자 하는데, 왕이 되어(=남면하고) 있어도 (이 세 나라만 조공을 하지 않고 있으니 마음이) 시원하지가 않다. 그 까닭은 무엇인가.[165]

요에게는 종宗과 회膾, 서오胥敖 세 나라가 조회하지 않는 것이 마음에 석연하지 않다. 하나로 통일해야 한다고 생각하기 때문이다. 장자는 이 이야기를 통해 제물齊物의 의미를 복습시킨다. 요는 〈제물〉의 의미가 통일적인 어떤 것이라고 보고 있다. 정치적 의미에서라면 정치적 통일이고, 그 통일은 조회라는 형태의 수직적 복종의 구조를 가져야 한다고 보고 있다. 그래서 이 문제를 순舜에게 제기하였고, 순은 이에 이렇게 답한다.

---

164) 「제물론」, 곽상 註, 78. 物皆自明而不明彼, 若彼不明, 卽謂不成, 則萬物皆相與無成矣. 故聖人不顯此以耀彼, 不捨己而逐物, 從而任之, 各 (宜) 〔冥〕所能, 故曲成而不遺也. 今三子欲以己之所好明示於彼, 不亦妄乎.

165) 「제물론」 89. 故昔者堯問於舜曰 我欲伐宗 膾 胥敖 南面而不釋然. 其故何也.

순이 말했다. 대저 이 세 사람은 아직 쑥 풀 우거진 미개지에 있습니다. 석연하지 않은 것은 왜입니까. 옛날에는 열 개의 해가 나란히 나와서 만물을 모두 비추었습니다. 그런데 하물며 덕德이 태양보다 더 나은 자에게 있어서이겠습니다.166)

순은 그들이 봉애蓬艾의 땅에 있다고 말한다. 말하자면 비문명국이다. 비문명이란 문명을 기준으로 하여 셈한 것이다. 비문명이라 해도 비문명인 채로의 자족함이 있고 마땅함이 있다. 하늘에는 해가 열이나 되기 때문에 봉애의 땅이라 해도 그 해의 비침이 있을 것이다. 걱정할 일이 아니다. 비문명은 비문명대로 인정하고 존중되어야 한다. 즉 다양성을 인정해야 한다. 그들을 요의 문명처럼 똑같이 만들어야 하는 것도 없고, 만들 필요도 없다. 그렇게 하는 것은 '하나의 해'만을 고집하는 교조적인 사유이고, 그들 나라를 소유해야 한다고 생각하는 소유적 사유의 발현이다. 비문명은 비문명대로 자약自若할 수 있다. 요는 먼저 그것을 인정해야 한다고 순이 답한다.

십일병출十日竝出은 하나의 해를 고집하는 소유적 사유를 전복시키기 위한 메타포이다. 열 개의 해가 있음은 어디에나 백일白日의 빛이 비친다는 것이요, 어디에나 도가 있다는 표현의 다름이 아니다. 제물의 요체는 바로 여기에 있다. 곽상은 표현을 빌리면 안기소안安其所安이다.167)

세 나라를 정벌하여 조히 받아야 한다는 요의 생각은 좌우左右와 윤의倫義, 분변分辯과 경쟁競爭의 소유 세계의 여덟 가지 소유적인 분별 능력인 팔덕八德을 사용하여 시비를 가리는 것과 다르지 않다. 장자는 이 이야기를 통해 제물은 시비를 가려 획일하는 것이 아님을 밝히면서 요의 상징적 권위를 다시 한번 희롱한다. 그렇다면 제물의 〈일〉은 무엇을 가리키는가. 〈일〉의 보편자란 없는 것인가.

---

166) 「제물론」, 89. 舜曰 夫三子者 猶存乎蓬艾之間. 若不釋然 何哉 昔者十日竝出 萬物皆照, 而況德之進乎日者乎.

167) 「제물론」, 곽상 註. 90. 若乃物暢其性, 各安其所安.

4절. 진리는 확정할 수 없고, 보편자는 존재하지 않는다

1. 세계의 시원 및 통일성에 대한 거대 담론의 불가능성

장자의 사유에서 고정된 중심도 주재자도 없이 개별자들의 자발적인 거래로 움직이는 세계에서 〈통일적인 진리〉를 주장하는 것은 가능하지 않다. 세계는 마음과 연관되어 생기하고, 그 결과 세계는 개별자의 수만큼 전개되는 것이 필연이기 때문이다. 그러므로 세계에 대한 해석과 입장 역시 개별자의 수 만큼일 수밖에 없다.

따라서 실체성 없이 마음과 연관되어 일어나는 세계에 대해 통일적으로 설명하려는 시도는 해당 개별자의 시각 속에서 구축된 통일성에 지나지 않는다. 장자는 세계에 대한 시원始原 문제를 논하면서 결국 이러한 논의는 확정될 수 없으며, 나아가 그런 논의는 무한 소급에 빠지게 될 뿐임을 보여준다.

> 시작이 있다면, 그 시작이 있기 이전이 있고 그 시작이 있기 이전의 이전이 있다. 유有가 있고 무無가 있으면, 유무가 있기 이전이 있다. 갑자기 유무가 있지만 유무가 과연 무엇이 유이고 무엇이 무인지 알 수 없다. 지금 나는 이미 있다고 말하지만 내가 이른바 과연 있다고 말한 것인지 없다고 말한 것인지 알 수가 없다.168)

장자의 말에 따르면 아무리 시원을 논해도 그 시원을 확정할 수 없다. 시원을 정해 놓는다 해도, 그 시원이 있기 이전이 존재한다. 그 둘을 비교하면 그 시원 이전이 더욱더 시원이라고 볼 수 있다. 그리고 후자의 시원이 있기 이전이 존재할 것이다. 이렇게 궁극적 시원을 따져 나가다 보면, 결국은 무한 소급에

---

168)「제물론」79. 有始也者, 有未始有始也者, 有未始有夫未始有始也者. 有有也者, 有無也者, 有未始
有無也者, 有未始有夫未始有無也者. 俄而有無矣, 而未知有無之果孰有孰無也. 今我則已有謂矣, 而
未知吾所謂之其果有謂乎, 其果無謂乎.

빠져들 수밖에 없다.

　세계와 사물의 시원을 논하다 보면 무한소급에 빠져 그 끝을 알 수 없지만, 우리의 눈앞에는 홀연 '있는 것과 없는 것'이 대립하여 나타난다. 장자에 따르면 무無가 없다면 유有는 있을 수 없고, 유가 없다면 무 역시 있을 수 없다. 언제나 탈근거의 토대인 혼돈에서 생기하여 현전한다는 점에서 무이지만, 그럼에도 불구하고 한시도 쉬지 않고 각득기의의 묘리妙理에 따라 생생生生하여 현전한다는 점에서 유이다. 유무는 연속적이지만 언제나 동시적으로 동일한 공간에서 현전하지 않기 때문에 우리는 별개의 실체로 착각하고 있다. 예컨대 밤과 낮은 서로 연속되어 있지만, 우리는 밤에 낮을 볼 수 없고 낮에는 밤을 볼 수 없다. 하지만 실상 밤낮, 즉 유무는 어느 한쪽을 배제한 채로는 성립하지 못하는 불가분리의 하나이다. 그러니 그 한쪽을 분리하여 '있다' '없다'고 말할 수 있겠으며, 설사 그렇게 말한다 해도 그것이 실제로 '있고 없음'의 실상에 부합하겠느냐고 장자는 말한다. 그렇다면 유무조차도 확정할 수 없는 이 세상에서 〈일〉의 보편자란 어떻게 연유된 것이며, 어떤 의미를 갖는가. 장자는 계속 말한다.

　　천하에 추호秋毫의 끝보다 큰 것이 없고 태산보다 작은 것이 없다. 어려서 죽은 아이
　　보다 오래 산 자가 없고, 팽조彭祖보다 일찍 죽은 사람이 없다. 천지가 나와 함께
　　일어나고 만물이 나와 더불어 하나이다. 이미 나와 하나인데, 또 달리 말이 있을
　　수 있는가.169)

　원자나 양자 크기의 단위에서 보면, 추호秋毫의 끝은 엄청난 크기를 가진 것으로 비친다. 그리고 태양계 전체에서 보면 태산은 아주 작은 짐에 불과하다. 어느 지점, 어느 시각에 서서 보느냐에 따라 대상의 크기에 대한 수용은 달라진

---

169)「제물론」, 79. 天下莫大於秋豪之末, 而大山爲小, 莫壽於殤子, 而彭祖爲天. 天地與我竝生, 而萬物
　　與我爲一. 旣已謂之一矣, 且得有言乎.

다. 대소大小 자체가 그 대상 안에 고정적으로 정해져 있는 것이 아니라는 것이다. 공간 속에서의 대소만이 아니라 시간 역시 기준점에 따라 다르게 현현한다. 찰나에 비하면 상자殤子(어려서 죽은 아이)라 해도 장수한 것이고, 영겁의 시간에서 보면 팽조(장수한 것으로 유명한 자)라 해도 요절한 것으로 간주된다. 절대적인 공간이나 시간은 장자에게서 성립하지 않는다. 우리 마음과 함께 생기하는 것이기 때문이다. '추호보다 큰 것이 없고 상자보다 장수한 자가 없다'는 것 역시 말일 뿐이다. 우리의 마음이 기준이 되어 정한 것이지, 그 자체가 실체는 아니다. 그러므로 이미 우리 마음과 함께 시작되었는데 그것을 어떻게 말로 할 수 있겠느냐고 장자는 따진다. 즉 무언가에 대해 말하려고 한다면 그 무언가와 대상적 거리가 확보되어야 하지만 이미 하나로 연속되어 있으니 그 거리를 확보할 수 없다. 그러니 말로 하는 것이 실상은 불가능하며, 말로 한다면 그것은 실상이 아니다. 그러면 말로 표현할 수 없는 존재의 실상을 말로 하고, 나아가 〈일〉로 설명하려는 시도에 대해 장자는 어떻게 말하는가.

> 이미 하나라고 말했는데 또 말이 없을 수 있겠는가. 하나에다 (일—이라는) 말을 더하면 둘이 되고, 둘에 하나를 더하면 셋이 된다. 이렇게 가면 교력巧曆이라도 능히 감당할 수가 없는데, 하물며 평범한 사람에 있어서이겠는가. 그러므로 무無에서부터 유有로 나가는데도 셋이 되어버리는데, 하물며 유에서 유로 나아가는 데 있어서이겠는가. 세어나갈 것이 없다. 인시因是할 뿐이다.[170]

말로 드러내기 이전의 보편적 일—을 보거나 체험했다 해도, 그것을 일이라고 말하는 순간 전자의 일과 이미 말로 드러난 일이 합해져서 둘이 되어 버린다. 그리고 그 일들이 합해져서 둘이 되었다는 말까지 하면 셋이 되어 버린다. 결국 일을 말하는 순간 그 일은 무너져 버리는 역설적 상황에 빠지게 되는

것이다. 즉 말해 버리는 순간 존재의 연속성은 단절되고 실상에서 멀어지게 된다. 이 셋까지는 무에서 시작된 말이지만, 유에서 출발한다면 그 말은 무한히 확장될 수밖에 없다. 아무리 뛰어난 계산기(巧曆)가 있어도 이루 다 헤아릴 수가 없으리라는 것이다. 그러니 세어 나가는 것은 허무할 뿐이며, 존재의 실상에 다가가는 데 아무런 도움이 되지 않는다. 인시因是할 뿐이다. 즉 자연의 도에 맡겨 각 존재자을 있는 그대로 인정할 뿐이다.

2. 보편자는 존재하는가: 〈설결과 왕예 이야기〉

시원으로서의 〈일〉을 확정할 수 없다면, 모두가 옳다고 긍정할 만한 보편자란 존재하는가 존재하지 않는가. 장자는 존재한다고 말하거나 존재하지 않는다고 말하지 않는다. 오히려 장자는 진리는 확정할 수 없으며, 만일 진리에 대한 정답이 있다면 그것은 개별자들의 수만큼일 것이라는 견해를 보인다. 모든 존재자가 옳다고 여기는 것은 자기 자신의 견해이며, 자기 자신이다. 세상에 오로지 존재하는 것은 개별자의 시각에 따라 형성된 각자의 세상이다. 그러므로 객관적이고 공통적인 것, 즉 보편적인 것이란 존재하지 않으며, 찾기 어렵다는 것을 장자는 〈설결齧缺과 왕예王倪의 이야기〉를 통해 펼친다. 설결이 왕예에게 모든 존재가가 공통으로 옳다고 여기는 것을 알고 있느냐고 묻는다.

> 설결이 왕예에게 물었다. 선생님은 모든 존재자가 공통으로 옳다고 여기는 것을 아십니까.
> 왕예가 답하길, 내가 어찌 그것을 알겠는가.
> 그러면 선생님은 선생님이 모르고 있다고 아십니까.
> 내가 어찌 알겠는가.
> 그렇다면 물物이란 알 수 없는 것입니까.
> 내가 어찌 알겠는가. 그러나 시험 삼아 말해보겠다. 어찌 내가 안다고 말한 것이

모르는 것이 아님을 알겠는가. 어찌 내가 모른다고 한 것이 아는 것이 아님을 알겠는가.171)

설결의 질문에 대해 왕예는 '알지 못하지만 시험 삼아 말하겠다'고 한다. '시험 삼아 말한다'는 것은 스스로 앎과 모름을 확정할 수 없다고 말했기 때문이다. 그러므로 말로 확정할 수 없다는 것을 재차 확인하고 나서, 말에 얽매이지 않는다는 전제에서 말하겠다는 것이다. 앎과 모름을 확정할 수 없다는 것은 세계의 실상을 말한다. 존재의 실상은 '알고 모르는 차원', 즉 지知의 차원에 속하는 문제가 아니라는 것이다. 알기 위해서는, 또는 모르기 위해서는 그 알고자 하는 대상이 필요하다. 그러나 그 대상이라는 것을 실체로 세울 수 없다. 그것은 이미 알 수 있는 문제도 아니고 모를 수 있는 문제도 아니다. 알고 모르는 차원의 문제가 아니다. 알아도 틀리고 몰라도 틀린다.

그리고 나서 왕예는 계속 말한다. 의문의 형식을 띤다. 회의해 보라고 한다.

또 내가 시험 삼아 자네에게 물어보겠다. 사람이 습한 곳에서 자면 허리 병이 나서 죽게 된다. 미꾸라지도 그러한가. 사람이 나무에서 살면 무서워서 덜덜 떤다. 원숭이도 그러한가. 이 세 가지 중에 누가 바른 곳에 거처한다고 할 수 있는가. 사람이 고기를 먹고, 사슴은 풀을 먹으며, 지네는 뱀을 먹고 올빼미는 쥐를 좋아한다. 이 네 가지 중에서 어느 것이 올바른 맛을 아는가. 암원숭이는 긴팔원숭이를 짝으로 삼고, 수사슴은 암사슴과 교미하며, 미꾸라지는 물고기와 논다. 모장과 여희는 사람들이 미인이라고 하지만, 물고기는 그들을 보면 물속 깊이 들어가고 새는 그들을 보면 높이 날아가며, 사슴들은 그들을 보면 급히 도망간다. 이 네 가지 중에서 어느 것이 천하의 올바른 아름다움을 안다고 하겠는가. 내가 보건대, 인의仁義의 단서나

---

171) 「제물론」 91-92. 齧缺問乎王倪曰 子知物之所同是乎 曰 吾惡乎知之 子知子之所不知邪 曰 吾惡乎知之 然則物無知邪 曰 吾惡乎知之 雖然, 嘗試言之. 庸詎知吾所謂知之非不知邪. 庸詎知吾所謂不知之非知邪.

시비의 길은 복잡하고 어지럽다. 어찌 내가 능히 그 변辯(구별)을 알겠는가.172)

습지에서 미꾸라지와 사람은 같은 반응을 보이는가. 미꾸라지는 쾌적하게 살고 사람은 허리 병이 나서 죽는다. 원숭이는 나뭇가지를 타고 자유롭게 활동하지만 사람은 무서워 떤다. 원숭이와 사람은 누가 온당한 거처를 아는가. 지네와 올빼미와 사람과 사슴은 각기 다른 것을 먹고 산다. 누가 제맛을 안다고 하겠는가. 물고기, 새, 사슴들에게도 모장과 여희가 미인인가. 사람들은 미인이라고 하지만, 그들은 도망간다. 누가 올바른 미美에 대해 안다고 확정할 수 있는가. 장자는 왕예의 입을 통해 말한다. 이와 같이, 인의의 단서와 시비의 길, 즉 진리는 복잡하고 혼란스러워서 단일한 기준을 가지고 확정할 수 없다.

이에 대해 설결이 다시 지인至人도 모르느냐고 하자, 왕예는 지인에 대해 논한다. 그런데 이제까지의 이야기와는 다른 차원의 일, 마치 판타지를 보는 것과 같은 이야기를 한다.

> 설결이 말하길, 선생님이 이해利害를 모르시다니, 그러면 지인도 진실로 이해를 모르는 겁니까.
>
> 왕예가 말하길, 지인은 신령하다. 큰 연못이 타올라도 뜨거워하지 않으며, 강물이 얼어붙어도 추워하지 않는다. 번개가 산을 부수고 표풍이 바다를 진동시켜도 놀라지 않는다. 그런 자는 운기雲氣를 타고 일월日月을 부리며 사해의 밖에서 노닌다. 사생死生이 자기에게 아무것도 변화시키지 못하는데 하물며 이해의 단서에 있어서이겠는가.173)

---

172) 「제물론」 93. 且吾嘗試問乎女 民溼寢則腰疾偏死, 鰌然乎哉. 木處則惴慄恂懼, 猿猴然乎哉. 三者孰知正處 民食芻豢, 麋鹿食薦, 蝍蛆甘帶, 鴟鴉耆鼠, 四者孰知正味 猿猵狙以爲雌, 麋與鹿交, 鰌與魚游. 毛嬙麗姬, 人之所美也, 魚見之深入, 鳥見之高飛, 麋鹿見之決驟. 四者孰知天下之正色哉 自我觀之, 仁義之端, 是非之塗, 樊然殽亂, 吾惡能知其辯.

173) 「제물론」 96. 齧缺曰 子不知利害, 則至人固不知利害乎. 王倪曰 至人神矣 大澤焚而不能熱, 河漢沍而不能寒, 疾雷破山〔飄〕風振海而不能驚. 若然者, 乘雲氣, 騎日月, 而遊乎四海之外. 死生無變於己.

지인은 신령하다. 타는 연못에서도 뜨거워하지 않고, 강이 얼어도 추위하지 않는다. 번개와 폭풍에도 놀라지 않는다. 운기를 타고 일월을 부리며 사해 밖에서 노닌다. 사생도 지인을 변화시키지 못한다. 결국 지인에게는 아무 일도 일어나지 않는다. 무사하다.

지인에 대한 이러한 신묘불측한 묘사는 아마도 존재의 실상을 나타내기 위한 메타포인 듯하다. 그 존재의 실상은 실체적이기보다는 과정적이고 유동적이기 때문에 언어로 잡아내어 표현할 수 없고, 표현한다 해도 그것은 시험 삼아 말해보는 방편으로서의 메타포이거나 상징이다. 존재의 실상은 우리의 지적 노력으로 헤아려 알거나 모르거나 하는 차원을 넘어선 문제임을 앞에서 본 바 있지만, 지인에 대한 이런 초월적 묘사는 우리의 지적 역량으로 인식할 수 없음을 밝히기 위한 일종의 표현적 장치가 아닐까.

운기를 타고 일월을 부리며 사해 밖에서 노닌다는 것 역시 일종의 수사적 장치이다. 사해 밖의 세상이 따로 있는 것이 아니다. 세상에 살면서 세상 밖에서 노닌다. 마치 흐르는 물에 있으면서도 물에 젖지 않는 달과 빛을 옮기면서도 빛에 물들지 않는 허공처럼 말이다. 이런 지인에 대한 초월적 묘사를 이해할 수 있는 실마리를 성현영에게서 찾아볼 수 있다. 그에 따르면 지인이 운기를 타는 것은 허담무심虛淡無心을 견주어 표현한 것이다.174) 허담虛淡한 무無의 마음, 즉 허심虛心은 거울같이 작용하는 마음이다. 거울에 불을 비추어도 거울은 뜨거워하지 않는다. 다만 그 불을 비출 뿐이다. 얼음을 비추어도 거울을 춥게 할 수 없다. '사해 밖'이라는 은유는 소유 세계의 언어를 통한 가치 판단, 지식 체계, 이념 그리고 궁극적으로 생사에 대한 모든 이분법적 관념에서 벗어난 해체적 사유를 공간적으로 표현한 것으로 볼 수 있다.

而況利害之端乎.

174) 「제물론」 97. 성현영 疏.〔若然〕, 猶如此也. 虛淡無心, 方之雲氣, 蔭芘群品, 順物而行.

3. 무한한 창조성의 보고: 천부와 보광

장자에 따르면, 이 세계의 실상(道)은 애초부터 경계가 없고, 말에는 고정성이 없다. '이것(爲是)', 즉 잣대를 세움으로써 경계가 생긴다.[175] '이것이 선善이다' 혹은 '이것이 옳다'(是에는 '이것'이라는 뜻과 '옳다'라는 두 가지 의미가 있음에 주목해야 한다)라는 말에는 '이것 아닌 저것은 악惡이다' 혹은 '옳지 않다'는 의미를 그 안에 내포하고 있는 것이다.

> 대저 도道는 애초부터 경계가 없고, 말은 일정성이 없다. 이 때문에 (도를 말로 하면) 구분의 경계(畛)가 생긴다. 청컨대 그 경계에 대해 말하면, 좌左가 있고 우右가 있고, 윤倫이 있고, 의義가 있으며, 분分이 있고, 변辯이 있고 경競이 있고 쟁爭이 있다. 이것을 일러 팔덕八德이라고 한다.[176]

'이것'을 정하면서 '저것'이 생기고, 선善을 정하면서 선하지 않은 것이 정해지는 것처럼, 왼쪽이 있어서 오른쪽이 있다(左右). 인륜이 있으므로 예의가 있다(倫義). 나눔이 있으므로 분별이 있고(分辯), 앞뒤를 겨룸이 있으니 맞서 겨룸이 있다(競爭). 이 여덟 가지는 상대적인 경계를 나누는 인위적 능력이다. 즉 소유 세계에서의 능력이다. 소유 세계에서는 이 여덟 가지를 잘하는 것이 능력자이다. 그 능력(德)은 소유적 성취를 이룩하는 데 힘을 발휘한다. 그러나 성인聖人은 그렇게 하지 않는다.

---

175) '爲是'는 일반적으로 '이것이라고 여기는 것'이라 해석하는데, 앵거스 그레이엄은 이를 '그렇다고 여기는 인간의 판단에 따라서 그러함(That's it which deems)'라고 해석하여 '상황에 따라 그러함(That's it by circumstance)'라고 번역한 因是와 대비하여, 앞의 爲是를 장자가 거부한 것이라고 해석한다. 설득력 있는 견해이다.(앞의 책, 54쪽)

176) 「제물론」83. 夫道未始有封, 言未始有常, 爲是而有畛也, 請言其畛 : 有左, 有右, 有倫, 有義, 有分, 有辯, 有競, 有爭, 此之謂八德.

육합六合의 외外에 대해서 성인聖人은 있는 그대로 두되 논하지 않으며, 육합의 내內의 일은 논하긴 하되 상세히 따지진 않는다. 춘추에 선왕의 기록에 대해 성인은 의議하긴 하지만 변론하진 않는다. 그러므로 분별은 분별하지 않음에 있고, 변론함은 변론하지 않음에 있다. 왜 그러한가. 성인은 (도를) 가슴에 품고 있으나 사람들은 변론하여 서로 보인다. 그러므로 말하길, 변론하는 자는 보지 못함이 있다고 한다.177)

성인은 존재의 실상(六合之外)을 있는 그대로 두고 보지만 그것을 말하지 않는다. 말할 수 없기 때문이다. 이 점은 형이상학적 근원에 대해 묻는 제자에게 무기無記로 응대한 붓다와 같다. 인간 역사 세계(六合之內)의 일에 대해서는 말하되 따지지 않으며 살피되 시비를 분별하지 않는다. 이미 지나간 일일 뿐 아니라 실체가 아니기 때문이다. 말하지 않을 수 없을 때 마지못해 입을 여는 것, 즉 〈부득이왈不得已日〉하는 것이 성인의 말하는 태도이다. '이것'과 '저것'을 따지고 분별하고 논하여 드러내는 것은 존재의 실상을 보지 못한 결과라는 것이 장자의 생각이다.

대도大道는 이름이 없고, 대변大辯은 말이 없고, 참된 사랑은 사랑하지 않고, 참된 청렴은 청렴하지 않고, 참된 용기는 남을 해치지 않는다. 도道가 겉으로 드러나면 도가 아니요, 말은 변론을 시작하면 (실상에) 미치지 못하며, 사랑이 경직되면 이룰 수 없다. 스스로 청렴하다고 하는 자는 믿을 수 없고, 남을 해치는 용기는 남을 굴복시키지 못한다. 이 다섯 가지는 원만한 것이었으나, 이제 모가 나게 되었다. 그러므로 지知는 알 수 없는 것(所不知)에서 그치는 것이 지극한 것이다. 누가 불언不言의 변辯과 부도不道의 도道를 알겠는가. 알 수 있다면 이는 천부天府라 한다. 채위

---

177) 「제물론」 83. 六合之外, 聖人存而不論, 六合之內, 聖人論而不議. 春秋經世先王之志, 聖人議而不辯. 故分也者, 有不分也; 辯也者, 有不辯也. 曰: 何也. 聖人懷之, 衆人辯之以相示也. 故曰辯也者有不見也.

도 차지 않고 퍼내어도 마르지 않지만, 그 유래를 알 수 없다. 이를 일러 보광葆光이라 한다.[178)

참된 도, 즉 존재의 실상은 무엇과도 분리되지 않는다. 하나로 연속되어 있다. 한 틈도 없이 연관되어 운동한다. 그러므로 구분하여 이름 지어 부를 수 없다. 억지로 이름 지어 도라고 하면 그것은 도가 아니다. 그런 까닭에 노자는 「도덕경」 머리에서 도가도비상도道可道非常道라고 말한다. 참된 사랑, 즉 대인大仁은 이미 마음에서 하나가 되었기 때문에 사랑할 대상을 따로 설정하지 않는다. 사랑이란 대상과 하나 됨을 이르는 까닭이다. 사랑은 소유하는 것이 아니다. 청렴(大廉)은 소유하고자 하는 욕망이 없는 것이다. 청렴 그 자체도 소유하지 않아야 진정한 청렴이라 할 수 있다. 그러므로 스스로 청렴한 청렴, 즉 청렴을 의식하는 청렴은 믿을 수 없는 것이다. 참된 용기(大勇)는 남을 해치지 않는다. 누구를 해치는 용기라면 그 용기로는 아무도 마음으로 굴복시킬 수 없기 때문이다.

도道·변辯·인仁·염廉·용勇, 이 다섯 가지는 본디 원圓과 같은 것인데 인간의 작위, 곧 이 다섯 가지의 미덕을 소유하고자 하는 우리의 마음으로 말미암아 모가 나 버렸다. 다시 말해 본래의 의미가 무너져 버렸다. 원과 같다는 것은 하나의 큰 순환 고리처럼 분리 고정의 틈이 존재하지 않는 하나의 과정, 즉 존재 과정을 상징하는 기호이다.

장자의 말에 따르면, 최고의 앎은 '알 수 없음'을 아는 것이다. 즉 자연의 실상, 존재의 실상은 우리의 지능과 지성, 분별적 계산 능력으로는 알 수 없다는 것을 아는 것이다. 우리의 지知의 한계를 아는 것, 그리하여 제약적으로 사용해야 함을 아는 것이다.

소유론적 마음은 필연적으로 대상을 소유하고 지배하려는 자아 중심적 사

---

178) 「제물론」 83. 夫大道不稱, 大辯不言, 大仁不仁, 大廉不嗛, 大勇不忮. 道昭而不道, 言辯而不及, 仁常而不成, 廉清而不信, 勇忮而不成. 五者園而幾向方矣, 故知止其所不知, 至矣. 孰知不言之辯, 不道之道. 若有能知, 此之謂天府. 注焉而不滿, 酌焉而不竭, 而不知其所由來, 此之謂葆光.

고로 나아가기 때문에, 세상의 근원적 실상(道)을 보기 위해선, 이 소유적 사유를 해체하고 무無의 마음에서 세상을 비추어야 한다. 장자는 이를 고갈되지 않는 무한한 창조성과 에너지의 창고인 천부天府라고 표현하며, 그 천부 역시 시원과 실상을 명백하게 드러내지 않는다는 점에서 보광葆光이라고 표현한다. 보광이란 빛이 풀 더미에 가려서 희미해진 상태, 즉 분별하지 않는 무의 마음을 표현한다.[179]

장자는 말한다. 자, 누가 불언지변不言之辨과 부도지도不道之道를 아는가. 이를 아는 자는 천부이며, 보광이다. 하이데거의 말을 빌리면 탈근거요, 노자의 표현을 빌리면 무이다. 김형효는 이 무의 마음이 갖는 무진장無盡藏, 무고갈無枯渴의 힘에 대해 이렇게 말한다.

> 무無는 고갈되지 않는(unerschöpflich= inexhaustible) 무한한 너그러움과 무한한 증여贈與의 상징이다. 무는 모든 유의 생기를 받아들이는 수용의 종용從容을 뜻하고, 동시에 무는 무한한 에너지를 무상으로 시여하는 증여의 종용을 함축하고 있다. 불교는 이 허공의 무를 다시 마음의 허심으로 변용시킨다. 허심한 마음에서만 이 이 세상의 근원적 사실을 사실 그대로 보는 정견正見을 가지게 된다는 것이다.[180]

장자는 이 무를 마음의 허심으로 변용한다. 허심의 마음에서만 세상의 근원적 실상을 그대로 볼 수 있다. 고갈되지 않는 생명의 힘, 채워도 차지 않고, 퍼내도 마르지 않는 무한한 힘의 저장소, 그 마음은 자연의 창고(天府)이자 가

---

179) 보광은 「도덕경」의 襲明, 和光同塵과 유사한 개념이다. 보광은 밝음을 풀 더미로 가리는 것이고, 襲明은 밝음을 천으로 가리는 것인데 모두 밝음을 감싸 두드러지지 않게 하는 것이다. 밝음을 절대화하게 되면 어둠의 존재 방식이 배제되기 때문이다. 장자의 사유는 어느 것도 상대화하여 배제하는 것을 거부한다. 葆는 '풀 더부룩할 보'字이다.

180) 『〈존재와 無〉의 문화적 상징과 철학적 의미』, 김형효, 72쪽.

려진 빛처럼 경계 짓지 않는 마음(葆光)이다. 천부와 보광은 무한한 사물이 다가오는 대로 지치지 않고, 차별하지 않고 비추어내는 거울 같은 마음, 즉 허심의 은유이다. 허공虛空에서 다양한 만물이 생기하듯이 허심虛心에서 존재의 실상이 여여如如히 비친다.[181] 장자는 이 허심의 작용을 지인으로 의인화한다.

5절. 상온과 상존, 그리고 천예: 〈장오자와 구작자의 이야기〉

1. 얽혀 있는 세계와 개별자간의 상호 존중: 상온과 상존

사해 밖에서 노닐어도 지인至人은 세상 한 복판에서 산다. 우리는 시비是非와 다툼이 끊이지 않는 소유 세계를 물리적으로 떠날 도리가 없다. 이에 대해 장오자長梧子는 말한다. 소유 세계의 모든 것은 다 꿈처럼 허구적인 것이라고. 그리고 소유 세계가 꿈이라고 말하는 '나' 역시 실체가 없는 꿈과 같은 것이라고.[182] 그리고 그 '꿈에서 깨어나는 일'은 '아침저녁 나절의 일'이라고 말한다. 즉 시간과 노력을 들이는 지적 노력이나 헤아림을 필요로 하는 일이 아니라는 것이다.

---

181) 하이데거에 따르면, 無는 아무것도 없는 것이 아니라 고갈되지 않는 무진장의 氣를 의미한다. 절대적인 것은 신과 같은 존재자가 아니라 無처럼 비어 있는 것이다. 〈존재하는 어떤 것〉은 예외 없이 가변적으로 生滅한다. 神이 절대적인 존재려면 無이어야 한다. 마에스터 에크하르트는 神性을 無라고 갈파했다. 허공의 無 안에서 만물의 존재가 生滅한다. 만물은 허공의 無에서 솟은 無의 현상이고, 無는 그 존재 현상의 본체이다.
하이데거는 이 無를 脱根據(ground without ground)라고 한다. 탈근거는 무근거와 다르다. 무근거는 허무의 심연을 지칭하지만 탈근거는 근거의 역할은 하지만 〈어떤 것〉과 같은 존재자로서의 근거가 없다는 것을 말한다. 無는 상대적인 生滅을 넘어선 탈근거이다. 「소유론적 욕망에서 존재론적 욕망으로」 김형효. 논문 참조.
182) 2장. 2의 2)에서 이 꿈의 문제를 중심으로 하는 〈구작자와 장오자의 문답〉을 다룬 바 있다. 참고 할 것.

그러면 꿈처럼 허구적인 세계에서 우리는 어떤 태도를 취해야 하는가. 장오자는 말한다.

> 내가 자네에게 허망하게 말하고자 하니, 자네 역시 허망하게 들어라. (성인聖人은) 해와 달과 함께 하고, 우주를 안고 있으며, 만물과 하나가 되어 그것을 혼돈에 두고, 서로 존중하게 한다(相尊). 보통 사람들은 힘들여 수고하지만 성인은 우둔하게 있으면서 만세에 참여하여 연속성의 순수함을 유지한다. 만물도 그러하며 이렇게 서로를 품어준다(相蘊).[183]

징오자의 말에서 새롭게 주목해야 하는 것은 〈혼돈 속에서 상존〉과 〈만물이 서로 품고 있는 것(相蘊)〉이다. 전자는 태도를, 후자는 실상을 나타내는 듯하다. 상존은 앞의 상정과 대립적인 개념이다. 성인聖人은 경계 없이 연속된 마음으로 상존한다. 물物을 자기 뜻대로 소유·지배하려 하지 않고 있는 그대로 존중한다. 상온은 상호 주관적(intersubjective)인 존재성을 표현하는 말로 해석할 수 있을 것 같다. 서로를 품어주고 서로를 저장하는 것, 즉 어떤 존재자도 독립적일 수 없다는 말이다. 서로 연관되어 있고 연장되어 있다. 상온은 데리다의 차연差延과 유사한 개념이다. '나'는 '너'에게, '너'는 '나'에게, '나'는 '세계'에, 세계는 '나'에게 이미 들어와서 저장되어 있으므로 어느 경계선까지가 '나'인지, '너'인지, '세계'인지를 구획하는 것은 쉬운 일이 아니며, 엄밀히 보면 불가능한 일이다.

장자는 사람들이 힘들여 수고하느라(役役) 애쓴다고 한다. 그런데 무엇을 위해 애를 쓰는가. 우리는 자신의 소유적 욕망을 실현하느라 애를 쓴다. 시비의 경계에 치달리고 장악하기 위해 힘쓴다. 스스로 만든 실체 없는 대상을 소유하기 위해 코를 꿰고 스스로 욕망하고 집착한다. 코가 꿴 채로 움직이니 흔들수록 자기 코만 찢게 된다. 고통받는다. 이에 비해 성인은 우둔愚芚하다. 알만한 것도

---

183) 「제물론」 100. 予嘗爲女妄言之, 女以妄聽之, 奚. 旁日月, 挾宇宙. 爲其吻合, 置其滑涽, 以隷相尊. 衆人役役, 聖人愚芚, 參萬歲而一成純. 萬物盡然, 而以是相蘊.

없고, 아는 자도 없고, 아는 일도 없이 무사無事하기 때문에 마치 우둔한 것 같다. 소유적 욕망을 일으켜 '나'를 세우지 않으니 우둔해 보인다.

존재론적 탈근거(실체성 없음)를 논할 때도 장자는 불교의 공空의 논리보다 훨씬 다채롭고 다양하게 어휘를 구사하며 논의를 펼친다. 장자는 소위 공 자체보다는 공의 바탕에서 펼쳐지는 연속과 소통의 세계, 조화와 균형의 세계에 보다 중점을 두고 있는 것 같다. 모두 꿈이라 말하고, 꿈이라 말하는 자신조차 꿈이라고 말하는 것은 바로 진리를 확정할 수 없다는 것을 말하기 위함이다. 불교의 논리를 빌리면, 거듭 일체개공一切皆空으로 결론되기 때문에 부정에 부정을 거듭한 필경공畢竟空에 이르게 되고, 이 지점에서 비로소 꿈에서 깨어나 실상을 보며 꿈을 꿈인 채로 즐기게 된다. 장자의 사유가 유희적인 면모를 띠는 것은 그가 꿈을 있는 그 자체로 꿈으로 즐기기 때문이다. 상온하여 있는 개별자들을 상존하면서 이것은 가능해진다.

2. 천예와 만연, 그리고 자정

장자에 따르면 세계에 대한 가장 현명한 태도는 실상에 따르는 것이다. 즉 다양한 개별자의 시각에 따라 현현하는 세계의 스펙트럼을 무지개처럼 아름다운 자연의 조화(天倪)로 보고, 거듭 변화하는 관계(曼衍)에 따라, 그리고 사연의 균형(天鈞)에 따라 각 개별자의 자발성에 맡기는 것(自正)이다. 이것이 가장 현명하고, 실현 가능한 방법임을 장자는 논한다.

> (장오자 왈) 만일 내가 자네와 더불어 논변을 한다고 하자. 자네가 나를 이기고 내가 자네를 이기지 못한다면, 그대가 과연 옳은 것이고 내가 과연 그른 것인가. 내가 그대를 이기고 그대가 나를 이기지 못한다면 내가 과연 옳은 것이고, 그대가 과연 그른 것인가. 그 일부는 옳고 그 일부는 그른 것인가. 모두 옳고 모두 그른 것인가. 나와 그대는 능히 서로 알 수 없는 즉 다른 사람 역시 알 수 없다. 우리는

누구로 하여금 그것을 바르게 판단하게 할 수 있는가. 그대와 의견이 같은 자로 하여금 판단하게 한다면 이미 그대와 같을 것이다. 나와 의견이 같은 자로 하여금 판단하게 한다면 이미 나와 의견이 같을 터이니, 어찌 능히 바르게 판단하겠는가. 나나 그대와 다른 자로 하여금 판단하게 한다면 이미 나나 그대와 의견이 다른데 어떻게 능히 바르게 판단할 수 있겠는가. 나나 그대와 의견이 같은 자로 하여금 판단하게 한다면 이미 나나 그대와 의견이 같은데 어떻게 능히 바르게 판단할 수 있겠는가. 나나 그대나 다른 사람(제3자)이나 모두 서로 알 수 없으니, 대립적 입장(상대)에게 의지하겠는가(자정自正할 뿐이다).184)

불가피하게 시비를 가려야 하는 상황이라고 하자. 그 시비를 누가 결정할 수 있는가. 논쟁에서 이겼다고 해서 옳다고 할 수 있는가. 또 졌다고 해서 그르다고 할 수 있는가. 부분적으로 옳거나, 그르다고 할 수 있는가. 시비는 확정할 수 없다. 시비를 가를 수 있는 절대적 자격을 갖춘 존재자는 어디에도 존재하지 않는다. 한 개별자는 자기의 시각에서 상황과 연관(曼衍)에 따라 자신의 시비를 선택하고 주장하게 마련이다. 시비를 가르기 위한 논쟁을 통해 상정하는 것은 원천적으로 불가능하다.185)

　　장자는 개별자들이 서로 다른 것도 그 자체로 자연이다. 자연이므로 다른

---

184) 「제물론」107. 既使我與若辯矣, 若勝我, 我不若勝, 若果是也, 我果非也邪. 我勝若, 若不吾勝, 我果是也, 而果非也邪. 其或是也, 其或非也邪. 其俱是也, 其俱非也邪. 我與若不能相知也, 則人固受其黮闇. 吾誰使正之. 使同乎若者正之. 既與若同矣, 惡能正之. 使同乎我者正之. 既同乎我矣, 惡能正之. 使異乎我與若者正之. 既異乎我與若矣, 惡能正之. 同乎我與若者正之. 同乎我與若矣, 惡能正之. 則我與若與人俱不能相知也, 而待彼也邪.

185) 장자는 시비 문제에 무척이나 포커스를 둔다. 일면 실용적인 측면을 보여주는 것 같다. 실제적이란 사실성에 부합되고 유익해야 한다. 이런 실용의 기준은 장자가 존재론적으로 이 세계가 우리의 마음과 연관하여 전개된다는 것을 전제로 하기 때문이다. '나'와 다르다고 해서 '틀린 것'은 아니다. '다르다'와 '틀리다'를 아무런 자각 없이 사용하는 모국어 사용자들을 보면 한국 지성 문화의 풍토를 한 눈에 알아 볼 수 있다. '다른 것'을 '틀린 것'으로 보는 시각은 '자기' 혹은 '진리'에 대한 확정성이 강한 까닭에 나타나는 현상이다.

것 자체를 그대로 두고 각자의 옳은 것에 맡기는 것(自正)이 가장 실상에 가깝고 현실적인 대안이라는 것이다.[186] 상정하는 것은 어떤 형태로든 실상을 왜곡한다. 천예天倪로 화和해야 한다고 장자는 말한다.

천예 역시 메타포이다. 무지개는 연속되어 있으면서 각각의 구분된 색채를 드러내는 조화의 아름다움을 나타내는 은유이다.[187] 곽상은 천예가 자연지분自然之分이라고 하고, 성현영 역시 천天은 자연이요, 예倪는 분分이라 한다.[188] '예'는 '어린 아이' '가장 자리' 등을 의미한다. 그런데 곽상과 성현영의 견해에서 보면, '구분' '구별'을 의미하는 단서는 '예' 자체에서 찾아 볼 수 없다. 장자의 사유에 따르면 물物 간의 '구분'이란 연속성 속에서 구분이기 때문에, 구별되면서 연속되어 있다. 다시 말해 '구별되지 않는 구별'이다. 연속되어 있으면서 구별되는 것, 구별되지만 그 연속성을 단절하지 않는 것의 의미를 지닌 메타

---

186) 이 책에서는 에서는 '자정自正'을 '자발성에 맡김'으로 해석하였는데, 장자는 각득기의의 제물의 장場에서 서로 자정에 맡겨 상존하는 것을 최상의 거래로 생각하고 있다. 그런데 이와 유사한 견해를 하이데거에게서도 발견할 수 있다. 하이데거는 그의 『진리의 본질에 대하여(Vom Wesen der Wahrheit)』에서 이렇게 말한다. "진리의 본질은 자유이다.....자유는 존재들이 스스로 그러하게 놓아둠(letting-be)이다. … 우리가 우리의 현존이 되게 그냥 그대로 놓아둔 형태로 나타난다." 인용 부분, 오강남의 『장자』(현암사, 1998), 370쪽 재인용.

187) 김형효는 천예를 '하늘의 어린이'로 해석한다. 설득력 있는 해석이다. 김형효는 이렇게 말한다. "천예는 문자 그대로 '하늘의 어린이'라는 뜻으로 어린이의 생각은 전쟁놀이할 때는 모두가 전쟁놀이에 필요한 장난감이요, 소꿉놀이할 때는 모두가 그의 놀이에 동참하는 벗이 된다. 그래서 어린이는 판단하는 주체가 아니라 모든 것과 동거하는 놀이터이다. 그것을 하늘의 어린이라고 하는 이유는 인간 사유의 선험성을 암시하는 묵시적 의미 작용을 알리기 위해서이다. 요컨대 장자의 제물론은 이성적 판단으로서 만물을 보는 것이 아니라 차연적 관계의 그물로서 만물을 생각하도록 권유하는 발상이다. … 천예의 생각은 곧 놀이의 사고방식이다. 객관적 이성적 판단이 가능한 세계는 범주가 분명하고 그 범주에 따라 사물들의 존재를 질서정연하게 분절하고 구분하는 성질을 지닌다. 그러나 어린이가 노니는 놀이의 세계는 '유용성과 도구성의 이면의 세계, 모든 것이 서로 다른 것에서 자신을 보는 그런 세계'이다. 『노장 사상의 해체적 독법』, 김형효, 339-340쪽.

188) 「제물론」 109. 곽상 註. 天倪者, 自然之分也. 성현영 疏. 天自然也. 倪分也.

포를 찾아보면 '무지개'를 찾을 수 있다. 무지개를 의미하는 '霓(예)'는 '倪(예)'와 그 음이 같다. 통상 선진시대의 어휘 사용법에 '그 소리가 비슷하면 서로 통한다'는 음상사통音相似通의 맥락에서 보면, 예倪를 해석하는 하나의 방법으로 예霓를 취할 수 있다.[189] 이 책에서는 천예를 '아름다운 자연적 조화의 무지개'로 해석하는 것을 취하려고 한다.

요컨대 장자 사유의 맥락에서 보면, 천예는 '자연적인 개별자들의 다양한 조화의 무지개'로 볼 수 있다. 장자의 사유에서 개별자들의 다양한 차이는 무지개처럼 연속된 채로 아름다운 조화로 나타난다. 천예의 조화에는 자연성과 다양성이 포섭되어 있다. 구별하는 것이 무의미한 무지개의 색깔들처럼 '시비'나 '연불연然不然'은 구태여 구별할 필요가 없다. 장오자는 계속 말한다.

> 무엇을 일러 천예로서 조화한다고 하는가. 왈曰 옳은 것이 옳은 것이 아니고, 그런 것이 그런 것이 아니다. 옳은 것이 만일 과연 옳다면 옳은 것이 옳지 않은 것과 다름은 또한 변辯할 것이 없다. 그런 것이 만일 과연 그런 것이라면 그렇지 않은 것과 다름은 당연한 것이다. 화성化聲(변화가 많은 소리, 즉 서로 시비하는 소리)은 상대相待하니, 만일 상대하지 않는다면 천예로서 화和하는 것이요, 만연曼衍으로 인하는 것이니, 궁년窮年의 소이所以이다. 망년忘年 망의忘義하여 무경無竟에 떨친다. 그러므로 무경에 그것을 깃들인다.[190]

옳은 것이 옳은 것이 아니고, 그런 것이 그런 것이 아니다(是不是 然不然). 시是가 절대적으로 옳은 것이라면 옳지 않은 것과의 차이를 변별할 필요가 없다.

---

189) 선진시대 음상사통의 예는 아주 많이 발견된다. 예컨대 女와 汝, 舍와 捨 같은 경우는 서로 호환되어 사용된다.

190)「제물론」108. 何謂和之以天倪. 曰 是不是. 然不然. 是若果是也, 則是之異乎不是也亦無辯 ; 然若果然也, 則然之異乎不然也亦無辯. 化聲之相待, 若其不相待. 和之以天倪. 因之以曼衍. 所以窮年也. 忘年忘義, 振於無竟, 故寓諸無竟.

절대적으로 옳으므로. 연然 역시 절대적으로 연然인 것이라면, 불연不然인 것과 차이를 구별할 필요가 없다. 절대적으로 연然일 것이므로.

성현영이 인용한 가세부家世父의 말에 의하면 "수물이변隨物而變하는 것이 화성化聲인데, 시불시是不是와 연불연然不然은 사람에게 달린 것(在人者也)이다."[191] 이 말은 곧 시불시와 연불연의 근거가 없음을 말하는 것인데, 그 근거 없음의 근거는 우리의 마음에 따라 시불시와 연불연이 이루어진다는 것이다. 마음에서 일어난 것이므로 개별자마다 마음에 따라 다르게 나타나는 것은 필연이고 그 다르게 현현하는 세계를 가지고 시비를 가리는 것은 불가능하고 무의미하다.

화성이란 말 그대로 '바뀌는 소리'이다. 말하는 사람의 시각에 따라 이렇게 도 되고, 저렇게도 되는 소리이다. 일정한 기준 같은 것은 애초부터 존재하지 않기 때문에 변화 그 자체가 본질일 수밖에 없는 우리 인간들의 말이다. 그런데 그 시비하는 소리(化聲)는 상대하여 나타난다. 서로를 대상화하지 않는다면, 그리고 각 개별자의 무지개 같은 조화로운 다양성(天倪)으로 시비를 가리지 않고 시비를 인정하는 것(和), 관계망의 연속적 운동(曼衍)에 따르는 것은 자연으로 받은 생명을 온전히 하는 것(窮年)이다.[192]

우리가 구체적 사태를 만나 이해하고 대처할 때 의존하는 것은 선행하는 지식이나 경험이다. 장자는 선행하는 지식이나 경험을 여의고, 그것과 바로 직면해서 자신의 마음에 비친 세계와의 조우遭遇를 통해 마음과 세계의 연관을

---

191) 「제물론」 109. 성현영 疏. 家世父曰 言隨物而變 謂之化聲. 是與不是 然與不然 在人者也.

192) 〈曼衍〉은 일반적으로 '변화'로 해석한다. 성현영의 이 구절의 疏에서 만연은 '변화'(曼衍猶 變化)라고 하고(제물론 109쪽), 안동림 역시 앞의 책에서 "曼衍은 변화로 만연에 맡긴다는 것은 '모든 것을 변화에 그대로 맡긴 채 자기 이견 따위를 가하지 않음'(85쪽)"이라고 해석한다. 이기서는 "자연의 상관적 관계에 따른 변화"로 해석한다.
〈窮年〉역시 액면 그대로 해석하는 것이 일반적이다. 곽상은 이 구절의 注에서 "性命의 이룸이 저절로 다함(性命之致自窮)(제물론 109쪽)"이라 보고, 안동림은 같은 곳에서 "窮은 다함의 뜻이니, 窮年은 天壽를 다하는 것"이라 해석한다. 여기서는 "자연으로부터 받은 생명을 온전히 하여 다함을 얻는 것"이라고 해석한다.

자각하면서 생사와 시비가 자신의 마음이 생기한 사태임을 알게 된다고 본다. 마음 바깥에 어떤 대상이 실체로 있지 않다는 것(無竟)을 자각하는 것이 중요하다. 연年이란 품부稟賦 받은 수명이다. 생사의 이분법을 버리고 그것을 연속적인 하나의 과정으로 수용하니 망년忘年이다. 의義란 시비를 재단하는 잣대이다. 그러나 이미 시비의 근거를 해체하였으니 망의忘義이다. 이것은 선행하는 시비의 뜻을 버리는 것이다. '천예의 조화'에는 자연성과 다양성이 포섭되어 있다. 장자는 개별자의 다양성을 상존하고, 그 차이를 상온이라는 자연의 실상으로 본다.

3장. 해체의 실용: 현해와 양생

「양생주養生主」편은 우리가 삶의 영위하는 과정에서 피할 수 없이 조우하는 것들을 어떻게 수용하는 것이 "생生을 온전히 하여 기르는 것"인가에 대한 논의이다. '양생주'라는 편명에 대해서 두 가지 해석이 가능하다. 하나는 양생養生의 주主, 즉 "양생의 요체"라는 해석이고, 다른 하나는 '양養'을 동사로 해석하여 '생주生主', 즉 "'생명의 요체'를 기른다"는 해석이다.[193] 이 두 가지 해석 모두 「양생주」편의 내용을 설명하는데 무리 없이 수용할 만하다. 그러나 〈포정해우庖丁解牛〉에서 문혜왕文惠王이 포정의 해우술解牛術을 보고, "양생을 알았다"고 한 말에 근거하여 보면 '양생'을 한 단어로 해석하는 것이 더 설득력이 있다. 요컨대,「양생주」편에서 장자는 우리 삶을 자연 과정의 실상에 따라 온전히 보존하기 위한 "참된 삶의 도道"를 제시한다.

「양생주」편은 세 가지 우화로 구성된다. 첫 번째는 〈포정해우〉이고 두 번째는 〈우사右師의 외발〉이며 세 번째는 〈노담老聃의 죽음〉이다. 이 절에서는 논의의 편의를 위하여 〈포정해우〉 우화가 양생주의 핵심적 요지를 담고 있다고 보아 제일 끝에 배치하여 분석하였다.

제물의 세계, 즉 존재의 실상이 개별자들 간의 조화롭고 평등한 기대 관계의 장場이라 해도, 존재의 실상을 조우하지 못한 우리는 소유 세계에서, 다양한 소유적 가치와 소유적 관계에 불가피하게 얽매여 여러 가지 사태에 부딪히며 산다. 삶을 영위하는 데 있어 피할 수 없이 부딪히게 되는 것 가운데 하나가 바로 '불행한 사태'이다. 우리는 불가피하게 조우하게 되는 불행을 어떻게 받아들여야 하는가. 〈우사의 외발〉은 이에 대한 논의이다. 그리고 불행한 사태만

---

[193] 이 해석은 林雲銘의『莊子因』에서 제출된 것인데, 그는 양생주가 "生의 主를 養함"이라고 풀이하고, 삶이 의지하고 있는 주인, 즉 제물론 편에서 말하는 眞君을 보양한다고 했다. 안동림,『장자』, 89쪽, 재인용.

피할 수 없는 것이 아니다. 우리는 하나의 예외도 없이 죽음을 피할 수 없다. 죽음의 문제는 어떻게 받아들여야 하는가. '노담의 이야기'는 바로 이것을 논의한다. 그리고 장자는 삶에서 조우하는 여러 가지 문제들의 기원이 그것을 문제 삼는 우리들의 마음에 있음을 지적하고, 문제 삼지 않는 마음, 즉 허심虛心의 회복을 통해서 실상과 조우하는 것이 참된 삶의 길임을 제시한다. 장자는 〈포정해우〉를 통해 이 문제를 논한다.

우리 삶의 과정에서 고통으로 다가오는 문제 가운데 가장 큰 것이 자기 자신의 문제라는 데 대부분 동의한다. 그런데 우리가 느끼는 고통의 양은 그 문제들 자체보다는 그 문제들에 우리가 어떤 반응을 나타내는가와 더 많은 관계가 있다. 우리가 그 고통이 사라지길 바라면 바랄수록 그 고통은 더 많은 고통을 야기한다. 그런데 그 반대 또한 마찬가지라는 사실이 중요하다. 즉 우리가 고통스러운 문제들을 우리 삶의, 피할 수 없을 뿐 아니라 자연스러운 한 부분임을 인정하고 그것을 수용한다면 그것은 우리의 어깨 위에서 무거운 짐이 덜어진 것처럼 느껴진다는 것이다.

장자는 바로 피할 수 없는 자연 과정의 실상을 소유적 욕망에 의해 거부하는 둔천배정遁天倍情의 마음이 '거꾸로 매달려 있는 것'과 같은 상태라고 본다. 그리하여 이런 마음을 해체하고, 실상을 자연으로 수용함으로써 거꾸로 매달려 있는 고통에서 벗어날 것을 권한다. 장자는 이를 현해懸解라고 표현하는데, 현해는 문제의 해소를 의미하는 은유이다. 중요한 것은 역시 세상을 거꾸로 보는 마음의 해체이다.[194]

---

194) 장자의 양생은 후대 도교의 불로장생을 위한 內丹·外丹의 도술과는 확연히 다름이 있다. 오히려 도교의 양생술은 悅生惡死하는 소유적 욕망에서 유래한다. 장자식 사유에서 보면 뒤바뀐 사고이고, 해체해야 하는 대상이 된다.

1절. 현해: 해체와 문제의 해소

1. 불행과의 조우: 우사의 외발

우사右師란 송宋의 관직명이다. 육경六卿 중에서도 퍽 높은 직위이다. 그런데 그런 신분에 있던 우사가 불행한 사태를 맞아 발꿈치를 잘려 외발의 신세가 된 것을 공문헌公文軒이 보았다. 가장 높은 자리에 있던 귀인이 형벌을 받아 발이 잘린 채로 있으니 놀라지 않을 수 없고 그 연유를 묻지 않을 수 없다.

> 공문헌이 우사를 보고 놀라 말했다. 이 사람은 누구인가. 어찌하여 외발이 되었는가. 하늘이 그런 것인가, 사람이 그런 것인가. 우사가 대답하여 말했다. 하늘이 한 것이지 사람이 한 것이 아니다. 하늘이 외발이 되게 하였다. 인간의 모습은 다리가 있는 것이니, 이것으로 보면 하늘이 그런 것이지 인간이 그런 것이 아님을 알 수 있다.[195]

공문헌은 묻는다. 자네의 그 '불행한 사태'가 어떤 연유에서인가. 어찌할 수 없는 운명 탓이었는가. 아니면 다른 사람 때문인가. 대체로 우리는 이런 시각에서 불행한 사태를 본다. 왜 그렇게 되었는지. 그 탓이 어디에 있는지. 어디 탓할 데가 있는지를 찾는다. 어쩔 수 없는 사고이거나 피할 수 없는 일이라면 하릴없이 체념하지만, 그 무엇의 탓이라고 한다면 억울하다고 생각한다. 어느 쪽이든 '불행'은 '불행'으로 남는다.

그런데 우사는 답한다. '하늘'이라고. 그런데 우사가 말한 '천天'은 공문헌이 '하늘 탓인가 사람 탓인가'라는 질문에서의 천과 같지 않다. 공문헌의 천이 천인天人의 대립적 구조 위에서 세워진 천인 반면에, 우사의 천은 일어난 모든

---

[195] 「양생주」 125. 公文軒見右師而驚曰 是何人也. 惡乎介也. 天與, 其人與. 曰 天也, 非人也. 天之生是使獨也. 人之貌有與也. 以是知其天也, 非人也.

것을 자연으로 수용하는 허심으로 사태를 받아들이는 천, 즉 천인이 분리되지 않은 자연 과정으로서의 천이다. 우리가 두 발을 지닌 것은 우리의 의도가 아니라 자연이다. 우사가 외발이 된 것 역시 자신이 의도한 것이 아니니 그 역시 자연이다. 어찌할 수 없는 자연은 있는 그대로 받아들일 수밖에 없다.

엄밀히 따져보면, 보통 인간이 두 발을 갖고 있는 것은 필연인 것처럼 보이지만 인간의 의도에서 벗어났을 뿐 아니라 왜 그런지 알 수 없다는 점에서 우연이다. 우리는 자연으로부터 우연히 두 발을 얻었다. 우사의 외발 역시 우연인 것처럼 보이지만 이미 일어났다는 점에서 보면 필연이다. 세상에서 일어나는 모든 일은 연관에 의해 일어나는 우연이고, 각 사건은 그 이유가 없는 것이 없으므로 또 필연이다. 우연과 필연은 즉卽해 있다. 이미 벌어진 사태이니 필연이고, 그 연유를 알 수 없으므로 우연이다.[196) 허심에서 보면 모두 자연 과정이다.

장자의 사유에 따르면, 우연은 실상(reality)의 일부이자, 나아가 실상의 전체이다. 우리는 시작부터 우연의 힘에 의해 형성되었으며, 시작 이후에도 전혀 예기치 않은 일이 우리의 삶에서 어마어마할 만큼 일상적으로 일어난다. 이 예상할 수 없는 것의 존재, 압도적인 곤란과 고통으로 가득한 우리의 경험, 이 순간과 다음 순간에 무언가 일어날지 모른다는 사실(자연의 실상)은 우리가 지녀왔던 세상에 대한 확신을 산산이 부숴버린다. 이 무한 관계에서 무한 변화하는 물화物化 과정에서의 '우연의 힘'이 바로 자연의 실상이라는 것이 장자의 생각이다. 그 어느 것도 고정하거나 확정할 수 없다는 면에서 그렇다는 것이다.

---

196) '우연偶然'의 사전적 의미는 "뜻밖에 일어나는 일"이다. 의도하지 않았거나, 그 원인을 알 수 없거나, 혹은 예기치 않은 일 등을 의미한다. 이에 반해 '필연必然'은 "반드시 그렇게 밖에 될 수 없는 것"이라는 의미이다. 이 작업에서는 "의도하지 않았거나 그 원인을 알 수 없는 일"을 "우연"으로, 그리고 "반드시 그렇게 일어날 수밖에 다른 도리가 없는 사태"를 필연으로 정의하고 사용한다. 그리고 결국 모든 일은 왜 그렇게 일어나는지 알 수 없는 상태에서 관계의 변화에 따라 일어난다는 점에서 '우연'이고, 이미 일어난 일은 되돌릴 수 없으며, 그 외의 다른 사태로 바꿀 수 없다는 점에서 '필연'이라는 입장에서 논의를 전개하고자 한다.

그런 면에서 볼 때, 우리의 삶은 실로 우리의 것, 즉 소유물이 될 수 없다. 그것은 세계라는 연속적 장에 속한 것으로 아무리 우리가 의미를 부여하고 장악하려 애쓴다 해도 우리의 지적, 물리적 역량을 넘어서는 하나의 그물망과 같은 장場에 놓인 그물코인 것이다. 하지만 우리가 그 원인을 모른다는 점에서는 우연이지만, 그 우연이 자연의 실상에 있어서는 거래관계에서 일어나는 필연이다. 즉 우연처럼 보여도 거기에는 자연의 필연성이 개재되어 있다는 것이 장자의 생각이다. 그렇기 때문에 우리는 이 우연을 받아들일 수 있는 마음이 필요하고, '우연'을 있는 그대로 받아들이는 것은 '비어 있는 마음(虛心)'과 연관된다. 우사의 외발 이야기는 불행한 사태를 비추는 거울 같은 마음, 즉 허심虛心을 이루는 것의 중요성을 말하기 위한 것이다.

2. 죽음과의 조우: 노담의 죽음

자연 세계에 존재하는 생명체는 그 어느 것 하나 예외도 없이 '죽음'을 맞이한다. 이 죽음의 문제는 어떻게 대처해야 하는가. 이에 답하기 위해 장자는 이 문제를 다루는 〈노담의 죽음〉 이야기에서 또 다시 해체를 말한다. 그가 해체하고자 하는 것은 거꾸로 매달린 것, 즉 뒤바뀐 사고이다. 실체 아닌 것을 실체로 여기는 사유, 자기 것이 아님에도 자기 것으로 여기거나 민들려고 하는 소유적 사고이다.

우리는 죽음 자체를 두려워하기보다 소유하는 것을 잃을 것을 두려워한다. 생명을 잃는 것에 대한 두려움은 생명조차도 '나의 소유물'로 여기는 소유적 사유에서 비롯된다고 장자는 본다. 장자에 따르면, 이런 죽음에 대한 두려움을 극복할 수 있는 길은 오직 하나밖에 없다. "삶에 집착하지 않는 것" "삶을 소유물로 간주하지 않는 것"이다.

노담이 죽자 친구 진일秦失이 조문을 와서 세 번 곡하고 나갔다. 그런데 한 제자가 그것을 의아하게 여겨 질문하는 것에서 이야기는 시작된다.

노담이 죽자, 진일이 조문을 와서 세 번 곡하고 나갔다.

제자가 묻길, 당신은 선생님의 친구 분이 아니십니까.

그렇소.

그런데 이렇게 조문해도 되는 것입니까.[197]

제자는 스승의 친구분이라면 지인至人일 터인데, 생사를 유기체의 자연적 생성과 소멸 과정으로 보는 지인이 어찌해서 곡을 하느냐고 의아해한다. 이것은 곽상과 성현영식의 해석이다.[198] 안동림은 진일秦失의 문상이 친구임에도 불구하고 문상 절차가 너무 간단했기 때문에 진정이 깃들지 않은 것으로 보고 의아해 한 것으로 본다.[199] 여길보 역시 진일이 간단히 세 번 곡하고 슬퍼하지 않고 나오니 부족하게 여겨 제자가 의아해한 것으로 본다.[200] 완전히 상반된 해석이다. 논자가 보기에는 전자가 더 설득력이 있다. 장자식 생사관에 따르면, 그리고 이야기의 뒷부분을 보면, 진일이라는 자는 죽음을 자연적인 소멸 과정으로 보고 있다. 죽음 자체에 특별한 의미를 부여하지 않는다. 우리 몸의 생사는 인정하지만 그 생사를 실체로 보지는 않는다. 그에게 열생오사悅生惡死하는 것은 거꾸로 매달린 잘못된 생각이다. 오히려 그 상태를 풀어내는 것, 즉 해체가 필요하다고 역설한다.

---

197) 「양생주」 127. 老聃死, 秦失弔之, 三號而出. 弟子曰 非夫子之友邪. 曰 然. 然則弔焉若此, 可乎.

198) 「양생주」 128. 곽상 註. 至人은 無情인데, 다른 사람과 함께 곡하였기 때문에 이래도 되냐는 것이다.(至人無情, 與衆號耳, 故若斯可也)

「양생주」 127. 성현영 疏. 방외지인은 방내의 예를 행하여 조문하고 곡하는 것이 이와 같아도 理에 괜찮습니까. 和光을 이해하지 못하고 이렇게 질문한 것이다.(方外之人, 行方內之禮, 號弔如此, 於理可乎. 未解和光, 更致斯問者也)

199) 『莊子』, 안동림, 현암사, 2002, 98-99쪽.

200) 『莊子義』 呂惠卿 撰. 藝文印書館. 臺北 民國 13년, 41쪽. 원문과 해석은 이렇다. 조문하는 예는 죽음에 곡하여 위로하는데, 세 번 곡하는 것은 부족하기 때문에 제자가 혹시 친구가 아니지 않은가 하고 의심한 것이다. 조문하는 것이 이와 같다면 不可하다.(弔之爲禮 哭死而 弔 生三號則爲不足 此弟子所以疑其非友 弔焉若此爲不可也)

그렇소. 처음 나는 노담의 제자(其人)들이라고 여겼는데 이제 보니 아니구려. 아까 내가 들어가서 조문하며 보니 노인들이 곡하기를 마치 자식을 잃은 듯이 하고, 젊은 이는 곡하기를 마치 어머니를 잃은 듯했소. 저들이 모여 있는 까닭에는 필시 말을 바라지 않으면서도 말하고, 곡하길 바라지 않으면서도 곡함이 있소. 이것은 하늘을 피하고 실상을 배반하는 것이며(遁天倍情), 그 받은 바를 잊은 것이오. 옛날에 이를 일러 하늘을 도피한 벌(遁天之刑)이라 했소. 선생이 세상에 온 것은 선생의 때가 되었기 때문이고, 선생이 간 것은 선생이 때를 따른 것이오. 때에 편안하고 따르는데 처하니 슬픔과 즐거움이 끼어들 데가 없소. 옛날에 이를 일러 제帝의 현해懸解라 했다오.201)

여기서도 '기인其人'을 노담으로 보는가 아니면 문상 중 곡哭하고 있는 중인 衆人으로 보는가에서 해석이 엇갈린다. 성현영과 곽상은 기인을 문상 중인 자들로 본다. 문상 중인 제자들이 노담의 가르침을 받았으므로 죽음을 자연스러운 물화物化의 과정으로 받아들일 것으로 생각했는데, 직접 와서 이토록 애통해하는 것을 보니 잘못 본 것이라는 해석이다.202) 안동림은 기인을 노담으로 본다. 노담을 생사에 달관한 지인至人으로 알았는데, 남아 있는 사람들이 이리 애통해하는 것을 보니 그렇지 않다는 실망감의 표현이라는 것이다. 여길보 역시 그렇게 본다.203)

---

201) 「양생주」 128. 曰然. 始也吾以爲其人也, 而今非也. 向吾入而弔焉, 有老者哭之, 如哭其子, 少者哭之, 如哭其母. 彼其所以會之, 必有不蘄言而言, 不蘄哭而哭者. 是 (遯) [遁]天倍情, 忘其所受, 古者謂之遁天之刑. 適來, 夫子時也. 適去, 夫子順也. 安時而處順, 哀樂不能入也, 古者謂是帝之縣解.

202) 「양생주」 128. 성현영 疏. 秦失이 처음 들어와 조문할 때 곡하는 자들을 일러 방외의 문인이라 하였는데, 그들이 지나치게 애통해하는 것을 보고, 노군의 제자가 아님을 알았다. 秦失初始入弔, 謂哭者는 方外門人, 及見哀痛過, 知非老君弟子也. 곽상 註. 物의 情에 앞서 지나치게 은혜를 베푸는 것은 理에 맞지 않게 가는 것인 고로 이렇게 심하게 아끼는 것을 싫어한 것이다. 嫌其先物施惠, 不在理上往, 故致此甚愛也.

그런데 기인을 노담으로 보는 견해는 노담을 폄하하는 경향을 보인다. 노담이 지인인 줄 알았는데 아니라고 하는 실망감을 드러낸다. 그러나 노담은 이미 죽은 자이다. 죽은 자가 죽기 전에 제자들을 잘못 가르쳐서 문상하는 이들이 혈육을 잃은 듯 지나치게 운다고 비판하는 해석은 별로 설득력이 없다. 이미 죽은 자를 탓해 무엇 하며, 문상하는 이들이 우는 것이 어찌 죽은 자의 탓이겠는가. 진일이 하고자 하는 말은 생사에 관한 소유적 사유를 걷어내라는 것일 터이니, 노담을 깎아내려 얻는 효과가 있을지 의문이다. 기인을 중인으로 보는 견해는, 제자들에게 그리 애통하게 울 일이 아닌데 울고 있다고 하면서 한 수 가르침을 펴는 것으로 보면 다소 규격에 맞는다.

어쨌든 이 이야기에 있어, 제자가 의문시한 것이 진일이 슬퍼한 것이든, 슬퍼하지 않은 것이든, 또 기인其人을 노담으로 보든 노담의 제자로 보든, 장자가 하고픈 말은 진일의 입을 통해 전해지기 때문에 별로 문제 삼을 필요는 없을 것 같다.

진일의 입을 통해 장자는 말한다. 둔천배정遁天倍情하지 말라. 죽는 것은 죽는 것이 아니라 물화일 뿐이고, 자연스러운 유기체의 소멸 과정이다. 그 실상을 수용해야 한다. 우리가 죽음을 자연으로 받아들이든 받아들이지 않든 죽음을 향해가고 있다는 것은 달라지지 않는다. 오직 그 존재 과정의 실상을 거부하는 우리의 마음이 형벌과 같은 고통(遁天之刑)을 받을 뿐이다.

에피쿠로스(Epikouros, B.C.342-B.C.271)에 따르면 우리가 죽음을 두려워하는 것은 부조리하다. 죽음은 우리와 아무런 상관이 없다는 것이다. 왜냐하면 우리가 존재하는 한 죽음은 아직 오직 않은 것이며, 만약 죽음이 와 있다면 우리는 이미 존재하지 않기 때문이라는 것이다.[204]

---

203) 안동림, 여길보, 같은 책, 같은 곳.(주 163, 164)
204) Diogenes Laertius X 125. 『소유냐 존재냐』, 에리히 프롬, 까치, 2005, 174쪽 재인용. 에피쿠로스는 죽음과 신들에 대한 공포를 인류로부터 제거하려 하였다. 죽음이란 인체를 구성하는 원자의 산일(散逸)이며, 죽음과 동시에 모든 인식(자기)도 소멸한다. 신들도

우리가 두려워하는 것은 죽음 자체이기보다는 소유하고 있는 것을 잃을 것에 대한 두려움이다. 자아, 재산, 그리고 자기 몸을 잃을 것에 대한 두려움이며, 자기를 확인할 수 없는 심연에서 '상실'을 직시하는 것에 대한 두려움이다. 소유적 사유에 따라 살아가는 한 우리는 죽음을 두려워하지 않을 수 없고 그 어떤 합리적 설명도 그 두려움에서 풀어줄 수 없다. 죽음을 이기는 길은 존재의 실상을 마주하는 것이다. 자아에 대한 집착에서 벗어날수록 그만큼 죽음에 대한 두려움도 줄어든다. 우리는 잃을 것을 실체로써 갖고 있지 않음을 자각하게 되기 때문이다. 이것을 깨닫는 순간 '자아'는 해체된다.

과거, 미래, 현재라는 시간 개념은 육체적 실존으로 인해 불가피한 요소이다. 유한한 존재로서 시간으로부터 도망칠 수 없다. 노화와 죽음은 피할 수 없다. 그러나 시간과 시간에 따르는 변화를 존중하는 것과 그것에 굴복하는 것은 다르다. 소유적 욕망이 지배적일 때는 존중이 굴복으로 변한다.

소유하고 있는 것, 그리고 육신을 잃는 것에 대한 두려움, 에피쿠로스의 말에 따르면 부조리한 두려움은 장자식 표현을 빌리면 둔천배정이다. 피할 수 없는 자연의 과정에서 도피하고자 하는 것이며, 자연의 실상을 등지는 것이다. 때가 되어 왔고 때가 되어 간 것이니 이는 물화이다. 물화를 거부하고 생사에 집착해 보았자 실상은 달라지지 않는다. 오히려 집착하는 자의 고통이자 아픔일 뿐이다. 희초리로 맞는 것과 같은 스스로 일으킨 이 고통을 장자는 둔천遁天의 형벌이라고 표현한다.

둔천배정하지 않고 죽음을 자연의 과정으로 수용하는 것을 장자는 거꾸로 매달린 상태에서 해방되는 것, 즉 현해懸解라고 한다. 현해하게 되면, 자연의

인간과 동질의 존재이며 인간에게 무관심하다. 인생의 목적은 쾌락의 추구에 있는데, 그것은 자연적인 욕망의 충족이며, 명예욕·금전욕·음욕(淫慾)의 노예가 되는 것은 아니라는 주장을 폈다. 공공 생활의 잡답(雜踏)을 피하여 숨어서 사는 것, 빵과 물만 마시는 질박한 식사에 만족하는 것, 헛된 미신에 마음이 흔들리지 않는 것, 우애(友愛)를 최고의 기쁨으로 삼는 것 등이 에피쿠로스가 주장하는 쾌락주의 골자였다.

변화과정을 거울처럼 비추는 마음 상태(虛心)를 회복하기 때문에 안시처순安時處順하고 그 결과 기쁨과 슬픔에 대한 최대한의 수용력을 갖게 되어 그것에 동요되지 않는다. 곽상은 존재의 실상을 얻은 것이 바로 현해이며, 뒤바뀐 우리의 마음을 해방하는 것, 이것이 양생養生의 요要라고 본다.[205]

이어서 장자는 〈장작불 이야기〉를 통해 생사의 연속성을 논하며, 죽음은 끝이 아니라 새로움의 시작임을 말한다. 이야기는 간단하다.

> 손가락이 섶(장작)을 대는 일을 다 한다면, 불이 전해지는 것은 끝날 줄을 모른다.[206]

곽상은 '손으로 땔감을 계속 집어넣으면 불을 끝없이 탄다'고 해석하고, 성현영은 '계속 땔감을 넣으니 앞의 섶이 비록 다 타도 뒤의 섶이 이어지니 전후가 이어져 불이 꺼지지 않는다'고 해석한다.[207] 레게(J. Legge)는 장작에 불을 지펴 그것이 다 타는 것을 확인해도 불 자체는 장작이 있는 한 계속 탄다고 해석한다.[208] 또 이현주는 '손으로 밀어 넣는 장작은 타서 없어지지만 불은 이어져 그 끝을 모른다'고 해석하여 육신은 다해도 물화는 계속된다고 해석한다.[209]

자구에 대한 해석에는 다소 차이가 있지만, '꺼지지 않고 계속 되는 불'에

---

205)「양생주」129. 곽상 註. 懸解는 性命의 情(실상)을 얻은 것이다. 이것이 養生의 要이다(縣解而性命之情得矣. 此養生之要也).

206)「양생주」129. 指窮於爲薪, 火傳也, 不知其盡也.

207)「양생주」130. 곽상주 窮, 盡也. 爲薪, 猶前薪也. 前薪以指, 指盡前薪之理, 故火傳而不減. 心得納養之中, 故命續而不絶, 明夫養生乃生之所以生也. 성현영소. 言人然火, 用手前之, 能盡然火之理者, 前薪雖盡, 後薪以續, 前後相繼, 故火不減也. 亦猶善養生者, 隨變任化, 與物俱遷, 故吾新吾, 曾無係戀, 未始非我, 故續而不絶者也.

208)『莊子』, 안동림, 100쪽 재인용.

209)『莊子산책』, 이현주, 다산글방, 1999, 148쪽.

대한 해석은 공통적이다. 장자의 이 이야기에서 주목할 부분은 두 가지이다. 하나는 불은 계속 새롭게 탄다는 것이고, 다른 하나는 연속된다는 것이다. 이것은 죽음이 끝이 아니라는 것을 말하기 위한 은유인데, 죽음이란 불타는 장작에 지나지 않는다. 불은 계속 이어진다. 보이는 육신은 타서 없어져도 불이 계속되는 것처럼 물화는 계속 이어지고 새로운 생生으로 거듭난다는 것이다. 하지만 이 생의 연속성과 거듭남을 받아들이기 위해선 '나'라는 고정된 의식이 해체되어야 한다.

장자의 사유에 따르면, 세상은 언제나 새롭다. 고정된 것은 어디에도 없다. 한 번도 제자리에 머물러 있지 않은 것이 생의 과정이다. 마치 끝없이 타오르는 불과 같다. 생이란 형성과정이고 소멸 과정이며, 이것이 다시 생성되는 과정을 거치는 부단한 과정이다. 고정할 수 없으며, 단정할 수 없고, 실체화할 수 없고 대상화할 수 없다. 생사는 가장 전형적인 존재의 자연 과정이다. 이것이 장자가 〈섶 이야기〉를 〈노담 이야기〉 뒤에 배치한 의도인 듯하다.

2절. 양생의 길(방법): 실상과 조우하는 포정의 해우술

〈포정해우〉는 「양생주」 편의 이야기 가운데 첫 번째로 등장하는 이야기이다. 본 작업에서는 「양생주」 편에 대한 전체적인 구성을 조직하는 과정에서 이 이야기를 2절에 재배열하였다. 앞서 〈외발 우사의 이야기〉와 〈노담의 죽음〉이 삶의 과정에서 피할 수 없이 조우하게 되는 사태를 다룬 것이라면, 포정해우는 양생의 도道를 제시하는 양생주의 핵심을 이루는 이야기이다.

〈포정 이야기〉에는 포정庖丁이라는 백정이 신기神技에 가까운 솜씨로 소를 해체하는 이야기이다. 이 이야기에 대해서는 여러 가지 시각에서 해석할 수 있지만,[210] 이 책의 전체적 맥락 속에서는 포정해우庖丁解牛를 '존재의 실상과의 만남에서 누리는 자유롭고 활달한 소통'이라는 시각에서 보아, 저항과 걸림

투성이의 소유 세계를 도에 따라 살아가는 것이 어떤 것인지를 포정의 은유를 통해 제시한 것으로 해석하고자 한다. 즉 포정의 소의 해체는 허심으로 생사生死 궁통窮通의 결을 떼어내고, 굳어 있는 관념을 해체하여 실상과 만나는 것을 비유하는 것으로 보겠다는 것이다.

이 이야기에 함께 등장하는 문혜군은 포정의 이야기를 듣고 난 후, 포정을 통해 양생의 도를 얻었노라고 한다. 장자는 이 이야기를 통해 삶을 영위하는 도를 제시한다. 포정 이야기는 양생의 핵심을 보여주는 양생주의 하이라이트에 해당하는 이야기이다.

> 포정이 문혜군文惠君을 위하여 소를 잡는데, 손으로 잡고, 어깨를 기울이고 발로 밟고 무릎을 구부리면서 칼질하는 소리가 서걱서걱 그 중음中音하지 않는 것이 없었다. 마치 상림桑林의 춤에 부합하는듯 했으며, 경수經首의 회會에 맞는 것 같았다. 문혜군이 말하였다. "아! 훌륭하구나. 기술이 여기에 이르렀구나."211)

포정이 소를 해체하는 모습이 마치 무당이 대를 잡고 신명神明을 내는 것처럼 자유롭고 활달하다. 마치 음악에 맞추어 춤을 추는 듯하다. 문혜군은 포정의 솜씨에 감탄을 금하지 못한다. 곽상은 포정이 부드럽고 시원하게 소를 해체하는 것은 이理에 맞게 한 것이라고 본다.212) 이理는 옥玉의 결이니, 말하자면

---

210) 그 가운데 주목할 만한 두 가지 해석이 있다. 하나는 이 이야기를 이론적 확실성과 실제적 확실성의 문제를 다룬 것으로 보는 것이고, 다른 하나는 장자의 언어관을 이해하는 단서로 보는 것이다. 전자는 이승종의 견해이고, 후자는 김성태의 주장이다. 전자는 앞의 책, 406쪽. 후자는「『莊子』 언어관」,『철학 45집』, 서울, 한국철학회, 1995, 18쪽 참조.

211)「양생주」117-118. 庖丁爲文惠君解牛, 手之所觸, 肩之所倚, 足之所履, 膝之所踦, 砉然嚮然, 奏刀騞然, 莫不中音. 合於桑林之舞, 乃中經首之會.文惠君曰 譆, 善哉. 技蓋至此乎.

212)「양생주」118. 그 便으로 인하여 巧를 베풀어 틈을 해체하지 않음이 없으니 理를 다한 것이 심함을 말한다. 이미 소의 理에 마땅하게 하였으니 또한 음절에 합치하는 것 같은 것이다. 곽상 註. 言其因便施巧, 無不閑解, 盡理之甚, 旣適牛理, 又合音節.

포정 해우술의 요체는 결에 따르는 것이다. 여기서 결, 즉 이理란 성리학의 형이상학적 본체로서의 이理라는 고정된 의미와는 달리, 그 사물이 갖고 있는 내적 흐름, 다시 말해 각득기의各得其宜의 고유성을 지시하는 것이리라. 오이도 결에 따라 자른 것과 깍둑깍둑하게 썬 것은 맛도 다르고 느낌도 다르다. 결을 가진 것들은 결만 잘 다루어주면 찢어지듯 떨어져 나온다. 이미 떨어질 준비가 되어 있는 것에 약간의 자극만 주는 것이라 할까. 결이란 곧 자연적 구분이다. 연속되어 있지만 구분되어 있는 결, 그 결을 따르는 것이 우리가 할 수 있는 경계 구분의 최대치임을 장자는 말한다. 즉 자연에 가할 수 있는 최적의 인위人爲는 바로 결에 따르는 것이라는 의미이다. 결에 따르는 것은 횡절橫截하지 않는 것이다.

감탄스런 소의 해체를 마치고, 포정은 자신이 좋아하는 것은 도道이며, 이 도는 문혜군이 말하는 기技보다 한결 더 나아간 것이라고 말하며, 자신의 해우술을 설명하고, 이를 들은 문혜군은 포정의 해우술을 통해 양생의 요체를 얻었노라고 기뻐한다.

> 포정이 칼을 내려놓고 대답하기를, 신臣이 좋아하는 것은 도道입니다. 기技에서 더 나아간 것입니다. 처음 신臣이 소를 잡을 때에, 보이는 것이 소가 아닌 것이 없었습니다. 삼년이 지나자 소의 전체 모습은 보이지 않게 되었습니다. 그리고 지금 신臣은 신神으로 소를 대할 뿐 눈으로 보지 않습니다. 감관의 지각이 멈추자 신神이 작용합니다. 타고난 결에 따라(天理) 큰 틈새를 치고, 빈 곳을 따라서 본래 그러함을 따를 뿐(因其固然)입니다.[213]

포정의 칼은 포정의 손인 동시에 포정이 세상을 보는 시각이자 태도라고

---

213) 「양생주」 119. 庖丁釋刀對曰 臣之所好者道也, 進乎技矣. 始臣之解牛之時, 所見無非〔全〕牛者. 三年之後, 未嘗見全牛也. 方今之時, 臣以神遇而不以目視. 官知止而神欲行. 依乎天理, 批大郤, 導大窾, 因其固然.

할 수 있다. 포정이 처음 소를 잡을 때는 보이는 것마다 뼈와 살이 엉겨 있는 소로 보였다. 삼 년이 지나자 소의 전체 모습은 보이지 않고, 소의 뼈와 고기의 결이 보이고, 그 사이의 유간有間한 틈이 보이기 시작했다. 좀 부연하자면, 처음 에는 소가 하나의 고정된 대상화된 실체로 보였었는데, 시간이 흐르자 그 소의 엉겨있는 뼈마디와 고깃살 너머의 틈, 즉 연속성 속에서의 각득기의各得其宜의 자연적 구분인 결이 보이기 시작한다. 이미 대상화가 소멸하고, 자신과의 연속성이 드러난다. 연속성 속에서 '무아無我'에 들자, 보이는 것에 매이지 않게 되고, 소의 타고난 결(天理)과 그 실상이 보이기 시작한다. 즉 신이 작용하기 시작한 다. 포정은 이를 그 '고유성을 따라 했을 뿐(因其固然)'이라고 말한다. 그러자 소는 소대로 해체되고, 포정의 칼은 칼대로 자유를 얻는다.

> 뼈에 살이 붙어 있는 곳을 지날때도 일찍이 걸리지 않았는데 하물며 큰 뼈에 있어서 이겠습니까. 좋은 칼잡이도 1년이 지나면 칼을 바꾸는 것은 (뼈와 살을) 가르기 때문입니다. 평범한 칼잡이가 한 달이 지나면 칼을 바꾸는 것은 칼을 꺾기 때문입 니다. 지금 신臣의 칼은 십구 년이나 지났고, 수천 마리의 소를 해체했지만 칼날이 마치 이제 막 숫돌에 간 것과 같습니다. 저 뼈의 마디에는 틈이 있어서 칼날에는 두께가 없습니다. 두께가 없는 칼로 그 틈을 가르면 널찍하여 칼을 놀리는데 반드시 여유가 있습니다. 이런 까닭에 십구 년이 지났어도 칼날이 숫돌에 간 듯 새로운 것입니다. 비록 그렇다 해도 매번 뼈와 살이 엉킨 곳에 이르면 저는 그것이 어려운 일임을 보고 놀라 경계하며 시선을 고정하고 천천히 행동합니다. 칼을 움직이는 것이 심히 미세하며 뼈에서 살이 떨어져 나가는 것이 마치 흙무더기가 떨어지는 것과 같습니다. 칼을 든 채 일어나 사방을 둘러보고 잠시 머뭇거리다가 흡족한 마음 이 들면 칼을 닦아 칼집에 넣습니다. 문혜군이 말하였다. 훌륭하도다. 내가 오늘 포정의 말을 듣고 양생을 얻었노라.214)

---

214) 「양생주」 119. 技經肯綮之未嘗, 而況大軱乎. 良庖歲更刀, 割也. 族庖月更刀, 折也. 今臣之刀十九 年矣, 所解數千牛矣, 而刀刃若新發於硎. 彼節者有間, 而刀刃者無厚. 以無厚入有間, 恢恢乎其於

포정은 19년 동안의 연마를 통하여 소의 뼈마디와 고깃살을 넘어선다. 뼈마디와 고깃살 역시 은유이다. 포정의 칼에 대비되는 뼈마디와 고깃살은 곧 우리의 삶에서 봉착하게 되는 온갖 장애와 저항의 은유로 생각해 볼 수 있다. 뒤바뀐 실체 관념과 언어가 빚어내는 가상의 장애물들이 해소된다. 뼈마디와 고깃살은 결코 제거되거나 없어지지 않는다. 없어지는 것은 저항과 마찰이다. 즉 더 이상 문제가 되지 않는다. 포정이 말하는 양생의 도는 "삶의 문제의 해결은 이 문제가 소멸됨에서 감지된다"는 비트겐슈타인의 말과도 통한다.215)

포정의 말에 따르면, 뼈마디에는 틈이 있지만(有間) 칼날에는 두께가 없다(無厚). 두께 없는 것으로 틈 있는 것에 들어가니, 칼날이 노니는 것에 여유가 있다. 그래서 19년이나 쓴 칼이 새로 숫돌에 간 것처럼 예리하다.

'두께 없는 칼날'이 여유 있게 소의 틈 사이를 노니는 것은 허심한 마음이 여유 있게 세상을 소요하는 것에 대한 유비이다. 허심으로 응할 때 하루 종일 행하고도 마음에 자취를 남기지 않는다. 거울처럼 비출 뿐이기 때문이다. 그리고 허심은 마치 바람이 그물을 손상 없이 통과하는 것처럼 부딪치지 않는다. 무후無厚한 칼날이 소뼈마디와 근육의 결을 손상 없이 통과하는 것처럼, 허심은 세상의 복잡한 이해관계(族)를 자취 없이 헤쳐 나갈 수 있다. 장자는 포정의 입을 빌려, 허심의 이러한 공능을 신神으로 표현한다. 신神으로 실상과 조우한다. 감관을 폐하는 것은 보고 듣는 것에 매이지 않음이고, 보고 듣는 것에 매이지 않음은 보이고 들리는 것을 실체로 여기지 않음이다. 무후한 칼날에 자취가 없음은 무심한 마음, 즉 허심에 자취가 없음의 비유이다.

그렇지만 칼을 댈 적마다 일의 어려움을 알기 때문에 두려움으로 삼가 경계하며, 한눈팔지 않고 천천히 행동하면서, 세밀하게 칼질하면 흙덩어리가 땅에

遊刃必有餘地矣. 是以十九年而刀刃若新發於硎. 雖然, 每至於族, 吾見其難爲, 怵然爲戒, 視爲止, 行爲遲. 動刀甚微, 謋然已解, 如土委地. 提刀而立, 爲之四顧, 爲之躊躇滿志, 善刀而藏之. 文惠君曰 善哉. 吾聞庖丁之言, 得養生焉.

215) 『논리 철학 수고』, 비트겐슈타인 6. 521. 이승종 앞의 논문 406 재인용.

떨어지듯 살덩어리가 떨어진다고 포정은 말한다. 즉 허심으로 실상과 조우하는 일이 완전한 수동의 방심放心으로 사는 것을 의미하는 것이 아님을 말한다. 언제나 족族(살이 엉긴 곳)을 만날 수 있고, 삶의 어려움이 있다는 것을 알기에 포정은 경계하고 집중하며 느리게 행하고 섬세하게 칼을 놀린다. 이런 신중한 포정의 손놀림은 부득이不得已한 용심用心의 표현이고, 그 결과는 언제나 중中이다. 부득이한 마음에 대해서는 「인간세」의 〈부득이양중不得已養中〉에서 자세히 논할 것이다.

4장. 해체와 인간의 역사 세계: 인간세

장자의 사유 여정을 따라가다 보면 피할 수 없는 질문에 봉착하게 된다. "그렇다면 인간의 역사는 어떻게 되는 것인가." 장자는 세상을 구하기 위한 정답을 제출하며 겨루는 사람들을 비판하긴 하지만 그 문제들을 무시하진 않는다. 장자는 둔천遁天도 거부하지만 둔세遁世 역시 거부한다. 둔천이든 둔세이든 이분법적 구조에서 나온 택일적인 사유, 즉 유위有爲적 사고이기 때문이다. 궁극적으로 장자에게 인간의 역사 세계가 중요하지 않은 것은 아니다.216)

이 문제에 대한 논의는 「인간세」에서 집중적으로 다루어지고 있는데, 여기서 가장 자주 등장하는 인물은 중니仲尼라고 칭해지는 공자와 그의 제자들이다. 이들이 자주 등장하는 이유 역시 「인간세」라는 제명과 유관하다. 그러나 대체로 공자의 입을 통해 제시되는 답변은 소유 세계의 질서에 의거하지 않는다. 오히려 소유적 사유에 근거한 세계 질서를 다시 돌아보고 검토하고 해체하는 계기를 제공하는 하나의 장치, 즉 우화로 활용한다. 「인간세」 편 역시 자체의 플롯을 가지고 있다. 「인간세」 편은 여섯 개의 우화로 구성되어 있다. 첫 번째 이야기는 자발적으로 세상을 구하고자 하는 〈안회顏回 이야기〉이고, 두 번째는 부득이하게 인간 역사에 깊이 개입해야 하는 문제에 봉착한 〈섭공葉公 이야기〉이다. 세 번째 이야기는 불가피하게 무도無道한 군주를 보필하면서 고뇌하는 〈안합顏闔 이야기〉로 이어진다. 그리고 네 번째와 다섯 번째는 역사 세계에 살면서도 소유 세계의 질서에 매이지 않음(無用)으로써 온전히 생生을 보존하는

---

216) 「인간세」 편이 '인간 역사 세계'의 문제를 다루는 것이라는 주장은 학자들의 일반적인 견해이다. 그런데 문제는 이를 '처세법' 혹은 '처세훈' 정도로 해석한다는 데 있다. 예컨대, 오강남은 그의 저서 『장자莊子』에서 「인간세」 편은 "복잡하고 비정한 사회 정치적 상황에서 어떻게 사는 것이 개인적으로 훌륭하게 자유롭게 사는 것인지를 보여주는 것"이라고 본다.(167쪽) 그리고 안동림 역시 그의 저서 『장자莊子』에서 '처세의 방법을 구체적으로 말하는 것'이라고 본다.(101쪽)

〈산목散木 이야기〉와 〈지리소支離疏 이야기〉가 이어지다가, 여섯 번째는 부득이不得已에 따르지 않고 인간 역사를 구하려는 행위 자체가 허구적임을 논하는 〈광인狂人 접여接輿 이야기〉로 마무리된다.

인간 역사 세계에 대해 장자가 논하는 「인간세」의 핵심 메시지는 아마도 〈부득이〉와 〈양중養中〉으로 요약될 수 있을 것 같다. 첫 번째 〈안회 이야기〉에서는 안회顏回가 자발적으로 무도한 위나라를 구하고자 길을 떠나겠다고 하자, 공자가 거듭해서 계속 만류를 하다가 심재心齋를 권한다. 그리고 안회가 심재를 했다고 하고 그 공효를 말하니, 이제 되었다며 위나라에 가도 좋다고 한다. 그리고 결론에 말하길 〈부득이〉에 맡기라 한다. 두 번째, 〈섭공 이야기〉에서는 자발적인 정치 참여를 원하던 안회와 달리 피할 수 없이 사신의 업무를 맡은 섭공의 이야기가 나오는데, 여기서 공자는 피할 수 없는 것은 명命이니 가는 것이 좋겠다고 한 후 〈부득이〉에 맡겨 〈양중〉하라고 한다. 그리고 계속되는 이야기에서도 인간세의 피할 수 없는 여러 가지 일들은 부득이의 원칙에 따라야 한다는 전제에서 논의를 편다.

여기서 우리가 중심적으로 보아야 하는 것은 이 〈부득이〉를 어떻게 해석하는 것이 온당한가이다. 인간의 역사 세계에서 '부득이'의 원칙을 따라야 할 문제라면 '인간의 역사 세계를 유지하는데 피할 수 없는 문제의 해결'을 위해 어쩔 수 없이 따라야 하는 문제 상황일 터이고, 그 문제의 요체는 다양하게 펼쳐지는 개별자들의 상이한 시각과 욕망의 조정이자, 질서일 것이다. 이를 위해서는 개별자들 간에 최소한의 공통적인 시각이 필요하다. 그렇게 본다면 이 〈부득이〉란 어쩔 수 없이 상황에 따라 요구되는 '최소한의 합의'를 가리키는 것으로 볼 수 있다. 이 '최소한의 합의'라는 것은 법이나 제도, 관습, 규약 등으로 표현될 것인데, 요약하면 법과 문화 시스템이리라. 그런데 우리가 속해 있는 공동체의 법과 문화 시스템이 '부득이'의 요청에 따른 '최소한의 합의'이었다는 사실을 망각하고 각자의 '이익'을 추구하는데 얼마나 몰두해 왔는지는 고금의 역사가 보여주고 있다. 장자는 바로 이것을 개탄하고 있는 것이 아닐까.

언제나 장자의 사유를 좇다 보면 이 문제에서 비껴갈 수가 없다. 장자는 인간 역사에 매이는 것을 경계하지만 역사 자체를 부정하지 않으며, 세속의 처세훈을 말하는 것은 아니지만 비현실적인 이상론을 펴는 것도 아니다. 역사 속에 파묻혀 자신의 실상을 잃고 눈먼 군중으로 휩쓸려 다니는 것도 경계하지만 역사를 무시하거나 외면할 것을 권하지 않는다. 발을 끊으라는 것이 아니라 발자취를 남기지 말라는 것이다. 온종일 행하고도 자취를 남기지 않는 것처럼. 먼저 첫 번째 이야기인 〈안회 이야기〉에서 시작하자.

1절. 세상을 구하려는 것은 세상을 어지럽히는 것

1. 익다: 세상을 구하려는 〈안회 이야기〉

안회가 중니仲尼에게 유세遊說를 떠나겠다고 말한다. 목적지는 위衛나라인데, 현재 안회의 눈에 비친 위나라는 무도無道한 세상이다. 지도자는 포악하고 백성은 도탄塗炭에 빠져 있다. 그러니 위나라를 구하기 위해선 떠나야겠다는 것이 안회의 생각이다.

> 안회가 중니를 만나, (유세 길에) 떠날 것을 청하였다.
> 공자가 말하길, 어딜 가려느냐.
> 안회가 말하길, 위나라에 가려고 합니다.
> 거기에 가서 무엇을 하려고 하느냐.
> 안회가 말하길, 제가 듣건대, 위나리 군주는 그 나이가 장성한데 그 행동이 독단적이고 경솔하게 국가의 권력을 쓰고 있으면서 자신의 허물을 보지 못하고, 백성들의 죽음을 가볍게 생각하여 죽은 자를 나라의 연못에 비견하여 보면 마치 연못을 덮고 있는 파초와 같은데, 백성들은 갈 데가 없습니다. 제가 일찍이 선생님께 듣건대,

치국治國에서는 떠나고, 난국亂國에 나아가라. 의원의 집 문에는 환자들이 많이 모이게 마련이라고 하셨습니다. 원컨대 그 들은 바의 내용을 실행하여 보고자 생각한 것인데, (그렇게 하면) 그 나라가 좀 나아지지 않겠습니까.217)

장자의 이 우화는 대담한 발상을 지니고 있다. 물론 이 우화는 허구이다. 유가儒家의 대가 두 사람을 끌어다가 명분名分을 내세우는 것을 비판하고, 허심虛心과 무위無爲를 선전하게 한다. 인간의 역사를 유도有道와 무도無道로 나누고 무도한 세상을 바로잡아 유도한 세상으로 만들고자 하는 이상주의는 유가의 핵심이다. 그런 의미에서 안회가 공자에게 배운 대로, 어리고 불쌍한 백성을 긍휼矜恤히 여기는 의원의 마음을 발동하여 파사현정破邪顯正하는 선정善政에 대한 포부를 밝힌 것은 당연한 일일 뿐 아니라 스승의 칭찬을 받을 만한 일이다. 그런데 스승은 뜻밖에도 그렇게 한다면 형벌을 받게 될 뿐이라고 하며 반대한다. 반대하는 이유가 무엇일까. 재앙을 입게 될 것이라는 그 이유이다.

중니가 말하길, 아! 아마 네가 간다면 형벌을 받게 될 뿐일 것이다. 도道란 잡雜해서는 안 된다. 옛날 지인至人은 먼저 자기가 갖추어야 할 것(德)부터 갖추고 난 연후에 남도 갖추게 했다. 자기에게 있는 것(德)도 안정되지 않았는데, 어느 겨를에 포악한 사람의 행동에 간섭하겠는가. 또 너는 덕德이 어디에서 흐려지고 지知가 어디에서 나오는지 아는가. 덕은 명예를 추구하는 데서 흐려지고 지는 다툼에서 나온다. 명名이란 알력軋轢하는 것이고 지는 다툼의 무기이다. 이 두 가지는 흉기이니 극진히 행할 것이 아니다.218)

---

217) 「인간세」 131-132. 顔回見仲尼, 請行. 曰 奚之. 曰 將之衛. 曰 奚爲焉. 曰 回聞衛君, 其年壯, 其行獨, 輕用其國, 而不見其過, 輕用民死, 死者以國量乎澤若蕉, 民其無如矣. 回嘗聞之夫子曰 治國去之, 亂國就之, 醫門多疾. 願以所聞思其則, 庶幾其國有瘳乎.

218) 「인간세」 134-135. 仲尼曰 譆. 若殆往而刑耳. 夫道不欲雜, 雜則多, 多則擾, 擾則憂, 憂而不救. 古之至人, 先存諸己而後存諸人. 所存於己者未定, 何暇至於暴人之所行. 且若亦知夫德之所蕩而知之所爲出乎哉. 德蕩乎名, 知出乎爭. 名也者, 相(札)軋也. 知也者, 爭之器也. 二者凶器, 非所以

장자는 중니의 입을 빌려, 결과적으로 재앙을 입게 되는 첫 번째 근거로, 아직 '자신이 갖춰야 할 것도 갖춰지지 않았다는 것'을 든다. 자신의 것도 안정되지 않았는데 어떻게 남의 문제를 간섭할 수 있느냐는 것이다. 여기서 스승이 말하는 '자기에게 갖추어야 할 것(所存於己)'은 무엇을 말하는가. 우리는 여기서 「인간세」의 다음 편인 「덕충부德充符」에 등장하는 덕충자德充者들을 떠올릴 필요가 있다. 덕충자는 도道를 얻은 자, 즉 지인至人의 또 다른 표현이라 볼 수 있다. 그렇게 볼 때, '자기에게 갖추어야 할 것'은 곧 도이고, 도가 개별자의 마음에 깃든 것을 곧 덕德이라 볼 수 있다. 말하자면, 허심으로 비추는 마음의 덕을 얻은 연후에야 비로소 타인의 문제에 간섭할 수 있다는 것이다.

그리고 나서 스승은 그럼에도 불구하고 유세를 나서는 이유를 밝혀 안회에게 충고한다. 장자는 스스로 깨달은 바도 없으면서 남을 가르치려 하는 마음을 품는 까닭은 바로 명名과 지知를 추구하기 때문이라고 본다. 즉 '아我'의 의식이 강한 것이다. 그런데 이 두 가지는 유가의 주요한 덕목이다. 그러나 장자가 보기엔 이 명과 지는 남에게도 재앙을 입히고 자신도 재앙을 입는다는 점에서 문제가 된다. 장자는 이 두 가지를 '흉기'라고 표현한다. 자신이 선善이라고 생각하는 것을 높이고 남에게 강요하는 것(相正)은 가능하지도 않고 필요하지도 않은 일이다. 서로 선을 겨루고, 명을 추구하는 다툼과 알력만을 가져온다는 것이다.

스승은 안회의 유세에 반대하는 두 번째 이유를 말하는데, 그 역시 재앙을 피할 수 없다는 것이다. 안회의 선이 뛰어나다고 해도 그것은 결국 상대의 악을 드러내는 결과를 가져올 것이니, 이는 상대의 모자란 점에 따라 자신의 덕을 드러내는 것이다. 남에게 재앙을 입히게 될 것이고, 남에게 재앙을 입히면 반드시 자신도 재앙을 입게 될 것이다. 그러므로 안회기 재앙을 입는 것은 필연이라는 것이다.

盡行也.

또 덕德이 후厚하고 신信이 실實하다 해도, 다른 사람의 기운을 꿰어 알지 못하고(未達), 명예를 다투지 않는다 해도 다른 사람의 마음을 장악할 순 없다(未達). 인의仁義와 승묵繩墨(법)의 말을 포악한 자 앞에 억지로 늘어놓는 것은 타인의 악에 의지하여 자기의 미덕을 드러내는 것이니, 이를 일러 치인菑人(다른 사람을 해치는 것)이라 한다. 치인 하는 자는 상대 역시 반드시 그 해를 돌려주니, 너는 아마 다른 사람에 의한 해를 입겠구나.219)

세 번째로 공자가 거론하는 것은 상대와 상대의 상황에 대한 문제이다. 만일 그 상대, 즉 위후衛侯가 유덕有德자를 알아보는 자라면, 이미 조정안에 현자賢者가 많을 터이고, 무엇이 부족해서 안회, 그대를 찾겠는가. 공자는 계속 말한다.

또 진실로 현인賢人을 좋아하고 불초不肖한 자를 미워한다면 어디에 너를 써서 특별한 어떤 것을 구하겠는가. 너는 오직 아무것도 가르치려 들지 않아야 한다(無詔). (말한다면) 왕공은 필시 권세를 등에 업고 이기려고 다툴 것이다. 그렇게 되면, 너의 눈은 어지러워지고 얼굴빛은 변하며, 입은 무언가를 변명하려 하며, 태도는 비굴해지고 마음은 상대의 의견을 따르게 될 것이다. 이런 까닭에 불로 불을 구하고 물로 물을 구하는 것을 이름하여 익다益多라 한다.220)

---

219) 「인간세」 136. 且德厚信矼, 未達人氣, 名聞不爭, 未達人心. 而强以仁義繩墨之言術暴人之前者, 是以人惡有其美也, 命之曰菑人. 菑人者, 人必反菑之, 若殆爲人菑夫.

220) 「인간세」 136. 且苟爲悅賢而惡不肖, 惡用而求有以異. 若唯無詔, 王公必將乘人而鬥其捷. 而目將熒之, 而色將平之, 口將營之, 容將形之, 心且成之. 是以火救火, 以水救水, 名之曰益多. 順始無窮, 若殆以不信厚言, 必死於暴人之前矣.
이 구절의 해석은 퍽 난해하다. 전체적인 논조와 주해를 참고하지 않으면 해석이 가능하지 않다. 특히 '目將熒之'의 熒과 '色將平之'의 平은 각각 성현영의 疏에 따라 眩(어지러울 현)과 變(변할 변)으로 해석한다. 그리고 '口將營之'의 營과 '容將形之'의 形은 안동림의 견해에 따라 각각 '변명함'과 '비굴한 모양'으로 해석한다.

공자를 통해 장자는 아무것도 가르쳐서 바로 잡으려 하지 말라, 즉 상정相正하지 말라고 한다. 그것은 상정이 원천적으로 불가능한 것이기 때문이다. 만일 무언가를 말하여 교정하려 든다면, 상대는 다시 안회를 이기려 할 것이고, 다시 안회는 그에 대해 무언가를 변론하려 할 것이니 이런 과정이 부단히 계속되다가 결국에 가서는 죽게 되리라는 것이다. 마치 불로 불을 끄고, 물로 물에서 구하려는 것과 같은 것이다. 장자는 이를 '익다益多'라고 표현한다. 오직 '문제를 더하여 격화시키는 군더더기'가 될 뿐이라는 것이다.

인간의 역사 세계를 문제로 보고 이에 대한 개혁 프로그램을 만들어 역사적 문제에 대한 정답이라고 주장하는 것, 세상의 문제를 치유하기 위한 사명감에 사로잡혀 자신을 세우고 세력화하는 것은 결국 소유 세계를 장악하기 위한 하나의 기획일 뿐이라고 장자는 본다. 나아가 그것은 소유적 욕망에 근거한 지의 발현이고 명의 추구일 뿐이고, 정답을 주장하며 상정하려는 입장은 여러 가지 정답이라고 주장되는 것들에 또 하나의 정답 주장을 더하여 결국 세상의 혼란에 또 하나의 혼란을 더하는 것에 지나지 않는다는 것이다. 불을 불로 끄려하고 터지는 봇물을 물로 막으려는 것과 같다.

그러고 나서 공자는 명(명예)과 실(이익)을 추구하다가 요절하여 불행을 당한 자들을 거론한다. 명을 추구하다 죽임을 당한 이로 관용봉關龍逢과 비간比干을, 그리고 실익을 추구하다가 요堯와 우禹에게 공격당하여 패망한 몇 나라를 거론한다.

> 또 옛날 걸桀은 관용봉을 죽였고, 주紂는 왕자 비간을 죽였다. 이들은 모두 자기 몸을 수양하여 아래로 백성들을 따르게 만듦으로써 신하의 신분으로 군주에게 거역한 자들이다. 그러므로 군주는 그들이 수양한 자들이었기 때문에 배척했다. 이것은 호명好名한 것이다. 옛날 요堯는 총림과 서오를 공격했고, 우禹는 유호를 공격하였는데, 나라는 폐허가 되었고 군주는 죽임을 당했다. 전쟁을 멈추지 않았고 실익을 구하는 것이 끊임이 없었다. 이들은 모두 명실名實을 구한 것이다. 그런데 너는 유독

듣지 못했느냐. 명실(을 추구하는 자들은)이라는 것은 성인聖人도 능히 이길(교화할) 수 없는 것이다. 하물며 너 같은 경우에 있어서랴.[221]

유학에서의 역사는 이렇게 가르친다. 관용봉과 비간을 죽인 걸과 주는 영원한 폭군의 대명사요, 죽임을 당한 관용봉과 비간은 만고의 충신이다. 그런데 장자는 이런 가르침을 정면에서 부정한다. 걸주桀紂를 폭군으로 부정하지도 않고, 관용봉과 비간을 충신의 반열에 세우지 않는다. 오히려 장자는 관용봉과 비간이라는 현자들이 다만 호명한 결과 죽임을 당했을 뿐이며, 맹자가 언필칭 거론하는 요와 우 역시 이익을 추구하는 군주들을 결국엔 교화하지 못하고 무력을 사용하여 그들의 나라를 폐허로 만들고 군주는 죽음에 이르게 하였다고 말한다. 그것이 역사 현실(인간세)의 실상이라고 전한다.

장자에 따르면, 어떻게든 세상을 바로잡으려는 것은 명예를 좋아하고(好名) 이익을 추구하는 것(求實)으로 귀결되고, 그것은 다시 불행한 사태로 결말나는, 인간 역사 세계의 현실에서는 도저히 불가능한 것이다. 그리고 명실을 추구하는 것은 관용봉과 비간 같은 현인은 물론이고, 요와 우 같은 성인도 능히 감당할 수 없는 일인데 하물며 안회 그대가 가능하겠느냐고 말한다. 성인도 하지 못한 일이라는 것은 그야말로 가능성 제로를 의미한다.

하지만 공자는 안회에게 다시 한번 기회를 준다. 그럼에도 불구하고 꼭 가야 하는 까닭이 있다면 말해 보아라.

---

221) 「인간세」 139-141. 且昔者桀殺關龍逢, 紂殺王子比干. 是皆修其身以下傴拊人之民, 以下拂其上者也. 故其君因其修以擠之. 是好名者也. 昔者堯攻叢枝, 胥敖, 禹攻有扈, 國爲虛厲, 身爲刑戮. 其用兵不止, 其求實無已. 是皆求名實者也, 而獨不聞之乎. 名實者, 聖人之所不能勝也, 而況若乎. 雖然, 若必有以也, 嘗以語我來.

2. 심재: 허심을 향한 공부

그러자 안회는 맨 처음 스승이 말했던 '옛날 지인至人은 자신의 덕德을 정定하게 한 후에 그 덕을 사람들에게 갖추게 하려 했다'라는 말을 떠올린다. 그리고 앞서 인의와 법도(繩墨)를 앞세워 교화하려는 것이 가능하지 않다는 스승의 말을 되새긴다. 그래서 안회는 명분을 앞세우고 지략을 도모하는 것을 버려 마음을 비우고 순일하게 노력한다면 가능하겠느냐고 다시 묻는다. 그러나 공자는 또 탄식하며 불가능하다고 말한다.

> 안회가 말하길, 단정하게 마음을 비우고, 힘쓰기를 한결같이 한다면 가능하겠습니까. 공자 왈, 어찌, 어찌 가능하겠는가. 대저衛侯는 사나운 기운이 가득 차서 의기意氣가 매우 왕성하고, 얼굴빛도 일정하지 않다. 그래서 보통 사람들은 도저히 거역하지 못한다. (그리고) 다른 사람의 생각을 억눌러 자기의 마음에 내키는 대로 하려 한다. 이런 것을 이름하여 날마다 노력하여 얻는 작은 덕도 이루지 못한다고 하는데 하물며 대덕大德은 가능하겠는가. 장차 (그런 자는) 자기 고집에 빠져 남의 감화를 받지 않는다. 겉으로는 화합하는 척해도 마음속에서는 생각하지 않는다. 그 어찌 가능하겠는가.222)

아무리 안회가 애를 쓴다 해도, 위후衛侯는 사나운 기운이 가득해 남의 말을 경청하는 귀가 없고, 받아들일 마음이 없는 자이므로 아무리 단정하게 하고 욕심 없이 한다 해도 소용이 없다는 말이다.

그런데 안회는 자기 말이 스승에게 온전히 전달되지 않았다고 느낀 것 같다. 앞서 한 말과 크게 다르지 않은 방안을 다시 부연하여 제시한다. 그는 다시

---

222) 「인간세」 141. 顔回 曰 端而虛, 勉而一, 則可乎. 曰 惡. 惡可 夫以陽爲充孔揚, 采色不定, 常人之所不違. 因案人之所感, 以求容與其心. 名之曰日漸之德不成, 而況大德乎. 將執而不化, 外合而內不訾, 其庸詎可乎.

'내직이외곡內直而外曲, 성이상비成而上比한다면 가능하지 않겠느냐'라고 물으면서 상세하게 그 근거를 논한다.

> 안회가 말하길, 그렇다면 제가 안으로는 곧게 하면서 밖으로는 부드럽게 하고, 하나를 이루어도 옛사람의 행에 견주겠습니다. 안으로 곧은 것은 하늘과 더불어 무리가 되는 것입니다. 하늘과 무리가 된 자는 천자와 자기가 모두 하늘의 아들임을 아는데 유독 자기의 말에 대해 다른 사람이 선하게 여길 것을 바라겠습니까. 불선하게 여길 것을 바라겠습니까. 이와 같은 자를 사람들은 일러 동자童子라 하는데 이를 일러 하늘과 더불어 무리가 된 자라고 합니다. 겉으로 부드럽게 하는 것은 사람과 더불어 무리가 되는 것입니다. 무릎을 꿇고 손을 공손히 하는 것은 인신人臣의 예인데, 사람들은 모두 그렇게 하는 데 내가 감히 하지 않겠습니까. 사람들이 하는 것을 하는 자는 다른 사람들 역시 그것을 허물하지 않으니, 이를 일러 사람과 더불어 무리가 된다고 합니다. 성이상비成而上比는 고인古人과 더불어 무리가 됩니다. 그 말이 비록 옛사람의 가르침이지만, 상대를 견책하는 내용이 있습니다. 그 가르침은 옛사람의 것이지 나의 것이 아닙니다. 이렇게 하면 아무리 직直하게 나아가도 병통이 생기지 않으니, 이를 일러 옛사람과 무리가 된다고 합니다. 이렇게 하면 가능하겠습니까.223)

안회는 안으로 마음을 곧게 가지고, 밖으로 공손하게 몸을 굽혀 부드럽게 하고, 한 가지 일을 해도 옛 성인聖人의 가르침에 비견하여 이루고자 한다면 가능하다고 생각한다. 그리고 그렇게 생각하는 근거를 제시한다. 내직內直은

---

223) 「인간세」 143. 然則我內直而外曲, 成而上比. 內直者, 與天爲徒. 與天爲徒者, 知天子之與己皆天之所子, 而獨以己言蘄乎而人善之, 蘄乎而人不善之邪. 若然者, 人謂之童子, 是之謂與天爲徒. 外曲者, 與人之爲徒也. 擎跽曲拳, 人臣之禮也, 人皆爲之, 吾敢不爲邪！爲人之所爲者, 人亦無疵焉, 是之謂與人爲徒. 成而上比者, 與古爲徒. 其言雖教, 讁之實也. 古之有也, 非吾有也. 若然者, 雖直而不病, 是之謂與古爲徒. 若是則可乎.

하늘과 함께하는 것, 즉 자연의 이치를 따르는 것이니 상대가 그 말을 수용하든 하지 않든 상관할 것이 아니며, 외곡外曲은 현실 세계의 규율에 맞추어 행동하는 것이니 일반적 예禮에 따르면 무슨 문제 될 것이 있겠느냐는 것이다. 또 주장하여 상대를 견책譴責하는 뜻이 있다 하여도 그 역시 '나'를 내세운 것이 아니라 성인聖人의 가르침에 의탁한 것이니 아무리 직언直言을 한다 해도 병통될 것이 없으리라고 말한다. 이런 근거로 안회는 가능할 것이라고 말하며 스승의 뜻을 묻는다. 그러나 공자는 또 탄식한다.

> 중니 왈, 어찌 가능하겠는가. 정법政法이 너무 많아서 마땅하지 않구나. 비록 고루하다 하여도 죄가 되지는 않겠지만, 거기서 그칠 뿐이다. 대저 어찌 가히 교화하는데 미치겠는가. 오히려 사심師心하는 것이다.[224]

스승은 말한다. 정치하는 방법이 너무 많아서 문제이다. 그런 것은 '수단'에 불과하다. 그런 수단은 고루하긴 하겠지만 죄를 받지는 않을 것이다. 그러나 상대를 교화시킬 수는 없다. 그런 것은 사심師心일 뿐이다. 자기의 생각이 옳고, 도리에 맞다 여겨 떠받드는 것을 장자는 사심이라 표현한다. 하늘의 뜻을 이 땅에서 실현하고자 하는 이상주의적 마음(師心)으로는 스스로를 만족시킬 수 (獨善)는 있어도 세상을 구하기(濟世)는 불가능하다. 오히려 그 반대로 재앙에 가까운 결과를 초래한다. 그것을 보여주는 것이 바로 인류의 역사이다.

수단, 즉 방법을 연구하는 것은 이미 어떤 의도를 갖고 있음을 드러낸다. 스승과의 대화에서 안회는 비로소 자신의 의도를 드러낸다. 의도란 '나'를 실

---

224) 「인간세」145. 仲尼曰 惡 惡可 大多政法而不諜, 雖固亦無罪. 雖然, 止是耳矣, 夫胡可以及化. 猶師心者也. 이 구절에서 '諜'에 대한 해석이 분분하다. 성현영은 疏에서 諜(염탐할 첩)을 타당함(當), 조리(條理)라고 해석하고, 陸德明의 『경전석문』에서는 이를 '安'으로 해석한다. 여기서는 성현영의 해석을 따라 '當'으로 해석하는 것이 가장 문맥에 맞는다고 보아 이를 취한다.

체로 세울 때 가능하다. 지인至人은 무기無己로 세상에 임하기 때문에 '나'의 의도를 갖지 않는다. 사물이 오면 거기에 허심으로 응할 뿐이다. 안회는 이미 가불가可不可를 헤아리며 방책方策을 짜고 있으니 이미 허심이 아니다. 자기 의도에 맞춰 그 생각을 스승으로 삼고 있다. 성심成心을 세워 미리 굳혀 놓고 상대를 따르게 하려고 하고 있다. 자기 생각으로 세상을 바로 잡으려는 것 역시 세상을 소유하려는 소유적 욕망이다. 스승은 바로 이 문제를 지적하며 반대한다.

그러자 안회는 이제 마음을 내려놓는다. 그리고 스승에게 방법을 일러줄 것을 청한다. 이에 공자가 답한다.

> 안회 왈, 저는 이제 더 이상 모르겠습니다. 부디 그 방법을 묻겠습니다.
> 중니 왈, 재齋하라. 내가 너에게 말해주겠다. 유심有心으로 재한다면 쉽겠는가. 쉽게 하는 것은 하늘도 마땅하게 여기지 않는다.
> 안회 왈, 저희 집은 가난하여 오직 술도 마시지 못하고 향기로운 채소도 먹지 못한 지가 여러 달 되었습니다. 이렇다면 가히 재가 될 수 있겠습니까.
> 중니 왈, 그것은 제사 지낼 때의 재계이다. 심재心齋가 아니다.
> 안회 왈, 부디 심재에 대해 말씀해 주십시오.
> 중니 왈, 너의 뜻을 하나로 하라. 귀로 듣지 말고 마음으로 듣고, 마음으로 듣지 말고 기氣로 들어라. 듣는 것은 귀에서 그치고 마음으로 듣는 것은 뜻에 부합하는 것만 찾는 데서 그친다. 기라는 것은 텅 비어 물物에 대하는 것이다. 비어 있는 것이 곧 심재이다.[225]

가르침을 달라는 안회의 청에 공자는 재齋하라고 한다. 그리고 의도나 목적

---

225) 「인간세」 146-147. 顏回曰 吾無以進矣. 敢問其方. 仲尼曰 齋, 吾將語若. 有(心)而爲之, 其易邪. 易之者, 皞天不宜. 顏回曰 回之家貧, 唯不飲酒不茹葷者數月矣. 如此, 則可以爲齋乎. 曰 是祭祀之齋, 非心齋也. 回曰 敢問心齋. 仲尼曰 若一志, 無聽之以耳而聽之以心, 無聽之以心而聽之以氣. 聽止於耳, 心止於符. 氣也者, 虛而待物者也. 唯道集虛. 虛者, 心齋也.

을 가진 마음(有心)으로는 재할 수 없다고 덧붙인다. 안회가 이를 잘못 듣고, 제사를 앞두고 재계하는 것으로 착각하자 다시 공자는 심재하라고 말한다. 〈심재〉는 「인간세」편의 핵심 개념에 해당한다. 그러면 심재는 어떻게 하는 것이며, 그 심재의 결과는 어떠한가. 장자는 드물게 '-하지 말라'는 부정어법이 아니라 '-하라'는 어법으로 이야기를 진행한다.

먼저 뜻을 하나로 집중하라(一志). 귀로 듣지 말고 마음으로 들어라. 귀라는 것은 소리만을 들을 뿐 그 뜻을 새길 수 없기 때문이다. 마음으로 들었다면 다음엔 기氣로 들어라. 성심이 해체되지 않은 마음은 자기 생각에 부합되는 것만 골라서 듣는다(心止於符). 기로 듣는다는 것은 허심으로 물物을 대待하는 것이다(虛而待物). 존재의 실상인 도道는 마음을 비울 때에만 모인다(唯道集虛). 소유적 욕망에 가득 찬 마음에는 존재의 실상이 드러나지 않는다. '나'라는 강고한 의식이 연속성을 단절시키기 때문이다. 바로 이 마음을 비우는 것, 허심을 향한 공부, 이것이 심재이다(虛者心齋).

언제나 공자의 가르침에 충실한 안회가 이 말을 듣고, 심재 공부를 하고 나서 다시 공자를 찾아와 말한다.

> 안회가 말하길, 제가 처음 심재하지 못했을 때는 저라는 자아가 실체로 있었습니다. 심재를 하고 나니 애초에 저라는 자이기 있지 않습니다. 가히 허虛라고 할 수 있습니까.226)

심재는 장자의 공부에 있어 핵심에 해당한다. 안회는 심재의 수련, 즉 귀로 들은 말에 매이는 것을 극복하고, 마음에 부합하는 것만 듣는 것도 극복하여 허심의 기로 듣는 수련을 하고 나서, 그 결과를 '자아 없음'이라고 말한다. 결국 '자아'의 해체를 이룬 것이다. 그것은 마음을 비우는 공부를 통해서라는 것이

---

226) 「인간세」 148. 顔回曰 回之未始得使, 實自回也. 得使之也, 未始有回也. 可謂虛乎.

중요하다.

안회의 공부 결과에 따르면, '자아'의 있고 없음이 마음에 달려 있다는 것이다. 심재하고 나니 애초부터 '나'라는 실체가 없어 있었던 적이 없는 것인데 이제까지 '나'라는 허상을 실체로 여기며 살았다고 술회한다. 자아가 실체라는 의식 역시 마음이 만들어 냈다는 것이다.

3. 인간세의 천균: 부득이와 양중

공자는 안회의 말을 듣고 최고 상태에 도달했다고 칭송하면서 이제 위나라 가는 것이 가可하다고 말하며 몇 가지 가르침을 내린다. 공자가 안회의 위국衛國행을 가하다고 본 것은 심재가 되었다고 보았기 때문이다. 즉 소유 세계의 '소유'에 매이지 않고, 인간 역사에 자유롭게 개입할 수 있는 전제가 심재라는 것이다. '자아'가 해체된 상태에서 별도로 집착할 만한 '나' 혹은 '나의 주장'의 근거가 없으므로 모든 사태를 사태의 요구에 맞추어 해결할 수 있다고 판단한 것이다. 모든 행위에 '나'라는 실체 의식을 가지고 추구하는 의도는 어디에도 없으나(無爲), 일정한 결과를 기대하거나 그것에 집착하지 않기 때문에 구애되어서 하지 못 할 일이 없는(無不爲) 마음의 덕德을 갖추었다고 본다. 장자는 무심無心으로 인간 역사에 대처하는 방법으로 심재와 부득이를 제시한다.

> 공자가 말하길, 극진하구나. 내 너에게 말해주겠다. 만일 그 새장(위衛나라)에 들어가 놀더라도 그 명名에 마음을 주지 말고, 받아들여지면 말하고, 받아들여지지 않으면 그쳐라. 문門을 쫓아 들어가지도 말고 독毒(으로 막지도 말라). 하나로 연속된 세계(一宅)에서 부득이한데 깃든다면 거의 무난할 것이다.[227]

---

227) 「인간세」 148. 夫子曰 盡矣. 吾語若. 若能入遊其樊而無感其名, 入則鳴, 不入則止. 無門無毒, 一宅而寓於不得已, 則幾矣.

공자가 위나라에 들어가는 것을 새장(樊)에 들어간다고 표현한 점이 흥미롭다. 말하자면 인간의 역사 세계라는 곳이 제한된 영역을 갖는 구속적 공간이라는 의미를 담고 있는 듯하다. 공자는 먼저, 안회에게 명名에 마음을 주지 말고, 무심하게 받아들여지면 말하고(鳴) 그렇지 않으면 그만두라고 한다. 여기서 장자가 〈받아들여지면 말한다〉에서 '명鳴'을 사용한 것에 주목할 필요가 있다. 명鳴이란 '울린다'는 뜻이다. 악기의 소리와 같이 무심히 응하여 울릴 뿐(應而無心)이다.

그리고 '무문무독無門無毒 하라'고 하는 데 이것에 대한 해석에는 다소 차이가 있지만 대체로 하나로 수렴된다. 안동림은 문門을 자기 마음의 출입문으로, 독毒을 높이 쌓은 보루堡壘로 보아 '자기 마음에 출입문을 세우지 말고 보루 쌓지 않는 것'으로 해석한다.228) 이 해석은 마음에 경계를 세우지 않는다는 의미를 강조하고 있다. 곽상은 "무문은 물物로 하여금 자약自若하게 하는 것이요, 무독無毒은 천하의 편안한 바에 맡기는 것"이라고 해석하며, 독을 치治로 본다.229) 말하자면 사태를 여여如如히 받아들여, 그것을 조장하지도 말고(無門) 억누르지도 말라(無毒)는 의미인 것 같다. '문'은 문을 열어 어떤 것을 끌어들이는 것, 즉 조장助長을 의미하고 독은 어떤 것을 눌러 죽이는 것, 즉 억압하는 것을 의미한다. '무문무독'은 거울같이 비추는 행위, 즉 미러링(mirroring, 用心若鏡)의 다른 표현이다. 거울은 아무것도 부르지 않고 아무것도 억압하지 않는다. 텅 빈 채로 사태에 응할 뿐 미리 어떤 의도를 가지고 예단하지 않는다.

그리고 공자는 '일택一宅에서 부득이에 깃들 것(一宅而寓於不得已)'을 권한다. '일택一宅'의 '일一'을 동사로 보고, '택宅'을 '마음의 거처'로 보아 '마음의 거처를 일정하게 한다'는 의미의 해석이나,230) '일'을 목적어로 보고 '택'을 동사로 해석하여 〈하나(一)〉로 집을 삼는다'는 해석도 있지만231), 장자 사유의 맥락에

---

228) 『莊子』, 안동림, 「인간세」 115.

229) 「인간세」 149. 곽상 註. 使物自若, 無門者也. 付天下之自安, 無毒者也. 毒, 治也.

230) 안동림의 해석이다. 앞의 책. 115쪽.

서 보면, '택'은 집, 즉 존재자들이 몸을 담고 있는 세계를 지시하는 것으로 보는 것이 더 설득력 있다. 그리고 '일'은 그 세계의 하나 됨, 즉 연속성을 지시하는 것으로 보는 것이 맥락에 적합하다.

요컨대, '일택'은 우리 인간을 포함한 모든 존재가 하나로 연속된 세계이다. 하나로 연결된 세계에서 '나'를 따로 독립시켜 고정하지 말고, 〈부득이〉의 원칙에 따르라는 것이다. 〈부득이〉는 사태가 요구하는 어떤 최소한의 처치라는 의미를 담고 있다. 즉 어떤 상황에서 그 상황의 문제를 해결하기 위해 요청되는 바에 따르는 것인데, 이것은 '나'가 할 수 있는 최대한의 능동이다. 때문에 이 〈부득이〉의 원칙에서 중요한 것은 바로 '나'의 문제이다.

〈부득이〉의 문자적 의미는 '어쩔 수 없는 것'이다. 즉 어떤 상황의 요구 혹은 필요성에 따라 그에 응하지 않을 수 없는 상태를 표현하기 때문에 '자아'의 의도가 최소화 혹은 해소된 상태에서의 대처라고 보아야 한다. 문제를 대함에 있어 늘 우리에게 문제가 되는 것은 '나'의 의도 혹은 기대이다. 그리고 그것에 전제가 되는 것은 사태를 어떤 시각에서 바라보면서 '문제 삼는가'이다. 이 〈부득이〉는 이런 면에서, 우리가 늘 경계해야 하는 능동의 과잉과 수동의 과잉을 균형 잡는 중도中道로서의 저울 같은 '허심의 자아'를 전제로 한다. 즉 적극적인 '자아'의 전시도 소극적인 자기 은폐도 모두 극복하는 무심의 자아가 필요하다. '자아의 의도'가 '상황의 요구'보다 승勝해지는 과잉 능동을 제어하고, 상황의 요구에 자아가 수동적으로 자기를 방어하려는 과잉 수동의 균형을 잡아주는 저울(釣)을 장자는 두 번째 이야기에서 무기無己의 〈양중養中〉으로 제시한다.

그러나 무기에서 수동과 능동의 균형을 잃지 않으면서 〈부득이〉에 맡기는 것은 결코 쉬운 것이 아니다. 인간의 역사 세계에 발을 끊을 수는 있지만, 발을 담그고 있으면서 그 논리에서 벗어나기란 결코 쉽지 않다. 스승은 제자에게 심재가 되었다고 인정하며 〈부득이〉의 원칙에 따를 것을 충고했지만, 여전히

---

231) 오강남의 해석이다. 앞의 책, 183쪽.

어려움이 있을 것을 말하며, 이렇게 정리한다.

걷지 않기는 쉽지만 땅을 밟지 않기는 어렵다. 거짓으로 다른 사람을 속이기는 쉽지만, 하늘을 속이기는 어렵다. (너는) 날개가 있어서 난다는 말을 들었어도 날개 없이 난다는 말을 듣지 못했을 것이다. 유지有知로서 안다는 말은 들었어도 무지無知로서 안다는 말은 듣지 못했을 것이다. 저 텅 비어있음(空)을 보라. 빈방에 빛이 드니, 길상吉祥이 머무는 곳이다. 여기서 쉬지 않는 것을 일러 좌치坐馳라 한다. 이목耳目을 따라 안으로는 통하고, 밖으로는 마음과 지知를 통하면 귀신도 와서 머무는데 하물며 사람이랴. 이를 만물의 화化라고 한다. 복희伏戱와 궤거几蘧도 죽을 때까지 행한 바이다. 하물며 산인散人에 있어서랴.232)

인간 역사에 아주 관심을 끊고 은거하기는 쉽지만, 그 안에 참여하면서 그로부터 벗어나기란 아주 어려운 일이다. 그리고 이런저런 계교와 방편으로 사람을 이용하고 속이기는 어렵지 않으나 자연의 실상을 속이는 것은 불가능하다. 지능과 지성으로 무언가를 알기는 쉽겠지만 이런 매개를 넘어서 무지無知의 직관으로 거울같이 아는 것은 쉽지 않다. 그러니 경계하라. '날개'와 '지식'은 역시 언어적 매개와 소유 세계의 여러 가지 방편, 수단 등을 의미하리라. 곽상은 이에 대해 '안회가 아직 교화할 수단을 갖지 못했음'을 말하는 것이라고 해석한다.233) 그러나 단지 교화 수단을 의미하는 것이기보다 소유적 세계의 원리에 매이지 않으면서 인간 역사 세계에 참여하기가 어려움을 말하는 것으로 보는 것이 더 맥락에 적합하다.

---

232) 「인간세」 150. 絶跡易, 無行地難. 爲人使易以僞, 爲天使難以僞. 聞以有翼飛者矣, 未聞以無翼飛者也. 聞以有知知者矣, 未聞以無知知者也. 瞻彼闋者, 虛室生白, 吉祥止止. 夫且不止, 是之謂坐馳. 夫徇耳目內通而外於心知, 鬼神將來舍, 而況人乎. 是萬物之化也, 禹舜之所紐也, 伏戱几蘧之所行終, 而況散焉者乎.

233) 「인간세」 150. 곽상 註. 言必有其具, 乃能其事. 今無至虛之宅, 無由有化物之實也.

심재의 상태에서는 무위와 유위를 구분하는 택일적 사유를 하지 않는다. 무위이든 유위이든 모두 허심에 비친 각득기의의 실천 활동인 무위이기 때문에 결과적으로 무불위無不爲이다. 분별적 지식을 해체하고, 자아를 해체하고, 세계와 마음의 연속성을 회복하고 나면 허실虛室에 앉게 된다. 텅 비어 있는 방에 빛이 드는 것처럼, 비어 있는 마음에 행복이 깃든다. 마음을 비우지 못하고, 이리저리 내달리는 마음을 장자는 좌치坐馳라고 한다.

'좌치'란 세상을 대상화하여 그 세상을 소유하기 위하여 마음이 내달리는 것이다. 즉 소유적 욕망으로 대상을 장악하고자 치달리는 마음. 그러나 결국 좌치하는 마음 스스로 고통을 받을 뿐 세상은 달라지지 않는다. 곽상은 좌치에 대해 이렇게 평한다. "아직 외적外敵이 오지도 않았는데 스스로 먼저 마음이 고생하면서 피곤해하는 것이다."234) 장자 해체의 실용이 여기서 드러난다. 존재의 실상은 허심에서 드러난다. 실상을 알면 환幻에 빠져 고통받지 않는다. 장자는 바로 이점, 즉 있지도 않은 외적에 대항하느라 고통스럽게 사는 우리를 안타까워한다.

2절. 인간 역사 세계의 부득이한 참여

〈섭공葉公과 중니仲尼의 문답〉은 인간세편의 두 번째 우화이다. 첫 번째 두 번째 모두 공자가 등장한다. 장자의 의도가 치밀하게 반영된 결과이다. 안회와의 문답에서 심재를 통해 장자가 말하고자 한 것은 어지러운 세상을 그대로 두라는 것이 아니었다. 다만 불을 불로 끄는 것, 소경이 소경을 인도하는 것은 무익하므로 먼저 이름이나 이익을 돌아보지 않고 허심하는 심재를 이루지 못한 상태에서 세상을 구하겠다고 나서지 말라는 것이다. 그런데 안회는 자발적

---

234) 「인간세」 151. 故外敵未至而內已困矣. 豈能化物哉.

으로 세상을 구하겠다고 나섰지만, 불가피하게 나서야 하는 경우도 있다. 예컨대, 왕의 명령에 따라가야 한다면 어찌해야 하는가. 두 번째 문답에서 장자는 섭공과 공자를 등장시켜 이런 경우의 문제에 대해 논한다.

1. 피할 수 없는 역사 세계의 임무에 대하여: 섭공 이야기

초나라 섭공葉公은 지금 제나라에 사신으로 가게 되었는데, 왕의 명에 의해 어쩔 수 없이 가야했다. 초나라 왕이 제나라를 설득해야 하는 시급한 일이 생겼기 때문인 듯하다. 그러나 섭공은 자기 상황을 몹시 우려하고 있다. 섭공은 공자에게 도움을 청한다.

> 섭공 자고子高가 제나라에 사신으로 가게 되었다. 중니에게 물어 말하길, 왕께서 저 제량을 사신으로 보내는 뜻은 매우 중대합니다. 제나라는 사신 대우를 공경스럽게 한다 해도 교섭에는 급히 응하지 않을 것입니다. 필부匹夫의 마음도 움직이기 어려운데 하물며 제후는 어떻겠습니까. 저는 매우 두렵습니다. 선생님께서는 언제나 저에게 말씀하시길, 범사에 큰일이든 작은 일이든 성공을 기쁘다고 말하지 않는 자가 적다, 일이 만일 성공하지 못한다면 필히 인도人道의 환患이 있을 것이오, 일이 만일 성공한다면 필히 음양陰陽의 환患이 있을 것이다, 성공하든 성공하지 못하든 후에 환患이 없는 것은 오직 유덕有德자만이 능히 할 수 있다고 하셨습니다. 저는 먹는 것도 거칠게 하고 저장해 두지 않으며, 불도 많이 때지 않아서 시원함을 바랄 사람(요리사)도 없습니다. 지금 저는 아침에 명령을 받았는데 저녁에 얼음을 먹어도 아직 제 속은 뜨겁습니다. 저는 아직 일을 시작하지도 않았는데 벌써 음양의 환(병)이 있습니다. 일이 만일 성공하지 못하면 필히 인도의 환이 있을 것입니다. 이것은 두 가지 모두 환患입니다. 남의 신하가 되어 일을 맡기에 족하지 않습니다. 선생님께서는 저에게 말씀해주십시오.235)

섭공은 자신의 사신 임무에 대한 우려가 극에 달한 나머지 얼음을 먹어야 할 정도로 가슴이 불타고 있다. 일이 중하고 급한 것은 초나라의 입장이고, 제나라 입장은 그렇지 않기 때문이다. 섭공은 일을 시작하기 전에도 지나치게 몸과 마음을 써서 병이 나는 음양의 환을 입고 있다. 만일 사신의 임무를 수행한 결과가 명을 내린 왕의 뜻대로 되지 않는다면 필경 그것에 대한 죄, 즉 인도의 환이 있을 것이다. 양쪽이 모두 문제이다. 그렇다고 해서 거절할 수도 피할 수도 없다. 진퇴양난의 딜레마이다. 그래서 섭공은 중니에게 도움을 청하여 말한다. "유덕자만이 성공하든 실패하든 환이 없다고 했으니, 그 방도를 알려주시오."

그런데 중니의 답이 거듭 만류했던 안회의 경우와 자못 대조적이다. 피할 수 없는 일이라면 망설일 것 없이 주저 말고 사신으로 가는 것이 좋을 것이라고 한다.

중니 왈, 천하에 크게 경계해야 할 것이 두 가지이다. 하나는 명命이요, 하나는 의義다. 자네가 어버이를 사랑하는 것은 명命이니, 마음에서 풀어내는 것이 불가능하다. 신하가 군주를 섬기는 것이 의義이니 어딜 가든 군주 아님이 없어 천지간에 피할 데가 없다. 이를 일러 대계大戒라 한다. 이런 까닭에 대저 어버이를 섬기는 것은 처지를 가리지 않고 편안히 모시는 것이 효孝의 지극함이다. 대저 군주를 섬기는 것은 일을 가리지 않고 편안히 섬기는 것이 충忠의 성대함이다. 스스로 그 마음을 섬기는 자는 앞에 애락哀樂이 쉽게 펴지지 않으며, 그 어찌할 수 없는 것을 알아 마치 명을 받은 듯 편안하게 하는 것이 지덕至德이다. 남의 신하가 된 자는 진실로 부득이한 것이 있다. 일이 행해지는 상황에서 그 몸을 잊어야 하는데, 어느 겨를에

---

235) 「인간세」 152-153. 葉公子高將使於齊, 問於仲尼曰 王使諸梁也甚重, 齊之待使者, 蓋將甚敬而不急. 匹夫猶未可動, 而況諸侯乎. 吾甚慄之. 子常語諸梁也曰 凡事若小若大, 寡不道以懽成. 事若不成, 則必有人道之患, 事若成, 則必有陰陽之患. 若成若不成而後無患者, 唯有德者能之, 吾食也執粗而不臧, 爨無欲清之人. 今吾朝受命而夕飲冰, 我其內熱與. 吾未至乎事之情, 而既有陰陽之患矣, 事若不成, 必有人道之患. 是兩也, 爲人臣者不足以任之, 子其有以語我來.

열생오사悅生惡死함에 이르겠는가. 그대도 가는 것이 좋을 것이다.[236]

공자의 입을 빌려 말하는 장자에 따르면 인간 역사 세계를 살아가는데 경계해야 하는 두 가지가 있는데, 그것은 명命과 의義라고 한다. 어버이를 사랑하는 것은 마음에서 떼어 낼 수가 없으니 명이요, 세상 어딜 가도 군주의 지배를 벗어날 수 없으니 그것은 의라는 것이다. 그러므로 이 두 가지는 역사 세계를 살아가는 한 피할 수 없는 것이다. 자식이 어버이를 섬기고 신하가 임금을 섬기는 것은 원초적으로 주어진 것이다. 어버이 없이 태어난 자식 없고, 왕의 다스림이 미치지 않는 곳이 없기 때문이다. 최상의 효孝는 어떤 처지에서든 가리지 않고 부모를 편안히 모시는 것이고, 최상의 충忠은 어떤 상황에서건 임금을 편안히 섬기는 것이다. 그리고 최상의 덕德은 어찌할 수 없는 것을 알아 마치 명命을 받은 듯 편안하게 하는 것이라는 것이다.

장자는 어찌할 수 없는 것, 즉 부득이한 것을 명을 받은 듯 편안하게 하는 것이 지덕至德이라고 하는데, 지덕은 어찌해서 명을 받은 듯 편안하게 모든 것을 받아들일 수 있는가. 그것은 판단하고 차별하지 않기 때문이다. 지덕은 역사적 현실의 구체적 사태를 피하지 않는다. 그것이 복福이든 화禍이든 취사선택하지 않으며, 그렇다고 무시하지 않는다. 두려울 것도 피할 것도 없이 그대로 받아들이는 것은 열생오사悅生惡死히지 않기 때문이다. 즉 부득이이나. 피하고자 하여도 피할 수 없는 것이니, 곧 명이다. 이 부득이한 두 가지 경우에는 어떤 상황이든 최선을 다하여 정성을 기울여야 한다는 것이 장자의 권고이다. 신하 된 자의 입장에서는 참으로 부득이한 것이 있으니(固有所不得已), 이 경우에

---

236) 「인간세」 155. 仲尼曰 天下有大戒二, 其一, 命也. 其一, 義也. 子之愛親, 命也, 不可解於心. 臣之事君, 義也, 無適而非君也, 無所逃於天地之間. 是之謂大戒. 是以夫事其親者, 不擇地而安之, 孝之至也. 夫事其君者, 不擇事而安之, 忠之盛也, 自事其心者, 哀樂不易施乎前, 知其不可奈何而安之若命, 德之至也. 爲人臣子者, 固有所不得已. 行事之情而忘其身, 何暇至於悅生而惡死. 夫子其行可矣.

는 가는 것이 가可하다. 그러나 그렇다고 해서 함부로 갈 수는 없다. 길을 찾아
서 가야 한다. 장자는 공자의 입을 빌려 그 길을 제시한다.

> 내(丘)가 알고 있는 바를 말해 보겠다. 무릇 교제란 가까우면 반드시 신의로 서로
> 엮이게 되고, 멀면 반드시 말로 그 충성을 보이게 마련이다. 말이란 반드시 전하는
> 매개가 있어야 한다. 대저 양측이 모두 기뻐하거나 양측이 모두 성낼 만한 말을
> 전하는 것은 천하에 어려운 일이다. 대저 양측이 기뻐하려면 아름다운 말이 넘쳐날
> 것이고, 양측이 노할 말에는 나쁜 말이 넘쳐날 것이다. 무릇 넘치는 유類는 망령된
> 것이고, 망령된 것을 믿는 자는 없다. 믿는 자가 없다면 말을 전하는 것 자체가
> 재앙이 된다. 그러므로 법언法言에 왈 그 상정常情을 전하고 지나치게 꾸민 말(溢言)
> 을 전하지 않는다면 거의 온전할 것이라고 했다. 또 재주를 가지고 힘을 겨루는
> 자는 양陽에서 (공정하게, 즐겁게) 시작해도 늘 마침내는 음陰에서 (음모적으로,
> 성난 채) 끝난다. 그리고 심한 데 이르면 기이한 기교를 많이 사용한다. 예禮로 술을
> 마시는 자는 처음엔 절도 있게 마시다가 마침내는 언제나 어지럽게 끝난다. 그리고
> 심해지면 기이한 오락을 추구한다. 범사가 역시 그러하다. 진실에서 시작하여 난잡
> 하게 끝난다. 그 시작이 간단했어도 마침내는 반드시 커진다.[237]

섭공은 사신使臣의 명을 받은 사람이고, 사신이란 말을 전하고 설득하는 임
무를 수행해야 하는 자이다. 일정한 부분에서 재량을 발휘할 수는 있겠지만
거기에는 분명 한계가 있다. 결국에는 한쪽 말을 다른 쪽에 옮기는 것이다.
공자는 말을 옮기는 일이 매우 어려운 일임을 말하고 나서, 어떻게 해야 맡은

---

237) 「인간세」 157-159. 丘請復以所聞, 凡交近則必相靡以信, 遠則必忠之以言, 言必或傳之. 夫傳兩喜
兩怒之言, 天下之難者也. 夫兩喜必多溢美之言, 兩怒必多溢惡之言. 凡溢之類妄, 妄則其信之也莫,
莫則傳言者殃. 故法言曰 傳其常情, 無傳其溢言, 則幾乎全. 且以巧鬪力者, 始乎陽, 常卒乎陰, (大)
〔泰〕至則多奇巧, 以禮飲酒者, 始乎治, 常卒乎亂, (大)〔泰〕至則多奇樂. 凡事亦然. 始乎諒, 常卒乎
鄙. 其作始也簡, 其將畢也必巨.

바의 사명을 잘 할 수 있는지의 방편을 법언法言(格言)을 좇아 일러준다.

말을 제대로 옮기기 위해서는 조심하고 피할 것이 있다. 첫째, 어떤 목적을 위하여 말을 꾸미지 말아야 한다. 장자는 이를 '넘치는 말(溢言)'이라고 표현한다. 말을 꾸미면 신의를 잃고, 신의를 잃은 사신에게 돌아오는 것은 재앙뿐이다. 둘째, 기교에 의지해서는 안 된다. 장자에 따르면, 재주를 가지고 힘을 겨루게 되면 공정하고 건강하게(陽에서) 시작해도 음모적(陰)으로 끝나고, 예의 바르게 시작해도 어지럽게 끝난다. 시작이 간단했어도 마침내 커져 버리고 만다. 일언溢言을 하고, 기교를 써서 상대를 이기고자 하는 마음, 상대를 소유하고 장악하고자 하는 마음에 이르게 되면, 상대를 해치려는 마음이 일어나게 된다.

이렇게 사신의 임무 수행에 필요한 부득이에 따르는 실천 방안을 제안한 후, 공자는 계속 '말'에 관하여 말한다.

> 말이란 바람 따라 일어나는 물결과 같다. 행하는 것에는 득실得失이 있다(實喪). 대저 바람과 물결은 일어나기 쉽고, 얻고 잃는 것은 위험에 빠지기 쉽다. 그러므로 분노는 다른 이유에서 일어나는 것이 아니다. 교묘하게 꾸민 말과 치우친 말에서 일어난다. 짐승은 죽을 때 울음소리를 가리지 않으며 호흡이 거칠어진다. 여기에서 사나운 마음이 생긴다. (사람도 마찬가지이다) 너무 준엄하게 다그치면 반드시 불초한 마음으로 응하게 되지만, 스스로 그것을 깨닫지 못한다. 신실로 그것을 깨닫지 못하는데, 그 결과를 어떻게 알겠는가. 그러므로 법언法言에 이르기를 "군주의 명령을 고치지 말라. 성공하려고 무리하게 권하지 말라"고 했다. 지나침이란 도에 넘게 덧붙이는 것이며, 명령을 고치거나 무리하게 성공하려 하는 것은 위태로운 일이다. 좋은 일이 이루어지려면 오래 걸리지만, 나쁜 일은 (순식간에 이루어지므로) 고치려 해도 다시 고치기 어렵다. (그러니) 신중하지 않을 수 있겠는가. 그저 사물의 유전에 따라 마음으로 노닐면서, 부득이에 따라 중中을 기르는 것이 지극한 것이다. 거기에 무엇을 작위作爲하여 대응하겠는가. 명령을 그대로 전하는 것(致命)만 못하다. (그러나) 그것이 어려운 일이다.[238]

말이란 바람처럼 물결처럼 고정된 실체 없이 쉽게 일어나는 것이다. 그렇기 때문에 그 말을 실체로 여겨 행동에 옮기게 되면 득실을 따지게 되고, 득실을 계교하는 마음은 더 나아가 위태로운 상황을 일으킨다. 그래서 말이라는 바람은 분노라는 물결을 쉽게 일으켜 마음을 사납게 하는 게, 그 이유가 되는 것은 언제나 기교를 부린 말(巧言)과 치우친 말(偏辭)들이다. 이 분노 역시 실체 없는 말이 만들어낸 실체 없는 것이다. 짐승조차도 호흡이 거칠어지면 마음이 사나워진다. 준엄하게 다그치면 공격하고자 하는 마음이 생기게 마련이다.

그러므로 작위作爲하지 않아야 한다. 있는 그대로 보고하고 있는 그대로 전하는 것이다. 군주의 말을 고치지도 말고, 성공하려고 무리하게 권하지도 말라. 지나치게 잘하려고 애쓰는 것은 오히려 위험에 빠지는 결과를 가져온다.

장자에 따르면, 마음이 사물의 흐름을 타고 자유롭게 노닐게 하고 부득이에 맡겨 중도中道를 지키는 것(不得已養中)이 최선이다. 무엇 때문에 조작해서 보고할 것이 있는가. 상대 군주의 명을 그대로 전하는 것(致命)만 못하다. 그것은 결코 쉬운 일이 아니다. 그러나 조작과 억지, 즉 즉 조장하거나 억누르는 것 이것은 우리의 삶을 더 위태롭고 피곤하게 한다.

생각해보자. 현재 있는 것을 그대로 두는 것이 어째서 어려운 것인가. 이것은 대단히 중요한 사실이다. 오히려 '이것'을 '이것' 아닌 다른 '저것'으로 바꾸는 것이 더 어렵지 않은가. 뿐만 아니라 다른 것으로 바꾸려 하는 욕망을 갖기 때문에 더 어려운 것이 아닌가.

장자에 따르면, 인간 역사 세계의 시비와 선악은 개별자의 입장에서 판단할 수 있는 문제가 아니다. 앞서 논한 것처럼 시비와 선악은 그 자체로 절대적

---

238) 「인간세」 160. (夫) 言者, 風波也. 行者, 實喪也. (夫) 風波易以動, 實喪易以危. 故忿設無由, 巧言偏辭. 獸死不擇音, 氣息茀然, 於是並生心厲, 剋核大至, 則必有不肖之心應之, 而不知其然也. 苟爲不知其然也, 孰知其所終. 故法言曰 無遷令, 無勸成, 過度益也. 遷令勸成殆事, 美成在久, 惡成不及改, 可不愼與. 且夫乘物以遊心, 託不得已以養中, 至矣. 何作爲報也. 莫若爲致命. 此其難者.

기준을 갖지 않는다. 그리고 그것을 판단할 자격이나 입장을 갖고 있는 존재자는 어디에도 없다. 그렇다면 우리는 어떻게 상황이 요구하는 것에 응하기 위하여 시비와 선악을 행사할 것인가. 장자의 답변은 '부득이'의 요청에 따라 '양중'하라는 것이다. 그리고 양중의 전제는 성심을 해체한 허심이다.

부득이의 요청에 응하는 데 최소한의 합의로서 '시스템'은 어떠한 효력을 가지는가. 개별자의 성심을 최소화하는데 시스템은 어떻게 유효한가. '법 시스템'을 중심으로 공동체의 질서를 유지 강화하고자 하는 입장은 한비자의 법가이다. 한비자의 '법 시스템'과 장자가 권하는 '부득이의 요청에 따르는 합의로서의 시스템'은 어떻게 같고 어떻게 다른가.

법가法家의 한비자가 제시하는 시스템은 장자의 '최소한의 합의'로서의 부득이의 시스템과는 거리가 대단히 멀다. 법가는 부득이의 요청에 의거한 것이 아니라 세상을 장악하고자 하는 소유적 욕망의 토대 위에서 설정된 것이다. 그것은 한비자가 군주의 입장에서 권력 강화를 기한 것에서 드러난다. 마치 불로장생을 추구하는 종교적 도교가 장자의 양생이 갖는 본의와 상당한 거리를 지닌 것처럼 법가의 '법 시스템'과 장자의 '부득이의 시스템'은 차원을 달리하는 차이가 있다. 평면적으로 이 두 가지가 유사해 보이는 이유는 그것이 시스템을 논하고 있기 때문이고, 시스템은 실상에 근거해 현실적인 형식을 갖춰야 하기 때문이다.

장자가 권하는 '부득이의 합의로서의 시스템'은 자아의 욕망을 강화하고, 그 욕망을 통해 타자를 장악하려는 법가적 시스템이 아니라, 구체적인 사태에 응하기 위한 시스템이다. 공동체 안에서 상호 거래를 존중하고 자정自正에 맡기면서, 최소한의 규제를 시스템에 맡기는 것이다. 예컨대, 우리가 은행에 갔을 때 먼저 받아 쥐게 되는 '번호표'를 생각해보자. 번호표에 의한 순서를 우리는 인정한다. 그 '번호표' 시스템은 어떻게 작용하는가. 여기에는 어떠한 선악의 도덕성도 시비의 준거도 작동하지 않는다. 다만 은행 측과 고객 측의 요구가 상충하지 않도록 합의된 순서에 의해 일은 처리된다. 이 일을 처리하는데 불필

요하게 '인간'의 마음을 다툼이나 서열을 지키는 데 소모하지 않게 한다.[239]

2. 무도한 상황에서는 어떻게 할 것인가.: 〈안합의 이야기〉

안회는 자발적으로 무도無道한 나라를 구하고자 하였고, 섭공葉公은 불가피하게 떠나야 하는 사신使臣의 임무로 고민하였다. 이제 세 번째 이야기에서는 무도한 군주를 보필하면서 고뇌하는 안합顔闔이 등장한다. 이런 경우 유가儒家식 처방은 명쾌하다. 유가식 의를 기준으로 삼아 의로운 군주라면 목숨을 바쳐 충성할 것이요, 무도한 군주라면 목숨을 바쳐 역성易姓 혁명을 수행해야 한다.

안합은 실제 인물이다. 그리고 거백옥蘧伯玉 역시 『논어論語』에도 등장하는 실제 인물이다. 장자는 이 인물들을 등장시켜 다시 허구적인 우화寓話를 조직하고 있다. 중언重言에 해당된다. 춘추 시대 영공靈公이 위나라 제후였을 때, 태자 괴외蒯聵가 내란을 일으켰다. 태자는 『논어』에 등장하는 영공의 첩 남자南子를 죽이려다 실패하고 다른 나라로 망명을 떠났다. 그가 돌아와 집권하기 위해서 귀국할 때 공자의 제자 자로子路가 막으려다 전사한 바 있다. 태자는 자기 아들인 출공出公을 축출하고 스스로 왕王이 되었는데, 이가 장공莊公이다. 안합은 노나라 현인賢人으로 알려져 있고, 거백옥은 위나라 대부로 공자에게 군자라는 평을 들은 바 있다. "군자로다. 거백옥이여! 나라에 도가 있으면 벼슬을 하고 도가 없으면 몸을 거두어 숨는구나."[240]라는 말이 그것이다. 그런데 안합이 매우 어려운 일을 만나 거백옥에게 의논하러 왔다.

---

239) 일면 '번호표'의 예에서 나타난 '시스템'의 본질이 법가의 '法'과 본질적으로 같다고 보이는 면이 있다. 하지만 그렇지 않다. 만일 번호표가 은행 측의 편의만을 위하여 고객을 장악하려는 기도에서 이루어진 것이라면 그것은 법가의 시스템에 가까워질 것이다. 하지만 은행의 고객은 번호표를 버리고 일을 다음으로 미룰 수도 있지 않은가. 같은 면이 있지만, 다른 면도 있다.

240) 『논어』 위령공. 君子哉 蘧伯玉 邦有道則仕 邦無道則可卷而懷之.

안합이 위나라 영공의 태자의 스승으로 가게 되었다. 거백옥에게 물어 말하길, 여기 어떤 사람이 있는데, 그 덕德은 아주 천성적으로 박약합니다. 그와 더불어 무도한 행위를 하면 나라가 위태해집니다. 그와 더불어 옳은 일을 하고자 하면 제 몸이 위태해집니다. 그의 지적 능력은 다른 사람의 잘못은 족히 잘 찾아내지만, 자기 잘못의 소이所以는 알아내지 못합니다. 이런 경우 저는 어찌해야 합니까.[241]

안합은 고뇌한다. 자신이 스승으로 있는 위나라 태자는 품성이 흉완하고, 남의 과실은 잘 찾아내지만 자기의 허물은 알지 못한다. 그래서 올바로 이끌려니 자신의 목숨이 위태롭고, 그대로 두고 그의 뜻에 영합하자니 나라가 위태롭다. 어떻게 하는 것이 온당한가. 안회나 섭공의 경우와 달리 목숨이 걸린 딜레마이다.

거백옥이 말하기를, 좋은 질문입니다. 경계하고 삼가서, 당신의 몸을 바르게 하십시오. 겉으로는 나아가는 것만 한 것이 없고, 마음으로는 화합하는 것만 한 것이 없습니다. 비록 그렇지만 이 두 가지에는 환患이 있습니다. (그에게) 나아가도 들어가려해서는 안 되고, 화합하더라도 (겉으로) 드러내서는 안 됩니다. 겉으로 나아가서 (그 마음 안으로) 들어간다면 또 뒤집히고 파멸될 것이며 무너지고 넘어질 것이요, 마음으로 화합하면서 겉으로 드러내면 또 소문이 나고 이름이 나며 요사해지고 재앙이 생길 것입니다. 그가 영아嬰兒가 되면 또한 그와 더불어 영아가 되고, 그가 또 절도 없이 행동하면 또한 그와 더불어 절도 없이 행동하십시오. 그가 또 함부로 (구속 없이) 굴면 그대 역시 그와 더불어 함부로 구십시오. 이것에 통달한다면 허물 없는 데 들 것입니다.[242]

---

241) 「인간세」 164. 顏闔將傅衛靈公大子, 而問於蘧伯玉曰 有人於此, 其德天殺. 與之爲無方, 則危吾 國 ; 與之爲有方, 則危吾身. 其知適足以知人之過, 而不知其所以過. 若然者, 吾奈之何.

242) 「인간세」 165. 蘧伯玉曰 善哉問乎. 戒之, 愼之, 正女身也哉. 形莫若就, 心莫若和. 雖然, 之二者有 患. 就不欲入, 和不欲出. 形就而入, 且爲顚爲滅, 爲崩爲蹶. 心和而出, 且爲聲爲名, 爲妖爲孽. 彼

거백옥은 안합에게 좋은 질문이라고 한다. 아마도 인간세에서 피할 수 없는 문제를 제기했기 때문인 듯하다. 그리고 답한다. 경계하고 삼가며, 자기 몸을 바르게 하라. 그의 드러난 행동에는 응하되 그의 마음속까지 개입하지 말고, 마음으로는 조화를 도모하되 부화뇌동하지 말라. 그를 바로 잡으려 하지 말고 (相正) 그가 자정自正할 수 있도록 도와라. 이것을 자연스럽게 행할 수 있을 때 문제가 없을 것이다. 그리고 거백옥은 이어서 사마귀와 양호자養虎者, 그리고 애마자愛馬者의 경우를 거론하며, 구체적으로 무엇을 경계하고 삼가야 하는지 (戒之·愼之)를 설명한다.

> 자네는 저 사마귀를 알지 못하는가. 노하면 그 팔뚝을 들어 수레바퀴에 맞서면서 자신이 감당하여 이기지 못할 것을 알지 못한다. 이는 자신의 재주를 뽐내는 것이다. 경계하고 신중하라. 자신을 자랑하고 뽐내면서 상대를 범하게 되면, 위태롭게 된다.
>
> 자네는 저 양호자養虎者를 알지 못하는가. 감히 살아 있는 것을 호랑이에게 주지 않는 것은 호랑이가 그 동물을 물어 죽이려는 노기怒氣 때문이다. 감히 통째로 먹이를 주지 않는 것은 호랑이가 그 동물을 찢어버리는 노기 때문이다. 호랑이의 배가 고픈지 부른지 잘 때를 맞추어 그 성난 마음을 잘 통제해야 한다. 호랑이는 사람과 다른 유類이지만 자기를 길러주는 자를 따르는 것은 순順이요, 따르지 않고 죽이는 것은 역逆이다.
>
> 대저 말을 사랑하는 자는 광주리로 똥을 받아내고, 무명조개로 오줌을 받아 낸다. 마침 모기나 등에가 엉겨 붙었다 하여 때에 맞지 않게 채찍으로 치면 재갈을 끊고 머리를 흔들어 다치게 하며 가슴을 부순다. 의도는 지극히 돌보는 것이었지만, 사랑하는 것을 잃게 되어버렸으니 삼가지 않을 수 있겠는가.[243]

且爲嬰兒, 亦與之爲嬰兒, 彼且爲無町畦, 亦與之爲無町畦, 彼且爲無崖, 亦與之爲無崖, 達之, 入於無疵.

거백옥은 먼저 당랑거철螳螂拒轍의 교훈을 말한다. 재주를 뽐내고 과신하지 말고 경계하고 삼가라. 자기 능력을 과신하다가 수레바퀴에 깔려 죽는 사마귀(螳螂)의 신세가 되리라.

두 번째로는 양호자 이야기를 한다. 호랑이 사육자가 호랑이에게 살아 있는 동물을 먹이로 주지 않고, 또 먹이를 통째로 주지 않는 것은 호랑이의 사나움을 촉발하지 않기 위해서이다. 공복空腹 상태를 잘 살펴 그 사나운 기질이 촉발되지 않도록 잘 길들이는 것이 사육자의 노하우(know-how)이다. 이것은 순리이다. 다시 말해 상대방에게 맞는 수단을 지혜롭게 구사해야 한다. 같은 말을 하더라도 상대방을 잘 관리하고 통제할 수 있도록 효과적으로 해야 한다. 자신의 선을 드러내기 위해 상대의 악, 혹은 사나움을 촉발시키는 것은 어리석은 짓이며 결과적으로 무용할 뿐 아니라 재앙을 초래한다. 이것은 역리逆理이다.

세 번째로 애마자愛馬者가 지극한 정성으로 말의 시중을 들어주어도, 말의 처지를 생각지 않고 스스로 말을 아끼는 마음에서 때에 맞지 않는(不時) 행동을 하게 되면 결국 의도와 다르게 말을 잃게 됨을 말한다. '나'의 아끼는 마음이 승勝해지면서 아타我他의 균형이 무너졌기 때문이다. 사랑하는 마음 때문에 사랑하는 것을 잃게 된다. 상대를 사랑하는 마음만 앞세워 상대의 처지를 배려하지 않고 자기 방식대로만 하게 되면 결국 돌아오는 것은 낭패이거나 재앙이다. '자아'를 내세우지 않고 허심으로 상황이 요구하는 부득이에 대처하는 것이 자신도 살리고 상대도 살린다는 것이다. 대승 불교의 개념을 빌리면 '자리이타自利利他'이다.

거백옥의 이야기를 요약하자면, 상대를 화化하고자 할 때 상정相正하려 하지

---

243) 「인간세」 167-168. 汝不知夫螳蜋乎. 怒其臂以當車轍, 不知其不勝任也, 是其才之美者也. 戒之, 愼之！積伐而美者以犯之, 幾矣. 汝不知夫養虎者乎. 不敢以生物與之, 爲其殺之之怒也, 不敢以全物與之, 爲其決之之怒也. 時其飢飽, 達其怒心. 虎之與人異類而媚養己者, 順也. 故其殺者, 逆也. 夫愛馬者, 以筐盛矢, 以蜄盛溺. 適有蚊虻僕緣, 而拊之不時, 則缺銜毁首碎胸. 意有所至而愛有所亡. 可不愼邪.

말고 상준相尊하며 자정할 수 있도록 돕는 것이 최선이라는 것이다. 사나운 호랑이조차 그 뜻을 받아 본성에 맞게 해준다면 통제할 수 있다. 사마귀나 호랑이 말 등의 이류異類를 예로 든 것은 보다 명확하기 때문이다. 인간의 가치 기준으로 호화로운 요강을 준비하고 재갈을 준비한다 해도 말의 입장에서는 성가실 뿐이다. 잘하려는 호의에서 사랑하는 마음이 시작되었지만, 자기중심에서 벗어나지 못하는 어리석음은 피하지 못했다. 결국 사랑하는 마음이 비극을 불러오게 되었다.

3절. 인간 역사 세계의 유용지무용과 무용지대용

어떤 것의 쓸모는 쓰는 자와 쓰임을 당하는 대상을 분리해 놓을 때 비로소 가능하다. 쓰는 자와 쓰임을 당하는 것이 한 몸, 즉 연속되어 있다면 '쓸모'라는 것은 독립적으로 성립하지 않는다. 쓸모의 관점, 즉 소유의 관점에서만 세상을 보는 한 세상과 자아의 연속성은 회복되기 어렵다. 그리고 연속성을 회복하여 그 대상과 자신이 둘이 아님(不二)을 안다면 역시 '쓸모'가 별도로 성립하지 않는다. 결국 남는 것은 '무용無用'이다.[244] 그렇기 때문에 장자에 따르면, 무용일 때 존재의 실상이 열리고, 존재의 연속성을 회복하게 된다. 이런 면에서 인간세의 무용은 우리 삶을 온전히 하는 '전생全生'의 소이所以이다. 장자는 이러한 메시지를 전하기 위해 네 가지 우화를 준비한다. 〈산목散木과 대목大木〉, 〈지리소支離疏〉, 그리고 〈광인狂人 접여接輿〉의 이야기이다.

---

[244] 장자가 '무용'을 논하는 것은 소유적 사유의 해체를 위한 것일 뿐, 무용 그 자체의 의미를 독립적으로 강조하고자 하는 것은 아니다. 소유적 유용에 매이지 않는 것이 중요하다는 것이다. 궁극적으로는 유용 무용이 모두 각득기의의 용도를 갖고 있음을 설파하기 위한 것이다.

1. 무용의 전생: 〈산목과 대목 이야기〉

장자는 이 이야기에서 상수리나무의 입을 빌려 인간세의 유용有用이 곧 무용 無用이요, 그 무용이 곧 전생全生의 대용大用임을 역설한다. 장석匠石(목수)이 제 나라 땅을 지나다가 사당의 거대한 상수리나무를 보는 데서 이야기는 시작된다.

> 장석이 제나라에 갔는데 곡원曲轅 땅에 이르러 사당에 있는 상수리나무를 보았다. 그 크기는 수천 마리의 소를 가릴 정도였고, 그 둘레는 백 아름이나 되었으며, 높이 는 산을 내려 볼 정도이며, 열길 높이 너머에 가지가 있어서 가히 그것(가지)만 가지 고도 배를 만들 수 있는 것이 십여 개나 되었다. 구경하는 사람들이 시장터처럼 모였 으나 장백匠伯은 돌아보지도 않았고 멈추지 않고 그대로 가버렸다. 제자가 실컷 구경 한 후에 장석에게 달려와서 말하길, 제가 도끼를 잡고 선생님을 따라다닌 이래 일찍 이 재목이 이와 같이 아름다운 것을 본 적이 없습니다. 그런데 선생님께서는 눈여겨 보시지 않고 그냥 가버리시니 어째서입니까.[245]

제자의 눈에는 나무가 아름답고 위용이 대단한 것이 감탄스러웠다. 게다가 워낙 거대해서 배를 만들 수 있을 정도로 보였고, 구경하는 사람들 역시 저잣거 리 바닥처럼 모여들었다. 그의 시각에서 볼 때 그 유용함이 지극해 보였나. 그러나 전문가의 눈에는 무용한 것으로 보인다. 스승인 장백匠伯은 돌아보지도 않고 그냥 지나쳐 버렸다. 제자 장석은 의아해하며, 이렇게 좋은 재목을 어째서 버리고 그냥 가느냐고 묻는다.

---

245) 「인간세」 170-171. 匠石之齊, 至於曲轅, 見櫟社樹. 其大蔽數千牛, 絜之百圍, 其高臨山十仞而後 有枝, 其可以爲舟者旁十數. 觀者如市, 匠伯不顧, 遂行不輟. 弟子厭觀之, 走及匠石, 曰 自吾執斧 斤以隨夫子, 未嘗見材如此其美也. 先生不肯視, 行不輟, 何邪.

장백이 말하길, 그만두어라. 그것에 대해 말하지 말라. 이것은 산목散木이다. 배를 만들면 가라앉을 것이고, 관곽을 만들면 금방 썩을 것이며, 그릇을 만들면 금방 부서질 것이고, 문을 만들면 진액이 흐를 것이고, 기둥을 만들면 벌레가 생길 것이다. 이것은 재목으로 쓸 수 있는 나무가 아니다. 쓸 데가 없다. 그래서 이렇게 오래 살 수 있었던 것이다.[246]

스승 장백은 그 나무가 유용해 보여도 실상은 쓸모없는 산목일 뿐이라고 말한다. 산목은 가용可用할 데가 없어서 버려진 나무이다. 이에 반해 가용할 수 있는 나무는 문목文木이다. 배를 만들면 가라앉고, 관곽을 만들면 금방 썩어 버리며, 그릇을 만들면 금방 부서지고, 문을 만들면 진액이 흐르고 기둥을 만들면 벌레가 생겨서 도무지 쓸 수가 없다고 한다. 그야말로 재목으로는 쓸 데가 없는 부재不材이다. 하지만 그 부재인 덕분에 인간의 소유적 대상에서 벗어나 있던 관계로 제 명命대로 살 수 있는 대용을 발휘한 것이라고 스승은 말한다.

이 이야기는 장자의 실용이 인간세적 실용이 아님을 보여준다. 인간세의 유용은 곧 전생의 측면에서는 무용이고, 인간세의 무용이 곧 전생의 소이가 되지만, 그 대용이라는 실상은 저절로 드러나는 것이 아니다. 세상을 소유의 관점에서 바라보는 자에게는 수용되기 어려운 것이다. 소유를 넘어서고, 대상에 대한 실체적 집착에서 벗어난 마음에서만 나타날 수 있는 유용이다.

그날 밤 장석의 꿈에 예의 상수리나무가 나타나 말한다.

장석이 집에 돌아갔는데, 상수리나무가 꿈에 나타나 말하였다. 그대는 장차 나를 어디에 비교하려 하는가. 그대는 나를 문목에 비교하려는가. 대저 사리나무나 귤나무, 과라나무 등속은 열매가 익으면 따내게 되고, 따낸 다음에는 욕을 당한다. 큰

---

246) 「인간세」171. 曰 已矣, 勿言之矣! 散木也, 以爲舟則沈, 以爲棺槨則速腐, 以爲器則速毀, 以爲門戶則液樠, 以爲柱則蠹. 是不材之木也, 無所可用, 故能若是之壽.

가지는 잘려지고 작은 가지는 찢긴다. 이것은 그 능력 때문에 生生을 곤고困苦롭게 하는 것이다. 그리하여 그 타고난 수명을 다하지 못하고 중도에서 요절하니, 스스로 세속의 타격을 심하게 받은 것이다. 物물은 이와 같지 않은 것이 없다. 또 나는 쓸데가 없기를 바란 지가 오래되었는데, 죽을 때가 되어 나를 위한 대용을 알아주는 자가 나타났다. 나로 하여금 쓸모 있는 것이 되게 하였다면 또 이렇게 크게 자랄 수 있었겠는가. 또 그대와 나는 모두 물이다. 무엇 때문에 서로를 비교하겠는가(相物). 그대처럼 거의 죽은 것이나 다름없는 사람(散人)이 어찌 산목散木을 알겠는가.[247]

꿈에 나타난 상수리나무는 자신을 문목(쓸모 있는 나무)에 견주지 말라고 말한다. 그 문목들은 자신들이 가진 그 쓸모(材) 때문에 생을 망치는 것들이라는 것이다. 그들은 인간세의 용도에 맞춰져 타격을 받아 이리저리 상하고 찢기고 요절하는 것들이다. 상수리나무 자신은 인간세에 무용했기 때문에 천수天壽를 누릴 수 있었던 것이니, 이것이야말로 자신이 원하던 대용大用이라고 말한다. 그리고 '나'나 '너'나 모두 물화物化 과정에 있는 물일 뿐인데, 무엇 때문에 서로 (용도를) 비교하는 것(相物)이냐고 묻는다.

그런데 여기서 상수리나무는 중요한 이야기를 한다. 자신은 오래도록 쓸모 없는 산목(無所可用)이기를 바랐는데, 이제야 그대의 스승이 알아주시어 그 대용을 얻었다고 말한다. 즉 산목을 산목으로 알아보는 것 역시 쉽지 않다. 알아보는 눈, 안목이 열려야 한다. 소유적 욕망에 가려진 눈, 무無를 모르는 눈은 인간세를 덮고 있는 소유적 사유의 허구성에 눈이 덮여 있다는 것이다. 장자가

247) 「인간세」 172. 匠石歸, 櫟社見夢曰 女將惡乎比予哉. 若將比予於文木邪. 夫柤梨橘柚, 果蓏之屬, 實熟則剝, 剝則辱, 大枝折, 小枝泄. 此以其能苦其生者也, 故不終其天年而中道夭, 自掊擊於世俗者也. 物莫不若是. 且予求無所可用久矣, 幾死, 乃今得之, 爲予大用. 使予也而有用, 且得有此大也邪. 且也若與予也皆物也, 奈何哉其相物也. 而幾死之散人, 又惡知散木.

문제 삼는 것은 바로 이것이다.

그러자 장석의 제자들이 이 꿈에 문제를 제기한다. 그렇다면 상수리나무는 무용을 바라면서 어째서 사당 나무가 되어 있는 것이냐고 따진다.

> 장석이 깨어나 그 꿈에 관해 이야기하니 제자가 말하였다. 뜻이 무용이었다면 어찌 해서 사당의 나무가 되었습니까.
> 장석이 말했다. 조용히 하여라. 너는 말하지 말라. 저 상수리나무는 다만 사당에 자신을 맡기고 있을 뿐, 자기를 모르는 자들이 자신을 욕보이고 있다고 생각하고 있다. 사당의 나무가 되지 않았더라도 거의 잘리지는 않았을 것이다. 또한 저 상수리나무의 보존 방법이 세상 것들과 다른 것이다. 다만 사당 나무가 되었다고 해서, 저 나무를 기린다면 실상에서 멀지 않겠는가.[248]

제자의 의문에 대해 장석이 상수리나무를 대변해 준다. 사당 나무라는 용도 역시 나무의 뜻에 반하여 인간세가 저 산목을 욕보이고 있는 것이다. 그런데 우리가 '사당 나무'의 용도로 저 나무를 기린다면 그것은 그 산목의 실상, 즉 뜻과 멀어지는 것이 아니겠는가.

인간 중심의 눈으로 바라보는 한계를 우리는 필연적으로 갖고 있다. 그것은 피할 수 없는 일이다. 그러나 우리는 다만 인간의 눈, 그리고 '나'의 눈으로 보고 있다는 것을 인정하고 염두에 두어야 한다. 자신의 '눈'이 옳다고 주장하거나 진리라고 내세우지 않아야 한다는 것을 알아야 한다. '한계가 있는' 개별자의 눈으로 본 '한계가 있는' 사실이라는 점을 인정해야 한다는 것이다.

두 번째 나무 이야기에는 남백자기南伯子綦가 등장한다. 남백자기가 상구商丘라는 곳에서 대목大木을 보고, 훌륭한 재목감이라고 감탄을 하였다.

---

248) 「인간세」 174. 匠石覺而診其夢. 弟子曰 趣取無用, 則爲社何邪. 曰 密 若無言 彼亦直寄焉, 以爲 不知己者詬厲也. 不爲社者, 且幾有翦乎 且也彼其所保與衆異, 而以義 (譽) 〔喻〕之, 不亦遠乎.

남백자기가 상구에서 노닐다가 큰 나무를 보았는데 네 마리 말이 끄는 수레 천 대를 매어 놓아도 그 그늘에 덮여 가려질 정도였다. 자기 왈, 이것은 어떤 나무인고. 이것은 필시 특이한 재목이리라. 눈을 들어 그 가지를 보니 구부러져서 동량棟梁으로 쓸 수 없고, 눈을 내려 그 큰 밑동을 보니 뒤틀려 관곽으로 쓸 수도 없었다. 그 잎사귀를 핥아보니 입이 문드러져 상하고 냄새를 맡아보니 사람을 미치게 하여 삼 일이 지나도 깨어나지 못했다.

자기 왈, 이것은 과연 재목감이 안 되는 나무이어서, 이렇게 크게 자랄 수 있었구나. 아! 신인神人도 이렇게 재목감이 아닌 것으로 (현재에 이르렀구나). 송宋에 형씨라는 고장이 있었는데, 가래나무와 잣나무와 뽕나무가 잘 자랐다. 그것이 한 아름 이상이 되면 원숭이의 말뚝을 구하는 자가 베어가고, 서너 아름이 되면 고명한 기둥이나 대들보를 구하는 자가 베어가고, 일고여덟 아름이 되면 귀인이나 부상의 집에서 널감을 구하는 자가 베어간다. 그러므로 타고난 명을 다하지 못하고 중도에 도끼에 잘리게 되니, 이는 재목의 환患이다. 그러므로 제사용으로 잡을 때, 이마가 흰 소와 코가 뒤집혀 있는 돼지, 그리고 치질 병을 앓고 있는 사람은 강으로 데려갈 수 없다. 이것은 모두 무축巫祝들이 알고 있는데, 상서롭지 못하다고 여기기 때문이다. (그러나) 이것은 신인神人이 대상大祥으로 여기는 소이所以이다.[249]

그런데 자세히 보니, 재목으로 쓸 수 없는 것이었다. 가지는 구부러져 기둥이나 들보로 쓸 수 없고, 밑동은 비어 있어 널로도 쓸 수 없으며, 잎사귀는 냄새와 성질이 독하기 짝이 없었다. 이것을 보고 깨달았다. 재목이 아니었기

---

249)「인간세」176-177. 南伯子綦遊乎商之丘, 見大木焉有異, 結駟千乘, 隱將芘其所藾. 子綦曰 此何木也哉. 此必有異材夫. 仰而視其細枝, 則拳曲而不可以爲棟梁, 俯而 (見)〔視〕其大根, 則軸解而不可以爲棺槨, 咶其葉, 則口爛而爲傷, 嗅之, 則使人狂酲, 三日而不已. 子綦曰 此果不材之木也, 以至於此其大也. 嗟乎神人, 以此不材. 宋有荊氏者, 宜楸柏桑. 其拱把而上者, 求狙猴之杙者斬之, 三圍四圍, 求高名之麗者斬之, 七圍八圍, 貴人富商之家求樿傍者斬之. 故未終其天年, 而中道之夭於斧斤, 此材之患也. 故解 (以)〔之〕〔以〕牛之白顙者與豚之亢鼻者, 與人有痔病者不可以適河. 此皆巫祝以知之矣, 所以爲不祥也. 此乃神人之所以爲大祥也.

때문에 이렇게 크게 자랄 수 있었구나. 신인 또한 부재이겠구나.

여기서 대목大木은 메타포이다. 인간의 '쓸모'에 자신을 내어주지 않았고 그 결과 온전히 성장할 수 있는 '인간'의 모습이다. 이 대목을 보는 순간 남백자기는 문득 눈을 뜬다. 그 나무에서 신인神人의 모습을 본다. 다른 누구에게 '쓸모'가 되려고 심신을 수고롭게 하지 않고 자연이 만들어 준 존재 과정(道)에 따라 유유자적하는 모습을 본다. 상대를 '쓸모'로 보는 것은, 자신을 스스로 타자의 '쓸모'로 만들면서 스스로 '소모품'으로 전락하는 것이다. 장자는 묻고 있다. 어느 것이 중요한가. 존재인가. 쓸모인가.

신인이 귀하게 여기는 것은 중인衆人과 다르다. 형씨荊氏라는 고장에 있는 가래나무와 뽕나무는 자라면서 그 크기와 굵기에 따라 '쓸모'대로 베어져 결국 요절하고 만다. 또 제사용 희생 동물 가운데 코가 뒤집힌 돼지와 이마가 흰 소, 그리고 치질 병을 앓는 자는 제사장에 데려가지 않는다. 상서롭지 않다고 여기기 때문이다. 그러나 신인은 그렇게 보지 않는다. 그들은 이용당하지 않았다는 점에서 모두 유용했다. 그래서 자신의 생을 온전히 할 수 있었다. 장자는 거의 외치듯 말한다. 이 전생보다 더 귀한 것이 우리 삶에서 무엇이 있겠느냐고.

2. 육체적 무용: 〈지리소 이야기〉

무용無用한 나무를 대표한 것이 산목과 대목이었다면, 인간세의 무용을 상징하는 것은 지리소支離疏이다. 이 이야기는 무용지대용無用之大用을 주장하는 두 나무 이야기에 바로 이어진다. 이 나무들과 지리소는 공통적으로 비정상적이다. 지리소는 인간세에서는 무용한 존재이다. 이 비정상적인 존재들은 스스로 유용하지 못한 결핍을 통해서 얻어지는 전생을 보여주면서 등장한다. 소유적 시각에서 볼 때 이 나무들과 기형적인 지리소는 아무런 경제 기술적 가치를 갖지 않는다. 그리고 그런 이유, 즉 정상에서 일탈한 상서롭지 못함으로 인해 신인神人에 의해 높이 평가된다. 그리고 그 무용함으로 인해 자신의 생명을 구하거나 온전히 할 수 있었다.

> 지리소는 턱이 배꼽에 가려지고 어깨가 정수리보다 높으며, 상투는 하늘을 가리키
> 고 오관이 위쪽에 있으며, 두 넓적다리가 옆구리에 있다. 옷을 깁거나 빨래를 하여
> 족히 먹고살 만하였고, 키질하여 쌀알을 골라 열 식구를 먹일 수 있었다. 위에서
> 병사를 징발하면, 지리소는 어깨를 흔들며 그 사이를 지나다녔고, 위에서 역사役事
> 가 있으면 지리소는 언제나 그 병으로 노역을 피할 수 있었으며, 위에서 병자에게
> 곡식을 내리면 삼종의 쌀과 열 묶음의 땔나무를 받았다. 대저 지리소의 모습으로도
> 그 몸을 족히 기를 수 있고 천수를 다할 수 있는데, 하물며 그 덕이 지리소인 자에게
> 있어서랴.250)

지리소는 충격적일 정도로 괴물스러운 기형이다. 지리소는 지리멸렬支離滅裂
그 자체이다. 이리저리 찢겨져 갈피를 잡을 수 없는 모습을 형용한다. '소疏'는
'성글다'는 의미인데, 이를 이름으로 보는 해석도 있고 어리석다는 의미로 보
는 견해도 있다.251) 보기에도 흉측한 이 지리소는 보통 사람들이 저마다 흠모
하고 소망하는 모습과는 정반대이다. 도무지 어디에도 쓸모가 없는 존재이다.
　장자는 지리소의 기형을 메타포로 사용한다. 언어적 수사에서 보면 역설에
해당한다. 역설 역시 통상 언어에서 보면 기형에 해당한다. 장자가 기형을 등장
시켜 논의를 펴는 것 자체가 통상적인 삶에 대한 논의 방식에서 보면 기형스러

---

250) 「인간세」 180. 支離疏者, 頤隱於臍, 肩高於頂, 會撮指天, 五管在上, 兩髀爲脇, 挫鍼治繲, 足以餬
　　口, 鼓筴播精, 足以食十人. 上徵武士, 則支離攘臂而遊於其間, 上有大役, 則支離以有常疾不受功,
　　上與病者粟, 則受三鍾與十束薪. 夫支離其形者, 猶足以養其身, 終其天年, 又況支離其德者乎.

251) '支離疏'는 지리멸렬한 용모를 가진 엉성한 자(疏)라고 보는 견해가 일반적이다. '支離'를
　　형체가 온전하지 못한 모습으로, 그리고 '疏'를 이름으로 보는 견해는 陸德明의 『經典釋
　　文』에 인용된 司馬彪이다(안동림, 『莊子』 141 재인용). 사마표의 견해가 설득력이 있는
　　이유는 이어지는 글귀에서 장자가 '德의 支離'를 논하면서 '支離'라는 단어를 별도로 사용
　　하고 있기 때문이다(안동림, 『莊子』 141 재인용).

운 것이다. 기형의 지리소는 시각적 역설에 해당한다. 기형의 등장은 정상적이고 의식적인 가치 평가를 중단하게 만든다. 기형의 충격적 효과 때문에 분석적이고 의식적인 기능을 누그러뜨리는 결과를 가져온다. 기형의 사례나 그 말을 수용하는 것은 통상적인 사회적 제약과 기존의 경험적 규제, 인습적 판단 등에서 벗어나는 용기를 발휘해야 한다.

그런데 지리소가 이런 몸 덕분에 전쟁에도 끌려가지 않고 부역에도 동원되지 않으며 오히려 나라에서 곡식과 나무를 공급받는다. 거기에 바느질과 빨래일 등의 노동을 통해 열 식구를 족히 부양한다. 지리소가 전쟁의 위협과 부역의 고달픔에서 벗어나 태평하게 자신의 생명을 누릴 수 있는 것은 그의 육신이 지리支離하여 어디에도 쓸모가 없기 때문이다. 인간세에서의 무용이 자신의 생生에서는 긴요한 쓸모(大用)가 되었다.

그러니 육신의 지리가 이런 결과를 가져다준다면 덕德의 지리가 가져다주는 유용은 어떻겠는가. 장자는 지리소에 대한 결론에서 이렇게 말한다. "외모의 지리소도 몸을 보존하고 천수를 다하는데, 하물며 덕德이 지리支離인 사람이겠는가." 이제 덕의 지리인 광인 접여가 등장한다.

3. 덕의 지리: 〈광인 접여 이야기〉

앞의 우화들에서 공자는 줄곧 장자를 대변하는 인물의 역할을 담당했다. 안회에게 심재를 가르치고, 섭공의 문제에 조언했다. 장자는 그런 공자를 접여接輿를 통해 다시 비판적으로 정리한다. 이 접여의 이야기가 「인간세」 편의 마지막 이야기임에 주목해야 한다. 접여의 노래를 통해 장자는 인간세의 논의를 마무리하면서 다시 앞으로 되돌린다. 접여의 노래의 마지막 구절은 바로 〈인간세〉에 대한 집착의 허망함과 무용지용을 모른다는 한탄이다.

접여는 『논어』에도 등장하는 인물이다. 그리고 이 접여의 우화는 『논어』에 그와 관련하여 실려 있는 내용과 비슷하다. 그 일화는 이렇다.

초나라 광접여狂接輿가 노래를 부르며 공자 곁을 지나갔다. 봉황이여! 봉황이여! 어찌하여 덕이 시들었는가. 지난 일은 어쩔 수 없고, 다가오는 일은 아직 손쓸 수 없는 것, 그만두어라. 그만두어라. 지금 정치를 좇는 것은 위태로울 뿐이다. 공자가 수레에서 내려 그와 말을 나누고자 하였으나 접여가 달려 피해버린 탓에 말을 나눌 수 없었다.252)

접여는 광인狂人이다. 광인은 무용한 산목과 기형의 지리소와 같은 맥락의 무용한 존재이다. 광인의 뒤틀림과 세속적 무용성은 그 정신에 있다. 광인은 통상적인 인간들이 중시하는 가치 체계나 의식에서 벗어나 있다. 실상 그래서 광인이다. 그러나 광인은 그렇기 때문에 자유롭다. 대담하게 진술할 수 있으며, 인습적인 판단 기준으로부터 자유로울 수 있다. 광기狂氣는 당대의 인습을 파격破格하는 지혜와 연관된다.

공자가 초나라에 가니 초의 광인 접여가 그 문을 지나며 왈, 봉황이여. 봉황이여 어찌 그 덕이 쇠해졌는가. 오는 세월은 기다릴 수 없고, 가는 세월은 좇을 수 없네. 천하에 도가 있으면 성인은 성취를 하고 천하에 도가 없으면 그저 살아갈 뿐이다. 바야흐로 지금의 시대는 겨우 형刑을 면하는 게 고작일 뿐, 복福은 깃털보다 가벼운 데도 실을 줄을 모르고, 화禍는 땅보다 무거운네노 피할 줄을 모른다. 그만두어라. 그만두어라. 덕德으로 사람에게 임하는 것을! 위태하구나. 위태하구나. 땅에 금을 긋고 달려가는 것은. 가시밭이여, 가시밭이여, 내 앞길을 막지 말라. 나는 돌아서 가고 있으니, 나의 발을 상하게 하지 못한다.253)

---

252) 『논어』微子 5. 楚狂接輿歌而過孔子 曰鳳兮鳳兮 何德之衰 往者 不可諫 來者 猶可追 已而已而 今之從政者 殆而 孔子下 欲與之言 趨而辟之 不得與之言.

253) 「인간세」183. 孔子適楚, 楚狂接輿遊其門曰 鳳兮鳳兮, 何如德之衰也. 來世不可待, 往世不可追也. 天下有道, 聖人成焉, 天下無道, 聖人生焉, 方今之時, 僅免刑焉, 福輕乎羽, 莫之知載, 禍重乎地, 莫之知避. 已乎已乎, 臨人以德. 殆乎殆乎, 畫地而趨. 迷陽迷陽, 無傷吾行, 吾行郤曲, 無傷吾足.

광인 접여의 눈에는 무도無道한 세상을 바로 잡아 보려고 애쓰며 다니는 공자가 어리석어 보인다. 광인은 인격화된 자연이다. 자연의 실상, 즉 존재의 실상에서 바라보는 관점을 대변한다. 접여는 공자를 봉황이라고 칭해준다. 봉황이었던 그대가 어찌 그리 덕이 쇠하였는가. 이렇게 철환轍環 유세遊說하며 정치판에 뛰어들어 무언가를 하고자 애쓰는 어리석음을 범하고 있다니.

그리고 본론을 시작한다. 미래는 목적의식을 가지고 기대할 수 없고, 지나간 세월은 잡을 수 없는 것이다. 공자는 술이부작述而不作한 자이다. 옛 성인聖人들의 행적을 정리하여 규범으로 삼고 미래 역사를 도모하는 자이다. 옛 성인들의 행적은 지나간 일이요, 이루고자 하는 정치 현실은 미래의 기대이다. 이 두 가지 모두 허황한 것이라 본다. 접여의 눈에는 공자가 잡을 수 없는 것을 잡으려 하는 것으로 보인다.

과거나 미래라는 시제는 소유적 사유를 담고 있다. 과거는 재산이나 신분, 지식, 자손, 기억 등 축적된 것을 지키고자 하는 것에 묶여 있고, 미래란 앞으로 될 것, 혹은 소유할 것을 선취先取하는 개념이다. 미래를 가지고 있다는 것은 앞으로 많은 것을 소유하거나 장악할 수 있다는 사실을 시사한다. 실제로 존재하는 시공간은 오로지 〈지금, 여기〉일 뿐이다. 그런데 공자는 이 두 가지, 즉 과거와 미래를 모두 중요하게 여긴다. 과거는 축적된 성인의 역사로, 미래는 이상적인 유가의 대동 사회를 이룩하는 데 의미가 있다.

하지만 현재적 순간을 중시하는 장자는 과거를 부둥켜안고 추종하거나, 미래에 대한 기대로 현재를 옥죄는 것이 어리석고 허망한 것이라고 충고한다. 과거와 미래에 매이지 않음은 과거의 경험과 그에 대한 집착을 버림이고, 미래를 예기하지 않음은 허환虛幻한 욕망을 새겨 넣지 않는다는 것이다. 광인 접여의 입을 통해 〈인간세〉의 소유적 실현의 대표 격인 공자를 비판하는 말이다.

접여는 '덕德으로 사람에게 임臨하는 것을 그만두라'고 충고한다. 땅에 금을 긋고 실체 없는 허황한 것에 목을 매고 달려가는 것은 위태로우니 그만두라고. 아무리 이상적인 인간 역사에 대한 프로젝트(project)라 해도 그것은 결국 개별자의 시각에 기초한 세계 변혁 프로그램에 지나지 않는다. 객관적 실체성이 있다고 볼 수 없고, 또 정답이라고 확인할 근거가 없다. 마치 허공에 (시비선악 是非善惡의) 금을 긋고 실체라고 주장하며 그것을 실행하기 위해 목숨을 던지는 것과 같다. 존재의 실상에서 보면 허망한 것이고, 소유의 인간 역사에서는 위태로운 것 그것이 바로 역사 현실에 집착하는 것이라고 장자는 말한다. 그것은 얻기 쉬운 복을 버리고 얻기 어려운 화를 부르는 것이라고.

그리고 접여는 이어 말한다. 앞에 가시나무가 있다 해도 나(接輿)의 행보를 상하게 할 수 없다고 가시나무가 무성한 삶의 길에서 가시나무를 없애는 것만이 답이 아니다. 가시나무를 피해 돌아갈 수도 있다. 더 쉬운 길이 있다면 그 길이 더 실용적이다. 그래서 접여는 가시나무를 돌아서 가는 길을 택한다고 한다.

> 산의 나무는 (그 쓸모 때문에) 자신을 해치고, 기름불은 자신을 태운다. 계수나무는 먹을 수 있기에 베어지고, 옻나무는 용도가 있어서 갈라진다. 사람은 모두 유용의 용用은 알지만 무용의 용은 모른다.[254]

접여는 노래를 마치고 다시 무용지용을 모르는 인간세를 한탄하면서 마무리한다. 자신을 해치는 것이 남이 아니라 곧 자신이라는 것이다. 산의 나무는 님에게 '쓸모'가 있고자 하여 제 몸을 찍어 넘기고, 등잔불은 남에게 '쓸모'가 되기 위하여 제 몸을 사른다. 계수나무는 사람에게 식용의 쓸모가 되어 도끼질을 당하고 옻나무 역시 염료로서의 쓸모 때문에 베어진다. 남에게 '쓸모'가 되기 위하여 자신의 생을 훼손하는 것보다 더 허망하고 어리석은 일이 어디 있겠는가. 어리석구나. 소유적 유용은 알면서 진정한 무용지대용을 모르는 인간들이. 마지막 구절의 한탄은 장자가 『장자』를 저술한 동기에 해당하는 것이 아닐까.

---

254) 「인간세」 186. 山木自寇也, 膏火自煎也. 桂可食, 故伐之, 漆可用, 故割之. 人皆知有用之用, 而莫知無用之用也.

5장. 해체의 덕(무용의 덕): 덕충부

장자의 사유에 따르면, 개별자의 마음 안에 도道가 체득된 것을 덕이라 칭한다. 즉 덕은 존재의 실상을 회복한 마음을 의미한다고 볼 수 있는데, 이런 맥락에서 보면 덕충부德充符는 '덕이 마음에 가득 찬 것의 신표信標'라는 의미로 해석될 수 있다.[255]

장자는 「덕충부」에서 본격적으로 무용無用의 덕, 즉 무용지대용無用之大用을 밝히고 있다. 소유적 무용을 대변하는 존재는 여러 가지 형태의 '기형적 존재'들이고 대용은 그들이 갖고 있는 덕이요, 능력이다. 왕태王駘와 신도가申徒嘉, 애태타哀駘它, 옹앙대영과 인기지리무신闉跂支離無脤, 숙산무지叔山無趾 등은 모두 불구이거나 기형적 존재들이지만, 지인至人의 덕을 보여준다.

무용의 존재인 기형 혹은 불구를 등장시킨 것은 소유적 유용에 갇혀 겉으로 드러난 형形에 집착하는 것을 뒤집고 나올 때만이 온전한 덕을 가질 수 있음을 보이고자 하는 장자의 의도가 반영된 것이다. 「인간세」와 마찬가지로 「덕충부」역시 공자가 자주 등장한다. 공자는 인간세의 이상을 실현하기 위한 노력만을 대표한 것이 아니라 인간세의 덕 또한 대표하기 때문이다.

이 무용의 덕이란 능력을 가리킨다. 「소요유」와 「제물론」에서 설파한 존재의 실상을 자각하면서 갖게 된 지혜를 실천하는 능력이다. 즉 허심의 거울같이 비추는 마음의 작용을 갖는 것이다. 덕충부에는 무용의 덕을 가진 덕충자德充者들이 연속적으로 등장하여 그 덕의 내용과 실용을 보여준다.

덕충부에는 신체적으로 비정상적인 기형자들이 등장하여, 오히려 정상인보다 더 탁월한 덕을 갖고 있음을 증명하는 이야기가 넘쳐난다. 형체에 구애되지말라는 함의를 담고 있는데(그런 측면에서 장자에 수행 공부가 있다고 볼 수도

---

255) 통상 덕충부는 글자 그대로 '덕이 가득하여 저절로 밖으로 드러나는 표지'로 해석하는데, 별 이견이 없는 듯하다.

있다), 몸이란 다만 하루 묵어가는 숙소 같은 것이라는 것이다. 여기에는 두 가지 함의가 단계적으로 들어 있는 것 같다. 첫째는 몸이란 그리 대단한 것(실체)이 아니니 집착하지 말라는 것과 다른 하나는 그럼에도 불구하고 하룻밤 편안히 묵어가는 숙소로 잘 활용하라는 메시지가 함께 들어 있다. 말하자면 궁극적으로는 긍정하는 셈이지만, 그 긍정은 허심虛心의 덕을 회복할 때만이 가능하다.

「덕충부」편은 전체 6개의 우화로 구성되어 있다.

1) 허심의 덕을 보여주는 〈왕태王駘 이야기〉이다. 왕태는 한쪽 발이 불구인 올자兀者로 등장하여, 거울 같은 마음의 덕을 보여준다.

2) 화이불창和而不唱하는 재전才全의 덕을 보여주는 〈애태타哀駘它 이야기〉이다. 애태타는 곱사등이로 등장하여 자신을 주장하거나 드러내지 않으면서도 존재의 실상을 그대로 수용하면서 화和하고 통通하여 재전하는 능력을 보여준다.

3) 재전이덕불형才全而德不形의 덕을 보여주는 〈인기지리무신闉跂支離無脤과 옹앙대영甕盎大癭의 덕〉이다. 이들은 괴물에 가까운 기형적 모습을 가진 인물들로 겉으로 드러나지 않는 덕을 지니고 위령공과 제환공을 감동시킨다.

4) 유용有用자의 덕德의 한계를 보여주는 〈정자산鄭子産과 신도가申徒嘉 이야기〉이다. 덕충자德充者들의 '불형不形의 덕'과 달리 '드러나는 덕'을 가진 유가의 현인인 정자산의 덕을 불구인 신도가의 덕과 대비하여 그 한계를 논한다.

5) 인의仁義의 질곡에 갇힌 공자의 덕을 보여주는 〈숙산무지叔山無趾와 공자의 이야기〉이다. 현인보다 더 나아간 성인 공자를 등장시켜 그 덕의 한계를 논한다.

6) 덕충자들의 이야기를 정리하며, 덕충자인 지인至人들은 인간의 정情을 갖지 않는가에 대해 논한다. 〈장자와 혜시의 논변〉이 바로 그것이다.

1절. 불구 무용의 덕

1. 미러링의 덕: 〈왕태 이야기〉

왕태王駘는 가상 인물이고, 장자의 우화적 장치 가운데 하나이다. 미러링 (mirroring)하는 마음을 의인화한 지인至人의 화신化身으로 설정되어 있다. 그런 데 왕태는 올자兀者, 즉 한쪽 발이 불구이다. 그럼에도 불구하고 제자가 되려는 사람이 공자와 더불어 노나라를 반분半分하고 있다.

> 노나라에 발 하나가 잘린 왕태란 자가 있었는데, 그를 좇아 노니는 자가 공자의 제자들의 숫자와 비슷하였다. 상계常季가 중니仲尼에게 물어 말했다. 왕태는 발이 잘린 사람인데도 그를 좇아 노니는 자가 선생님과 더불어 노나라를 반분하고 있습 니다. 그는 서서 가르치지도 않고, 앉아서 의논하지도 않는데, (사람들은) 텅 비어 서 찾아 갔다가 가득 차서 돌아옵니다. 진실로 불언지교不言之教라는 것이 있어서 드러내지 않고 이루어주는 것입니까. 이 사람은 어떤 자입니까.
> 중니가 말했다. 그분은 성인이시다. 나는 다만 뒤처져서 아직 그에게 가지 못한 것이다. 나는 장차 그를 스승으로 삼고자 하는데 하물며 나만 못한 이들이야. 어찌 노나라에만 의지하겠는가. 나는 장차 천하를 이끌고 그와 더불어 좇으리라.
> 상계가 다시 물었다. 그분은 불구인데도 선생님보다 훌륭하다고 하시니, 보통 사람 과의 차이는 퍽 멀겠습니다. 그렇다면 그 마음 씀은 특별히 어떤 것입니까.[256]

왕태는 거울 같은 마음, 즉 미러링 하는 지인에 해당하는 인물이다. 그는 고답적인 위의威儀를 가지고 서서 그 제자들을 가르치지도 않았고, 친밀하게 한자리에 앉아서 무언가를 의논하지도 않는다. 즉 아무것도 가르치지도 않고

---

[256] 「덕충부」187. 魯有兀者王駘, 從之遊者與仲尼相若. 常季問於仲尼曰 王駘, 兀者也, 從之遊者與夫 子中分魯. 立不教, 坐不議, 虛而往, 實而歸. 固有不言之教, 無形而心成者邪. 是何人也.

주장하지 않았는데 공자와 맞먹을 정도의 제자들이 따른다. 그 제자들은 텅비어 그를 찾아갔다가 가득 차서 돌아온다. 그들은 무엇을 보고 무엇을 얻은 것일까.

왕태는 사람들에게 어떤 고원한 가르침이나 규범을 보이거나 준 것 같지는 않다. 사람들이 왕태를 보고 자득自得해서 돌아온 것은 아마도 왕태를 통하여 거울을 본 것이리라. 즉 왕태라는 거울에 비친 자신들의 모습을 보고 간 것이다. 거울은 그대로 비출 뿐 무시하거나 차별하지 않고 그대로 그 모습대로 인정한다. 그 모습을 다른 모습을 바꾸어 비추려고 욕망하지 않는다. 사람들은 왕태를 통하여 자신이 추하든 아름답든 유능하든 무능하든 그 누구도 대신할 수 없는 고유한 삶을 살아가는 자신을 발견한다. 어떤 외적 가치 기준이나 잣대에 의해 평가되거나 재단되지 않고 온전히 수용된 자신을 발견한다. 그리고 그렇게 비친 자기 모습은 어느 누구도 아닌 자신이 만들었음을 발견한다. 그리고 나아가 어떤 주재자主宰者가 있어 자신을 그렇게 만든 것이 아닌 자연이라는 것을 알게 되고 다른 무엇으로도 환원할 수 없는 삶의 주체자로 자신과 타자를 긍정하게 된 것이다. 요컨대 왕태 앞에서 사람들이 본 것은 각득기의하고 있는 자신의 모습이다. 즉 '있는 그대로의 자신의 모습'이 곧 도道임을 왕태의 미러링의 덕德을 통해 본 것이다.

이것을 잘 이해하지 못하는 상계常季라는 제자는 이런 사태를 이상하게 여겨 공자에게 묻자, 공자는 왕태를 성인이라 높이고 자신도 그를 따르겠노라 한다. 그러나 상계는 다시 왕태가 불구인데도 공자보다 훌륭하다는 것이 잘 이해되지 않는다고 말하며 왕태의 용심用心은 어떠하냐고 묻는다. 상계는 아직 드러난 외형밖에는 보지 못한다. 드러난 모습밖에 보지 못하는 상계에게 공자는 좀 더 이점에 유념해서 설명한다.

중니가 말했다. 죽고 사는 것은 큰 문제이지만 그에게는 아무런 변화도 주지 못한다. 비록 천지가 뒤집혀도 그에게 아무런 영향을 끼치지 않을 것이다.[257]

공자는 왕태의 용심을 이렇게 표현한다. 죽고 사는 일은 큰일이지만 그것이 그의 마음을 변화시키지 못하고, 하늘과 땅이 뒤집혀도 그에게 영향을 주지 못한다. 한 틈도 없이(無假) 연속된 존재의 실상을 살펴서 경계에 따라 동요하지 않고(不與物遷), 존재의 변화 과정을 따르되 그것의 종宗을 지킨다고 말한다. 즉 외부 사물을 쫓아서 이리저리 마음이 옮겨 다니는 일이 없이 물物의 변화를 거스르지 않고 수용하면서도 허심을 지킨다. 종은 가장 중요한 지침으로 삼는 가르침이다. 여기서는 아마도 허심인 듯하다. 실체 없음, 빈 마음, 거울 같은 마음을 지키는 것을 가리킨다.

왕태의 용심은 거울과 같다. 거울은 어떤 대상을 비추어도 그대로 수용한다. 오면 비추고, 가면 스러진다. 자취가 남지 않는다. 어떠한 변화도 마음을 동요시키지 못하는 것은 왕태의 거울 같은 마음에 아무 일도 남지 않았기 때문일 것이다. 왕태에게 죽음이라는 유기체의 소멸이라는 자연적 과정이 진행되지 않는 것이 아니다. 거울은 어떤 것도 계속 붙잡고 있지 않다. 생사는 자연의 과정이다. 생生은 생으로 비추고 사死는 사로 비출 뿐 그것을 문제 삼아 집착하지 않는다. 그래서 문제 삼을 일이 없으니 무사無事하다. 무사하다는 것은 실체라고 할 만한 일, 즉 실제로 일어났다고 할 만한 일이 없다는 것이다. 왜냐하면 왕태는 세상과 자아를 실체라고 여기는 관념을 해체했기 때문이다. 다만 물화物化에 따라 움직일 뿐이다. 죽음이 오면 죽음으로 변화가 오면 변화로 이미 함께 유전하고 있다. 마음의 수용력이 이미 거울과 같이 된 것이다.

이렇게 말해도 상계는 이해하지 못한다. 그래서 무슨 뜻이냐고 다시 묻는다.

상계 왈, 무슨 말씀이십니까.

중니 왈, 다르다는 점에서 보면 간과 쓸개는 초나라와 월나라만큼 멀다. 같다는 점에서 보면 만물이 모두 하나이다. 대저 이와 같이 깨달은 자는 이목이 마땅하게

---

257) 「덕충부」 189. 仲尼曰 死生亦大矣, 而不得與之變, 雖天地覆墜, 亦將不與之遺.

여기는 것을 알지 못하고 덕의 조화 속에서 마음이 노닌다. 모든 사물은 하나의 바탕에서 보기 때문에 사물이 없어진다고 보지 않는다. 그리고 자기 발 하나 잃는 것을 보기를 마치 흙 한 덩이 떨어진 것처럼 본다.[258]

상계는 여전히 불구의 인간에게 그런 식의 높은 평가는 부당하다고 생각하는 것 같다. 여전히 외형에 매여 있는 것이다. 그러자 공자는 좀 더 직설적으로 말해준다. 사물은 언제나 관점에 따라 다르게 현현한다. 차이점을 보기로 한다면 간과 쓸개는 초나라와 월나라만큼이나 멀다. 그러나 같은 점에서 본다면 만물은 모두 하나이다. 즉 모든 물物은 같기도 하고 다르기도 하다. 동시에 같음도 없고 다름도 없다.

이와 같이 깨달은 자, 즉 모든 존재자는 하나로 연속된 존재 과정에서 하나 된다는 것과 그럼에도 불구하고 각 개별자는 그 안에서 각득기의의 고유성에 기반하여 상호 작용한다는 점을 깨달은 자는 보고 듣는 것에 현혹되지 않고 그 (무용無用의) 덕 안에서 노닌다. 모든 사물은 하나의 바탕, 즉 마음과 세계의 연관 속에서 보기 때문에 사물이 없어진다고 보지 않는다. 따라서 발 하나 없어진 것 보기를 마치 흙 한 덩어리 떨어진 것처럼 보는 것이다.

그러나 상계는 아직도 이해되지 않는다. 계속 묻는다.

상계가 말했다. 왕태는 자신을 위하여 그 지知로서 마음을 얻었고, 그 마음의 역량으로 거울 같은 상심常心을 얻었습니다. 어찌해서 사람들이 그에게 모이는 것입니까.
중니가 말했다. 사람들은 흐르는 물에는 비추지 못하고 고요하게 있는(於止水) 물에만 비춘다. 오직 고요한 것만이 능히 다른 것들을 고요히 할 수 있다.[259]

---

258) 「덕충부」 190-191. 常季曰 何謂也 仲尼曰 自其異者視之, 肝膽楚越也, 自其同者視之, 萬物皆一也. 夫若然者, 且不知耳目之所宜, 而遊心乎德之和, 物視其所一而不見其所喪, 視喪其足猶遺土也.
259) 「덕충부」 192-193. 常季曰 彼爲己 以其知得其心 以其心得其常心, 物何爲最之哉. 仲尼曰 人莫鑑

상계의 입장에서 보면, 왕태는 자기 자신을 위했을 뿐이다. 다른 사람을 위해서 희생하거나 봉사한 것이 아니다. 그런데도 사람들이 그에게 모이는 것은 어째서인가. 의문이 아닐 수 없다. 그러자 공자는 왕태의 마음이 거울과 같기 때문이라고 말한다. 흐르는 물에는 모습을 비추어 볼 수가 없다. 그래서 사람들은 흐르는 물에 제 모습을 비춰보지 않고 고요한 물에 비추어 본다. 스스로 고요한 자만이 능히 다른 것들을 고요하게 할 수 있다. 왕태는 그런 거울 같은 마음을 쓰는 자이다.

그 거울같이 쓰는 마음을 장자는 상심이라고 표현한다. 상심은 말 그대로 한결같은 마음, 평상平常한 마음, 일렁이지 않는 거울 같은 마음, 마음 밖에서 외물外物을 따로 소유하거나 장악하려고 구하지 않는 마음, 외부의 상황에 따라 옮겨 다니지 않는 마음, 조작하지 않는 마음, 그냥 고요할 뿐인 마음이다. 그 고요함이 타인을 모이게 만들고 고요하게 만든다는 것이다.

왕태한테 제자가 모이는 것은 사람들이 그를 따른 것일 뿐, 왕태가 사람들을 모은 것이 아니다. 거울은 대상을 따라다니며 비추지 않는다. 대상이 다가와 거울에 자신을 비출 뿐이다. 거울의 작용은 거울 단독으로는 성립하지 않는다. 대상이 다가와 서로 연관을 맺을 때 비로소 거울은 그대로 비추는 작용을 할 뿐이다.

2. 화이불창하는 재전의 덕: 〈애태타 이야기〉

애태타哀駘它는 장자의 우화에 등장하는 가공의 인물이다. 앞의 덕충자들과 마찬가지로 기형에 가깝고 소유적 관점에서 볼 때 무용한 인물이지만, 정상인보다 훨씬 탁월한 덕을 소유하고 있는 인물로 등장한다. 애태타의 애哀를 성姓으로 본다면, 태駘는 어리석고 둔함을 의미하고, 타它는 낙타의 등에 해당하므

於流水而鑑於止水, 唯止能止衆止.

로, '슬프게도 어리석고 쓸모없는 곱사둥이'의 모습을 이름으로 형상화한 것으로 추리해볼 수 있다.

애공哀公은 춘추 시대 말엽 노나라의 군주이다. 공자는 그의 치세治世에 노魯에 돌아와 말년을 보내다 생을 마감했다. 『논어』에 몇 차례 등장하여 공자와 대담을 나누는 실제 인물이지만,[260] 장자의 우화 속에서 가공적인 이야기 안에서 재구성되었다.

> 노의 애공이 중니에게 물었다. 위나라에 못생긴 자가 있는데 이름이 애태타라 합니다. 장부들이 그와 함께 있으면 그를 그리워하며 능히 떠나지를 못하고, 부인들은 그를 보면 부모에게 청하여 다른 사람의 아내가 되느니 그 선생님의 첩이 되겠다고 하는 자가 십수 명으로도 그치지 않습니다. 일찍이 그가 주장하는 것을 들은 바가 없고, 언제나 사람들과 화합할 뿐입니다. 군주의 지위를 가지고 사람들의 죽음을 구제하는 것도 아니고, 녹봉을 모아서 다른 사람들의 배를 채워준 적도 없습니다. 또 그 추한 모습은 세상을 놀라게 할 정도이며, 화합하긴 하지만 주장하지 않고, 지知가 사역四域을 넘어서는 것도 아닌데도 남녀가 그 앞에서 모여듭니다. 이는 필시 그에게 다른 사람과 다른 점이 있는 것입니다. 과인이 그를 불러 보았더니, 과연 그 추한 모습이 세상을 놀라게 할 만합니다. 과인과 함께 있기를 한 달도 되지 않아 과인 역시 그의 사람됨에 뜻을 두게 되었고, 일 년이 되지 않아 과인이 그를 믿게 되었습니다. 나라에 재상이 없어 과인이 그에게 나랏일을 맡기려 하였더니, 그는 고민한 후에 응하였으나, 범연氾然히 사양하는 듯하였습니다. 과인은 부끄러워졌으

---

260) 애공은 기원전 494년에서 468년까지 노나라를 다스린 군주이다. 『논어』에는 애공과 공자의 대담이 몇 차례 등장한다. 예컨대, 애공이 공자에게 "어떻게 하면 백성들이 복종하겠느냐"고 묻자 공자가 "곧은 사람을 굽은 사람 위에 두면 백성이 복종할 것이고 굽은 사람을 곧은 사람 위에 두면 백성이 복종하지 않을 것"이라고 답한 것(哀公 問曰 何爲則民服 孔子對曰 擧直錯諸枉 則民服 擧枉錯諸直 則民不服. 위정)과 애공이 "제자 가운데 누구 가장 好學하느냐"고 묻자 공자가 안회를 칭송한 것이 있다(哀公 問 弟子 孰爲好學 孔子 對曰 有顔回者 好學 不遷怒 不貳過 不幸短命死矣 今也則亡 未聞好學者也. 옹야).

나 마침내 그에게 나랏일을 맡겼습니다. 얼마 되지 않아 (그가) 과인을 떠나가 버리니 과인은 슬퍼져서 마치 무언가를 잃은 듯하였고, 더불어 이 나라를 함께 즐길 사람이 없는 듯하였습니다. 이 사람은 어떤 사람입니까.[261]

애공이 어느 날 공자를 찾아 와 묻는다. 위나라에 애태타라는, 보기에도 놀랄 만큼 흉하게 생긴 인물이 있는데 이상한 일이 벌어지고 있다. 누구든 그를 보고 나면 남자의 경우 헤어지려 하지 않고, 여자의 경우 그에게 시집오려고 한다. 그 어떤 남다른 매력이나 덕이 있기에 이런 일이 생기는 것인가. 애태타는 자신의 주장을 내세우는 법이 없이 남들과 화합할 뿐(和而不唱)이다. 애태타는 권세가 있는 것도 아니고, 재물이 있는 것도 아니며, 아름다운 모습이 있는 것도 아니고, 주장하는 말도 있지 않고, 뛰어난 지식이 있는 것도 아니다. 상식적으로 볼 때 도무지 사람들을 모을 만한 어떤 것도 갖고 있지 않다. 기껏해야 남의 주장에 맞춰줄 뿐이다. 도대체 무슨 힘이 있는 것인지 궁금해서 그를 만나보았다.

그런데 이상하게 여기던 일이 애공 자신에게도 일어났다. 애태타를 만나보니 한 달이 되지 않아 그의 사람됨에 이끌렸고, 신뢰가 생겼으며, 국정을 맡길 만한 하다는 판단이 들었다. 그에게 나랏일을 맡겼으나 그는 사양했는데, 왠지 부탁한 자신이 부끄러운 마음이 들었다. 결국 나랏일을 맡겼으나 홀연히 사라지고 말았다. 그가 떠나고 나니, 애공 자신은 마치 무엇을 잃은 듯 슬프다.

덕으로 가득한 사람, 즉 덕충자라고 하면 사람들을 감동하게 할만한 어떤 덕을 실체로써 갖고 있을 것 같다는 선입견을 품게 된다. 그러나 아무리 찾아보

261) 「덕충부」 206. 魯哀公問於仲尼曰 衛有惡人焉, 曰哀駘它. 丈夫與之處者, 思而不能去也. 婦人見之, 請於父母曰 與爲人妻寧爲夫子妾者, 十數而未止也. 未嘗有聞其唱者也, 常和人而已矣. 無君人之位以濟乎人之死, 無聚祿以望人之腹. 又以惡駭天下, 和而不唱, 知不出乎四域, 且而雌雄合乎前. 是必有異乎人者也. 寡人召而觀之, 果以惡駭天下. 與寡人處, 不至以月數, 而寡人有意乎其爲人也, 不至乎期年, 而寡人信之. 國無宰, 寡人傳國焉. 悶然而後應, 氾(而)若辭. 寡人醜乎, 卒授之國. 無幾何也, 去寡人而行, 寡人卹焉若有亡也, 若無與樂是國也. 是何人者也.

아도 그 덕충자에게 왜 감동을 받았는지 알 수가 없다. 허심의 덕, 무용의 덕은 드러나지 않기 때문이다.

그런데 우리는 그 답을 애공의 말 안에서 찾을 수 있다. 애태타가 '아무 주장도 하지 않고 상대와 화和한 것(和而不唱)'이 바로 그것이다. 모든 상대와 화하는 것은 쉽사리 이룰 수 있는 것이 아니다. 한 가지 조건이 전제되어야 한다. '자아'의 해체가 그것이다. 자신을 비우지 않고(虛心) 상대와 화하는 것은 가능하지 않다. '나'라는 의식, 즉 에고(ego)가 남아 있는 한 어디에선가 남과 부딪치게 된다. 남자건 여자건, 잘났건 못났건, 지위가 높건 낮건 모든 이에게 통할 수 있는 화는 다가오는 모든 것을 그대로 비춰주는 거울 같은 마음 씀이 아니고는 가능한 일이 아니다. '자기'가 없어서 '자기주장'이 있을 수 없다. 애태타가 보여준 것은 허심이고, 이 허심은 우리 본래 마음의 작용이다. 애공으로 대표되는 우리는 이 허심을 도외시하고 있기 때문에 그 신비스러울 정도의 화의 능력을 이상하다고 여기는 것이다.

이 우화에 등장하는 공자는 이 보이지 않는 무용의 덕을 볼 줄 아는 안목을 갖추고 있다. 공자는 애공의 물음에 답하면서 애태타의 덕을 '드러나지 않는 재전의 덕(才全而德不形)'이라고 말한다.

중니 왈, 저 일찍이 초나라에 사신으로 긴 적이 있는데, 거기 가서 죽은 어미의 젖을 먹는 새끼돼지를 보았는데 잠시 후 눈 깜작할 사이에 죽은 어미를 버리고 달아났습니다. 자기와 동류인 것을 보지 못해, 거기서 같은 류가 아님을 알았기 때문입니다. 그 어미를 사랑한 것은 그 형체를 사랑한 것이 아니라, 그 형체를 부리는 것을 사랑하는 것입니다. 전쟁에서 죽은 자는 그 사람을 장사지낼 때 관의 장식을 쓰지 않고, 발이 없는 자의 신은 소중하게 여기시지 않습니다. 모두 그 근본이 없어졌기 때문입니다. 천자의 여러 후궁은 귀밑머리를 자르지 않고 귀를 뚫지 않습니다. 아내를 취한 자는 외外(관 밖, 즉 자기 집)에서 머물며 다시 부려지러(使, 예컨대 숙직) 가지 않습니다. 형체가 온전한 자도 족히 이렇게 하는데, 하물며 덕이 온전한 사람에게 있어서이겠습니까. 지금 애태타는 말하지 않고도 신임을 얻고 공功이 없어도 친애를 받으며, 사람이 자기 나라를 맡기려 하면서 오직 받아들이지 않을까 염려 하니, 이는 필시 재전하면서도 덕이 드러나지 않은 자입니다.[262]

공자는 이 '화和'의 내용을 새끼돼지의 비유를 통해 전한다. 새끼 돼지가 그 어미를 사랑한 것은 그 형체가 아니라 그 형체를 있게 한 그 무엇이다. 새끼 돼지가 죽은 어미돼지를 떠난 것은 동류同類가 아닌 것을 알았기 때문이고, 동류인 것을 판단하는 기준은 그 드러난 모양(形)이 아니라 그 모양을 있게 한 그 무엇이고, 그 무엇은 바로 재才라고 장자는 공자의 입을 빌려 말한다.

그리고 전쟁에서 죽은 자의 관은 장식하지 않고, 천자의 후궁은 귀밑머리를 자르거나 귀를 뚫지 않는다. 즉 형체를 훼손하지 않는다. 장가간 자는 부역하러 가지 않는다. 형체가 온전한 것만으로 받는 대접이 이러하니, 덕이 온전한 사람이라면 어느 정도이겠는가. 그러므로 애태타는 필시 그 드러난 모양을 있게 한 근본(才)을 온전히 했으나, 그 능력(德)을 드러내지 않는 자라고 공자는 결론짓는다.

하지만 애공은 공자의 이야기를 잘 이해하기 어렵다. 재전과 덕불형德不形이란 무엇인가. 먼저 애공은 재전의 의미를 묻는다.

애공이 말했다. 무엇을 일러 재전이라 합니까.

중니가 말하길, 사생과 존망, 궁달窮達과 빈부, 현賢과 불초不肖, 훼예毁譽와 기갈飢渴 한서寒暑는 모두 일의 변화이며 명命이 행해지는 것입니다. 낮과 밤이 서로 앞에서

---

262) 「덕충부」 209-210. 仲尼曰 丘也嘗使於楚矣, 適見㹠子食於其死母者, 少焉眴若皆棄之而走. 不見己焉爾, 不得類焉爾. 所愛其母者, 非愛其形也, 愛使其形者也. 戰而死者, 其人之葬也不以翣資；刖者之屨, 無爲愛之, 皆無其本矣. 爲天子之諸御, 不爪翦, 不穿耳, 取妻者止於外, 不得復使. 形全猶足以爲爾, 而況全德之人乎. 今哀駘它未言而信, 無功而親, 使人授己國, 唯恐其不受也, 是必才全而德不形者也.

교대하지만 지知는 능히 그 시작을 헤아리지 못합니다. 그러므로 사생과 존망 등의 것들은 족히 마음의 조화를 어지럽힐 수 없으며, 영부(신령한 마음)에 들어 올 수 없습니다. 마음으로 하여금 조화롭고 즐겁게 하고 (이치에) 통하여 기쁨(兌)을 잃지 않게 한다면 낮과 밤이 쉴 새 없이 진행되어도 물과 더불어 봄의 화기和氣를 갖게 하니, 이는 사물에 접하여 때에 따라 마음에 화기를 만들어내는 것입니다. 이를 일러 재전이라 합니다.263)

공자에 따르면 '재전'이란 바로 〈지금, 여기〉의 상황을 가장 최적의 것으로 그대로 수용할 수 있는 마음의 역량을 가리킨다. 재전의 마음은 변화를 수용하지만 그 변화에 따라 동요하지 않지 그대로 비춘다. 마치 거울이 사물을 비춤으로써 수용하는 것처럼. 우리의 마음은 '마음에 부합하지 않는 것'과 조우할 때 어지러워진다. '마음에 부합하지 않음'은 마음이 사태를 수용하지 못하고 거부할 때 일어난다. '자아'의 호오나 시비, 선악의 판단 기준이 사태를 재단하기 때문이다. 이에 비해 재전자才全者는 만나는 것에 따라 맡길 수 있는 마음, 즉 화和의 능력을 갖춘다. 마치 물처럼, 둥근 그릇에 담기면 둥근 모양을 이루고 긴 병에 담기면 긴 모양을 이룬다. 그릇의 모양이 물의 성질을 바꾸지 않으며, 그릇에 따른 물 모양의 변화를 실체로 여기지 않는다. 그렇기 때문에 사생死生 존망存亡 같은 것이 마음의 화和를 어지럽히지 못하고, 그것들이 마음 안에 실체로 들어오지 않는다. 장자 사유의 실용성은 여기서 빛을 발한다.

생사와 존망, 사회적 성공과 실패, 경제적 빈부의 문제, 추위와 더위의 문제, 현賢과 불초不肖의 문제 등 우리가 살면서 경험하는 것들은 깊이 생각해 보면 실체가 따로 있거나 우리의 지적 역량으로 헤아려 알 수 있는 것이 아니라, 사태의 변화(事之變)이며, 연관에 따라 유전하는 자연의 명命이 운행하는 것(命

---

263) 「덕충부」 212. 哀公曰 何謂才全. 仲尼曰 死生存亡, 窮達貧富, 賢與不肖毀譽, 飢渴寒暑, 是事之變, 命之行也 ; 日夜相代乎前, 而知不能規乎其始者也. 故不足以滑和, 不可入於靈府. 使之和豫, 通而 不失於兌 ; 使日夜無郤而與物爲春, 是接而生時於心者也. 是之謂才全.

之行)일 뿐이다. 삶이 따로 있고 죽음이 따로 있는 것이 아니라 서로 연관하며 운행하는 것이다. 낮과 밤이 교대로 운행하지만, 우리의 지적 능력으로는 그 시원을 알 수 없다. 그러므로 실체 없는 제반의 현상들은 거울같이 비추는 허심으로 수용하는 애태타 같은 이의 마음을 동요시킬 수 없고, 화를 교란할 수 없다. 존재 과정의 변화에 마음이 흔들리지 않으면서 삶은 삶대로 죽음은 죽음 대로 그것들을 그대로 수용하면서 화하면 (모든 것이) (연속적으로) (막힘없이) 通通하여 기쁨을 잃지 않는다는 것이다.

요컨대, 재전은 허심에서 얻는 마음의 능력을 표현한다. 허심은 '자기'를 세우지 않기 때문에 '자기주장'도 세워지지 않는다. 잣대로 삼는 마음이 없으므로 '마음에 든다'거나 '마음에 들지 않는다'는 것도 세워지지 않는다. 시비의 기준을 세우지 않으므로 시비를 판단하지 않는다. 허공같이 빈 마음에는 '어떤 기준'을 세울 수 없지만, 역설적으로 모든 것을 수용할 수 있는 마음의 공간을 갖는다. 그 마음의 공간에 수용된 物은 '어떤 기준'에 의해 재단되지 않고 각기의 고유성, 즉 각득기의를 펼치면서 온전하게 수용될 수 있다. 이것을 장자는 화라고 표현한다. 그 어떤 물도 허공 같은 마음에 칼자국을 낼 수 없다. 칼로는 物도 허공도 벨 수 없다.

그러면 덕불형은 무엇인가. 애공은 다시 묻고 공자는 이를 물의 수평에 비유하여 설명한다.

무엇을 일러 덕이 드러나지 않는다고 합니까.

중니 왈, 평平이란 물이 최대로 정지해 있는 상태입니다. 그것을 가히 법(본보기)이 될 수 있는 것은, 안으로 (고요를) 보존하고 밖으로 흘러내리지 않는 것입니다. 덕이란 화和를 이룰 수 있도록 닦은 것입니다. 덕이 드러나지 않은 자에게는 物이 능히 (연속되어) 떨어질 수가 없습니다.[264]

---

264) 「덕충부」 214-215. 何謂德不形 曰平者, 水停之盛也. 其可以爲法也, 內保之而外不蕩也. 德者, 成和之脩也. 德不形者, 物不能離也.

공자는 '덕불형'을 물에 비유하여 설명한다. 물이 그 고요함을 완전히 이루어 흔들리지 않는 상태를 수평(枰)이라고 한다. 수평을 이룬 물은 다른 모든 것들의 기울기의 기준이 될 수 있는 데, 그 이유는 안으로 고요함을 지켜 밖으로 넘쳐흐르지 않기 때문이다. 이처럼 밖으로 드러나지 않는 덕은 수평을 이룬 물이 고요를 이루어 밖으로 출렁여 넘치지 않는 것과 같다. 그렇다면 고요하여 출렁이지 않는 물이 덕불형이라는 것은 곧 허심의 덕을 지시한다고 볼 수 있다. '나'를 세우지 않는 허심의 덕은 밖으로 드러낼 '나의 덕'을 갖지 않는다.

장자에게서 거울과 고요한 물의 비유는 그 의미가 자못 심장하다. 거울이나 물은 다만 물래이순응物來而順應하여 비추는 작용만을 할 뿐이다. 자기가 가진 능동과 다가온 사물의 수동의 절묘한 균형 속에서 있는 그대로 비추는 작용만을 할 뿐 자기를 주장하지 않는다. 어떤 사물이나 상황을 만나도 그 물을 지금 상태에서 다른 상태로 바꾸려 하지 않는다. 그래서 화和를 이루고 내면에서는 평정을 얻는다. 상대를 있는 그대로 수용하기 때문에 상대와 하나가 되고, 세계를 있는 그대로 수용하고 부득이에 따른다. 부득이란 피할 수 없는 사태에 대해 염려하며 대처하는 것이다. 세상을 염려하며 그에 대처하는 것과 세상을 자기 뜻대로 고치려고 하는 것은 다르다. '부득이의 사태'를 다만 '목전에 당면한 사태'로 염려할 뿐이다.

덕충자는 부득이에 따른다. '누구' 혹은 '무엇'을 위하여 세상을 바로잡고자 하지 않는다. 허심에서 부득이가 아니라면 인간 역사를 소유 장악하려는 시도는 위험하다. 그것이 아무리 지미至美하고 지선至善한 것이라 해도 누구에게나 지선하고 지미한 객관적 진리가 될 수 없다. 한 개별자의 역사적 기획일 뿐이다.

3. 재전이덕불형의 딕: 〈인기지리부신과 옹앙대영의 덕〉

연이어 등장한 무용無用한 인간들, 즉 추남 불구 기형자들이 등장하는 시리즈의 마지막 인물이 인기지리무신闉跂支離無脤과 옹앙대영甕盎大癭이다. 인기지리무신은 앞서 등장한 불구적 특성을 모두 갖추고 거기다 입술 없음(無脣: 언청이)을 하나 더 하였다. 그리고 옹앙대영 또한 등에 동이만 한 혹이 달린 기형자이다. 괴물에 가까운 극단적인 기형자를 등장시켜 외면으로 드러난 모습을 전부(실체)로 착각하는 우리들의 편견과 고집을 깨기 위한 일련의 작업에 있어 마지막 인물이다.

그런 인기지리무신이 위령공衛靈公에게 유세를 하였는데, 퍽 놀라운 일이 벌어졌다. 그가 위령공을 극도로 감동시킨 것이다. 옹앙대영 또한 제환공齊桓公에게 유세하여 그를 놀라게 한다.

> 절름발이에 꼽추에 언청이인 인기지리무신이 위령공에게 유세하였는데, 위령공이 기뻐하였다. 그러고 나니 (위령공은) 온전한 사람을 보면 그 목이 야위어 보였다. 커다란 혹이 달린 옹앙대영이 제환공에게 유세하였는데, 환공이 기뻐하며, 그 뒤로 온전한 사람을 보면 목이 야위어 보였다. 그러므로 덕德이 뛰어난 바가 있으면 형形은 잊어버리게 된다. 사람들은 그 잊어야 하는 것을 잊어버리지 못하고, 잊지 않아야 할 것을 잊는다. 이것을 일러 정말로 잊는 것(誠忘)이라 한다.265)

여러 기형자 가운데 인기지리무신만이 가진 특성은 입술이 없다는 점이다. 입술이 없다는 것은 '말을 할 수 없다'는 은유이다. 그런데 여기선 그가 단순한 벙어리가 아니라는 점에 주목해야 한다. 게다가 곱사등이인 관계로 목이 가슴에 파묻혀 따로 목이라고 할 부분이 없다. 그런데 그가 무슨 말로 위령공에게 감동을 주었는지, 그 이후 위령공은 곱사등이가 아닌 사람을 보면 목이 가늘다

---

265) 「덕충부」 216-217. 闉跂支離無脤說衛靈公, 靈公說之, 而視全人, 其脰肩肩. 甕㼜大癭說齊桓公, 桓公說之, 而視全人, 其脰肩肩. 故德有所長而形有所忘, 人不忘其所忘而忘其所不忘, 此謂誠忘. 故聖人有所遊, 而知爲孼, 約爲膠, 德爲接, 工爲商. 聖人不謀, 惡用知. 不斲, 惡用膠. 無喪, 惡用德. 不貨, 惡用商. 四者, 天鬻也. 天鬻者, 天食也. 旣受食於天, 又惡用人. 有人之形, 無人之情. 有人之形, 故群於人, 無人之情, 故是非不得於身. 眇乎小哉, 所以屬於人也. 警乎大哉, 獨成其天.

는 느낌을 받게 되었다. 인기지리무신의 덕德이 위령공을 변화시켜 '기형의 목'을 기준으로 하여 '정상인의 목'을 판단하는 마음의 기준을 갖게 하였다.

옹앙대영과 제환공 사이에도 비슷한 일이 벌어졌다. 제환공 역시 정상인을 보면 목이 비정상적으로 가늘게 보였다. 이에 대해 장자는 그들의 뛰어난 덕이 드러난 모습을 잊게 했다고 말한다(德有所長而形有所忘). 덕德은 눈에 보이지 않기 때문에 쉽게 발견되지 않는다. 그러나 이들의 높은 덕은 듣는 자에게 얼굴이나 팔다리가 보이지 않게 만들었다. 이와 반대로 중인衆人들은 잊어야 할 것, 즉 형形은 잊지 않고 잊지 않아야 할 것, 즉 덕을 잊으니 '정말로 잊은 것(誠忘)'이라고 장자는 한탄한다. 그러므로 성인은 세상 사람들이 실용의 근거로 삼는 것, 즉 유용한 것들을 오히려 무용한 군더더기라고 여긴다고 말한다.

> 그러므로 성인은 (자유롭게) 노닐면서, 지知를 재앙으로 여기고, 약約을 아교풀 같은 구속으로 여기며, 덕德을 교제 수단으로 여기고, 기교를 장사 수단으로 여긴다. 성인은 분별적 계산을 하지 않으니 지를 어디에 쓰겠으며, 깎아 다듬지 않으니 아교풀을 어디에 쓰겠으며, 잃어버릴 것이 없으니 덕은 어디에 쓰겠으며, 재물을 추구하지 않으니 상商은 어디에 쓰겠는가. 이 네 가지(不謀, 不斲, 無喪, 不貨)는 천죽天鬻이다. 천죽이란 하늘이 기르는 것이다. 이미 하늘에서 먹을 것을 받았는데 어찌 또 인위를 쓰겠는가. 인간의 몸은 있어도 인간의 분별적인 정은 없다. 인간의 형形을 받고 있으므로 인간과 무리를 짓지만 인간의 분별적인 정情이 없으므로 시비是非의 판단을 그 몸에 얻을 수 없다. 성인이 아득히 작아 보이는 것은 사람들 속에 있기 때문이고, 오연히 커 보이는 것은 홀로 그 자연(天)을 실현하고 있기 때문이다.[266]

---

266) 「덕충부」, 217. 故聖人有所遊, 而知爲孽, 約爲膠, 德爲接, 工爲商. 聖人不謀, 惡用知. 不斲, 惡用膠. 無喪, 惡用德. 不貨, 惡用商. 四者, 天鬻也. 天鬻者, 天食也. 旣受食於天, 又惡用人. 有人之形, 無人之情. 有人之形, 故群於人, 無人之情, 故是非不得於身. 眇乎小哉, 所以屬於人也. 警乎大哉, 獨成其天.

장자가 군더더기라고 보는 소유적 실용의 덕은 '지知'와 '약約', 그리고 '덕德'과 '공工'이다. 존재의 실상에서 보면 무용無用한 것들이다. 먼저 '지'는 지식, 분별지, 지능적 판단, 계산적 이해 등이니 이것이 있으면 자신을 더욱 세우고 타자와의 구분을 예리하게 한다. 장자는 이것이 문제의 시작이라고 본다. 다음으로 '약'은 긴밀하게 묶는 것이다. 인의와 예법 같은 당위적 규범은 사람의 본성을 제약하고 구속하는 것으로 본다. 즉 아교풀에 달라붙어 꼼짝할 수 없게 만드는 것과 같은 구속이라는 것이다. 아교풀은 단순히 끈으로 묶는(約) 제약을 넘어서는 강도 높은 구속의 은유이다. 경직된 율律이나 법은 아교풀과 같은 고착적인 제약의 성격을 갖는다는 것이다. 세 번째로 제시한 '덕'은 덕충자들의 덕을 서술하는 '덕불형의 덕'이 아니다. 이 덕은 사람을 얻고 사귀기 위해 베푸는 세속적 덕을 의미한다. 성인이 이 덕을 교제 수단으로 여긴다고 한 것을 미루어 보면 그러하다. 덕을 베풀어 상대의 마음을 사려는 행위와 같은 것은 다만 교제의 수단일 뿐 진정한 덕이라 할 수 없는 것이다. 마지막으로 '공'은 기교이다. 이익을 얻기 위해 쓰는 재주이다. 재주 있는 것은 소유 세계에서는 자랑거리이자 이익을 얻을 수 있는 방편이 되지만 성인에게는 장사(商) 수단으로 보인다.

　　허심의 성인은 무언가를 꾀하지 않는다. 허심에서 부득이에 따를 뿐이다. 어떤 목적의식을 가지고 사태를 변화시키려고 인위를 가하지 않는다. 이분법적으로 가치를 나누어 하나를 선택하고 다른 하나를 버리는 택일적 판단을 하지 않는다. 각자는 각자의 가치를 가지고 있다. 그러므로 양행兩行을 기본으로 한다. 하고자 하는 욕망, 고정된 목적의식이 없으니 있는 그대로 보고 화和할 뿐이다. 그러므로 분별적 계산을 하지 않으므로(不謀) 지를 쓸 일이 없고, 상대를 바꾸려고 구속하지 않기 때문에(不斲) 약도 쓸 데가 없으며, 특별히 잃은 것이 없으므로(無喪) 얻으려 애쓰는 덕도 쓸 데가 없다. 그리고 재물을 추구하지 않으니(不貨) 공 역시 쓸 데가 없다. 이 네 가지 소유적 유용有用이 성인에게는 무용하다. 장자의 사유에 따르면, 이 소유적 유용이 존재의 실상에 볼 때 무용임을 아는 것이 존재론적 전회의 출발이다.

그러나 이 네 가지를 하지 말라는 것이 아무것도 하지 말고 엎드려 있으라는 것이 아님에 유의해야 한다. 이 네 가지는 인위의 대표적인 행위들이다. 머리를 써서 도모하고, 깎아 다듬어 상황을 조정하고, 잃지 않기 위해 베풀고 교제하며, 재물을 모으는 것은 소유 세계에서 우리가 일상적으로 행하는 일들이다. 장자는 결코 그 일을 중지하라는 것이 아니다. 그러한 일을 행하는 바탕, 즉 실상을 살피라는 것이다. 장자의 사유는 소유 세계를 허물지 않으면서 소유 세계를 넘어서며, 소유 세계를 살면서 소유 세계를 떠난다.

허심에서 볼 때 이 지와 약, 그리고 덕과 공을 추구하지 않는 것은 하늘이 길러주기 때문이다. 천죽은 자연이 먹여주는 것(天食)이다. 허심은 하늘이 길러주는 것을 그대로 수용한다. 사심私心의 욕망을 내지 않는다. 거울처럼 비출 뿐이다. 자연이라는 연속적 그물망에서의 거래는 자연 그 자체일 뿐 꾀를 쓰지 않고(不謀), 구속하지 않으며(不斲), 잃지 않으려 하지 않고(無喪), 재물을 쌓아두려고 하지 않는다(不貨). 이것을 장자는 천죽이라고 표현한다. 무언가를 꾀하고 깎아 다듬지 않고 잃지 않으려 노력하고 재화를 불리지 않아도 자연이 우리를 길러준다. 이미 자연이 먹여주고 자연에서 먹을 것을 받았는데 인위를 쓸 까닭이 없다는 것이다.

역사적으로 볼 때, 인간이 치열하게 경쟁하고 싸워 온 이유가 과연 '생존'만을 위한 것이었을까? 진정 최소한의 생존 조건을 확보하기 위해 서로를 해치고 자신을 해친 것일까? 장자는 그렇지 않다고 본다. 단순히 자연 세계에서의 생존을 위한 것이 아니라 물질적인 것이든 이념적인 것이든 더 많이 소유하고 장악하기 위한 욕망에서 비롯된 것이라고 본다. 그러나 전생全生을 훼손하면서까지 자신과 타자를 고통에 빠뜨리면서 그 장악의 대상으로 삼은 것이 과연 그만큼 가치가 있으며, 실체적인 것인가를 장자는 묻는다. 그리고 답한다. 그것이 집착할 만한 고정된 실체가 아니라는 것이 바로 그것이다.

우리는 '나'가 생각하고, '나'가 생각해서 어떤 일을 이루었다고 생각한다.

그러나 장자가 보기엔 그 일조차도 연관 속에서 상호 작용으로 이루어진 실체 없는 것이다. 예컨대 우리가 어떤 모양 좋은 구두를 보고 아름답다고 여기고 소유하고자 노력해서 성취했다고 하자. 먼저 그 구두를 보지 못했다고 해도 그런 생각을 했을까? 또 그 구두를 아름답다고 여기지 않았다면 소유하고자 했을까? 나아가 그것을 구매할 비용이 없었어도 그것을 갖게 되었을까? 더 나아가 그 구두의 재료가 된 가죽이 없었어도 그 구두는 만들어졌을까? … 구입하고 싶다는 생각에서부터 여러 가지 연관이 작용을 시작하였고, 구입 행위 자체에 대해서도 우리는 '나'의 의도에 의해 이루어졌다고 생각하지만 그 무한히 나열되는 여러 계기들의 연관 속에서 이루어진 것이라는 것이다. 그 어느 것 하나를 집어서 결정적인 계기라고 할 수 있는 것이 없다. '나'의 의도 역시 연관된 일련의 과정에서 한 요소에 지나지 않는다. 거기에는 '나'라는 실체가 생각하고 활동한다는 의식이 있을 뿐 실제로 그런 것이라고 확정할 아무것도 존재하지 않는다.

인위하지 않는다는 것은 자연 그대로 맡기고 자연으로 이룬다는 것이며, 그것을 위배하는 것은 기대와 욕망, 계산과 분별에 의해 일정한 기준을 세우고 택일하는 것이다. 그런데 그 기준이 허공에 그어놓은 금 같다는 것이 장자의 생각이다. 그것을 실체로 여기고 거기에 미혹되어 욕망을 더욱 정교하게 한 것인데, 어떻게 결과가 나오더라도 그 금에 정교하게 합치되기 어려울 뿐 아니라 합치된다 해도 그것은 허공에 그려놓은 꽃과 같다는 것이다. 그것이 '실체임'을 입증해줄 배후의 불변적인 존재론적 원리란 찾을 수가 없다.

장자는 마지막 부분에서 다시 허심을 설명한다. 허심의 성인은 형체는 인간이지만 인간의 분별적인 정情을 쓰지 않는다. 다시 말해 세상을 실체로 보아 대상적으로 사유하지 않고, 대상을 소유하려 하지 않는다. 그리하여 소유 세계에서 군속과 무리 지어 살지만, 인간의 분별적인 정이 없기 때문에 시비 판단을 하지 않는다.

그 결과 허심으로 산다는 것(聖人)은 소유 세계에 몸담고 있기 때문에 작아

보이지만(眇乎小哉, 所以屬於人也) 자연의 실상에 따라 살기 때문에 오연히 위대하
다(謷乎大哉, 獨成其天).

2절. 유형의 덕이 갖는 부덕

1. 예羿의 사정권에 있는 유용자의 덕: 〈정자산과 신도가 이야기〉

이제까지 장자는 덕충자들이 지니고 있는 '무용의 덕'을 논하면서, '재전의
덕'은 드러나지 않는다(德不形)고 논했다. 그리고 뒤 이어 유가의 현자와 성인을
등장시켜 그들의 덕을 논한다. 유가의 덕은 덕불형의 덕과 달리 '드러나는 덕'
이다. 『논어』에서 공자의 말에 따르면, 유가의 유덕有德자는 반드시 무언가 전
달할 말(有德者 必有言)을 가지고 있고, 인자仁者는 반드시 그것을 사회적으로 드
러내는 용기(仁者 必有勇)를 갖고 있어야 한다.[267] 이와 같이 겉으로는 나타나는
유가의 덕은 무용한 기형자들의 드러나지 않는 덕과는 대조된다. 장자는 〈정자
산鄭子産 이야기〉와 〈숙산무지叔山無趾의 이야기〉를 통해 '드러나는 덕'의 한계
와 그 덕의 '결과적인 부덕不德'을 논함으로써 소유 세계의 덕을 해체하고자
한다.

〈정자산鄭子産과 신도가申徒嘉 이야기〉[268]에서 신도가와 정자산은 백혼무인
伯昏無人의 문하에서 동문수학한 문인門人이다. 이 이야기 역시 우화로, 신도가
는 장자의 가공인물인데, 이 이야기에서는 불구의 올자兀者로 등장하여 '무용
의 덕'을 상징하는 인물이다. 다른 한편 정자산은 춘추시대 활약한 정鄭나라
새상으로 공자에 '은혜로운 사람'이라는 평을 들은 바 있는 인물로 여기서는

---

267) 『논어』 헌문. 子曰 有德者 必有言 有言者 不必有德 仁者 必有勇 勇者 不必有仁.

268) 이 이야기는 「덕충부」 편의 두 번째 우화이다. 「덕충부」 편의 분석에 있어 내용상의 구성
적 맥락을 조정하기 위하여 앞서 여러 불구 기형자들의 우화 뒤에 2절에 배치하였다.

장자에 의해 소유 세계의 유용한 인물을 상징하는 인물로 채택되었다.[269] 유가의 이른 바 뛰어난 현인을 불구의 신도가에 견주어 그의 '유용의 덕'을 조롱하면서 비판하는 장자의 기발함이 드러나 있다.

> 신도가는 올자인데 정자산과 함께 백혼무인의 동문 제자였다. 자산이 신도가에게 일러 왈 내가 먼저 나가면 자네는 여기 있게, 자네가 먼저 나가면 내가 여기 있겠네. 그 다음날 또 한 집에서 만나 함께 앉아 있었다. 자신이 신도가에게 일러 왈 내가 먼저 나가면 자네는 여기에 있게, 자네가 먼저 나가면 내가 여기 있겠네. 지금 나는 나가려 하는데 자네가 여기 있을 수 있겠나. 없겠나. 또 자네는 집정執政을 보고도 피하지 않으니 자네는 집정과 대등한가.[270]

정자산과 신도가의 스승인 백혼무인은 그 이름이 퍽 흥미롭다. 성현영에 따르면, 백伯은 '장長'이요, 혼昏은 '어둡다'는 뜻이며, '무인無人'이란 '타자가 없음'을 의미하므로, 나와 너의 경계를 세우지 않는 인물이다.[271] 물론 장자의 가공인물인데, 덕德으로 사물을 잘 기르고 자신의 덕을 드러내지 않고(韜光), 물아物我를 잊은 지인至人에 해당하는 인격이다.

그런데 '집정執政'이라는 위엄 있는 일을 맡고 있는 정자산이 신도가를 업신여기며, 자기와 같은 반열에서 행동하는 것을 용납하지 않는다. 불구일 뿐 아니라 자기보다 지위가 낮다는 것이 그 이유이다. 신도가가 자신과 함께 대등하게 출입하는 것을 수치스럽게 여기면서 그것을 중지하도록 요청한다. 자신이 지

---

269) 『논어』 헌문. 10. 或 問子産 子曰 惠人也.

270) 「덕충부」 196. 申徒嘉, 兀者也. 而與鄭子産同師於伯昏無人. 子産謂申徒嘉曰 我先出則子止, 子先出則我止. 其明日, 又與合堂同席而坐. 子産謂申徒嘉曰 我先出則子止, 子先出則我止. 今我將出, 子可以止乎, 其未邪. 且子見執政而不違, 子齊執政乎.

271) 「덕충부」 197. 성현영 疏. 伯昏無人, 師者之嘉號也. 伯, 長也. 昏, 闇也. 德居物長, 韜光若闇, 洞忘物我. 故曰伯昏無人.

금 나가려 하니 뒤에 나오든가 앞서 가라고 한다. 앞서가는 것은 양보할 수 있지만 동행하거나 합석하는 것은 용납할 수 없다는 것이다. 정자산은 겉으로 드러난 모습으로 사물을 판단하는데 시각이 제한된 인물을 나타낸다. 그에게는 '귀천의 경계'가 예리하게 세워져 있다.

정자산의 메타포가 보여주는 것은 '강고한 자의식'에서 나오는 소유 세계의 덕德이 갖는 허위의식이다. 정자산은 '나는 이 나라의 재상이다', 즉 '나는 이런 사람이다'라고 하는 소유적인 자의식에 사로잡혀 있다. 강고한 자의식을 가진 마음일수록 타자에 대해서 '있는 그대로' 보지 못한다. 보고 듣는 것에 매여서 외형에 구속된다. 정자산은 신도가의 참모습을 보지 못한다. 그가 본 것은 다만 그가 불구이며 낮은 지위를 가졌다는 사실이다. 그의 눈에는 신도가의 발만 보일 뿐 그의 마음의 덕은 보이지 않는다.

> 신도가 왈, 선생의 문하에 참으로 집정과 같은 것이 있는가. 자네는 자네가 집정인 것을 기뻐하여 다른 사람을 업신여기는군. 들건대, 거울이 밝으면 먼지가 머물지 않고, 먼지가 묻으면 밝지 못하네. 현인과 오래도록 함께 거하게 되면 허물이 없어진다고 했네. 지금 자네가 크게 취하려 하는 것은 선생(의 덕)이네. 그런데도 말하는 것이 이와 같으니 역시 지나친 것이 아닌가.272)

그러자 신도가가 답한다. 그대는 현명한 스승 밑에서 공부하면서 도대체 무엇을 배우고 있는 것인가. 우리 스승은 거울같이 마음을 쓰시는 분이다. 옛말에 현인과 오래 머물면 허물이 없어진다고 하였는데, 자네가 선생의 문하에 있는 것은 자네의 허물을 씻으려는 것이 아닌가. 선생의 문하에 '집정'이라는 것이 있는가. 선생의 문하에서 배우려는 것은 선생의 그 덕이 아닌가.

그러나 정자산은 신도가의 말에 성을 낸다. 비판을 겸허하게 수용하지 못하

---

272) 「덕충부」197-198. 申徒嘉曰 先生之門, 固有執政焉如此哉. 子而說子之執政而後人者也. 聞之曰 鑑明則塵垢不止, 止則不明也. 久與賢人處則無過. 今子之所取大者, 先生也, 而猶出言若是, 不亦過乎.

고 좀 더 격한 말을 쏟아낸다. 벌을 받아 불구가 된 처지에 감히 요순과 선善을 겨루며 재상인 자신을 능멸하고, 스스로의 처지를 돌아보지 못한다고 반박한다.

> 자산이 말하길, 자네의 처지가 이와 같은데도 오히려 요순과 그 선을 다투고자 하다니, 자네의 덕德을 헤아려 족히 스스로를 돌아보지 못하는가?
> 신도가가 말하길, 자신의 허물의 상狀을 변론하여 부당하게 벌 받았다고 여기는 자는 많지만, 그 허물의 상狀을 드러내지 않고 살아 있는 것이 부당하다(응당한 벌을 받았다)고 여기는 자는 적다. 어찌할 수 없는 것임을 알고 명命인 듯 편안히 여기는 것은 오직 유덕자만이 능히 할 수 있다. 예羿의 화살 사정거리에 노닌다면 그 중앙은 화살이 명중하는 곳이지만 맞지 않는다면 그것은 명이다. 온전한 발을 가진 사람이 불구인 사람을 비웃는 경우는 많다. 나도 발끈하며 성내지만 선생이 계신 곳에 가면 다 잊고 돌아온다. 선생이 선으로 나를 씻어주심을 알지 못하겠는가. 나는 선생님과 더불어 19년을 노닐었지만 일찍이 내가 불구인 것을 의식하지 못했다. 지금 자네와 내가 형해形骸의 안에서 노닐어야 하는데, 자네는 형해의 밖에서 나를 보고 있으니 역시 지나치지 않은가.[273]

정자산의 야비한 비난에 대해 신도가는 좀 길게 말한다. 사람이 어찌할 수 없는 부득이한 일이 있음을 알고, 그 일을 명命을 받은 듯 편안히 여기고, 명을 좇아 사는 것은 오직 유덕자라야 할 수 있다. 명궁名弓 '예羿'의 사정거리 안에 있으면서 화살에 맞지 않았다면 그것이 바로 명이다. 즉 정자산이 환로宦路에

---

273) 「덕충부」 198-199. 子産曰 子旣若是矣, 猶與堯爭善, 計子之德不足以自反邪. 申徒嘉曰 自狀其過以不當亡者衆, 不狀其過以不當存者寡. 知不可奈何而安之若命, 唯有德者能之. 遊於羿之彀中. 中央者, 中地也, 然而不中者, 命也. 人以其全足笑吾不全足者多矣, 我怫然而怒, 而適先生之所, 則廢然而反. 不知先生之洗我以善邪. 吾與夫子遊十九年矣, 而未嘗知吾兀者也. 今子與我遊於形骸之內, 而子索我於形骸之外, 不亦過乎.

294 장자, 나를 해체하고 세상을 해체하다

있으면서 아직 무사한 것은 천행天幸이라는 것이다. 다시 말해 정자산의 두 발이 아직 성한 것은 그의 덕 때문이 아니라 명이라는 것이다. 우연히 면했다 해도 그것은 명에 관계된 것이니 자기 재주나 능력으로 말미암은 것이 아니다. 그러니 우쭐대면서 남을 업신여길 이유가 없다.

신도가의 말에서 "예의 사정거리"는 매우 심오한 의미를 함축하고 있다. 예는 전설적인 명궁인데, 백발백중의 고수이다. 이에 대해 곽상은 이렇게 말한다. 세속의 이해를 다투는 영역에서 자기 몸을 챙기고 분별지를 버리지 않는 자가 바로 명궁 예의 사정거리 안에 들어 있다는 것이다.274) 탁월한 해석이다. 소유 세계에서 이해를 계산하고 시비를 가리고 선을 겨루는 것, 더 나아가 진리를 구하고자 하는 열정까지를 포함한 욕망을 갖고 있는 한, 명궁 예의 사정거리에서 벗어날 도리가 없다. 게다가 시비가 대립하고, 이해가 상반되는 환로에 있다면 사정은 더욱 절박해진다. 설사 운 좋게 벗어났다고 해도 그것은 자기 능력이 뛰어나서가 아니다. 우연일 뿐이다. 그 사정거리에서 벗어나는 유일한 방법은 오직 자기 몸을 잊고 물物과 더불어 흐르는 것이다. 즉 자아가 실체라는 관념을 해체하고, 마음조차도 해체하여 거울처럼 물화物化에 맡기는 것이 오직 하나의 방도라는 것이 장자의 생각이다.

그리고 이어서 신도가는 자신 역시 '자의식'에서 자유롭지 못하다고 인정한다. 성한 사람들이 자신의 불구를 비웃는 일이 많고, 그런 비난과 멸시를 받으면 역시 발끈하고 성이 나지만 스승을 뵙고 나면 다 잊고 돌아오게 된다. 스승의 선으로 자신을 씻어주기 때문이다. 그리고 마무리한다. 19년간 스승의 문하에 있었지만 스승 밑에서 자신이 불구인 것을 의식한 적이 없다. 그런데 정자산 그대는 덕을 공부한다는 자가 내 발만 보고 있는 것인가.

백혼무인이라는 지인의 문하에서 배운 것은 아마도 도, 즉 사연의 실상일 것이며, 지인의 덕일 것이다. 글을 보았으면 글을 버리고 그 뜻을 취해야 한다.

---

274) 「덕충부」 199. 곽상 註. 羿. 古之善射者. 弓矢所及爲彀中. 夫利害相攻. 則天下皆羿也.

그 뜻을 보았으면 이제 그 뜻을 버리고 그 뜻대로 살아야 한다. 즉 실행이다. 이 실행의 능력을 장자는 덕이라 보는데, 정자산은 그 뜻을 보지 못했고, 그 덕 역시 얻지 못한 것 같다. 아직도 형形을 버리지 못했다. 즉 무용을 알지 못한다. 형은 왜 잊어야 하는가. 장자에 따르면, 그것은 실체가 아니기 때문이다. 실체 아닌 것에 구애되어 실상을 보지 못하기 때문이다.

2. 인의의 질곡에 갇힌 공자의 덕: 〈숙산무지와 공자 이야기〉

정자산이 현인으로 대우받는다면, 공자는 성인으로 추앙되는 인물이다. 「덕충부」의 세 번째 이야기에서 공자는 정자산보다 더욱 추앙되는 유가의 성인 공자를 등장시킨다. 상대편인 숙산무지叔山無趾는 발 하나가 없는 외발이다. 아마도 형벌로 인하여 그렇게 되었을 것이다. 장자의 우화에만 등장하는 가공의 인물이다. 노담은 숙산무지의 스승으로 등장한다. 이야기는 숙산무지가 외발의 종종걸음으로 공자를 찾아가 스승으로 모시고자 하는 데서 시작한다.

노나라에 발이 잘린 숙산무지라는 자가 있었는데 종종걸음으로 공자를 찾아왔다. 중니 왈, 자네는 신중하지 못했기 때문에 전에 이와 같은 환患이 이미 있었다. 비록 지금 찾아와 봤자 어쩔 수 있겠는가.
부지無趾가 말하길, 나는 오직 (도를) 힘써 배울 줄 모르고, 가벼이 내 몸을 썼습니다. 그래서 나는 발을 잃게 되었습니다. 지금 내가 온 것은 발보다 존귀한 것이 있어서이고, 또 그것을 보존하는 데 힘쓰고자 해서입니다. 대저 하늘은 덮지 못하는 것이 없고, 땅은 싣지 않는 것이 없습니다. 저는 선생님을 하늘과 땅(처럼 넓으신 분)으로 여기고 있는데, 선생님께서 오히려 이렇게 말씀하실 줄 어찌 알았겠습니까.275)

---

275) 「덕충부」 202. 魯有兀者叔山無趾, 踵見仲尼. 仲尼曰 子不謹, 前旣犯患若是矣. 雖今來, 何及矣. 無趾 曰, 吾唯不知務而輕用吾身, 吾是以亡足. 今吾來也, 猶有尊足者存, 吾是以務全之也. 夫天無

올자인 무지無趾(발이 없음)가 공자에게 배우고자 찾아간다. 그런데 공자는 정자산이 신도가를 대한 것과 크게 다르지 않게 그를 대한다. 공자는 절름거리며 찾아온 무지의 불구를 보고, 과거의 잘못 때문에 이런 불구가 되었는데 지금 자신을 찾아와 배운다 해도 어찌할 수 있겠느냐고 말한다. 사실 실제 공자라면 이렇게 말하지 않았을 것이다. 공자는 속수束脩(최소한의 예물)를 가지고 오는 자를 가르치지 않은 적이 없다고 말했다.276) 장자의 의도 속에서 이런 우화의 인물이 되었다.

무지는 자신의 옛 과오를 반성하고, 비로소 존귀한 도가 있음을 알아 그것을 깨치기 위해서 공자를 찾아왔다고 말하며 자신의 실망을 드러낸다. 자신은 공자가 하늘처럼 덮고 땅처럼 실어주는 덕德 있는 존재인 줄 알았는데 그렇지 않다는 것이다. 하늘처럼 덮고 땅처럼 싣는다는 것은, 기르고 성장시키고 무한히 수용하면서 치우침이 없는 것, 즉 우리가 생각할 수 있는 한에서 최대한의 수용력을 의미할 것이다. 땅과 하늘은 그 어느 것도 기르지 않는 것이 없으면서 차별하지 않는다. 그런데 공자가 자신의 불구를 지적하며 부정적인 입장을 보이자 그가 형해形骸의 불구에 대한 편견에서 벗어나지 못했음을 안 것이다.

공자가 말하길, 제가 모자랐습니다. 선생께서는 어찌 안으로 드시지 않습니까. 청컨대 제가 들은 바를 한번 강해 보겠습니다.

무지가 나갔다. 공자가 말하길, 제자들아. 힘쓰거라. 대저 무지는 발 없는 불구지만 오히려 배움에 힘써 그 이전에 행한 악을 보완하고자 한다. 하물며 전덕全德한 사람에 있어서랴.277)

不覆, 地無不載, 吾以夫子爲天地, 安知夫子之猶若是也.

276) 『논어』 述而. 子曰 自行束脩以上 吾未嘗無誨焉.

277) 「덕충부」 203. 孔子曰 丘則陋矣. 夫子胡不入乎, 請講以所聞. 無趾出. 孔子曰 弟子勉之, 夫無趾, 兀者也, 猶務學以復補前行之惡, 而況全德之人乎.

공자가 사과하고 무지를 '선생(夫子)'이라 칭하며 들어오기를 청한 후 인의의 도에 대해 강의한다.[278] 무지가 나가고 나자 공자는 이렇게 말한다. 불구인 처지에도 저렇게 열심히 배워 이전의 악을 고치려 한다. 제자들이여, 그를 본받아라.

공자의 시각에서 공부란 인의에 기초하여 선악과 시비를 분명히 하는 것이다. 그렇기 때문에 무지의 공부하려는 태도조차 자기식으로 해석한다. 무지가 가르침을 받고자 한 것은 전생(全之)이었지만, 공자가 강講한 것은 인의였다. 그런 공자에게 무지가 만족스러운 가르침을 얻었을 가능성은 크지 않다. 그래서인지 노담에게 공자를 이렇게 평한다.

> 무지가 노담에게 왈, 공구孔丘는 지인에 있어 아직은 아닙니다. 그런데 그는 어찌해서 공손한 태도를 하고서 선생님께 무엇을 배우려 하는 것입니까. 또 그는 속임수를 가지고 환괴幻怪한 명문名聞을 구하려 하면서, 지인은 그런 것을 자기에게 질곡桎梏이 된다고 여기는 것을 어째서 모르는 겁니까.
>
> 노담이 말하길, 어찌 바로 그로 하여금 사생死生이 일조一條이며 가불가可不可가 일관一貫임을 깨닫게 하여 그 질곡을 풀어주지 않는가. 그것이 가한 것인가.
>
> 무지가 말하길, 하늘이 그를 형벌(天刑)한 것인데, 어찌 풀 수가 있겠습니까.[279]

---

278) 이 부분의 해석에는 이견이 있다. 구절의 축자적 해석에만 의거한다면, '공자가 들어오기를 권하고 아는 바를 강한 것(혹은 강하겠다고 한 것)'과 '無趾가 나간 것'으로 나타나는데, 無趾가 공자의 강의를 듣고 나간 것인지, 듣지 않고 그대로 나간 것인지 분명치 않다. 안동림(앞의 책, 157쪽)과 오강남(앞의 책, 236쪽) 해당 구절의 해석에서, 공자가 들어오기를 청하여 강하려 했지만 無趾가 듣지 않고 나가버렸다고 해석한다. 하지만 이어지는 구절에서 無趾가 노담에게 공자를 평하는 구절을 보면, 단지 인사치레 몇 마디 나누고 평한 것이라고 보기엔 퍽 자세하고 적실하다. 그래서 이 책에서는 無趾가 들어가서 공자의 講한 내용을 듣고 나와 노담에게 전한 것으로 보기로 한다.

279) 「덕충부」 204-205. 無趾語老聃 曰 孔丘之於至人, 其未邪. 彼何賓賓以學子爲. 彼且蘄以諔詭幻怪之名聞, 不知至人之以是爲己桎梏邪. 老聃曰 胡不直使彼以死生爲一條, 以可不可爲一貫者, 解其桎梏, 其可乎 無趾曰 天刑之, 安可解.

무지의 평가에 따르면, 공자는 아직 지인과의 거리가 멀다. 그런데 어째서 그는 선생(老聃)에게 예禮를 배우려는 것인가. 공자는 속임수(詭詭)를 가지고 허깨비(幻怪) 같은 명성을 얻고자 한다. 그는 지인이 공자처럼 허깨비 같은 명성을 얻고자 하는 것을 질곡으로 여기는 것을 알지 못한다.

　속임수로 허깨비 같은 명성을 얻고자 한다는 것은 실체 없는 허구적인 인의의 당위가 과거 성인들이 부득이하게 역사적 상황에 대처한 것인 줄 모르고 그것을 가지고 세상을 구하고자 하는 허망한 일을 함으로써 소유적인 명망을 얻고자 한다는 것이다. 공자에 대한 무지의 이러한 평가는 공자로 대표되는 제자백가諸子百家의 세상을 구하기 위한 쟁명爭名이 소유적 사유에 입각해 있으며, 그 때문에 지인의 거울 같은 마음 씀을 알지 못한다는 것, 즉 존재의 실상에 입각해 있지 못하다는 것을 지적하는 것이다.

　무지의 이런 평을 듣고 나서, 노담은 무지에게 사생이 존재의 자연 과정이라는 점에서 하나이고, 가한 것과 불가한 것 역시 그 근원이 하나임을 공자로 하여금 깨닫게 하여 그 차꼬와 수갑의 질곡에서 풀어주지 않았느냐고 묻는다. 무지는 이에 대해 공자가 하늘의 형벌(天刑)을 받고 있는 것인데 어찌 풀어 줄 수 있느냐고 답한다. 그런데 천형이라는 말은 무엇인가.

　공자는 자신이 옳다고 여기는 것을 살신성인의 태도로 수행하고 있다. 자신의 의義에 사로잡혀 있는 자는 자신의 의 이외의 것은 보이지도 들리지도 않는 제약적인 시공에 놓이게 된다. '당위적 규범'을 가지고 타자를 구속하려는 것은 존재의 실상에 어긋나는 상정相正행위이다. 상정 행위의 결과로 얻는 것은 오직 '자연의 형벌(天刑)'로 표현된 고통일 뿐임을 장자는 말하고자 하는 것이리라. 이 우화를 읽으면서 거듭 유념해야 할 것은 이 우화에 등장하는 공자의 성격은 장자의 가공적인 것이라는 점이다. 공자 자체에 대한 평가에 주안이 있는 것이 아니다. 우리 안에서 해체해야 하는 것의 내용을 밝히기 위한 것이다. 그 안에 숨겨진 메시지를 읽어야 한다.

3절. 지인은 정이 없는가: 장자와 혜시의 논변

1. 무정이란 익생하지 않는 것

장자는 거울같이 마음을 쓰는 지인至人에게는 '슬픔도 기쁨도 끼어들 수 없다(哀樂不能入)'고 말한다. 그렇다면 지인은 사람이면서 정情이 없는 것인가. 아니면 목석같은 신경 마비 환자인가. 그래도 사람이라고 할 수 있는가. 사람이면서 어떻게 인간의 정이 없을 수 있는가. 의문스럽다. 그래서 혜시가 장자에게 따져 묻는다. 이 이야기는 「덕충부」의 마지막 우화로 덕충자들의 정情을 정리하는 의미가 있다.

> 혜시가 장자에게 일러 말했다. 사람은 본래 정이 없는가.
> 장자가 말했다. 그렇다.
> 혜시가 말하길, 사람이면서 정이 없다면 무엇을 가지고 사람이라 말할 수 있는가.
> (장자 말하길) 도道가 인간에게 모습을 주고, 하늘이 사람에게 인간의 형체를 갖춰
> 주었는데, 어찌 사람이라고 말할 수 없겠는가.[280]

장자는 사람에게 본래 정이 없느냐고 묻는 혜시의 질문에 본디 없다고 답한다. 정이 없는 존재를 어찌 사람이라 말할 수 있는가. 혜시의 이 당연한 질문에 장자는 다시, 자연으로 모습과 형체를 갖추고 있는데 어찌 사람이라고 말할 수 없느냐고 답한다. 장자는 있는 그대로 자연의 모습으로 삶을 영위하는 인간을 인간으로 인정한다는 면에서 혜시와 다른 견해를 보이지만 맹자孟子와도 다른 견해를 보인다. 맹자는 인간다운 도덕성, 즉 인의예지의 단서가 되는 사단四端의 마음을 갖추지 못하면 인간이라 할 수 없다는 견해를 갖고 있다. 인간으

---

280) 「덕충부」 220-221. 惠子謂莊子曰 人故無情乎. 莊子曰 然. 惠子曰 人而無情, 何以謂之人. 道與之
貌 天與之形 惡得不謂之人.

로서의 지녀야 할 도덕적 품성을 갖추고 그것을 실천할 수 있는 도덕적 역량을 지닌 자만이 '인간'으로 대접받을 수 있다는 견해이다. 측은惻隱·수오羞惡·사양辭讓·시비지심是非之心이 없으면 인간이 아니라(非人也)고 맹자는 말한다. 그 결과 맹자는 인간을 도덕적 덕성德性으로 판단하고 차별하는 인간관을 보여준다.[281]

그러나 장자에 따르면 사람이란 자연(道와 天)이 그 모습과 형체를 준 것이다. 즉 우리는 자연으로 태어났다. 어떤 의도를 가지고, 그 의도를 실현하기 위해 태어난 것이 아니다. 그런 면에서 우리는 세상에 던져졌다. 우리는 아무것도 선택하지 못한다. 우리의 용모, 태어날 지역, 성품, 능력, 기본적인 혈연관계 등등 그 어느 것도 우리의 의도나 계획이 관철되어 세상에 태어나는 것이 아니다. 우리가 일반적으로 갖고 있는 생각, 즉 '나'가 태어나고 '나'가 살고 있고 '나'가 '나'의 삶을 영위하고, '나'가 자연을 개발 개척한다는 관념은 의식일 뿐이다. 자아를 실체로 여기는 의식에서 나온 것이다. 장자는 바로 이 점을 해체하고자 한다.

혜시는 좀 더 문제에 천착해 들어간다. 그렇다면 사람이라면 어떻게 정이 없을 수가 있는가.

> 혜시가 말하길, 이미 사람이라고 한다면, 어떻게 정이 없을 수가 있는가.
> 장자가 말하길, 그대가 말하는 정은 내가 말하는 정이 아니다. 내가 정이 없다고 말하는 것은 호오의 감정으로 몸을 상傷하게 하지 않는 것이다. 자연을 따르면서 익생益生하지 않는 것을 말하는 것이다.[282]

---

281) 『孟子』 공손추 上 無惻隱之心, 非人也; 無羞惡之心, 非人也; 無辭讓之心, 非人也; 無是非之心, 非人也.

282) 「덕충부」 221. 惠子曰 旣謂之人, 惡得無情.
莊子曰 是非吾所謂情也. 吾所謂無情者, 言人之不以好惡內傷其身, 常因自然而不益生也.

장자는 자신이 말하는 정과 혜시가 말하는 정이 다르다고 말한다. 어떻게 다른가. 장자에 따르면 지인은 결코 슬픔과 기쁨을 느끼지 못하거나, 욕망이 없는 것이 아니다. 슬픔은 슬픔인 대로 기쁨은 기쁨인 대로 그대로 수용한다. 그 감정에 의해 좌우되지 않는다. 그리하여 자기 존재의 본성을 해치지 않고, 더 많이 소유하기 위해 본성을 수고롭게 하지도 않는다. 다만 존재의 실상에 따라 변화를 수용하기 때문에 세상을 지배하기 위한 소유적 욕망(情)을 갖지 않는다(無情)는 것이다.

우리는 정 때문에 마음에 상처를 입는다. 좋은 정도 싫은 정도 감정에 부림을 당하게 되면 집착이 생기고 대상에 대한 열망이나 미움이 싹트니, 마음을 해치는 독이 된다는 점에서는 '호이든 오이든 그 몸을 상하게 한다는 점(好惡內傷其身)'에서 같다. 장자의 무정은 결코 목석처럼 무감동한 혹은 무감각한 상태가 되기를 권하는 것이 아니다. 거울이 둥근 것은 둥근 것대로, 붉은 것은 붉은 대로 비추는 것처럼 그대로 응할 뿐 잡으려 하지 않고, 또 대상에 붙잡히지도 않는 것처럼 능동과 수동의 균형 속에서 비추는 작용만 할 뿐이다. 아무리 슬픈 일을 만난다 해도 '슬픔'은 느껴도 '슬퍼하는 나'는 실체로 존재하지 않는다는 것을 알기 때문에 슬픔의 노예가 되지 않는다는 것이다.

장자에 따르면, '무정'의 요체는 '익생益生'하고자 하는 욕심을 내지 않는 것이라고 한다. 이에 곽상은 '마땅한 바에 맡기고, 눈 앞에 펼쳐진 존재의 실상에 구체적으로 마주하는 것'은 장자가 말하는 정이 아니라고 한다.[283] 장자가 말하는 '정'은 '소유적 욕망에서 기인하는 정'에 국한된다. 예컨대, 시비를 가리고 선악을 겨루고, 호오를 내어 펴는 그런 정이고, 이런 정들은 소유적 욕망에서 비롯된다는 것이다. 우리의 삶에서 마주하게 되는 '아픔(傷)'이 다만 생존 욕구 때문인가. 우리의 탐욕은 다만 생生을 보존하기 위해 필수적이었던가. 그 이상의 욕망 때문이 아닌가. 장자는 그 욕망을 '익생'으로 표현한다.[284] 익생을 위

---

283) 「덕충부」 222. 곽상 註. 任當而直前者, 非情也.

한 소유적 욕망의 해체, 그것이 바로 장자가 '무정'을 통해 해체하고자 하는 것이다.

> 혜시가 말하길, 익생하지 않는다면 무엇을 가지고 그 몸을 보존하는가.
> 장자 왈, 도가 모습을 주었고 하늘이 형체를 주었으니, 안으로 호오 때문에 몸을 상하게 해서는 안 된다. 지금 자네는 자네의 신神을 밖으로 하고 자네의 정을 수고롭게 하며 나무에 기대어 읊고 오동나무 책상에 기대어 졸고 있다. 하늘이 자네의 형체를 선택하여 주었는데 자네는 견백堅白을 말하는구나.[285]

그러나 혜시는 계속해서 따진다. 익생하지 않는다면 무슨 수로 우리 몸을 보존할 수 있는가. 장자는 답한다. 도가 모습을 주었고 천이 형체를 주었다. 안(마음)으로 호오 때문에 몸을 상하게 해서는 안 된다. 그러고 나서 장자는 세상을 향하여 일갈一喝을 던진다. 지금 그대는 바깥의 문제에 정신을 쏟아 정기를 고단하게 하고, 그 결과 나무에 기대어 읊고 오동나무 책상에 기대어 졸고 있다. 하늘이 그대에게 인간의 형체를 주었는데도 그대는 다만 견백堅白의 궤변만 늘어놓고 있구나. 이것이야말로 익생하고자 하는 데서 시작된 무용한 정인 줄 모르는가. 그런데 견백의 궤변이란 무엇인가. 그리고 견백의 궤변이 갖는 은유적 함의는 무엇인가. 견백의 논쟁은 장자가 비판하는 익생과 무슨 연관이 있는가.

---

284) 오강남은 益生을 '삶에 억지로 붙이는 군더더기'라고 해석한다. 이때 '삶'을 '자연적 삶의 과정'으로 보고, 군더더기를 '소유적 욕망의 극대화'로 본다면 이 작업에서의 해석과 상통하는 면이 있다(앞의 책, 257쪽).

285) 「덕충부」222. 惠子曰 不益生, 何以有其身. 莊子曰 道與之貌, 天與之形, 無以好惡內傷其身. 今子外乎子之神, 勞乎子之精, 倚樹而吟, 據槁梧而瞑. 天選子之形, 子以堅白鳴.

2. 익생과 견백의 궤변

  명가名家의 대표적 논객은 혜시와 공손룡인데, 현재 그 저작이 남아 있는
것은 공손룡公孫龍의 『공손룡자公孫龍子』뿐 혜시의 것은 거의 남아 있지 않고,
『장자』「천하」편에 그의 '열 가지 명제(歷物十事)'가 간접적으로 소개되어 있다.
〈견백론堅白論〉은 공손룡의 주장으로 알려진 명가의 대표적인 논제인데, 장자
는 공손룡과 혜시를 같은 변자辯者로 보았기 때문에 혜시를 가리켜 〈견백의
궤변〉을 일삼는다고 공격한 것으로 보인다. 그런데 장자는 왜 이 '견백의 논쟁'
을 일삼는 혜시를 비롯한 명가를 '익생'을 논하는 자리에서 비판하고 있는 것
인가. 이 문제를 해명하기 위해서는 견백의 논쟁에 대해 잠시 살펴볼 필요가
있다.
  견백론은 혜시와 공손룡을 비롯한 명가에 의해 주도된 논쟁에서 제기된 것
으로, 〈백마비마론白馬非馬論〉과 함께 명실名實논쟁의 주요 쟁점이 되었다. 명실
논쟁에서 명名이란 지칭하는 개념을 가리키고, 실實이란 그 개념이 지칭하는
대상을 가리킨다. 즉 명실논쟁의 주된 논제는 개념과 그것이 지시하는 대상
간의 문제이다.[286]
  이 문제에 있어 명가의 입장을 순자荀子의 언어관과 대비해서 살펴보는 것은
도움이 된다. 순자는 언어 개념(名)이란 실재 대상(實)에 따라 결정되는 것일
뿐 본래부터 고정된 의미를 지니는 것이 아니며, 다만 사회적인 약속의 산물일
뿐이라는 유명론唯名論적 입장을 취한다. 즉 어떤 사물에 대한 명이 약속되고,
그것이 사회적 관습으로 확정되면 일반적으로 통용되는 명으로 자리 잡는다는

---

[286] 박원재는 그의 논문「名辯 논쟁을 통해 본 제자의 사상적 갈래」에서, 名의 의미를 두 갈래
로 나눈다. 하나는 논리학의 명사나 개념을 의미하는 것이고, 다른 하나는 職分이나 名分
등 分에 관계된 의미이다. 그런 의미에서 공자의 正名사상에서 바로잡아야 한다고 주장하
는 名의 성격은 후자에 속하는 것으로, 혜시나 공손룡이 제기하는 名實의 名과는 거리가
있다고 본다. 『논쟁으로 보는 중국 철학』 중국철학회 지음, 예문서원, 2004. 72-75 참조.

것이다.[287] 이에 반해 공손룡은 언어 개념이 대상과 독립적으로 존재한다는 실재론의 입장을 견지한다. 요컨대 순자가 명실론에서 명에 대한 실의 우선성을 강조한다면 공손룡은 실에 대한 명의 우선성을 강조한다고 할 수 있다. 견백론에는 공손룡의 바로 이런 입장이 대표적으로 드러난다. 일단 공손룡의 주장을 들어보자.

> 견堅과 백白과 석石은 셋이라는 것은 맞는가. 맞지 않는다. 둘이라는 것은 맞는가. 맞다. 왜 그러한가. 견을 빼고 백을 드니 (돌과 백은) 둘이 되고, 백을 빼고 견을 들면 (돌과 견이) 둘이 된다.[288]

'딱딱하고 하얀 돌'이 하나 있다. 그런데 공손룡의 말에 따르면, '딱딱한 돌'이나 '하얀 돌'은 성립되지만 '딱딱하면서 하얀 돌'은 성립되지 않는다는 것이다. 개념의 실재성을 주장하는 공손룡의 입장에서 볼 때, '희다는 것'과 '딱딱하다는 것'은 두 가지 속성이며 이것들은 서로 독립적인 실재성을 갖고 있다. 그렇기 때문에 하나의 사물에 동시적으로 적용될 수 없다. 돌은 구체적인 사물이기 때문에 어떤 속성과 결합할 수 있지만, 동시에 두 가지 속성이 결합할 수는 없다는 것이다. 그런데 왜 그런가. 공손룡은 그 근거를 이렇게 말한다.

---

287) 『순자』「正名」名無固實 約之以名. 데이비드 홀은 그의 저서 『안티시페이팅 차이나』에서 순자를 唯名論으로 분류한다. 이는 서구 철학의 기준에서 순자를 본 것이고, 이 책에서는 이를 원용한다. 유명론과 실재론은 서구 중세에서 벌어진 철학 논쟁으로, 그 대결의 핵심은 언어의 존재론적 위상의 문제이다. 실재론은 언어가 실재와 일치한다고 보아 언어를 실새의 신리에 도달하는 참된 도구로 본다. 이에 반해 유명론은 언어가 실재와 일치하지 않는 일종의 인습에 불과하다고 본다. 그런 의미에서 장자와 선불교의 언어는 수사학적 유명론의 극단에 속한다. 『안티시페이팅 차이나』 제3장 4.2. 225-236쪽 참조.

288) 『公孫龍子』「견백론」. 堅白石三可乎 曰不可 曰二可乎 曰可 曰何哉 曰無堅得白 其擧也二 無白得見 其擧也而.

눈으로 보아서는 딱딱함을 볼 수 없고, 희다는 것만을 볼 수 있으니 딱딱함이란 없다. 손으로 만져보아서는 딱딱함만을 알 수 있을 뿐 희다는 것은 알 수 없으니 희다는 것은 없다.[289]

　공손룡에 따르면, 보는 것만으로는 그 돌이 '희다'는 것만 알 수 있을 뿐 '딱딱하다'는 것을 알 수 없으므로 '딱딱함'이란 없다. 반면 만지는 것만으로는 그 돌이 '딱딱하다'는 것만을 알 수 있을 뿐 '희다'는 것은 알 수 없으므로 '희다'는 것은 없다. 그러므로 '희다'는 것과 '딱딱하다'는 것은 결코 동시에 지각될 수가 없다. 따라서 '희다'는 것과 '딱딱하다'는 것은 분리된다(離堅白). 이두 가지가 분리될 수 있는 것은 이 둘이 서로 다른 속성인 탓에 서로 다른 감각기관에 의해 파악되기 때문이다. 그러면 감각되지 않을 때 그 견과 백은 어떻게 되는 것인가. 공손룡은 이에 대해, 두 가지는 분리되어 있기 때문에, 하나의 감각이 작용할 때 이 두 가지 속성은 서로를 포용하지 않으므로, 결국 다른 하나는 '숨어 있는 것(藏)'이라고 말한다.[290]
　두 가지 속성이 분리되어 있다고 보는 것은, 그 속성이 대상의 속성으로 적용되는 것과 관계없이 독립적으로 실재한다는 것이다. 다시 말해, '딱딱하다'라는 속성은 돌과 결합하든 하지 않든 독립적인 속성으로서 보편적으로 존재한다는 것이다.
　공손룡은 견백론에서 존재성 여부의 문제를 결정짓는 근거로써 감각의 문제를 들고 있다. 다시 말해, 감각의 문제를 존재성의 문제로 환원시키는 것이다. '딱딱함을 느낄 수 없다'는 것이 '딱딱함이 없다'는 것을 증명할 수 있는 근거가 될 수는 없다. 여기에 공손룡의 견백론의 치명적인 문제가 있다.
　결국 공손룡은 「견백론」을 통해 견백의 분리를 주장함으로써 모든 속성은

---

289) 『公孫龍子』「견백론」. 視不得其所堅 而得其所白者 無堅也 拊不得其所白 而得其所堅者 無白也.
290) 『公孫龍子』「견백론」. 得其白 得其堅 見與不見. (見)與不見離 一一不相盈 故離 離者也 藏也.

보편적으로 독립되어 존재하며, 그 속성들은 서로 연관되지 않는다는 점을 주장하고 있는 것이니, 이는 장자의 입장과는 대척점에 서 있다고 볼 수 있다. 장자의 입장에서 볼 때, 공손룡이 독립적이고 보편적인 실재라고 보는 명은 대상과의 분리, 즉 존재의 연속적 실상의 단절을 전제로 하며, 그것은 이미 세계의 연속적 실상에서 멀어져 가는 것이기 때문에 대상의 본질에 정확히 접근하는 것은 원천적으로 불가능하다.[291]

게다가 「견백론」을 통한 명실에 대한 논쟁은 명을 강조하는 실재론적 입장이든 실을 강조하는 유명론적 입장이든, 그 논쟁 자체는 명만 있고 실은 없는 주장일 뿐이다. 이미 언어를 통한 논리적 과정만이 존재할 뿐 그것이 반영해야 하는 존재의 실상은 거기에 담겨 있지 않다는 것이다. 또 그 논쟁의 명, 즉 주장하는 바의 명분만 있을 뿐이고, 그 명분 역시 명실의 괴리乖離에서 빚어지는 당시 혼란한 상황을 바로잡고자 하는 〈상정상정〉의 의지에서 시작한 것일 뿐이다. 〈상정〉이란 원천적으로 불가능하며, 상정하고자 내세우는 또 다른 주장은 〈익다益多〉일 뿐이라는 것이 장자의 생각이다. 그러므로 〈익다〉는 곧 소유적 욕망, 즉 〈익생益生〉하고자 하는 유위有爲의 범위에서 벗어나지 않는다.

3. 혜시의 〈천지일체〉와 장자의 〈제물〉의 차이

혜시는 공손룡과 더불어 명가를 대표하는 인물이다. 혜시는 장자와 동시대인으로 장자보다 앞선 시기에 세상을 떠난 것으로 보이는데, 『장자』라는 텍스트에서는 유일하게 장자와 함께 우화에 등장하여 대등하게 논변을 벌이는 인물이며, 그런 면에서 볼 때 그들 사이에는 퍽 독특한 친교가 형성되었던 것으로

---

291) 공손룡의 또 다른 논제인 「白馬非馬」 또한 견백론의 主旨와 맥을 같이 한다. '흰말'도 하나의 개념이고, '말'도 하나의 개념이다. 그런데 공손룡의 입장에서는 모든 개념은 서로 포함하거나 연관되지 않는다. 각기 독립적인 속성을 갖는 실재이다. 따라서 '흰말'과 '말'은 아무런 관련이 없다. 그러므로 '흰말은 말이 아니다'라는 결론이 나온다.

추정된다. 혜시가 제시한 '열 가지 명제(歷物十事)'와 유사한 구절들이 장자의 여러 구절에서 산견散見되는 것을 보면, 이 둘의 관계 뿐 아니라 혜시가 장자에게 미친 일정한 영향을 짐작할 수 있다.

공손룡이 견백론을 통해 명실논쟁을 주도했다면, 혜시는 〈역물십사歷物十事〉를 통해 동이同異논쟁을 열었다. 혜시의 사상은 합동이合同異로 표현되는데, 그의 사상에 접근할 수 있는 유일한 자료는 『장자』 33편의 「천하」편에 나오는 〈역물십사〉, 즉 '열 가지 명제'이며, 그 핵심은 〈범애만물汎愛萬物 천지일체天地一體〉로 요약된다. 혜시의 주장을 먼저 검토하고, 이를 장자의 입장과 비교 검토하기로 하자. 먼저 혜시의 열 가지 명제는 이렇다.

① 지극히 큰 것에는 밖이 없다. 이를 일러 대일大一이라 한다. 지극히 작은 것에는 안이 없다. 이를 일러 소일小一이라 한다(至大無外 謂之大一 至小無內 謂之小一).

② 두께가 없는 것은 쌓아 올릴 수가 없으나 (소일의 입장에서 보면) 그 크기가 천리나 된다(無厚不可積也 其大千里).

③ (대일의 입장에서 보면) 하늘은 땅처럼 낮고, 산은 연못처럼 평평하다(天與地卑 山與澤平).

④ 하늘 한 가운데 있는 정오의 태양은 지는 태양이며(日方中方晲), 이제 막 생겨난 사물은 죽어가고 있는 것이다(物方生方死).

⑤ 큰 데서 보면 모두 만물은 같고 작게 구별해서 보면 물物마다 다르다. 이를 소동이小同異라고 한다. 만물은 모두 같기고 하고 모두 다르기도 하니, 이를 대동이大同異라고 한다(大同而與小同異 此之謂小同異 萬物畢同畢異 此之謂大同異).

⑥ 남방南方은 그 끝이 없지만 동시에 끝이 있다(南方無窮而有窮).

⑦ 오늘 월나라로 떠났지만 어제 월나라에 도착했다(今日適越而昔來).

⑧ 이어진 고리는 가히 풀 수 있다(連環可解也).

⑨ 나는 천하의 중앙을 알고 있는데, 연燕나라의 북쪽이요 월나라의 남쪽이 이곳이다(我知天下之中央 燕之北越之南是也).

⑩ 만물을 널리 사랑하라. 천지는 한 몸이다(汎愛萬物 天地一體也).

첫 번째 명제, 즉 '지극히 큰 것에는 밖이 없다. 이를 일러 대일大一이라 한다. 지극히 작은 것에는 안이 없다. 이를 일러 소일小一이라 한다(至大無外 謂之大一 至小無內 謂之小一)'는 것은 합동이合同異론의 기본적인 전제에 해당한다. 즉 '크다', '작다'와 같은 사물에 대한 우리의 판단이 무한無限 공간이나 극미極微의 공간에서는 그 의미가 없다는 것을 시사하는 것으로 보인다. 다만 일정한 기준을 가진 제약적 공간에서만 상대적으로 이런 판단과 규정을 내릴 수 있다는 것이다. 즉 이 명제는 사물에 대한 우리의 모든 평가는 그 기준이 상대적이라는 것을 말하는 것이다.

세계의 모든 존재자는 논리적인 측면에서 볼 때, 언제나 '가장 큰 것'보다는 작을 수밖에 없다. 또 '가장 작은 것'보다는 클 수밖에 없다. 세계에 존재하는 모든 개별자는 서로 연속되어 그 같음과 차이 속에서 연장되어 거래하기 때문에, 그 크기에 대해서 논한다면 아무리 크다 해도 상대적으로 큰 것이고, 아무리 작다 해도 상대적으로 작을 뿐이다. 요컨대, 이 세계에는 사물의 크기를 절대적으로 재단할 수 있는 절대적 기준이 없다. 그렇기 때문에 〈무후無厚한 것은 쌓을 수 없으나, 가장 작은 기준에서 볼 때는 천리만큼이나 큰 것(두 번째 명제)〉이며, 하늘보다 더 큰 것을 기준으로 본다면 〈하늘 역시 땅처럼 낮고 산 역시 연못처럼 평평한 것(세 번째 명제)〉이다. 그리고 변화하는 흐름이라는 큰 시간에서 볼 때, 떠오르는 태양은 곧 지는 태양이며, 태어나는 생명은 곧 죽음을 향하여 가고 있다(네 번째 명제). 잠시의 머무름(常)도 없다.

다섯 번째 명제는 앞에서 다루어진 상대성이라는 원칙을 구체화한 것이다. '큰 데'서 보면 만물은 같고, 작게 구별해서 보면 물物마다 다르다. 또 만물은 모두 같기도 하고 모두 다르기도 하다. 혜시는 전자를 소동이小同異라고 하고, 후자를 대동이大同異라고 한다. 사물에 대한 분류는 그 분류의 기준에 따라 범위가 다양해지고, 분류의 기준은 사물간의 공통성을 중심으로 삼는다. 분류

개념에는 다양한 층차가 있게 되는데, 그 유개념의 범위를 확대하게 되면 더 이상 확대할 수 없는 최고의 유개념에 도달하게 되고, 반대로 그 개념의 범위를 좁혀 나가게 되면 더 이상 좁힐 수 없는 최소 단위인 개별자에 이르게 된다. 전자의 관점에서 보면 모든 사물은 같다고 할 수 있고, 후자의 관점에서 보면 모두 다르다고 할 수 있다.[292]

관점과 기준에 따라 다르기도 하고 같기도 하다. 그렇기 때문에 어느 지점을 기준으로 하느냐에 따라 〈남쪽은 끝이 있기도 하고, 없기도 하며(여섯 번째 명제)〉, 오늘의 기준점을 언제로 잡느냐에 따라 오늘 떠나도 어제 도착할 수 있다(일곱 번째 명제). 또 중심을 어디로 정하느냐에 따라 남쪽과 북쪽이 달라지며, 남쪽이든 북쪽이든 어디든 중심이 될 수 있다(아홉 번째 명제).

열 번째 명제에서 혜시는 결론 내린다. '범애만물汎愛萬物하라, 천지天地는 일체一體이다.' 사물에는 같은 면도 있고 다른 면도 있다. 바로 이 차이와 동일성은 만물이 상호 거래의 작용을 하면서 연관의 그물망처럼 유전할 수 있는 근거이기도 하다. 혜시는 동일성의 측면을 강조한다. 그래서 "만물을 널리 사랑해야 하며, 그 근거는 천지가 한 몸이기 때문"이라고 말할 수 있었다.

혜시의 이러한 견해는 일견一見 장자의 〈제일齊一〉과 유사해 보인다. 그러나 장자의 〈제물齊物〉과 혜시의 〈천지일체〉 사이에는 차이가 있다. 혜시와 장자는 외견상 모두 동同을 지향한다. 혜시는 〈범애만물〉이라는 자신의 주장을 정립하기 위해 〈천지일체〉를 근거로 삼는다. 그리고 그가 논증하는 방식은 상대론이다. 장자 역시 상대적 관점에서 논의를 전개하여 개별자 고유의 의미를 밝혀냄으로써 〈제물〉의 세계관을 제시한다. 그러나 이 둘이 사용한 상대적 방법에는 그 차이가 존재한다. 혜시가 사용하는 상대성은 논리적 차원인 반면, 장자가

---

292) 혜시의 10개의 명제와 유사한 구절이 『장자』의 여러 구절에서 산견되는데, 이 다섯 번째 명제와 유사한 구절은 『장자』의 「덕충부」에 나온다. "다르다는 점에서 보면 간과 쓸개도 초나라와 월나라처럼 멀리 떨어져 있다. 같다는 점에서 보면, 만물은 모두 하나이다. 自其異者視之, 肝膽楚越也, 自其同者視之, 萬物皆一也. 『장자집석』 190쪽.

지적하는 상대성은 세상 자체의 상대성이 아니라, 세상을 바라보는 우리 마음이 지어낸 상대성이라는 점에서 큰 차이가 난다.

혜시가 언어를 통한 논리적인 논증을 거쳐 만물이 일체라는 결론을 낸 반면, 장자는 언어에 의지하는 논변의 형식으로는 세계의 실상을 파악할 수 없다고 보기 때문에 주로 부정어법이나 역설을 통해 언어의 고정 형식을 해체한다. 장자에 따르면, 언어 개념은 세계의 실상을 정확하게 반영하지 못한다. 언어 개념은 고정하는 데 의미가 있지만, 그것이 대상으로 하는 세계는 언제나 변화하고 있기 때문이다. 어떤 대상을 언어로 표현하는 것은 그것을 다른 것으로부터 분리하여 구분함을 의미한다. 그러나 장자의 입장에 본 세계는 마음과 연관되어 생기生起하는 연속체이기 때문에 언어에 의한 분리는 곧 실상의 왜곡으로 이어진다.

게다가 유한한 인간의 지적 역량에 기초한 언어적 개념으로 무한한 세계를 담아낸다는 것은 원천적으로 불가능하며, 그것을 추구하는 것은 위태롭다고 장자는 본다. 장자는 「양생주」 편에서 '우리의 삶은 끝이 있지만, 우리가 알아야 할 것은 끝이 없으니, 그 제약적인 능력으로 무한한 것을 추구하는 것은 위태롭다'라고 말한다.[293] 오히려 장자는 논리를 포함한 인간의 지적 인식 일반이 가지는 폐쇄성과 한계, 그리고 부분성과 편파성을 드러내는 방식을 통해 '만물은 상대적으로 구별되지만, 탈근기의 〈무無〉라는 기반 위에서 서기 평능하다'라는 제물의 결론에 도달한다. 장자는 합일에 의한 동同보다는 연속성 속에서의 고유성에 더 주의를 기울이는 모습을 보여준다.

장자는 모든 개별자를 초월하여 그 개별자들을 포괄하는 통일적인 원리 차원의 도道나 주재자는 존재하지도 않고, 또 언어를 통해 드러낼 수도 없다고 본다. 혜시의 경우 범애만물과 친지일체를 논리적인 과정을 세우며 증명하려고 하긴 하지만 그것을 어떻게 경험하고 체득할 수 있는지에 대해서는 말하지

---

293) 「양생주」 115. 吾生也有涯, 而知也無涯. 以有涯隨無涯, 殆已, 已而爲知者, 殆而已矣.

않는다. 그런데 장자의 입장에서 보면, 이것은 말하지 않은 것이 아니라 말할 수 없는 것이다. 왜냐하면 그것은 논리를 통한 이해의 차원에서 가능한 것이 아니라 해체를 통해 체험되고 실천되는 차원의 것이라고 보기 때문이다. 그것은 지적인 이해, 언어적 이해의 구조를 해체함으로써만 역설적으로 얻을 수 있는 것이다. 논리적인 증명 작업은 무한소급으로 이어지는 악순환을 초래할 뿐이다.

장자에 따르면, 우리는 〈성심成心〉이라는 자기중심적인 인식의 틀 안에 갇혀 있다. 우리는 모두 자신의 주관에 의해 마련된 기준으로 세계를 구분하고 평가한다. 장자는 이러한 개별의 폐쇄적 시각에 의해 형성된 세계에 대한 구분이나 규정은 그 절대적 근거를 찾을 수 없다는 점을 들어서, 구별되지 않는 구별 속에서 자발적으로 거래하는 자연의 조화(天鈞)를 이루는 〈제물〉의 세상을 제시한다.

6장. 존재의 실상에 대한 참된 앎, 진인: 대종사

　대종사大宗師란 '가장 높은 스승'이라는 뜻이다.[294] 장자는 지인至人·진인眞人·신인神人·성인聖人 등을 내세워 이들이 어떤 존재인지를 말하는데, 이들은 실체로서 스승으로 삼을 만한 인물을 지칭하는 것이 아니다. 허심虛心으로 미러링(mirroring)하는 마음의 작용을 의인화한 것이리라. 곽상이 대종사에서 '종宗'으로 삼는 것이 한마디로 '무심無心'이라 한 것은 시사하는 바가 크다.[295]

　그런데, 유독 흥미로운 것은 진인이라는 칭위가 오직 이 「대종사」 편에만 등장한다는 사실이다. 또 단 두 편에서 사용된 또 다른 칭위로 신인이 있는데, 이 신인은 「소요유」 편과 「인간세」 편에서만 등장한다. 주로 신묘불측神妙不測한 신비적 묘사를 통한 은유로 등장한다.[296]

　가장 광범위하게 사용된 칭위는 성인인데, 소유 세계에 대한 대처의 문제를 논할 때 빈번하게 등장한다. 대체로 '그러므로 성인은 -하지 않는다, 혹은 -한다'의 경구에 많이 사용된다. 주로 해체를 권하는 논의에 등장한다. 아마도 인간의 역사 세계에서 가장 친숙한 칭위인 까닭인 것 같다.[297]

---

294) 「대종사」의 편명에 대한 해석은 대체로 이견이 없다. 오강남의 경우는 '위대하고 으뜸이 되는 스승'이라고 해석하고(앞의 책, 261쪽), 안동림은 '크게 중심으로 삼을 스승'이라고 해석한다(앞의 책, 173쪽).

295) 「대종사」 224. 곽상 註. 雖天地之大, 萬物之富, 其所宗而師者無心也.

296) 「소요유」 17. 至人無己 神人無功 聖人無名 28. 曰藐姑射之山, 有神人居焉 등 2번.
　　「인간세」 177 子綦曰 此果不材之木也, 以至於此其大也. 嗟乎神人, 以此不材에서 1번.

297) 성인聖人은 「제물론」에서 照之于天, 天鈞, 以明, 聖人存而不論, 구작자와 장오자의 문답, 聖人愚芚, 등 6번.
　　「인간세」에서 顔回와 공자의 문답과 광접여 이야기 등 2번.
　　「덕충부」에서 왕태 이야기와 인기지리무신 이야기 등 2번.
　　「대종사」에서 聖人之才, 聖人之用兵, 恒物之大情 등 3번.

그리고 지인은 전편에 걸쳐 다섯 번 등장하는데, 주로 개인적인 수양을 통해 도달해야 하는 마음 상태를 표현할 때 지인의 호칭이 사용된다. 지인의 지至가 '도달하다'의 의미가 있다는 점을 상기할 필요가 있다.[298]

진인은 진지眞知를 동반하는 존재를 설명하면서 등장한 것에서 시작되어, 「대종사」편에 네 번에 걸쳐 등장하는데 모두 존재의 실상에 대한 '참된 앎(眞知)'과 연관되어 등장한다. 대종사의 내용은 진인으로 의인화된 참된 앎에 관한 문제가 주종인데, 소위 인식론과 존재론에 관한 장자의 본격적인 논의가 전개된다. 「제물론」이 해체에 중심을 두고, 「양생주」와 「인간세」가 개별자의 삶 및 인간 역사 세계에 중심을 두며, 「덕충부」가 해체의 덕德(실용)에 중심을 두었다면, 대종사는 허심의 미러링과 존재의 실상에 중심을 둔다. 즉 깨달음의 문제가 중심적으로 논의된다.

「대종사」의 구성은 대략 네 부분으로 나누어 볼 수 있다. 첫째 부분은 진인과 진지에 대한 서술에서 시작하여 우리 인식의 한계와 참된 앎을 논한다. 그리고 진인의 덕으로 천인불상승天人不相勝을 든다. 두 번째 부분은 인력人力이 개입될 수 없는 자연 과정으로서의 명命을 논하면서 〈자상子桑 이야기〉를 통해 구체화한다. 그리고 도道의 실상과 도를 얻은 자들을 역사적 과정 속에서 논한다. 세 번째 부분은 '도의 전승'을 〈남백자규南伯子葵와 여우女偊의 이야기〉를 통해 논하며, "있는 그대로 얽힌 채 편안하게 수용하는 삶(攖寧)"을 제시한다. 네 번째 부분은 대종사라 칭할 만한 인물들에 대해 논한다. 이 부분은 여섯 가지의 우화로 구성된다. 1)자사子祀와 친구들, 2)자래子來의 병病, 3)자상호子桑戶와 친구들, 4)맹손재孟孫才의 치상治喪, 5)의이자意而子와 허유 이야기, 6)좌망坐忘 이

「응제왕」에서는 접여이야기, 노담이야기 등 2번 등장한다.

[298] 지인至人은 「제물론」에서 설결과 왕예의 이야기에 1번,
「인간세」에서 안회와 공자의 문답에 1번,
「덕충부」에서 숙산무지이야기, 애공이야기 등 2번,
「응제왕」에서 至人用心若鏡에 1번 등장한다.

야기가 그것이다. 이 우화들을 통해 장자는 마음과 세계의 연속적 유대를 회복하고 허심으로 살아가는 스승들을 보여준다.

1절: 인식(知)의 한계와 참된 앎, 진지

1. 인식(知)의 한계

장자는 우리에게 인간의 한계, 특히 지적 역량의 한계를 인정하는 겸허한 자세가 필요함을 말한다. 그리고 지식과 그 지식의 근거의 절대성을 일관되게 해체한다. 하지만 모든 지知를 부정하는 것은 아니다. 인간의 한계를 인정하는 통찰적인 지, 그리고 분별지를 해체하기 위한 방편으로서의 지는 제약적으로 인정한다.

> 하늘이 하는 일을 알고 사람이 하는 일을 아는 자는 지극하다고 할 수 있다. 하늘이 하는 일을 아는 자는 자연으로 산다(天而生). 사람이 하는 바를 아는 자는 머리로 아는 것을 가지고 머리로 알 수 없는 것을 보완한다(養). 하늘이 내린 수명을 다하기까지 중도에서 그만두지 않는다면 이는 지지성知之盛이다.[299]

자연이 하는 일, 즉 존재의 실상을 알고, 인간 소유 세계의 일을 아는 것은 최고의 앎이라 할 수 있다. 존재의 실상을 알고 사는 것은 자연으로 사는 것이고(天而生), 소유 세계의 일을 아는 자는 머리를 써서 알게 된 것을 가지고, 머리로 알 수 없는 것을 보완한다. 소유적인 경험지가 비록 한계가 있는 것이지만 그 한계를 알고 그 지식을 기반으로 알지 못하는 영역을 보완해나가는 것은

---

[299] 「대종사」 224. 知天之所爲, 知人之所爲者, 至矣. 知天之所爲者, 天而生也 ; 知人之所爲者, 以其知之所知以養其知之所不知, 終其天年而不中道夭者, 是知之盛也.

지의 훌륭함이라고 할 수 있다는 것이다.

그런데 여기서 장자는 지를 일정 영역에서 인정하고 활용하고자 하는 의도를 내보인다. 실상 우리 인식의 한계를 알고 그 절대성을 해체하는 작업, 즉 깨달음을 향한 길 역시 지적인 노력이 없이는 접근해갈 수 없다. 따라서 우리 인식의 한계를 아는 지성, 즉 반성적인 여과를 거친 통찰적 지성은 제약적으로 장자에게 허용된다. 장자가 부정하는 지는 시비나 진위를 가리는 '택일적 지'이며, 대상을 소유하고자 하는 대상화된 '장악掌握적 지'이다.

장자는 지에 대한 기본 태도를 정립한 후, 본격적으로 앎의 문제에 대해 논의한다.

> 비록 그렇다고 해도 아직 문제(患)가 있다. 일반적으로 지라는 것은 근거로 삼을 것이 있어야 그 정당성(當)을 가릴 수 있다. 그러나 그 근거라는 것이 특별히 고정되어 있지 않다. 그러니 내가 지금 '하늘'이라고 말한 것이 '사람'이 아니라는 것을 어떻게 아는가. 내가 지금 '사람'이라고 말한 것이 '하늘'이 아닌 것을 어떻게 알겠는가.[300]

이 논의는 두 가지의 해석이 가능하다. 하나는 지와 지가 매개하지 않으면 안 되는 언어의 한계를 제기한 것으로 해석하는 것이고, 다른 하나는 인간과 자연의 경계에 대해 논하는 것으로 해석하는 것이다. 후자는 곽상의 경청할 만한 해석에 의거한 것이다.

먼저 곽상의 해석부터 살펴보자. 곽상은 하늘(天)을 자연으로 본다. 곽상에 따르면, 우리의 삶에 한계가 있는 것은 자연이다. 예컨대 지적 역량의 한계, 육체적 한계, 생명의 한계 등등은 인간의 의도에 의한 인위의 한계가 아니라 자연의 한계이다. 그런데 그러한 한계를 수용하지 않고 소유적 욕망에 따라

---

300) 「대종사」 225. 雖然, 有患. 夫知有所待而後當, 其所待者特未定也. 庸詎知吾所謂天之非人乎. 所謂人之非天乎.

더하려 하는 것, 즉 〈익생益生〉은 인위이다. 자연을 수용하지 않고, 그 자연에 변화를 가해 우리의 의도에 맞추려 하는 것이기 때문이다. 그러나 엄밀히 따져 본다면, 그것이 인위라고 말하는 것 역시 우리 인간의 말일 뿐이다. 모든 물物 은 자연 아닌 것이 없고, 인간 역시 그 물의 하나이다. 그러므로 천도 자연이고, 인 역시 자연이다. 인간 역사 및 사회의 평화와 혼란, 일의 성공과 실패, 만남과 만나지 못함 등도 (크게 보면) 인위가 아니라 모두 자연이라는 것이 곽상의 해석이다.[301]

　곽상의 이 해석은 한편으로 타당하고 설득력이 있다. 마음과 연관되어 생기 生起하는 세계에서 인위와 자연이 하나로 연속되어 있다는 것은 당연한 귀결이 다. 곽상의 입장은 마음과 세계의 연속성 속에서 전개되는 절대 긍정의 제물의 세계를 펼쳐 보이는 것으로 해석할 수 있다. 그러나 절대 긍정의 세계는 허심에 서 마음과 세계의 연속성의 회복이 전제되지 않는다면 열리기 어려운 세계이 다. 즉 깨달음을 얻은 눈을 전제로 한다. 곽상의 이런 입장은 장자의 천과 인, 즉 자연과 인간의 대립이, 이분법적 대립이 해소되고 그 연속적인 실상이 드러 나는 최종 단계에서의 해석이자 판단이라고 생각된다. 그런 까닭에 한편으로 는 설득력이 있지만 다른 한편으로는 다소 비약이 있다고 볼 수 있다. 여기서 전개되고 있는 논의는 인간의 인식능력의 한계와 참된 앎에 대한 궁구 과정에 있으므로 최종적 결론에 해당하는 입장에서 그 논의를 예단하는 것은 논리적 으로 적절치 않기 때문이다. 다시, 첫 번째 해석의 입장으로 돌아가자.

　장자의 말에 따르면, 우리가 알려고 해도 그 앎의 대상이 되는 것이 고정되 어 있지 않다. 그 대상이 고정되어 보인다 해도 그 대상의 근거가 되는 것이

---

301) 「대종사」 곽상 註, 226. 我生有涯, 天也. 心欲益之, 人也. 然此人之所謂耳, 物無非〔天也〕. 天也 者, 自然者也. 人皆自然, 則治亂成敗. 遇與不遇, 非人爲也, 皆自然耳. 해석은 이렇다. 우리의 生에 한계가 있는 것은 자연이다. 그런데, 우리가 그 한계에 더하려는 것(益之)은 人爲이 다. 그러나 이것 역시 인간이 말하는 것일 뿐이다. 物은 자연이 아닌 것이 없다. 하늘은 자연이고, 사람 역시 모두 자연이니, 治亂과 成敗, 만남과 만나지 않음도 人爲가 아니라 모두 자연일 뿐이다.

고정되어 있지 않다. 그리고 '이것'이라고 알아도 그것이 '이것'인지를 담보해 줄 근거를 발견할 수 없다. 기준에 따라 '이것'의 지시성이 달라지기 때문이다. 또 하늘을 가리키며 '하늘'이라고 말해도, '하늘'이라고 말한 것이 진정 '하늘' 인지를 확정할 수 없다. 다시 말해 '하늘'이라는 말과 '하늘' 그 자체는 필연적 인 관계가 없으며, 그 실체성을 드러내는 것도 아니다. 즉 '하늘'이라는 말이 '하늘' 그 자체는 아니다. '뜨겁다'라는 말이 '뜨거움' 자체가 아닌 것처럼, 아무 리 '하늘'이라는 언어(名)로 '하늘'을 지칭한다 해도, 그것이 '하늘' 아닌 다른 것이 아님을 증명해주진 못한다. '하늘'이 '하늘'이라고 말할 수 있는 절대적 근거는 없다. 다만 우리의 사회적인 약속일뿐이다. 이것이 우리가 매일 사용하 는 지知의 한계이다. 이 문제, 즉 인식(知)의 한계를 넘어서는 길은 없는가. 장자 는 진인의 진지를 제안한다.

2. 진인의 참된 앎, 진지

장자는 앞서 최고(至)의 앎은 하늘이 하는 일을 알고, 인간이 하는 일을 아는 것, 즉 존재의 실상을 알고 인간 소유 세계의 한계를 아는 것이라고 말한 바 있다. 장자는 그 앎을 이룬 자를 진인으로 의인화하고, 그에 대해 설명한다.

진인이 있은 연후에 진지가 가능하다. 진인이란 무엇인가. 진인은 아무리 사소한 것(寡)이라 해도 거역하지 않고 무엇을 이루었다 해도 내세우지 않으며 일을 꾸미 지 않는다. 그런 자는 허물이 있어도 뉘우치지 않으며, 마땅하게 했다고 해도 자득自 得하지 않는다. 이런 자는 높은 데에 올라가도 떨지 않으며, 물에 들어가도 젖지 않고, 불에 들어가도 뜨거워지지 않는다. 그 앎이 이와 같이 도道에 이르렀기 때문 이다.[302]

---

[302] 「대종사」 226. 且有眞人而後有眞知. 何謂眞人. 古之眞人, 不逆寡, 不雄成, 不謨士. 若然者, 過而 弗悔, 當而不自得也. 若然者, 登高不慄, 入水不濡, 入火不熱. 是知之能登假於道者也若此.

'진인이 있은 연후에 진지가 가능하다'는 구절에서 눈여겨보아야 할 것은 〈지〉가 먼저가 아니라 〈인〉이 먼저라는 진술이다. 진지를 이룰 수 있는 선결 조건은 먼저 진인이 되는 것이다. 이것은 무슨 의미인가. 이것은 진지 자체가 실체가 아님을 전제로 한다. '무엇에 대해 안다는 것'은 이미 그 무엇을 대상화 하였기 때문에 엄밀한 의미에서는 대상화할 수 없는 연속적 세계를 이탈한 것이다. 그렇기 때문에 '아는 것(知)'과 '모르는 것(無知)'은 모두 '아는 것'에 속한다. 왜냐하면 이미 사태나 사물을 대상적으로 바라보는 시각 속에서 '지' 와 '무지'가 가능하기 때문이다. '안다는 것'은 '안다'고 아는 것(知)이고, '모른 다는 것(無知 혹은 不知)'은 무언가에 대해 '모른다'는 것을 아는 것(知)이다. 즉 '알고 모르는 것'은 모두 아는 것(知)에 속하는 것이고, 이와 같이 '아는 것(知)' 은 제약적으로만 허용될 수 있을 뿐 진지가 아니다. 진지는 '지(안다고 아는 것)'와 '무지(모른다고 아는 것)'을 모두 넘어선 자리에서 현현한다. 대상화가 소멸된 자리에서만 드러난다는 것이다.

연속된 자아와 세계는 서로를 대상화할 수 없다. 그래서 〈진지〉라는 것은 그 자체로 독립된 실체가 아니다. 연속성을 회복한 허심에 비치는 존재의 실상 을 깨닫는 것, 그것이 〈진지〉인 것이다. 다시 말해, 〈진지〉의 필요충분조건은 바로 허심의 미러링이다. 허심은 허공을 닮은 마음이기 때문에 거울에 비유된 다. 거울은 비어 있기 때문에 만물을 있는 그대로 비추며, 대상을 지배하려는 욕구 없이 대상과 서로 거래한다. 비추는 것 자체도 거래이다. 거래하면서 관계 를 맺는다. 그러나 그 관계에 집착하거나 그 관계를 지배하려 하지 않는다. 타자를 온전하게 존재하게 하는 존재론적 비춤이다.

장자는 위 구절에서 진인의 미러링을 여러 가지 메타포를 사용하여 구체적 으로 설명한다. 진인의 마음은 아무리 사소한 것이라 해도 차별 없이 수용한다. 멋진 것을 비추었다고 자랑하지 않으며, 다가오는 사물을 어떻게 비출지 미리 계산하여 꾸미지 않는다. 잘못 비추었다고 뉘우치지 않으며, 잘 비추었다고 흡족해 하지도 않는다. 높은 산을 비추었다고 두려워하지 않으며, 물을 비추었다고 젖지 않고, 불을 비추었다고 해서 뜨거워지지 않는다.

물론 물과 불은 메타포이다. 장자의 글을 읽을 때 항시 유념해야 할 것은 언어를 액면 그 자체로 받아들여서는 안 된다는 것이다. 늘 이면에 담긴 상징적 의미와 함축된 의미를 찾아내면서 그 의미의 폭을 넓혀야 한다. 경험적인 지의 차원에서 볼 때, 물에 닿으면 젖고, 불에 닿으면 뜨겁다는 것은 당연하다. 그런데 그런 당연한 사실을 부정하는 진인에 대한 묘사는 진인이 인간의 감각을 상실했음을 의미하는 것도 아니고, 상상을 초월하는 도술道術에 능통함을 의미하는 것도 아닐 것이다. 진인은 세계와 자아가 연속되었음을 아는 자이고, 실상 연속된 자이다. 물을 만나면 물과 연속되어 하나가 되고, 불을 만나면 불과 만나 하나로 연속된다. 이미 물이 되었고, 불이 되었는데 어디에 젖고 무엇을 뜨거워하겠는가. 이 말은 메타포이다. 세계와 연속된 마음의 실상을 드러내기 위한 것이다.

진인은 허물이 있어도, 공功이 있어도, 물에 젖어도, 불을 만나도, 위험한 일을 당해도, 그것이 모두 연관 속에서 일어난 것임을 안다. 즉 실체가 아님을 안다. 생사와 안위가 하나임을 아는 자이다. 허물을 지어도 그것이 자아의 주장에 의한 것이 아니라 무기無己의 〈부득이〉이므로 뉘우칠 것이 없고, 마찬가지로 공을 세웠다고 해도 자랑할 것이 없다.

진인의 진지가 이와 같은 공능을 발휘할 수 있는 것은 그의 앎이 도道에 이르렀기 때문이라고 장자는 말한다. 미러링하는 마음에 비친 자아와 세계의 관계는 명사적 실체로서의 두 존재자가 거래하는 것이 아니라 자동사적 존재로서 관계하면서 거래하는 것이다. 장자의 도道는 고정된 존재자적 실체가 아니라 연관 속에서 거래하는 존재의 실상 그 자체를 의미한다.303)

---

303) '명사적 존재와 자동사적 존재'의 개념은 김형효의 논문 「소유론적 욕망에서 존재론적 욕망으로」을 참조하였다. 이 논문에서 김형효는 욕망을 소유론적 욕망과 존재론적 욕망으로 나누어 전자는 세계를 명사적 실체로 파악하여 장악 지배하려는 욕망이고, 후자는 세계를 차연의 관계망으로 보고 서로 자동사적으로 변화 속에서 거래하는 관계로 파악한다.

3. 진인의 덕: 천인불상승

장자의 진인은 허심 속에서 탁월한 평정심을 가진 존재이다. 존재의 실상을 알고, 자연의 변화를 있는 그대로 수용하기 때문이다. 장자는 본격적으로 진인에 대해 설명한다. 진인은 미러링하는 마음을 가진 자이다.

> 옛날의 진인은 열생오사悅生惡死할 줄을 몰랐다. 태어남을 기뻐하지 않았고, 다시 돌아감을 거역하지 않았다. 무심히 가고 무심히 올 뿐이다. 그 비롯된 곳(無)을 잊지 않으며, 죽어서 어디로 가는지(終)를 구하지 않았다. 마주하는 대로 기쁘게 받아들이고, (물이 떠나면) 잊고 (본래 거울 같은 마음으로) 돌아간다. 이를 일러 마음으로 도를 훼손하지 않고, 인위로 자연을 조장하지 않는다 한다. 이를 일러 진인이라 한다.304)

진인은 태어남과 죽음을 자연스러운 유기체의 존재 과정으로 본다. 태어남은 생성이요, 죽음은 소멸이다. 모두 자연이다. 거기에 〈익생〉의 욕망이나 소유적 가치, 혹은 호오를 개입시켜 번뇌의 싹을 키우지 않는다. 거울 같은 마음은 사사로움이 없다. 무심히 가고, 무심히 올 뿐이다. 그러나 항시 자신의 존재가 실체 없는 무라는 바탕에서 비롯되었음을 잊지 않고, 죽어서 어디로 가는지 구하지 않는다. 마주하는 사태에 최대한의 수용력을 발휘하여 그것을 받아들이고, 그 사태가 종식되면 그것을 잊고 다시 거울 같은 마음으로 돌아온다. 존재의 변화하는 연속적 실상을 이탈하지 않으며, 〈익생〉하고자 하는 소유적 욕망으로 마음을 동요시키지 않는다. 이런 마음을 가진 자를 장자는 〈진인〉이라고 한다.

---

304) 「대종사」 229. 古之眞人, 不知說生, 不知惡死, 其出不訢, 其入不距 ; 翛然而往, 翛然而來而已矣. 不忘其所始, 不求其所終 ; 受而喜之, 忘而復之, 是之謂不以心損道, 不以人助天. 是之謂眞人.

이런 자는 그 마음이 편안하고, 그 용모는 고요하며, 그 이마는 높고 아름답다. 서늘하기가 가을과 같으며, 따뜻하기가 봄과 같다. 희로喜怒가 사계절에 통하고, 사물과 더불어 마땅한 조화를 이루니, 그 끝을 알 수 없다.305)

소유적 욕망에 매이지 않아서 텅 비어 자유로운 진인의 마음은 언제나 편안하고 고요하다. 집착하는 마음이 없으니 그 마음이 가을처럼 서늘하고, 만물과 연속되어 하나를 이루니 그 마음이 봄처럼 따뜻하다. 희로의 감정이 사계절처럼 자연의 순환처럼 때에 맞춰 오고 가고, 무심히 세계와 거래하면서 조화를 이루고 있어서 그 경계의 끝을 알 수 없다.

그러므로 성인이 용병用兵하여 나라를 망하게 하여도 인심을 잃지 않고, 만세에 이택利澤을 베풀어도 사람들을 특별히 사랑한 것이 아니다. 즐거움을 위해 물物과 소통하는 것은 성인이 아니요, 친한 자와 친한 것은 인仁이 아니다. 하늘의 때를 점치는 것은 현인이 아니요, 이해利害가 불통하는 것은 군자가 아니다. 이름을 위하여 행동하며 자기를 잃는 것은 선비가 아니며, 몸을 망치고 참되지 않은 것은 남을 부리는 자가 아니다. 호불해狐不偕와 무광務光, 백이伯夷, 숙제叔齊, 기자箕子, 서여胥餘, 기타紀他, 신도적申徒狄 등은 남이 부리는 일에 부려진 것이다. 남이 가고자 하는 곳에 간 것이지, 스스로 가고자 하는 길을 간 것이 아니다.306)

그러므로 소유적 욕망을 갖지 않는 성인은 병사를 일으켜 나라를 잃어도

---

305) 「대종사」 230-231. 若然者, 其心志, 其容寂, 其顙頯 ; 淒然似秋, 煖然似春, 喜怒通四時, 與物有宜而莫知其極. '가을처럼 서늘하다(淒然似秋)'는 구절에 대해 앵거스 그레이엄은 그의 책(85쪽)에서 'They cool like autumn'이라고 번역한다. '서늘하다'라는 것은 세계에 대한 태도가 소위 '쿨'하다는 것인데, 흥미로운 해석이다. 이 작업에서의 입장에 매우 가깝다.

306) 「대종사」 232. 故聖人之用兵也, 亡國而不失人心. 利澤施乎萬世, 不爲愛人. 故樂通物, 非聖人也. 有親, 非仁也. 天時, 非賢也. 利害不通, 非君子也 ; 行名失己, 非士也 ; 亡身不眞, 非役人也. 若狐不偕, 務光, 伯夷, 叔齊, 箕子, 胥餘, 紀他, 申徒狄, 是役人之役, 適人之適, 而不自適其適者也.

인심을 잃지 않으며, 반대로 만세에 이익과 혜택을 베풀어도 특별히 사랑한 것이 아니다. 예컨대, 성인이라고 추앙되는 요임금과 우임금은 총지(叢支)와 유호(有扈)를 멸망시켰고, 탕임금은 하나라를, 주의 무는 은나라를 멸망시켰지만 그 백성들은 오히려 기뻐하였으니, 인심을 잃지 않았다.[307]

그리고 성인은 만세에 이익과 혜택을 베풀어도 특별히 사랑하는 마음, 즉 편애의 마음을 품었기 때문에 베푸는 것이 아니다. 성인의 마음은 태양과 같다. 사심 없이 만물을 골고루 비추지만 어떤 특정한 존재만을 각별하게 사랑하여 비추지 않는다.

사물이나 사태가 자기 뜻대로 되기를 바라는 자는 성인이 아니고, 특별히 친한 것을 두는 것은 참된 인仁이 아니다. 지인至仁은 무인無仁이다. 존재의 실상을 있는 그대로 수용하지 않고 하늘의 때를 계산하는 것은 현인이 아니며, 이해를 하나로 보지 못하는 것(不通)은 군자가 아니다. 시비와 선악, 그리고 궁통窮通과 영욕榮辱을 이분법적으로 나누어 간택하는 마음을 갖지 않는다.

명성을 위해 행동하느라 자기를 잃는 것은 선비가 아니다. 자기 몸을 망치면서도 참되지 못한 자는 남을 부리지 못한다. 그래서 장자는 명예를 위해 행동하다가 자기의 몸을 망친 자들을 열거한다. 장자에 따르면 호불해狐不偕·무광務光·백이伯夷·숙제叔齊·기자箕子·서여胥餘·기타紀他·신도적申徒狄 같은 이들은 부리는 자들에게 부림을 받고, 즐기는 자들의 즐거움이 되었지만, 스스로 자기 즐거움을 즐기지 못한 자들이다.[308]

---

307) 「대종사」 232. 성현영의 疏에 이에 대한 자세한 例가 제시되어 있다. 이를 참조하여 예시한 것이다. 堯攻叢支, 禹攻有扈, 成湯滅夏, 周武伐殷, 並上合天時, 下符人事, 所以興動干戈, 弔民問罪, 雖復殄亡邦國, 而不失百姓歡心故也. 요가 叢支를 공격하고, 禹가 有扈를 공격하고, 湯이 하를 멸망시키고, 주나라 武가 殷을 정벌한 것은 모두 위로 天時에 합하고 아래로 人事에 부합한 것이다. 이런 까닭에 병사를 일으켜 백성을 위로하고 죄를 물었다. 비록 다시 나라를 망하게 하였지만 백성들이 마음의 기쁨을 잃지 않았기 때문이다.

308) 앵거스 그레이엄은 앞의 책(85쪽)에서 이 문단에 대한 번역을 생략해 버렸다. 그리고 해당 구절에 대한 주해에서 대략 '계속 眞人에 대해 논하다가 갑자기 聖人에 대해 논하는

성현영의 소疏에 따르면 호불해는 요임금 시대의 현인인데, 요가 제위를 양위하려고 하자 황하黄河에 몸을 던져 죽었다. 무광은 하나라 시대의 현인인데, 탕이 제위를 양위하려고 하자 여수廬水에 돌을 지고 빠져 죽었다. 백이와 숙제는 고죽군孤竹君의 아들로 왕위를 서로 양보하였고, 주 무왕의 정벌을 말리다가 그가 듣지 않자 수양산首陽山에 가서 굶어 죽었다. 기자는 은나라의 마지막 왕인 주대紂代의 현인인데, 왕에게 간언하다가 죽임을 당했다. 서여는 초나라 대부의 아들 오자서伍子胥로 오왕 부차에게 간언하다 눈을 뽑혀 죽임을 당했다. 기타는 탕임금 때의 일인逸人으로 탕이 무광에게 양위하려 했다는 말을 듣고 자기에게 양위할까 두려워 제자와 함께 관수窾水에 몸을 던져 죽었다. 신도적은 바로 이 기타의 소식을 듣고 황하에 빠져 죽었다.[309]

장자가 열거한 이 사람들은 유가에서 모두 현인으로 추앙되는 인물들이지만[310], 마주한 상황을 교정하고 자신의 행실을 특별하게 하여 그 뜻의 고결함

것이 맞지 않으므로 이는 후대에 삽입된 것일 가능성이 큰 불확실한 전거라고 보고 의문을 제기한다'라는 의견을 피력하고 있다. 하지만 후대에 삽입된 것이든 아니든 이들을 거론한 것이 여기서 중심적으로 논하고 있는 眞人에 대한 묘사를 더욱 선명히 하고자 하는 장자의 의도가 없었다고 단정할 근거는 없다. 이 책에서는 장자의 그런 의도가 있었을 가능성에 무게를 두었다.

309) 「대종사」 233-234. 성현영 疏. 姓狐, 字不偕, 古之賢人, 又云, 堯時賢人, 不受堯讓, 投河而死. 務光, 黃帝時人, 身長七尺. 又云：夏時人, 餌藥養性, 好鼓琴, 湯讓天下不受, 自負石沈於廬水. 伯夷叔齊, 遼西孤竹君之二子, 神農之裔, 姓姜氏. 父死, 兄弟相讓, 不肯嗣位, 聞西伯有道, 試往觀焉. 逢文王崩, 武王伐紂, 夷齊扣馬而諫, 武王不從, 遂隱於河東首陽山, 不食其粟, 卒餓而死. 箕子, 殷紂賢臣, 諫紂不從, 遂遭奴戮. 胥餘者, 箕子名也. 又解：是楚大夫伍奢之子, 名員, 字子胥, 吳王夫差之臣, 忠諫不從, 抉眼而死, 屍沈於江. 紀他者, 姓紀, 名他, 湯時逸人也；聞湯讓務光, 恐及乎己, 遂將弟子陷於窾水而死. 申徒狄聞之, 因以蹈河.

310) 특히 백이伯夷·숙제叔齊는 사마천이 『사기史記』에서 극찬한 인물이다. 백이숙제 열전은 『사기史記』 70 열전의 첫째 편인데, 사마천은 여기서 "백이숙제는 착하고 어진 義人인데도 수양산에서 굶어 죽은 일을 개탄하여 하늘(天)이란 있는 것인가 없는 것인가?" 하며 절규하였다. 조선 시대 선비 김득신은 이 〈백이숙제 열전〉을 1억 1,300번 외웠고, 집안의 종들까지 외우게 했다는 것으로 유명하다. 그런 인물이 장자에게 남에게 부림을 받거나, 혹은 이름을 위해 행동하느라 자기를 잃은 인물로 등장하는 것이 흥미롭다. 『사기열전』

을 드러내고 이름을 세운 자들이다. 자발적으로 굶어죽고, 빠져 죽고, 명을 재촉하여 요절했지만 그 이름은 후세에 기림을 받아 사적史籍에 전한다. 그러나 장자의 입장에서 볼 때 이들은 남에게 부림을 당한 자들이고, 남의 즐거움을 위해 그 이름이 회자되는 자들일 뿐이다. 스스로의 실상에 맞게 자적自適한 것이 아니다.

장자는 인간세에 거居하는 진인의 일상의 모습을 총괄하여 이렇게 제시한다. 진인의 허심은 거울과 같아서, 빛을 만나면 밝게 비추고 티끌을 만나면 어둡게 비춘다. 하지만 거울(마음) 자체가 밝아지거나 어두워지지 않는다. 예컨대 가방 속의 손거울이 컴컴함을 비추고 있다 해서 거울 자체가 어두워지지 않는 것과 같다. 진인은 인간세에 거하지만 세속적인 것을 추구하지도 않고, 그것을 무시하지도 않는다. 소유 세계를 살면서 소유 세계를 벗어나 있기 때문에 빛을 만나면 빛이 되고, 먼지와 만나면 먼지가 되는 화광동진和光同塵의 모습을 띤다.

> 옛 진인은 그 형상이 의로우나 무리 짓지 않고, 마치 부족한 듯하지만 (남을) 좇지 않는다. 홀로 노닐지만 완고하지 않으며, 그 허에서 마음을 펴지만 부화浮華하지 않다. 즐거워하는 모양이 기쁜 듯하고, 서두르는 모양이 부득이한 듯하다. 덕이 모여 '나'의 얼굴색을 더욱 빛나게 돕는 듯하고, 함께하기를 나의 넉에서 머문다. 고민하는 모습은 세상 사람들과 비슷한 듯하고, 자유롭기가 제재되지 않은 듯하다. (덕이) 이어져 마치 문이 닫힌 듯하고, 무심히 말을 잊은 듯하다. 드러난 것, 형刑으로 체體를 삼고, 예禮를 날개로 삼으며, 지知는 때에 알맞게 하고, 덕德으로 따른다. 형刑으로 체를 삼는 것은 그 죽이는 것에서 너그럽게 하고, 예로 날개를 삼는 것은 세상에서 행行의 소이所以가 된다. 지를 때에 알맞게 쓰는 것은 일에 부득이하게 하는 것이며, 덕으로 따르는 것은 그 유족자有足者와 더불어 구丘에 이른 것을 말하

사마천. 김원중 역. 을유문화사. 2003. 서문 및 31-36쪽 참조.

는 것이다. 사람들은 진인이 근행勤行한다고 여긴다. 그러므로 그 좋아하는 것도 일一(하나의 입장)이요, 좋아하지 않는 것도 일一(하나의 입장)이다. 그 하나(一)도 하나의 입장(一)이지만 그 하나가 아닌 것(不一)도 하나의 입장(一)이다. 그 하나의 입장(一)으로 天과 무리가 되지만, 그 하나가 아닌 입장(不一)으로 사람과 무리가 된다. 천과 인은 서로 이기려 하지 않으니 이를 일러 진인이라 한다.311)

진인은, 그 형상은 의로우나 무리를 짓지 않는다. 『논어』의 '군자는 더불어 살지만 편당偏黨을 짓지 않는다'는 구절을 연상시키는 말이다.312) 사태가 요구하는 마땅한 바를 실천하지만 사사로이 이념적 동질성이나 이해의 공통성에 기초하여 무리를 짓지 않는다. 〈무기無己〉로 살기 때문이다.

그리고 무언가 부족한 듯하지만 무엇을 받들지 않고, 홀로 노닐지만 완고하게 자기 것을 고집하지 않으며, 허虛에서 마음을 펴지만 부화浮華하지 않다. 다시 말해, 허심으로 임하기 때문에 야심에 빛나는 눈빛을 하지 않아 무언가 결여된 듯하지만, 추구해야 할 그 무엇이 실체로 존재하지 않는 실상임을 알기 때문에 그 어느 것도 받들지 않는다. 한가로이 세상의 변화를 타고 집착 없이 노닐지만 '나' 혹은 '나의 주장'을 내세우지 않기 때문에 화려한 말이나 행동으로 자신을 드러내는 일이 없다.

즐거운 일에는 즐거워하고, 부득이한 일에는 서두른다. 덕이 모여 얼굴빛이 환하고, 고요하게 자신의 덕과 함께 한다. 고민하는 모습은 세상 사람들과 비슷하지만 제약이 없는 듯 하고, 언제나 문을 닫고 있기를 좋아하는 것 같으며,

---

311) 「대종사」234-235. 古之眞人, 其狀義而不朋, 若不足而不承, 與乎其觚而不堅也, 張乎其虛而不華也 ; 邴邴乎其似喜乎. 崔乎其不得已乎. 滀乎進我色也, 與乎止我德也 ; 厲乎其似世乎. 警乎其未可制也 ; 連乎其似好閉也, 悗乎忘其言也. 以刑爲體, 以禮爲翼, 以知爲時, 以德爲循. 以刑爲體者, 綽乎其殺也 ; 以禮爲翼者, 所以行於世也 ; 以知爲時者, 不得已於事也 ; 以德爲循者, 言其與有足者至於丘也 ; 而人眞以爲勤行者也. 故其好之一也, 其弗好之一也. 其一也一, 其不一也一. 其一與天爲徒, 其不一與人爲徒. 天與人不相勝也, 是之謂眞人.

312) 「논어」 위령공. 君子 矜而不爭 群而不黨.

멍한 모습이 말을 잊은 듯하다.

드러난 모습을 자신의 몸으로 삼고, 예를 날개로 삼으며, 지는 때에 알맞게 하고, 덕으로 세상을 따른다. 드러난 모습을 몸으로 삼는 이유는 자연적으로 소멸해 가는 존재의 과정을 여유 있게 보는 것이고, 예를 날개로 삼는 이유는 예를 인간세에서 살아가는 필요한 장치로 여기기 때문이다. '지를 때에 맞게 하는 것'은 부득이에 따르는 것이며, '덕으로 일에 따르는 것'은 발을 가진 자와 더불어 언덕에 오르는 것이다.

그렇기 때문에 사람들은 진인이 열심히 노력한다(勤行)고 여긴다. 그러나 이는 그릇된 생각이다. 진인은 일삼는 것이 없다. 진인에게는 좋아하는 것도 하나의 입장(一)이요, 좋아하지 않는 것도 하나의 입장(一)이다. 그 하나(一)도 하나의 입장(一)이지만, 그 하나가 아닌 것(不一)도 하나의 입장(一)으로 인정한다.

그 하나 된 입장(一)은 천天과 무리가 되지만, 그 하나가 아닌 입장(不一)으로는 사람과 무리가 된다. 즉 일一은 하나이지만, 불일不一의 다양성 역시 하나(一)에서 평등하다. 하늘도 하나이지만, 천지 만물 역시 하나이다. 하나로 연속되어 있기 때문이다. 그 연속성으로는 하늘과 무리가 되고, 그 연속성 속에서의 개별자의 고유성으로는 사람과 하나가 된다. 진인은 소유 세계에 '초탈한 모습'으로 소유 세계에 참여한다.

천과 인은 서로를 이기려 하지 않으니(天人不相勝) 이를 일러 진인이라고 한다. 천과 인을 구분하고 그 어느 한쪽에 중심을 부여하는 것은 유위有爲이다. 택일적인 사유를 거부하는 장자에게 있어, 천과 인은 모두 자연으로 분리되지 않는 연속적 일자一者이다. 우리 몸에서 손이 발을 이기려 하지 않는 것처럼, 천과 인은 한 몸으로 연결되어 있기 때문에 서로를 이기려 하지도 않고, 이길 필요가 없다. 이러한 존재의 연속적 실상을 아는 자를 장자는 진인이라고 칭한다.

2절. 인력으로 어찌할 수 없는 존재 과정의 실상

장자는 세계라는 거대한 연속적 그물망 속에서 우리 인간은 그 그물을 좌지
우지할 수 있는 존재가 아니며, 다만 하나의 그물코에 불과하다고 본다. 이
전체의 장場 안에서 우리가 할 수 있는 일은 아주 제약적인 것이며, 그것 역시
의지에 따라 독립적으로 수행하여 성취하는 것이 아니라 연속성 속에서의 차
이에 근거하여 '거래'라는 연관에 의해 이루어진다. 우리는 우리의 의지에 따
라 우리의 실천을 통해 무언가를 우리의 뜻대로 한다고 생각하지만 실상은
그렇지 않다. 우리의 의지 역시 자연적 거래 과정의 한 요소에 지나지 않는다.
여기서 장자는 자연 과정 및 인력으로 도달할 수 없는 한계에 대해 논한다.

1. 인력이 개입될 수 없는 자연 과정, 명: 〈자상 이야기〉

우리의 삶에서 어찌할 수 없는 실상의 대표적인 것은 태어남과 죽음, 즉 생
사이다. 장자는 이를 명命이라 칭한다. 어찌할 수 없음, 거역할 수 없음의 의미
를 갖는 이 명은 거역할 수 없는 권위자의 명령이라는 의미로 확대되어 사용되
기도 한다. 이 명을 통해 장자는 인간의 한계를 논하고, 인과론을 부정한다.

> 태어나고 죽는 것은 명이다. 낮과 밤의 일정함은 자연이다. 사람이 어찌할 수 없는
> 바가 있으니 모두 물物의 실정이다. 저들은 다만 천을 아비로 삼고 몸으로 천을
> 사랑하는데, 하물며 그 탁월함에 있어서랴. 사람들은 다만 군주를 자기보다 낫다고
> 여겨 그를 위해 죽으니, 그 진眞에 있어서랴.313)

태어나고 죽는 것은 인간의 의지가 개입될 수 없는 것, 즉 명命이다. 낮과

---

313) 「대종사」 241. 死生, 命也, 其有夜旦之常, 天也. 人之有所不得與, 皆物之情也. 彼特以天爲父,
而身猶愛之, 而況其卓乎. 人特以有君爲愈乎己, 而身猶死之, 而況其眞乎.

밤의 일정함은 우주의 자연 과정이다. 사람이 어찌할 수 없는 것이 있으니 그것이 바로 존재 과정의 실상(物之情)이다.

자연에 낮과 밤이 교대하는 것의 일정함을 말한 것은 인간의 생사와 거래去來를 유비하기 위한 것이다. 이 두 가지의 공통점은 인간의 의지가 개입될 수 없는 부분이라는 점과 낮과 밤 혹은 생과 사를 동시적으로 보거나 누릴 수는 없지만 그것들은 별개로 분리할 수 없는 연속적 과정이라는 것이다.

의지를 개입시킬 수 없다는 것은 인력人力으로는 어찌할 수 없다는 것이다. 어찌할 수 없는 것, 이것이 자연의 실상이다. 그러면 그 자연의 실상은 무엇인가. 변화한다는 것, 그 변화는 막을 수도 없고 잡을 수도 없는 것이다. 그 변화의 결과가 우리의 마음에 부합하든 부합하지 않든 간에 그러하다. 생각해 보자. 우리가 죽음을 두려워하는 것, 즉 자연 과정을 거스르려는 것이 필요한 일이고, 유익한 일인가. 오히려 그 반대가 아닌가 하고 묻는 것이 장자의 문제의식이다. 장자에 따르면, 죽음을 두려워하는 우리 의식은 '불행과 고독과 비참함의 씨앗이 될 뿐'이다. 여기서 장자는 두 가지를 말하고 있다. 하나는 생사거래生死去來가 주야晝夜의 교대처럼 연속적인 자연적 과정이라는 점이고, 다른 하나는 이 과정이 인력으로는 어찌할 수 없다는 것이다.

사람들은 자연(天)을 아비로 여기고, 몸으로는 자연(天)을 아낀다. 하물며 그보다 더 탁월한 것에 있어서는 어느 정도이겠는가. 사람들은 군주를 자기보다 낫게 여겨 그 군주를 위해서 죽는다. 그렇다면 그 진에 있어서는 어느 정도이겠는가.

위의 인용 구절에 바로 이어지는 것은 〈물고기 이야기〉와 〈존재의 위대한 실상(恒物之大情)〉에 관한 이야기이다. 이 이야기들은 앞서 제1부에서 발췌하여 논했기 때문에 부연하는 것이 불필요할 듯하다. 이 두 이야기의 요체는 변화하는 연속성 속에서 노니는 것-즉 물고기가 물에서 자유로운 것처럼 우리 인간은 도에서 자유롭게 노닐어야 한다는 것-과 변화와 변화를 수용하는 삶의 즐거움-천하를 천하에 숨기는 것-이다. 즉 변화는 막을 수 없으며, 막을 수 없는 변화를 수용하지 못하는 것은 어리석음일 뿐이며, 이에 대한 가장 현실적인 대처는 그 변화를 그대로 수용하고 변화를 타는 것이라고 장자는 말한다. 다시 말해 변화를 수용하고 연속적 유대를 회복하는 것이다. 천하를 천하에 숨기는 것, 즉 스스로 변화하면서 전체의 변화를 타는 것이다. 변화를 수용하면서 그 변화를 새로움으로 맞이하는 것이다.

장자는 변화를 그대로 수용하는 인물, 즉 인력으로 어찌할 수 없는 사태를 명으로 수용하는 인물인 자상子桑이 등장하는 〈자상子桑의 명命 이야기〉를 전개한다. 이 이야기는 「대종사」의 마지막에 배치되었다. 이 우화는 〈좌망 이야기〉 바로 뒤에 이어지는데, 이것은 매우 흥미로운 부분이다. 모든 것을 잊고, '나'마저도 버리고 나서 부딪치는 삶의 현실적 고난은 어떻게 감당해야 하는가의 문제를 다룬다. 장자는 역시 그것을 명으로 받아들여야 한다고 말한다.

> 자여子輿와 자상子桑은 친구인데, 장맛비가 열흘 동안 내렸다. 자여 왈, 자상이 아마 병이 났겠구나. 하며 밥을 싸서 가서 먹이려 하였다. 자상의 집 문에 이르자 마치 노래하는 듯 곡하는 듯한 소리로 거문고를 뜯으며 왈, 아버지이신가. 어머니이신가. 하늘인가. 사람인가. 하였다. 그 소리는 노래를 감당하지 못하였고 그 시詩는 매우 촉급하였다.[314]

자여子輿와 자상子桑은 친구인데, 장맛비가 계속되자 자여는 자상이 병이 났을까 염려되어, 도시락을 만들어 찾아갔다. 자상의 집 앞에 가자, 노래인 듯 곡하는 듯한 소리로 자상이 거문고를 뜯으며 말한다. "아버지인가. 어머니인가. 하늘인가. 사람인가." 자상은 소리내기에도 힘에 겨운 듯하였고, 노랫소리도 촉급했다. 기운이 없고 노랫소리가 급한 것은 아마도 오랫동안 굶주린 탓일 것이다. 자여 역시 자상의 이런 형편을 알고 도시락을 준비했을 것이다. 그러나

---

[314] 「대종사」 285-286. 子興與子桑友, 而霖雨十日. 子興曰 子桑殆病矣. 裹飯而往食之. 至子桑之門, 則若歌若哭, 鼓琴曰 父邪. 母邪. 天乎. 人乎. 有不任其聲而趨擧其詩焉.

자여와 자상은 벗이다. 평범한 벗이 아니라 사생을 하나로 보고, 애락에 동요하지 않는 방외方外의 벗이다. 그런 벗의 노래에 원망하는 기색이 보이자 자여는 놀란다.

> 자여가 들어가 말하길, 자네의 노래가 어찌하여 이러한가.
> 자상이 답하기를, 나는 나로 하여금 이런 극한 상황에 오게 만든 것이 무엇인지에 대해 생각해 보았지만 알 수가 없었다네. 부모가 어찌 나를 가난하게 하고자 하겠는가. 하늘은 사사로이 덮는 것이 없고, 땅은 사사로이 싣는 것이 없지, 천지가 어찌 사사로이 나를 가난하게 하겠는가. 나를 이렇게 만든 자를 구하고자 하였으나 찾아내지 못하였다. 그러니 내가 이런 극한 상황에 놓이게 된 것은 명인 듯하네.[315]

자여가 들어가 그렇게 노래하는 까닭을 묻자, 자상이 말한다. 자신을 이렇게 가난하게 만든 것이 누구이겠는가. 어머니인가. 아버지인가. 하늘인가. 아무리 생각해도 그들은 자신의 가난을 바랄 이유가 없다. 그렇다면 무엇인가. 아무리 찾아도 알 수 없다. 그러니 명으로 받아들일 수밖에 없다.

자상은 '주재자主宰者 없음'을 말한다. 어떤 상황에서도 주재자는 없다. 즉 어떤 상황이라 해도 그 상황에 관련된 제반 관계의 힘에 따른 결과가 진행될 뿐, 그 결과에 대해 일대일一對一의 필연적인 인인자를 찾을 수 없다는 것이나. 장자는 이를 명이라고 표현하는데, 이 명은 인과론을 부정한다.

인과론의 부정은 우연성의 수용을 수반한다. 인과론은 어떤 사건을 분절하여 그 규칙성을 안정화하면서, 원인에 따른 결과의 예측이라는 방식으로 그 사건이 계속 전개될 방식을 예상하게 된다. 하지만 사건 자체의 불확정적인 측면은 어떤 개념의 필연성 혹은 절대적 예측 가능성을 배제한다. 우연성과 불확실성을 기본 패턴으로 보는 사유는 어떤 보편적인 주장의 가능성도 배제

---

315)「대종사」268. 子輿入曰 子之歌詩, 何故若是. 曰 吾思夫使我至此極者而弗得也. 父母豈欲吾貧哉. 天無私覆, 地無私載, 天地豈私貧我哉. 求其爲之者而不得也. 然而至此極者, 命也夫.

하며, 어떤 일반화이건 위험한 것으로 본다. 논리학의 근본 법칙을 보장하는 동일성의 개념은 작용하지 않는다. "A=A"라는 명제는 실제 세계에서 검증되지 않는다. 이 세계의 어떤 것도 자기 동일성을 유지하지 않기 때문이다. 우리가 의지할 수 있는 것은 확률적인 변수에 의거한 우연성일 뿐이다. 장자는 이 우연성의 수용을 명을 받아들이는 허심으로 설명한다.

2. 도의 실상과 도를 얻은 자들

명을 논한 다음, 장자가 도道에 대해 논한다. 그는 자연의 실상(道)은 구체적인 사태(有情)이고, 우리가 확인할 수 있는 표지가 있지만(有信), 선택적으로 작위 하지 않으며(無爲) 형체를 잡을 수가 없다(無形)고 말한다.

> 대저 도란 유정有情 유신有信하지만 무위無爲 무형無形하여 가히 전할 수는 있으나 받을 수는 없고, 터득할 수는 있지만 볼 수는 없다. 스스로 본本이 되고, 스스로 근根이 되니, 천지天地가 있기 이전에 자고自古로 존재했다.316)

장자는 말한다. 도는 〈유정〉하고 〈유신〉하다. 〈정〉이란 표정이니 구체적 사물, 상황, 사태를 의미한다.317) 그러므로 〈유정〉은 '구체적 사태'로 해석될 수 있다. 앞서 '지인은 무정한가'라는 장자와 혜시의 논변에서 사용된 '정'의 의미와는 사뭇 다르다. 장자는 이렇게 '정'이라는 말을 서로 다른 의미로 사용하고 있으면서도 그에 대해 일언반구의 해명도 설명도 없다. 〈신信〉은 기호 혹은 부

---

316) 「대종사」 246-247. 夫道, 有情有信, 無爲無形, 可傳而不可受, 可得而不可見, 自本自根, 未有天地, 自古以固存.

317) 안동림은 앞의 책(191쪽) 情을 實情으로 해석한다. 즉 '겉으로 드러난 작용'이라는 것이다. 여기서는 같은 맥락에서 實情을 실제의 사정, 즉 구체적 사태를 의미하는 것으로 해석한다.

호로 '전달되는 내용을 갖는 어떤 것'이다[318]. 즉 도道는 물物을 떠나서 있는 것이 아니기 때문에(道卽物) 구체적인 물 속에서 도는 자기를 현시한다. 기호란 독립적인 실체성 없이 물에 대한 지시성만을 갖는다. 즉 도가 〈유신〉하긴 하지만 그것은 실체를 말하는 것이 아니라 만물이 묘하게 연관 속에서 계합契合하여 상호 거래함을 지시한다. 결국 물이란 관계 속에서의 도를 가리키는 표정이자 지시이다.

도는 〈무위〉이고 〈무형〉이다. 유위하지 않는다. 실상이 왜곡되어 이분법적으로 나누어지지 않고, 택일적으로 서열 매겨지지 않는다. 그리고 도는 그 형체를 잡을 수 없다. 고정된 모습을 찾아볼 수 없기 때문이다. 언제나 변화 그 자체일 뿐이다.

도는 전傳할 수는 있지만 받을 수는 없으며, 터득할 수 있지만 볼 수는 없다. 스스로 본本이 되고, 스스로 근根이 된다. 즉, 존재 과정의 실상은 마음으로 전할 수 있지만 실체가 아니어서 받아 소유할 수 없다. 마음으로 깨달을 수는 있으나 형색形色을 고정시켜 눈으로 볼 수는 없다. 주재자 없이 스스로 생성하고 소멸하는 과정으로 존재하지만, 각기의 고유성에 근거하여 거래하기 때문에 스스로 본이 되고, 스스로 근이 된다. 각 개별자는 그 어느 것으로도 대체할 수 없고, 환원될 수 없는 소중한 존재 이유를 갖는다.

도는 천지가 생겨나기 전부터 자고로 있어 왔다. 우리가 천지라는 개념을 세워 하늘과 땅을 구분하고, 그에 대한 관념을 세우기 이전부터 자연의 생성 과정과 생명 과정은 계속되어 왔다. 그리고 이어서 그 자연 과정은 〈천인〉을 모두 포괄하며 진행됨을 이렇게 말한다.

---

318) 오강남은 앞의 책(280쪽)에서 '信'을 믿을 만한 증거, 心證과 비슷한 것으로 해석하고, 안동림은 앞의 책(191쪽)에서 '信'을 참된 증거, 즉 도가 진리를 내포한다는 의미로 해석하고 있다. 이 작업에서는 표현은 다르지만 두 가지 모두 유사한 의미를 지니고 있다고 보기 때문에, 즉 道卽物의 관점에서 道의 현시성으로 보기 때문에 두 가지 견해를 모두 수용한다.

천지보다 먼저 생生하였지만 오래되었다고 하지 않고, 상고上古보다 오래되었지만 늙었다고 하지 않는다. 희위狶韋씨가 이를 얻어 천지를 이끌었고, 복희伏戱씨가 이를 얻어 기모氣母를 계승하였다. 북두성이 이를 얻어 종래 어긋나지 않았으며, 일월日月이 이를 얻어 종래 쉼이 없다. 감배堪坏가 이를 얻어 곤륜산을 다스리고, 풍이馮夷가 이를 얻어 대천大川에서 노닌다. 견오肩吾가 이를 얻어 대산大山에 처하며, 황제黃帝가 이를 얻어 운천雲天에 오르며, 전욱顓頊이 이를 얻어 현궁玄宮에 처했으며, 우강禺强이 이를 얻어 북극에 섰다. 서왕모西王母가 이를 얻어 소광少廣에 앉았다. 그 시작을 알 수 없고 그 마침을 알 수 없다. 팽조彭祖는 이를 얻어 위로 유우有虞에 미쳤고 아래로 오백五伯에 미쳤다. 부열傅說은 이를 얻어 무정武丁의 재상이 되어 천하를 관장하였고, (죽어서) 동유東維를 타고 기미箕尾에 올라 뭇별들과 나란히 서게 되었다.319)

장자는 이 도道를 얻어 활약한 천인들을 열거한다. 도는 천으로 표현되는 자연과 인으로 표현되는 인간의 활동 모두를 포괄한다. 〈도의 자연〉은 여타의 제가諸家가 천인을 자연과 인간으로 나눌 때 인간에 대립하는 개념으로서의 자연(天)이 아니다. 천인이 포함된 연속적 장場의 변화과정 전체를 지칭하는 보다 큰 상위의 개념이다. 여기에 열거된 인물 상당 부분은 전설 속의 인물들인데, 논의의 진행에는 성현영의 소疏가 비교적 상세하므로, 이를 참고하고자 한다.

성현영에 따르면, 희위狶韋씨는 문자와 함께 시작한 역사 시대가 개시되기 이전인 상고의 제왕이라고 하는데, 전설 속의 인물인 듯하다.320) 복희伏戱씨는

---

319) 「대종사」 247. 先天地生而不爲久, 長於上古而不爲老. 狶韋氏得之, 以挈天地, 伏戱氏得之, 以襲氣母, 維斗得之, 終古不忒, 日月得之, 終古不息, 堪坏得之, 以襲崑崙, 馮夷得之, 以遊大川, 肩吾得之, 以處大山, 黃帝得之, 以登雲天, 顓頊得之, 以處玄宮, 禺强得之, 立乎北極, 西王母得之, 坐乎少廣, 莫知其始, 莫知其終, 彭祖得之, 上及有虞, 下及五伯, 傅說得之, 以相武丁, 奄有天下, 乘東維, 騎箕尾, 而比於列星.

320) 「대종사」 248. 성현영 소. 狶韋氏, 文字已前遠古帝王號也.

삼황三皇 가운데 한 사람으로 소를 엎드리게 하고, 말을 타고 희생犧牲을 잘 길렀기 때문에 복희伏戲라는 이름을 얻었다고 한다. 기모氣母는 원기元氣를 칭하는 것으로 그는 구체적 사태에 거울같이 응하는 도(應道)를 가리킨다고 본다. 주역의 팔괘八卦를 그렸고 육효六爻를 연역한 것으로 전한다.321) 북두성과 일월은 대표적인 자연 과정이다. 한 시의 고정됨도 없이 어그러짐도 없이 운행하는 자연의 신비한 과정을 대표하는 것들이다. 감배堪坏 역시 전설적인 존재로, 북해의 북쪽에 있는 곤륜산의 산신山神인데 사람의 얼굴에 짐승의 몸을 하였다고 한다. 도를 얻어 산신이 되어 곤륜산에 들어갔다고 전한다.322) 풍이馮夷는 황하의 신으로 천제天帝로부터 하백河伯이라는 이름을 내려 받은 신선이라고 한다.323) 견오肩吾는 득도하여 태산泰山의 산신이 되었다고 하고,324) 황제는 헌원軒轅씨로 솥을 주조하고, 수레를 발명하고 배를 만들어 인류의 삶의 기반을 만든 것으로 유명한데, 성현영은 그가 용과 구름을 타고 신선이 되어 하늘로 사라졌다고 말한다.325) 전욱顓頊은 황제의 손자로, 도를 얻어 북방의 제帝가 되었다고 한다.326) 우강禺强은 사람의 얼굴에 새의 몸을 가진 수신水神인데, 용을 타고 다녔으며 도를 얻었으나 제위帝位에 오르지 않고 수신이 되었다고 한다.327) 서왕모西王母는 16, 17세의 여자의 얼굴을 하고, 단정한 용모를 갖추고서 언제

---

321) 「대종사」 248. 성현영 소. 伏戲, 二皇也, 能伏牛乘馬, 養伏犧牲, 故謂之伏犧也. 襲, 合也. 氣母者, 元氣之母, 應道也. 爲得至道, 故能畫八卦, 演六爻, 調陰陽, 合元氣也.

322) 「대종사」 249. 성현영 소. 堪坏, 崑崙山神名也. 襲, 入也. 堪坏人面獸身, 得道入崑崙山爲神也.

323) 「대종사」 249. 성현영 소. 姓馬, 名夷, 弘農華陰潼鄕堤首里人也, 服八石, 得水仙. 大川, 黃河也. 天帝錫馬夷爲河伯, 故游處盟津大川之中也.

324) 「대종사」 249. 肩吾, 神名也. 得道, 故處東岳爲太山之神.

325) 「대종사」 250. 성현영 수. 黃帝, 軒轅也. 採首山之銅, 鑄鼎於荊山之下, 鼎成, 有龍垂於鼎以迎帝, 帝遂將群臣及後宮七十二人, 白日乘雲駕龍, 以登上天, 仙化而去.

326) 「대종사」 250. 성현영 소. 顓頊, 〔皇〕〔黃〕帝之孫, 卽帝高陽也, 亦曰玄帝. 年十二而冠, 十五佐少昊, 二十卽位. 採狋山之銅爲鼎, 能召四海之神, 有靈異. 年九十七崩, 得道, 爲北方之帝.

327) 「대종사」 250. 성현영 소. 水神名也, 亦曰禺京. 人面鳥身, 乘龍而行, 與顓頊並軒轅之胤也. 雖復得道, 不居帝位而爲水神. 水位北方, 故位號北極也.

나 서방의 소광산少廣山에 앉아 생사를 거듭하지 않았다고 한다.328) 팽조彭祖는
「제물론」에도 등장하는 인물로 오래 산 것으로 유명했던 전설적인 인물인 듯하
다. 성현영의 설명에 따르면, 팽조는 전욱顓頊의 후손으로 도를 조술祖述할 만했
기 때문에 팽조라는 이름을 얻었다고 한다. 양성養性을 잘하였고 득도하여 오래
살았는데, 요임금 때부터 주나라에 이르기까지 살아 도합 800년을 살았다고 한
다.329) 무정武丁은 은나라 왕의 이름이고, 부열傅說은 바로 그 무정 밑에서 재상
을 맡아 일하였는데 청렴하였고, 나라를 태평하게 잘 다스렸다고 한다.330)

　이 이야기에서 주목할 만한 것은 두 가지이다. 하나는 일월과 북극성을 제외
한 여러 인물들이 모두 신비적 인물에 해당하는 신선으로 묘사되었다는 점이
고(일월日月과 북극성은 확실히 천天에 속한다), 다른 하나는 등장하는 여러
전설적인 인물들 가운데 인간 역사에서 추앙되는 요순을 비롯한 성군들이 언
급되지 않는다는 사실이다.

　전자는 장자가 등장시키는 여러 인물들과 마찬가지로 신비화되어 있는데,
이는 메타포로 이해하는 것이 온당할 듯하다. 이 인물들은 천인의 대립성을
갖지 않지만 동시에 천인의 구조 속에서 어느 한 쪽에 속한다고 결정짓기 어려
운 인물들이다. 전설적이긴 하지만 신묘불측한 작용을 하는 신인에 속하는 인
물들이다. 장자는 이 인물들을 통하여 천인의 대립적 경계를 해체하고, 그 자체
의 연속성을 드러내기 위하여 이런 인물들을 상정한 것으로 보인다.

---

328)「대종사」 250. 성현영 소. 少廣, 西極山名也. 王母, 太陰之精也, 豹尾, 虎齒, 善笑. 舜時, 王母遣
　　使獻玉環, 漢武帝時, 獻靑桃. 顔容若十六七女子, 甚端正, 常坐西方少廣之山, 不復生死, 故莫知始
　　終也.

329)「대종사」 250-251. 성현영 疏. 彭祖, 帝顓頊之玄孫也. 封於彭城, 其道可祖, 故稱彭祖, 善養性,
　　得道者也. 五伯者, 昆吾爲夏伯, 大彭豕韋爲殷伯, 齊桓晉文爲周伯, 合爲五伯. 而彭祖得道, 所以長
　　年, 上至有虞, 下及殷周, 凡八百年也.

330)「대종사」 251. 성현영 疏. 武丁, 殷王名也, 號曰高宗. 高宗夢得傅說, 使求之天下, 於陝州河北縣
　　傅（巖）〔巌〕板築之所而得之, 相於武丁, 奄然淸泰. 傅說, 星精也. 而傅說一星在箕尾上, 然箕尾
　　則是二十八宿之數, 維持東方, 故言乘東維, 騎箕尾；而與角亢等星比並行列, 故言比於列星也.

후자의 경우 도를 얻어 세상에 거居하였던 여러 인물들 사이에, 유가에서 역사적으로 칭송해 마지않는 요·순·우·탕·문·무·주공公의 성인들이 하나도 등장하지 않는다는 점이 주목되는데, 이것을 어떻게 해석해야 할까. 장자의 도가 천인을 아우르는 개념이라면, 앞의 일곱 성인은 확실히 인간 역사 세계에서 더 의미가 강한 〈인〉, 즉 천인의 이분법적 구도 속에서의 〈인〉에 속하는 인물로 볼 수 있다는 것이다. 장자가 진인을 묘사할 때 〈천인〉의 대립적 경계가 해소된 신비적 인물들로 묘사했다면, 장자의 성인은 진인의 인간세적 버전이라 할 수 있는데, 그럼에도 불구하고 이 유가의 일곱 성인은 장자의 성인에 속하지 않는 것이다. 장자의 기준에서 보면, 이들은 천인의 이분법적 구조를 해체하는데 별로 유용하지 않은 역사적 인물들이었기 때문이리라.

3절. 도는 배울 수 있는 것인가

진인眞人이란 노력해서 될 수 있는 것인가. 도는 배워서 얻을 수 있는 것인가. 장자는 세계의 개별자들을 하나로 결합하는 것에 중점을 두지도 않았고, 세계를 다수로 나누는 데에도 관심을 두지 않았다. 즉 장자는 일원론一元論자도 아니고 다원론多元論자도 아니다. 자연 과정의 생성과 소멸 그 자체인 도는 어떤 존재자도 일이나 다로 환원시키거나 특권화함 없이 자연 과정 자체를 지칭하는 자기명명自己命名일 따름이다. 즉 도는 인간이 이름 지은 것이 아니라 자연이 스스로 행하는 자기표현일 뿐인데, 장자를 이를 부득이하게 도라고 칭한 것이다.

장자에게서 도, 즉 자연의 실상은 변화이고, 그 변화를 상자는 물화物化라고 칭한다. 장자는 물화와 그 변화에 수반되는 우연성을 거울 같은 마음으로 수용하기를 권하지만, 그 우연성의 수용은 결코 우연히 이루어지지 않는다. 물론 어떤 계기가 섬광閃光 같은 깨달음을 줄 수는 있지만, 어떤 경로를 통하든 깨달음이 필요하다. 장자는 그것을 심재心齋 혹은 좌망坐忘 공부라고 표현한다.

장자는「대종사」에서 진인에 대한 묘사 뒤에 여우女偊의 입을 빌려 도는 어떻게 배워야 하는가에 대해 논한다. 즉, 장자식 공부에 관한 이야기이다. 이 이야기는 〈좌망 이야기〉와 맥을 같이 하는데, 제1부에서 〈좌망 이야기〉에 대해 논했으므로 여기서는 약略하기로 한다.

1. 영녕: 〈남백자규와 여우(女偊) 이야기〉

장자에 의해 묘사되는 진인 혹은 지인은 그 용모부터 범상한 사람과 다르다. 기괴한 형상을 가진 불구적 모습으로 묘사되거나 혹은 어린아이나 고운 처자의 모습으로 등장한다. 물론 이 역시 은유이다.

> 남백자규南伯子葵가 여우女偊에게 물어 말했다. 선생님의 연세는 높으신데도 얼굴은 어린아이와 같으니, 어찌 된 것입니까.
> 여우가 말했다. 나는 도를 들었노라.
> 남백자규가 말했다. 도는 가히 배울 수 있는 것입니까.
> 여우가 말했다. 아! 어찌 배울 수 있겠는가. 그대는 배울 수 있는 사람이 아니다.[331]

남백자규南伯子葵가 여우女偊를 보니, 나이가 많은데도 얼굴이 어린아이 같았다. 의아하지 않을 수 없다. 그래서 그 비결을 물었더니, 여우는 도를 들었기 때문이라고 말한다. 도를 배워서 얻을 수 있는 것인지 다시 묻자, 여우는 그대가 배워서 알 수 있는 것이 아니라고 말한다. 왜냐하면 머리로 사고하기 때문에, 소유적 사고에서 벗어나지 못했기 때문이다.

---

[331]「대종사」 251-252. 南伯子葵問乎女偊曰 子之年長矣. 而色若〔孺〕子, 何也. 曰 吾聞道矣. 南伯子葵曰 道可得學邪 曰 惡. 惡可. 子非其人也.

남백자규는 도를 얻으려 한다. 도를 얻으려 하는 것은 이미 도를 소유하려 하는 욕망에서 연유된 것이라는 것이 여우의 생각인 듯하다. 장자에 따르면, 도란 유정有情하고 유신有信하지만, 무위無爲하고 무형無形하기 때문에 눈으로 볼 수도 없고, 받아 소유할 수도 없으며, 형체를 고정해 파악할 수 있는 것도 아니기 때문이다.

저 복량의卜梁倚는 성인聖人의 재질은 있었지만, 성인의 도道는 없소. 나는 성인의 도는 있으나 성인의 재질은 없으니, 내가 그를 가르치고자 해도 과연 성인이 될 수 있을지 모르겠소. 그렇게는 되지 못한다 해도 성인의 도를 가지고 성인의 재질에게 고해주는 것은 역시 쉽소. 내가 (도를) 지켜 그에게 고해주길 3일이 지나자 그는 능히 천하를 잊을 수 있었소. 이미 천하를 잊을 수 있게 되었으므로, 내가 또 도를 지켜주길 7일이 되자 능히 물物을 잊을 수 있었소. 이미 물을 잊을 수 있게 되었으므로 내가 또 도를 지켜주길 9일이 되자 생生을 잊게 되었소. 이미 생을 잊을 수 있게 되자 능히 환한 깨달음(朝徹)을 얻게 되었소. 조철朝徹한 후에 능히 견독見獨하고, 견독한 후 능히 고금古今이 없고, 고금이 없게 된 후 능히 불사불생不死不生으로 들어가게 되었소. 살생殺生도 죽이는 것이 아니고 생생生生도 살리는 것이 아니오. 그 도의 성격은 보내지 않는 것이 없고 맞이하지 않는 것이 없소. 훼손하지 않음이 없고 이루지 못함이 없소. 7 이름은 영녕攖寧이라고 하오. 영녕이란 얽힌 후에 이루는 것이오.332)

그러고 나서 여우는 자신의 경험을 말하면서, 도를 가르치고 배우는 것에

---

332) 「대종사」 252-253. 夫卜梁倚有聖人之才而無聖人之道, 我有聖人之道而無聖人之才, 吾欲以敎之, 庶幾其果爲聖人乎. 不然, 以聖人之道告聖人之才, 亦易矣. 吾猶守而告之, 參日而後能外天下, 已外天下矣, 吾又守之, 七日而後能外物, 已外物矣, 吾又守之, 九日而後能外生, 已外生矣, 而後能朝徹, 朝徹, 而後能見獨, 見獨, 而後能無古今, 無古今, 而後能入於不死不生. 殺生者不死, 生生者不生. 其爲物, 無不將也, 無不迎也, 無不毁也, 無不成也. 其名爲攖寧. 攖寧也者, 攖而後成者也.

대해 논한다. 여우는 성인의 재질과 바탕이 있는 자에게 가르쳐 보았다고 한다. 그러나 무엇을 가르쳤는지 그 내용에 대해서는 언급하지 않는다. 아마도 '행불언지교行不言之敎'인 듯하다. 그렇게 하니 다음과 같은 순서로 진행되었다고 여우의 입을 통해 장자는 말한다.

1) 삼일이후 능외천하參日而後 能外天下 : 3일 후에 천하를 벗어났다. 천하를 잊게 되었다는 것이니, 즉 소유 세계에 대한 욕망에서 벗어난다. 세상에 대한 소유적 욕망의 허무함을 깨닫는다. 무無를 알게 된다. 그리하여 세상의 일에 집착하지 않게 되었다.

2) 칠일이후 능외물七日而後 能外物 : 7일 이후에 물物에서 벗어난다. 즉 실체로서의 대상이라는 경계가 없어진다. 대상에 대한 이분법적 대립 의식에서 벗어난다.

3) 구일이후 능외생九日而後 能外生 : 9일 이후에 삶에 대한 집착에서 벗어난다. 삶이 곧 실체가 아님을 깨닫는다. 생사를 자연의 과정, 즉 명命으로 받아들인다.

4) 조철朝徹 : 새벽 기운 같은 해맑은 통찰력을 갖게 되었다. 삶에 대한 집착에서 벗어난 마음은 마주하는 모든 사태가 편안하고 시원하고 막힘이 없다. 지혜로운 눈이 열리니, 아침 햇빛이 드는 것처럼 세상이 환하게 다시 열린다.

5) 견독見獨 : 세상이 환하게 열리면서 그 세상에 연속적으로 거래하는 개별자들의 각득기의各得其宜를 보게 되고, 존중하게 되었다. 상존相尊이다. 참된 존재론적 평등인 제물齊物의 세계가 드러난다. 각각의 개별자는 초월적으로 부과된 존재론적 위계질서 없이 각기 그 자신으로 존재한다. 큰 것은 큰 대로, 작은 것은 작은 대로 있는 그대로 존재론적으로 평등하다.

6) 무고금無古今 : 과거 현재 미래의 시간적 경계가 없어지고, 과거에 구속되거나 미래에 대해 기대를 하지 않는다. 장자에는 윤리가 논의되지 않는다. 그러나 무윤리가 비윤리이거나 반윤리는 아니다. 윤리적 행동은 미래를 예기하는

전망에서 나온 행위이다. 윤리의 핵심을 이루는 선악과 시비는 미래 전망적인 사유에 속한다. 공자의 유학의 경우, 이러한 미래 전망적 사유는 상고尙古에 의한 과거의 사적을 근거로 한 역사적 유비를 통해 전개된다. 즉 과거의 역사적 실례를 통해 현재 '나'의 상황과의 동이同異가 분류되고, 이러한 분류에 기초하여 역사적 실례는 강화되거나 폐기된다. 과거의 사적은 귀감으로 삼을 만한 것들만 역사 속에서 정리된다. 유학에서 학자들은 역사를 연구하지 않고 역사를 배운다.

7) 불생불사不生不死 : 태어나도 실체로서 태어난 것이 아니며, 죽어도 실체로서 죽은 것이 아니다. 죽어도 죽는 '나'는 없고, 태어나도 태어나는 '나'는 없다. 그 존재의 자연 과정에서 일어나는 연관의 거래가 있을 뿐이다. 삶과 죽음을 자연 과정으로 여여如如히 수용한다.

8) 살생殺生도 죽이는 것이 아니요, 생생生生도 살리는 것이 아니다. 도의 양상(爲道)은 보내지도 않고 맞이하지도 않는 거울 같은 비춤, 미러링(mirroring)이다. 동시에 맞이하지 않는 것이 없고, 무너뜨리지 않는 것이 없으며, 이루지 못하는 것이 없다. 그 이름을 영녕攖寧이라고 한다. 영녕이란 얽힌 후에 이루는 것이다.

삶과 죽음의 고리에서 벗어난 마음은 모든 것을 보내고 붙잡지 않는다. 아무 것에도 집착하지 않는다. 아울러 모든 것을 받아들인다. 가는 것도 수용하고 오는 것도 수용한다. 아무것도 배타하지 않는다. 마치 모든 물을 사양하지 않고 받아들이는 바다처럼, 계곡처럼, 있는 그 자체로 받아들인다. 바다와 같은 마음의 수용력을 갖게 된다.

9) 영녕攖寧: 장자는 도의 성격은 보내는 것이 없고, 맞이하는 것이 없으며, 훼손하지 않음이 없고, 이루지 못함이 없다고 한다. 그리고 그것을 '영녕'이라고 지칭한다. '영攖'은 얽힘이니 온갖 관계의 변화 과정을 의미한다. '녕寧'은 편안함이니, 마음의 동요가 없음이다. 도를 얻은 자는 인간세의 복잡한 관계의 '얽힘' 속에서도 연속적 유대를 회복하여, 동요 속에서도 안녕하고 적정寂靜하

다. 빛을 만나면 빛이 되고, 먼지를 만나면 먼지가 된다. 무기無己의 자아는 화광동진和光同塵한다. 거울은 그 앞에 만 가지 상이 비치어 끝없이 움직이지만, 거울 자신은 한없이 고요하다. 도를 듣는 것, 즉 구원은 세상 바깥에 초월적으로 존재하는 것이 아니라고 장자는 말한다. 세상 안에서 우리 마음과 함께 열린다. 세상에는 바깥이 없다. 도는 천과 인, 즉 우주 자연과 인간 세계를 모두 포괄한다.

도를 배우고자 하는 남백자규에게 여우가 전하고자 하는 핵심은 마지막 구절의 〈영녕〉 속에 응결되어 있다. 〈영녕〉은 장자의 메시지가 가장 높은 수준에서 전해지는 '개념'이다. 지와 무지, 유위와 무위, 진과 위, 시와 비, 선과 악, 미와 추 등이 인간세적으로 부득이하게 구분되지만 도추道樞에서 구분되지 않는다. 소유 세계를 살면서 소유 세계를 벗어나고, 소유 세계의 질서를 허물지 않으면서도 소유 세계의 구속을 벗어나는 '삶의 길' 즉 도를 장자는 영녕을 통해 제시해준다. '얽힌 채로 편안한 삶'은 장자의 말대로 '보내는 것도 없고 맞이하는 것도 없으며, 훼손하지 않는 것도 없고 이루지 못하는 것도 없는' 허심에서 가능한 삶이다.

2. 도는 어떻게 전해지는가

여기까지 들은 남백자규는 그 도의 고원하고 오묘함에 감탄하며, 여우에게 그 도를 어디에서 들었느냐고 묻는다. 그러자 여우는 답한다. 그 답에는 의인화된 공부 과정이 담겨 있다.

남백자규가 말했다. 선생님은 어디에서 그것을 들으셨습니까.
여우가 말하길, 나는 부묵副墨의 아들에게서 그 말을 들었고 부묵의 아들은 낙송洛誦의 손자에게서 들었고, 낙송의 손자는 첨명瞻明에게서 들었고, 첨명은 섭허聶許에게서 들었고, 섭허는 수역需役에게서 들었고, 수역은 어구於謳에게서 들었고, 어구는 현명玄冥에게서 들었고 현명은 삼료參寥에게서 들었고, 삼료는 의시疑始에게서 들었다.[333]

1) 부묵副墨의 아들에게서 들었다. 성현영에 따르면, 부묵이란 부이副貳와 한묵翰墨을 합하여 줄인 말인데, 문자文字 언어를 가리킨다. 물고기를 잡기 위해서는 통발이 필요한 것처럼, 세상을 우리의 인식 틀 안에 들여오기 위해서는 언어 문자가 필요하다. 부묵의 아들에게 들었다는 것은 곧 언어 문자를 통해 이해했음을 밝힌 것이다.[334] 책을 읽지 않고 책을 넘어서는 방법은 없다.

여기서 주목할 만한 것은 장자가 언어 문자를 방편적으로 인정하고 있다는 사실과 언어 문자를 불가결한 매개로 간주한다는 점이다. 그러나 물고기를 잡았으면 통발은 버려야 한다.

2) 부묵의 아들은 낙송洛誦의 손자에게 들었다. 성현영에 따르면 끊임없이 읽고 외는 것이 낙송이다. 도를 전하기 위한 도구로서의 글이 있다고 해도 읽지 않는다면 아무 소용도 없다. 거듭 읽으면서 그 뜻이 통하게 된다. 문자를 읽어 마침내 그 문제에 담겨 있는 이치를 통하는 것, 그것이 낙송이다.[335]

3) 낙송의 손자는 첨명瞻明에게 들었다. 첨瞻은 '보다', 명明은 '밝다'이니 첨명이란 밝게 보는 것이다. 드디어 세상을 보는 밝은 눈이 열린다. 허구적인 것에 사로잡히지 않는다. 성현영에 따르면, 독송讀誦이 정밀하고 성숙하여 그 공로가 쌓이면 점차 지리至理가 마음속에서 분명하게 보이게 된다.[336]

---

333) 「대종사」 256. 南伯子葵曰 子獨惡乎聞之. 曰聞諸副墨之子, 副墨之子聞諸洛誦之孫, 洛誦之孫聞之瞻明, 瞻明聞之聶許, 聶許聞之需役, 需役聞之於謳, 於謳聞之玄冥, 玄冥聞之參寥, 參寥聞之疑始.

334) 「대종사」 256. 성현영 疏. 諸, 之也. 副, 副貳也. 墨, 翰墨也 ; 翰墨, 文字也. 理能生教, 故謂文字 爲副貳也. 夫魚必因筌而得, 理亦因教而明, 故謂之翰墨, 以明先因文字得解故也.

335) 「대종사」 256. 성현영 疏. 臨本謂之副墨, 背文謂之洛誦. 初既依文生解, 所以執持披讀 ; 次則漸悟 其理, 是故羅洛誦之. 且教從理生, 故稱爲子. 而誦由教起, 名之曰孫也.

336) 「대종사」 256. 성현영 疏. 瞻, 視也, 亦至也. 讀誦精熟, 功勞積久, 漸見至理, 靈府分明

4) 첨명은 섭허聶許에게 들었다. '섭聶'은 소곤거리다, '허許'는 허여許與하다는 의미이다. 성현영에 따르면 귀에 대고 사사로이 말하는 것이다. 독송이 심화되고 첨명이 열리면서 도를 들은 바가 있으나 감히 공공연하게 말하지 못하고, 그 도를 들은 기쁨을 귀에 대고 말하는 것이다.337)

5) 섭허는 수역需役에게 들었다. 수需는 '구하다, 요要하다'의 의미이고, 역役은 '일, 혹은 부리다'의 의미이니, 수역은 실천에 옮기는 것이다. 뜻을 알게 되었으니 실천에 옮기는 것이다. 실행이 없으면 안다고 할 수 없고, 들었다고 할 수 없다. 성현영에 따르면, 귀에 소근 거릴 정도로 사사로이 인정한 깨달음이라 해도 그 지혜가 점차 밝고 커지게 되니, 태만하고 게으르게 행하지 않으면 도를 얻을 수 없다.338)

6) 수역은 어구於謳에게 들었다. 어구는 노래와 비슷하게 터져 나오는 감탄이다. 이제는 말이 그다지 필요하지 않다. 성현영에 따르면, 가르침에 따라 이理를 깨달았고, 이해한 것에 의지하여 실행하니, 마침내 큰 지혜가 밖으로 드러나 그 노래가 거리에 가득 차는 것이다.339)

7) 어구는 현명玄冥에게 들었다. 현玄은 '어둑어둑하여 구분이 불분명한 상태'이고, 명冥 역시 '깊고 어두운' 모양이다. 인위적인 구분이 이루어지지 않은 상태, 즉 무無의 상태이다. 달리 표현한다면 허虛이다. 곽상에 따르면 현명이란 무를 이름한 방편일 뿐 무 그 자체는 아니다.340)

8) 현명은 삼료參寥에게 들었다. 삼參은 '삼三'이고, 료寥는 '공허함'이니, 불교식으로 표현하면 공空이다. 세 가지 모두 '비어 있는 것(空)'으로 배후에 불변의

---

337) 「대종사」 256-257. 성현영 疏. 聶, 登也, 亦是附耳私語也. 旣誦之稍深, 因敎悟理, 心生歡悅, 私自許當, 附耳竊私語也. 旣聞於道, 未敢公行, 亦是漸登勝妙玄情者也.

338) 「대종사」 257. 성현영 疏 需, 須也. 役, 用也, 行也. 雖復私心自許, 智照漸明, 必須依敎遵循, 勤行勿怠. 懈而不行, 道無由致.

339) 「대종사」 257. 성현영 疏. 謳, 歌謠也. 旣因敎悟理, 依解而行, 遂使盛惠顯彰, 謳歌滿路也.

340) 「대종사」 257. 곽상 注. 玄冥者, 所以名無而非無也.

존재론적 근거가 없다는 것이다. 성현영에 따르면, 그 세 가지는 첫째는 유, 둘째는 무, 셋째는 비유비무非有非無를 가리킨다.[341] 다시 말해 '비어 있는' 실체 아닌 것 가운데 하나는 유로 표현되는 '자연과 인간', 다른 하나는 무로 표현되는 '근거 없음', 마지막 하나는 유도 무도 모두 실체가 아니라는 견해이다. 이 세 가지 일체가 모두 료廖(空)로 귀결된다는 것이니, 노자의 표현을 빌리면 현지우현玄之又玄의 중현重玄이요, 불교의 표현을 빌리면 필경공畢竟空이다.

9) 삼료는 의시疑始에게 들었다. 의시疑始란 시원을 의심한다는 뜻으로, 우리가 보고 있는 것이 실재인가. 허구인가. 시작이란 있는 것인가. 없는 것인가 의심한다. 그리하여 처음이 있는 듯 보이면서 처음이 없는 것, 즉 자연의 도를 지시한다.

장자의 〈영녕〉은 바로 이 세 가지의 실체 없음(參廖), 즉 우리 눈에 보이는 경험적 현상세계의 실체 없음과 실체 없다고 주장하는 것의 실체 없음, 그리고 마지막으로 앞의 두 가지의 깨달음과 마음 자체 역시 실체 없음을 깨달을 때 되살아나는, 불교의 용어를 빌리면 진공묘유眞空妙有(존재론적인 실체로서의 불변자는 없지만 오묘하고 신통하게 존재하는 연관의 세계)를 체득했을 때 현현하는 삶의 길이다. 영녕의 길에서는 세계를 '구분하여 말하지만' 세계 자체를 구분하지는 않는다.

4절. 대종사라 부를 만한 사람들: 진인들 이야기

진인에 대해 묘사하고 난 장자는 그것을 실천하는 인물들을 다시 우화 형식으로 조직함으로써 그들의 구체적인 모습을 보여준다. 장자가 보여주는 인물들에 대한 장자의 호칭은 〈방외지사方外之士〉들이다. 마음과 세계의 연속적 유

---

341) 「대종사」 257. 성현영 疏. 參, 三也. 寥, 絶也. 一者絶有, 二者絶無, 三者非有非無, 故謂之三絶也. 夫玄冥冥之境, 雖妙未極, 故至乎三絶, 方造重玄也.

대를 회복한 인물들을 드러내기 위해 역시 메타포를 사용한다. 장자가 제시하는 진인들은 어떤 공통된 특색을 갖고 있는가.

첫 번째 이야기 〈자사子祀와 친구들〉에서 장자는 무無를 머리로 삼고, 생生으로 척추를 삼고, 사死를 엉덩이로 삼는 마음을 가진 진인들을 소개한다. 머리와 척추와 엉덩이는 한 몸이다. 서로 다른 부위이긴 하지만 분리되지 않는다. 태어나기 전(無)과 태어난 후(生) 그리고 죽음(死) 이후가 모두 '한 몸'으로 연속되어 있다. 생사와 존망은 하나로 연속되는 자연 과정이다. 구분하여 말할 수는 있지만 그 자체를 구분할 수는 없다. 그리고 태어남과 죽음, 병과 재앙은 진인이라고 해서 피할 수 있는 것이 아니다. 이런 문제에 마주하여 진인은 어떻게 대처하는가. 이 이야기에서는 연속성을 강조한다.

두 번째 이야기 〈자래子來의 병〉에서는 죽음을 앞둔 자래의 입을 통해 물화物化의 신비에 대해 논한다. 이 이야기에서는 '물화', 즉 변화의 수용을 강조한다.

세 번째 이야기 〈자상호子桑戶와 친구들〉에서 장자는 방내方內와 방외方外의 사람들에 대해 논하고, 공자의 입을 빌려 방내에서 살면서 방외의 마음을 갖는 삶에 대해 논한다. 그리고 이어서 이를 입증하는 인물로 맹손재孟孫才를 등장시킨다.

네 번째 이야기 〈맹손재孟孫才의 치상治喪〉에서 장자는 화광동진和光同塵하는 진인 맹손재를 공자의 입을 빌려 설명하고, 행적은 방내의 소유 세계에 살면서 마음은 방외의 연속적 유대를 회복하는 삶의 형식에 대해 논한다.

다섯 번째와 여섯 번째는 〈의이자와 허유 이야기〉와 〈좌망 이야기〉이다. 이 두 우화는 1부에서 이미 다룬 바 있다.

1. 명을 능동적으로 받아들이는 진인: 자사와 친구들 이야기

자사子祀와 자여子輿 그리고 자리子犂와 자래子來라는 네 명의 방외지사가 이야기를 나눈다. 누가 무無를 머리로 삼고(以無爲首), 생生으로 척추를 삼고, 사死로 엉덩이를 삼는가. 누가 사생과 존망이 일체임을 아는가. 이런 자는 진인이라 할 수 있으니, 그런 자와 더불어 벗이 되고자 한다. 그리고 나서 이 네 사람은 서로 웃으며 벗이 되었다.

> 자사·자여·자리·자래 네 사람이 서로 더불어 말하길, 누가 능히 무로서 머리로 삼고, 생으로 척추를 삼고, 죽음으로 꽁무니를 삼을 것인가. 누가 사생 존망이 일체임을 알겠는가. 우리가 그와 더불어 벗이 되겠노라. 네 사람은 서로 보며 웃었다. 마음에 거스름이 없으니 마침내 더불어 벗이 되었다.
>
> 얼마 후 자여가 병이 들자 자사가 가서 문안하였다.
>
> 그러자 자여가 말하기를, 위대하구나. 조물造物이여. 장차 나를 이와 같이 구구拘拘하게 하는구나. 허리는 굽고 등은 튀어나오고, 위로 오관五官이 솟고 턱은 배꼽에 숨었다. 어깨는 정수리보다 높고, 목덜미의 혹은 하늘을 가리키는구나. 음양陰陽의 기운이 막혔으나 그 마음은 한가롭고 무사하구나. 비틀거리며 우물에 가서 비춰보며 탄식하였다. 대저 조물주가 또 장차 나를 이렇게 구구하게 하는구나.[342]

그런데 자여가 갑자기 병이 났다. 온몸이 오그라드는 구루병인 듯하다. 「덕충부」의 기형 불구자처럼 되었다. 자사가 병문안을 갔더니, 자여가 말한다. "참으로 대단하구나, 조물주여. 내 몸을 이렇게 구부러지게 하는구나." 실로 비참한 모습이건만 원망하거나 탄식하는 기운이 없다. 구부러진 몸으로 우물까지 가서 모습을 비추어 보곤, 또 "조물주가 나를 이렇게 구부러지게 하는구나"라고 말하며 감탄한다.

---

342) 「대종사」 258. 子祀子輿子犁子來四人相與語曰 孰能以無爲首, 以生爲脊, 以死爲尻. 孰知死生存亡之一體者, 吾與之友矣. 四人相視而笑, 莫逆於心, 遂相與爲友. 俄而子輿有病, 子祀往問之. 曰 偉哉夫造物者, 將以予爲此拘拘也. 曲僂發背, 上有五管, 頤隱於齊, 肩高於頂, 句贅指天. 陰陽之氣有沴, 其心閒而無事, 跰足鮮而鑑於井, 嗟乎. 夫造物者又將以予爲此拘拘也.

자사가 말했다. 자네는 그것이 싫은가.

자여가 말했다. 망亡(無)이거늘, 내가 어찌 싫어하겠는가. 가령 점점 화하여 나의 왼쪽 팔뚝이 닭이 된다면 나는 그것으로 인하여 밤의 때를 구하고, 가령 점점 화하여 나의 오른쪽 팔뚝이 탄알이 된다면 나는 그것으로 인하여 새를 잡아 구울 것이다. 가령 점차 화하여 나의 꽁무니가 수레바퀴가 되고, 나의 신神이 말이 된다면 나는 그것을 탈 것이니 어찌 다시 수레를 구하겠는가. 또 대저 얻는 것도 때가 되어 얻은 것이요, 잃는 것도 때에 따르는 것이다. 안시처순安時處順하고 애락哀樂이 능히 들어오지 못한다. 이것은 옛날 소위所謂 현해縣解이니 능히 스스로 풀지 못하는 자는 물物에 의해 묶인 것이다. 또 대저 물이란 천天을 이길 수 없는 것이 오래되었는데 내가 어찌 또 싫어하겠는가.[343]

그러자 자사가 묻는다. 자네는 그 모습이 싫은가. 자여가 말한다. 어찌 싫어하겠는가. 저 병이 내 팔을 닭으로 만든다면 나는 그것으로 새벽을 알릴 것이고, 내 팔을 활로 만든다면 그것으로 올빼미를 잡아 구워 먹으리라. 내 엉덩이를 수레바퀴로 만든다면 나는 그것을 타고 다닐 것이다. 얻은 것은 때가 되어 얻은 것이요, 잃는 것도 때에 따르는 것이다. 이 '때에 따르는 것'을 편안한 마음으로 수용하고 순순히 그에 대처한다면 슬픔과 기쁨이 어디에서 끼어들겠는가(安時處順 哀樂不能入). 이것이 이른바 현해懸解이다. 능히 스스로 해체하지 못하는 자는 물物에 묶인 자들이다. 나는 자연을 이길 수 없는 것인데, 어찌 싫어하겠느냐.

자여는 고통의 한복판에서 그 고통을 그대로 수용하면서 더 나아가 그것을

---

343) 「대종사」 260. 子祀曰 女惡之乎. 曰 亡. 予何惡. 浸假而化予之左臂以爲雞, 予因以求時夜 ; 浸假而化予之右臂以爲彈, 予因以求鴞炙, 浸假而化予之尻以爲輪, 以神爲馬, 予因以乘之, 豈更駕哉. 且夫得者, 時也, 失者, 順也, 安時而處順, 哀樂不能入也. 此古之所謂縣解也, 而不能自解者, 物有結之. 且夫物不勝天久矣, 吾又何惡焉.

뛰어넘는 여유를 발휘하고 있다. 여기서 우리는 명命을 수용하는 자여의 태도가 단순한 수동 일변도가 아님에 주목해야 한다. 자여는 어찌할 수 없는 명을 있는 그대로 인정하는 마음의 수용력을 발휘하는 한편, 그것을 뛰어넘어 그 상황에서 최대한의 능동성을 발휘하는 적극성을 보인다.[344] 자기 팔을 닭으로 만든다면(일단 인정하고 받아들인다), 새벽을 알리겠다고(능동적으로 응한다) 한다. 또 자기 팔을 활로 화化하게 한다면 올빼미를 잡아 구워 먹겠다고 한다. 엉덩이를 수레바퀴로 만든다면 타고 다니겠다고 한다. 그리고 명을 받아들이는 기본자세를 이렇게 정리한다. '얻는 것은 때가 되어 얻은 것이요, 잃는 것도 때에 따르는 것'이다.

모든 사물과 사태의 출현은 일련의 조건을 '마침(適)' 갖고 있었기 때문에, 모든 존재자와 사태는 우연의 조건과 계기에 의해 결정된다. 실상 태어날 때부터 시작하여 죽는 그 시점까지 우연이 아닌 것이 어디에 있는가. 얻은 것(어떤 사태가 일어나는 것)은 때를 얻었기 때문(일련의 조건이 맞았기 때문)이고, 잃는 것(어떤 사태가 종식되는 것) 역시 때에 따른 것(일련의 조건이 해소되었기 때문)이다. 자여의 이 말에서 얻은 것이란 '생'을 가리키고, 잃는 것은 '사'를 가리킨다고 볼 수 있다. 육신을 '나'라고 여기는 집착에서 벗어날 때, 바로 이 기본 전제를 받아들일 수 있다. 즉 안시처순이다.

자여가 보여주는 깃처럼 안시저순하게 되면 애락이 끼어들지 못한다. '애락 불능입哀樂不能入'이란 애락이 없다는 것이 아니라 애락이 마음에 들어와 마음을 어지럽히지 않는다는 것이다. 슬픈 일에 슬퍼하고, 즐거운 일에는 즐거워하지만, 그 슬픔과 즐거움에 마음이 끌려 다니지 않는다. 다시 말해 사로잡히거나 매이지 않는다. 애락에 마음이 매이는 것은 실체 아닌 것을 실체로 여기고 있는

---

344) 장자의 命에 대한 수용 태도는 하이데거의 議論과 유사한 데가 있다. 어찌할 수 없는 상황을 수용하는 것에 있어서는 존재의 '던져져 있음(throwness)'이고, 그 상황에서 자신의 능동적인 활동을 수행하는 것은 기획 투사(project)에 해당한다고 볼 수 있다. 다소 거친 적용이긴 하지만, 상황을 인정하고 변화를 도모한다는 점에서 공통적이다.

'거꾸로 매달린 마음' 탓이다. 이 마음을 푸는 것, 이것을 장자는 현해라고 한다. '자아'와 '세계'의 실체 의식이 해체되면서 나타나는 장자의 실용적 공효이다. 슬퍼하는 자도 실체가 아니요, 슬퍼하는 일 역시 실체가 아니다. 모두 때에 따라 일어나고 사라지는 것이다. 진인은 있는 그대로의 실상을 담담히 수용할 뿐이다.

현해는 해체이다. '나'를 해체하고, '세계'를 해체하고, '나와 세계'를 해체하는 마음조차도 해체한다. 해체한 마음의 대처는 안시처순이고, 해체의 실용은 애락불능입의 수용력이다. 해체하지 못하는 것은 대상(物)이 실체라고 여겨 그 물에 묶여 있기 때문이라고 장자는 말한다. 일련의 조건에 의한 형성일 뿐이다. 이것은 언제나 우연적 계기에 의해 시작되고, 우연적인 결과를 수반한다. 중요한 것은 허심으로 그 우연을 수용하는 것이다.

2. 물화에 감탄하는 진인: 〈자래의 병〉

재앙은 자여에게서 그치지 않았다. 이번에는 네 벗 가운에 자래가 돌연 병을 얻었다.

> 얼마 후 자래가 병이 들어 기침하며 장차 죽으려 하자 그 처자妻子가 둘러앉아 울고 있었다. 자리가 문안을 가서 꾸짖어 말하길, "비키라. (죽은 자를) 놀라게 하지 말라." 창틀에 기대어 자래에게 왈 "위대하구나. 조화여. 또 장차 자네를 무엇으로 하려는가. 또 장차 자네를 어디로 데려가는가. 자네를 쥐의 간으로 만들려는가. 자네를 벌레의 팔뚝으로 만들려 하는가."[345]

자리(子犁)가 문병을 하러 가자, 자래는 숨을 가쁘게 쉬며 곧 죽으려 하고

---

[345] 「대종사」261. 俄而子來有病, 喘喘然將死, 其妻子環而泣之. 子犁往問之, 曰 叱. 避. 無怛化. 倚其戶與之語曰 偉哉造化. 又將奚以汝爲, 將奚以汝適. 以汝爲鼠肝乎. 以汝爲蟲臂乎.

있었고 처자妻子는 둘러앉아 울고 있었다. 자리는 처자식을 물리치며 죽어가는 자를 평안히 두라고 한 후, 또 조물주의 능력에 찬탄한다. "대단하구나, 조물주여. 장차 자네를 무엇으로 만들려 하는가. 어디로 데려가려 하는가. 쥐의 간으로 만들려 하는가. 벌레의 다리로 만들려 하는가."

자리가 찬탄한 조물주의 능력이란 물화物化를 가리키는 것이리라. 물화는 생과 사의 전반에 걸쳐 진행되는 자연적인 존재의 과정을 가리킨다. 그러나 생을 얻은 지점에서부터 사의 지점까지의 과정에만 한정되는 것은 아니다. 물화의 연속적 장場에서 '나'라는 경계를 세우지 않는다면 '나'의 생성과 소멸은 연속적 장 자체에서 보면 변화의 일부분일 뿐이다. 장자가 쥐의 간과 벌레의 다리를 언급한 것은 그런 의미에서 은유이다. 쥐의 간과 벌레의 다리 역시 연속적 장의 일부이고, '나'와 '쥐'와 '벌레'라는 고정된 아이덴티티를 세우지 않는다면 이러한 과정 전체는 무한 관계에서 무한 변화가 연속되는 그물망의 유전활동 그 자체에 지나지 않는다. 결국 우리가 안다고 생각하는 것은 이 변화의 일정 순간을 고정해 관념화한 것에 불과하다. 우리의 앎은 이런 면에서 원천적으로 '모르는 앎' 즉 부지不知의 지知이다. 그러므로 더욱 감탄이 나오지 않을 수 없다. 위대하도다. 조물주의 물화여.

자래가 말하기를 "자식에 대하여 부모는 동서남북 어디에든 오직 그 자식이 명령을 듣도록 한다. 사람에게 있어 음양은 부모가 자식에게 대하는 것 이상이다. 음양의 도가 내 죽음 가까이에 왔는데 내가 듣지 않으면, 나는 사납게 거스르는 것인데, 저 음양의 도가 무슨 죄인가. 대저 대괴大塊가 형체를 주어 나를 싣고, 태어나게 하여 나를 수고롭게 하고, 늙게 하여 나를 편하게 하고 죽음으로 나를 쉬게 한다. 그러므로 내 삶을 좋아하는 것은 내 죽음을 좋게 여기는 까닭이 된다. 지금 대야大冶가 쇠를 불리는데, 그 쇠가 펄쩍 뛰며 나는 반드시 막야莫邪검이 되겠다고 한다면 대야는 필시 이 쇠를 상서롭지 못한 것이라 여길 것이다. 지금 우연히 인간의 형체를 받았는데, 말하길 '나는 사람이다. 사람이다'라고 한다면 대저 조물주가 이를 상서롭지 못한 사람이라 여길 것이다. 지금 천지가 하나의 큰 용광로요, 조화는 대야이니 어딜 가든 불가하겠는가. (죽으면) 편안히 잠들고 (살면) 퍼뜩 깨어날 뿐이다."[346)

죽어가는 자래가 말한다. 진인의 입장에서, 대종사라고 부를 만한 마음이 하는 말이다. 부모는 자식에게 부모의 명령을 듣도록 한다. 음양의 자연이 내리는 명령은 부모가 자식에게 내리는 명령 이상이다. 내가 음양의 도를 어찌 거스르겠는가. 자연이 나를 죽음으로 이끌고 있는데 내가 어찌 거역하겠는가. 역시 자연 과정을 그대로 수용하는 현해한 자의 수용력이다. 그리고 계속 말한다.

자연의 도(大塊)는 나에게 형체를 주어 살게 하였고, 태어나서 수고롭게 하였으며, 늙게 하여 나를 편안하게 하였고, 죽음으로 나를 쉬게 한다. 내가 삶을 좋아하는 것은 죽음을 좋아하는 까닭이다. 삶과 죽음은 하나의 연속선상에 놓인 존재의 변화 과정일 뿐 이 두 가지를 차별적으로 생각해야 할 근거가 없다.[347)

그리고 존재의 자연 과정을 수용하지 못하고 소유적 의도를 내세우는 모습을 대장장이의 비유를 통해 설명한다. 대장장이는 쇠의 질에 따라 거기에 알맞은 물건을 만든다. 그것을 아는 '쇠'라면 그 앞에서 '자신(쇠)의 뜻'을 내세우지 않는다. 만일 쇠가 자신의 뜻을 내세워 자기는 전설적인 명검인 막야검이 되겠다고 주장한다면 대장장이는 어떻게 생각하겠는가. 아마 대장장이는 그 쇠를 '고약한 것'이라고 할 것이라는 것이다.

---

346) 「대종사」 262. 子來曰 父母於子, 東西南北, 唯命之從. 陰陽於人, 不翅於父母, 彼近吾死而我不聽, 我則悍矣. 彼何罪焉, 夫大塊載我以形, 勞我以生, 佚我以老, 息我以死. 故善吾生者, 乃所以善吾死也. 今(之)大冶鑄金, 金踊躍曰 我且必爲鏌鋣, 大冶必以爲不祥之金. 今一犯人之形, 而曰人耳人耳, 夫造化者必以爲不祥之人, 今一以天地爲大鑪, 以造化爲大冶, 惡乎往而不可哉. 成然寐, 蘧然覺.

347) 이 구절은 「대종사」 앞부분의 진인眞人 이야기에도 등장한다. 대괴大塊에 대한 자세한 설명은 앞의 제1부 2장에 나와 있다.

그러므로 자래 자신이 조물주 앞에서 '나는 인간으로 태어나겠다, 인간으로'라고 한다면 이 역시 우스운 일이 아니겠는가. 천지라는 용광로에서 대장장이라는 조화의 장인이 주물을 하는데, 자신이 어떻게 되든 불가할 것이 있겠는가. 그대로 수용할 뿐이다. 죽으면 편히 잠들고 살면 퍼뜩 깨어날 뿐이다. 물화의 변화 자체를 타고 있는 미러링(mirroring)하는 마음의 수용력이다.

3. 방외지사: 〈자상호와 친구들〉

이 우화에는 우화 속에서 자신을 방내方內의 사람이라 칭하는 공자와, 그와 대비되어 방외方外지인이라 칭해지는 세 사람이 등장한다. 자상호子桑戶와 맹자반孟子反과 자금장子琴張이 그들이다. 이 세 사람은 물론 가상의 인물이다. 그런데 그 이름에 장자가 암시하는 바의 의도가 있는 것 같다. 자상호는 『논어』에 등장하는 자상백子桑伯을 연상시키고, 맹자반은 맹지반孟之反을, 그리고 자금장은 『맹자』의 금장琴張을 연상시킨다. 공자는 『논어』에서 자상백을 두고 인정할 만한 인물이긴 하나 예禮를 간략히 하여 예에 얽매이지 않는 인물이라 평했고,[348] 맹지반에 대해서는 공功을 드러내지 않는 인물이며, 보이지 않게 실천하는 자라 했다.[349] 또 『맹자』에서 금장은 증적曾晳, 목피牧皮 등과 더불어 공자가 말하는 광자狂者에 속하는 인물이라고 소개한다.[350] 즉 이 세 사람은 공자의 문하에서도 기인奇人이라 할 만한 자들이다. 세속적 규범에 매여 있지 않은 자들을 유사하게 패러디한 것 같다.

자상호·맹자반·자금장 세 사람이 더불어 벗하며, 왈 "누가 능히 상여相與함이 없으면서도 상여하고, 상위相爲함이 없으면서도 상위할 수 있는가. 누가 능히 등천登天

---

348) 『논어』 옹야. 仲弓 問子桑伯子 子曰 可也 簡.

349) 『논어』 옹야. 子曰 孟之反 不伐 奔而殿 將入門 策其馬曰 非敢後也 馬不進也.

350) 『맹자』 「진심장」하. 曰如琴張曾晳牧皮者 孔子之所謂狂矣.

하여 안개 속에서 노닐고 무극無極을 휘감으며 서로 생을 잊은 채 마침내 궁窮함이 없을까." 세 사람은 서로 보고 웃으며 마음에서 거스름이 없어 마침내 더불어 벗이 되었다.351)

　앞서 벗이 된 네 명의 진인들은 무를 머리로 삼고, 생을 척추로 삼고, 사를 엉덩이로 삼는 자들이었다. 즉 벗이 되기 위한 전제가 생사·존망을 하나의 연속적 과정으로 볼 수 있는 마음을 가진 자들이었다. 이 우화에 등장하는 세 명의 방외지사들 역시 무언가를 전제로 하여 벗이 되고 있다. 그 전제는 미러링하는 마음인 듯한데, 여기서 제시된 것은 서로 함께 함(相與)이 없으면서 함께하고(相與), 서로 무언가를 행함(相爲)이 없으면서 서로 행한다(相爲)는 것이다. 장자의 말을 빌리면 얽혀 있으면서도 편안하게 자취 없는 행적을 보이는 영녕이다. 그리고 더하여 등천登天하여 안개 속에 노닐고 무극無極을 휘감으며 서로 생을 잊은 채 궁함이 없는 마음이다.

　'함께한다'라는 의식 없이 함께하고, '서로 행한다'라는 의식 없이 서로 행한다. 즉 함께하는 대상화된 타자 없이 함께하고, 서로 거래한다는 택일적인 유의 有爲의식 없이 거래한다는 것이다. 연관되어 있다는 것을 의식하지 않아도 세계는 연관되어 있다. 거래한다는 의식은 없지만 우리는 언제나 어떤 내용을 가지고 서로 거래하고 있다. 세계는 그 자체로 얽혀 있다. 서로 의존하여 존재하면서 삶을 영위한다. 마치 우리 몸의 오장육부처럼. 상여相與한다는 의식이 없지만 서로 상여하고 있고, 상위相爲한다는 의식 없이 상위한다. 앞서 자래의 친구들이 등장하는 우화가 연속성을 강조하고 있다면, 여기 방외지사들의 우화는 '연관'을 강조하고 있다. 그런데 한참 후에 그들 중 하나인 자상호가 죽었다.

　한참을 한가로이 지내다가 자상호가 죽었다. 장례 하기 전 공자가 이 소식을 듣고

---

351)「대종사」264. 子桑戶孟子反子琴張三人相與友. 曰 孰能相與於無相與, 相爲於無相爲, 孰能登天遊霧, 撓挑無極, 相忘以生, 無所終窮. 三人相視而笑, 莫逆於心, 遂相與爲友.

자공子貢을 보내어 일을 돕게 하였다. (자공子貢이 가서 보니) 한 사람은 곡曲을 엮고 있고 또 한 사람은 거문고를 타면서 서로 화답하며 노래하여 읊기를, 오호라! 상호여. 오호라, 상호여. 이미 그 진眞으로 돌아갔는데, 나는 아직도 인간 세상에 길게 남아 있구나. 자공이 빠른 걸음으로 나아가 왈 감히 묻건대, 주검 앞에서 노래하는 것이 예禮입니까. 그러자 두 사람이 마주 보고 웃으며 말하길, 이 사람이 어찌 예를 알겠는가.352)

장례를 시작하기 전, 공자는 제자 자공子貢을 보내어 장례 절차를 거들게 하였다. 그런데 자공이 가서 보니, 한 사람이 노래의 곡을 고르고 있고, 다른 한 사람은 거문고를 타면서 서로 화답하며, "자상호여, 자상호여, 그대는 그 진眞에 돌아갔는데 우리는 아직 인간 세상에 길게 남아 있구나" 하며 노래하고 있다. 예와 의를 중시하는 자공에게는 이러한 모습이 이해되지 않는다. 그에게 있어 상례에 마땅한 행위는 슬피 곡을 하는 것이다. 그래서 가서 묻는다. 시신 옆에서 노래하는 것이 예인가 하고. 그러자 두 사람은 마주 보며 웃는다. 그리고 "이 사람이 어찌 예를 알겠느냐"고 말한다. 이 말을 들은 자공은 더욱 의아하다. 그들에게 문제가 있어서 물었는데, 오히려 자공 자신이 무언가 부족하여 이해할 수 없는 문제가 있다는 내용의 답을 받았기 때문이다. 그리하여 스승 공자에게 달려간다.

자공이 돌아와 공자에게 고하여 왈, "이 사람들은 어떤 자들입니까. 수행修行이 없고, 그 형해를 밖으로 여기며 주검 앞에서 노래하면서도 안색이 달라지지 않으니 뭐라고 명할 것이 없습니다. 이들은 어떤 사람들입니까."353)

---

352) 「대종사」 266. 莫然有閒而子桑戶死, 未葬, 孔子聞之, 使子貢往侍事焉. 或編曲, 或鼓琴, 相和而歌曰 嗟來桑戶乎. 嗟來桑戶乎. 而已反其眞, 而我猶爲人猗. 子貢趨而進曰 敢問臨尸而歌, 禮乎. 二人相視而笑曰 是知禮意.

353) 「대종사」 267. 子貢反, 以告孔子 曰 彼何人者邪. 修行無有, 而外其形骸, 臨尸而歌, 顏色不變,

자공이 심부름에서 돌아와 공자에게 고한다. 저 두 사람의 행동은 이해할
수가 없다. 수기修己도 없고, 덕행을 베풀지도 않고, 예의를 차리지도 않으며,
형해形骸에 개의치 않고, 생사를 하나로 보면서 상을 당해 노래를 부르면서도
그 모습에 아무런 변화도 거리낌도 없으니, 자공의 입장에서는 어떤 사람이라
불러야 할지(命) 알 수가 없다.

　　공자가 말하길, 저들은 방외方外에서 노니는 자들이고, 우리는 방내方內에서 노니는
　　자들이다. 방내와 방외는 서로 미치지 못하는데, 내가 너를 가서 조문하게 하였으니
　　내가 고루했구나. 저들은 바야흐로 조물과 더불어 사람(짝)이 되었고 천지의 일기
　　一氣에서 노닌다. 저들은 생生을 군더더기 붙어 있는 종기처럼 여기고, 죽음을 부스
　　럼이나 종양이 없어지는 것처럼 여긴다. 대저 그러한 자들이 어찌 사생의 선후의
　　소재所在를 알겠는가. 다른 물物(여러 신체 기관)을 빌려 동체同體로 맡기고, 그 간
　　담肝膽을 여의고 그 이목耳目을 버리며, 죽음과 삶(終始)을 반복하여도 그 시작(端倪)
　　을 알지 못한다. 아득히 진구塵垢의 밖에서 노닐며, 무위無爲의 업業에서 소요한다.
　　저들이 어찌 능히 세속의 예에 매여, 중인衆人의 이목으로 사물을 보겠는가.354)

　　이 말을 들은 공자는 말한다. 그들은 방외의 사람이고, 공자 자신은 방내의
사람이다. 방내와 방외는 서로 미칠 수가 없는 것인데, 자신이 제자 자공을
보냈으니 스스로 생각이 짧았다. 저 방외의 사람들은 이물異物을 빌려 동체同體
에 맡기고, 간과 쓸개(肝膽)를 잊어버리고, 이목耳目을 버리며 죽음과 삶(始終)을
반복하여도 그 시작(端倪)을 알지 못한다. 소유 세계(塵垢)의 밖에서 노닐며 무

　　無以命之. 彼何人者邪.

354) 「대종사」 267-268. 孔子曰 彼, 遊方之外者也；而丘, 遊方之內者也. 外內不相及, 而丘使女往弔
　　之, 丘則陋矣. 彼方且與造物者爲人, 而遊乎天地之一氣. 彼以生爲附贅縣疣, 以死爲決疣潰癰, 夫
　　若然者, 又惡知死生先後之所在. 假於異物, 託於同體, 忘其肝膽, 遺其耳目, 反覆終始, 不知端倪,
　　芒然彷徨乎塵垢之外, 逍遙乎無爲之業. 彼又惡能憒憒然爲世俗之禮, 以觀衆人之耳目哉.

위無爲의 일에서 한가로이 자유스럽다(逍遙). 저들이 어찌 능히 인간 소유 세계의 형식(禮)에 매여 중인衆人들의 이목으로 세상을 보겠는가.

　방내와 방외는 '방方'을 기준으로 하여 안과 밖으로 나뉜다. 방이란 '사각의 틀'이다. 연속된 순환의 고리인 '원圓'에 대비되는 개념이다. 일정한 형식과 질서로 틀이 지워진 세상이다. 장자의 입장에서 보면, 우리는 허허로운 실체성 없는 공간에 사각의 틀을 만들어 놓고 삶을 영위한다. 틀 안이나 밖이나 모두 허공같이 실체 없는 것이다. 그러나 인간세의 우리는 그 틀 안에서 세상을 소유적 욕망을 실현하기 위한 공간으로 실체화하고 있다. 방외란 그 틀을 벗어난 자리, 소유적 욕망, 즉 인간 중심주의적 시각에서 사물을 왜곡하고 지배하려고 하지 않는 공간이다. 허虛와 무無의 공간이다.

　그러나 방내와 방외는 별도의 물리적인 공간으로 형성되어 있는 것이 아니다. 우리의 소유적 마음이 나눌 수 없는 것을 나누어 놓은 것이다. 허공은 모든 경계와 장벽을 무효로 만든다. 장자는 그것을 천인天人을 모두 포괄하는 도(天)라고 한다.

　장자에 따르면, 방외의 사람은 생사를 종기나 부스럼처럼 대수롭지 않은 것으로 여긴다. 종기나 부스럼은 생사의 물화를 자연으로 수용하는 마음을 드러내기 위한 은유이다. 그런데 이 방외지사들은 다른 것들을 임시로 빌려다가 하나로 하여 자기 몸으로 삼았다고 여긴다(假於異物 託於同體). 무슨 말인가. 우리의 신체를 하나하나 나누어 보면 거기에는 어디에도 '나'라고 할 만한 실체를 찾을 수 없음을 발견한다. 내 손이 '나'인가. 발이 '나'인가. 머리가 '나'인가. 그렇다면 마음이 '나'인가. 그 어느 것도 물리적 실체로서 변함없이 고정되어 존재하는 '나'라는 실체를 찾을 수 없다. 그러므로 '나'란 '나'가 아닌 것들이 모여서 '나'라는 하나의 물건(同體)이 되어 있는데, 그럼에도 불구하고 신비하게도 일체를 이루고, '나'라는 자의식을 가지고 세계와 맞서고 슬퍼하며 산다. 그러나 방외지사들은 조물과 더불어 짝이 되고, 천지라는 일기와 연속되어 있다. 주객을 구분하지 않는다는 것이다. 오히려 실체가 없으면서도 신비하게 일체를 이루며 사는 우리 몸의 신비, 즉 진공묘유眞空妙有를 즐긴다. 이미 한 몸으로 연속되어 있는데 어느 기관을 떼어내어 대상으로 삼겠는가. 연속된 몸은 상여相與하지 않으면서 상여하고 상위相爲하지 않으면서 상위한다. 우리 몸이 가장 편안할 때에는 어느 장기도 통증을 수반하는 자기주장을 하지 않을 때이다. 심장이 건강할 때 우리는 심장의 존재와 그 작용을 의식하지 않는 것처럼. 미러링(mirroring)하는 마음은 삶과 죽음을 따로 의식하지 않는다.

두 친구가 거문고를 타면서 노래를 골라 불렀다는 것은 삶과 죽음을 별도의 사건으로 보지 않음을 나타내기 위한 은유이다. 주검 앞에서 노래 부르는 지인至人들이 『장자』에는 자주 등장하는데, 이것을 실제 상황으로 받아들이기에는 무리가 있다. 그 어느 누가 장례식장에서 악기를 연주하며 노래하겠는가. 실제 상황을 연출하여 제시하고 있는 것이 아니라, 우리의 고정된 '생사관生死觀'을 뒤집어 해체하기 위하여 제시한 은유로 보는 것이 이해가 쉽다.

> 자공이 말했다. 그러면 선생님은 어느 방方에 의거하고 계십니까.
> 공자가 말했다. 나는 하늘의 육민僇民이다. 그러나 나는 자네와 더불어 그들과 함께하고자 한다.
> 자공이 말했다. 감히 그 방법을 묻겠습니다.
> 공자가 말했다. 물고기는 물에서 서로 나아가고, 사람은 도에서 서로 나아간다. 물에서 나아가는 자는 연못을 파고 기르며, 도에서 나아가는 자는 무사無事한 채로 생生이 안정된다. 그러므로 말하길, 물고기가 강호江湖에서 서로를 잊고 사람은 도道에서 서로를 잊는다고 한다.355)

이 말을 들은 자공은 공자에게 어느 방方에 의거하고 있는가, 방내에 의거하

---

355) 「대종사」 271-272. 子貢曰 然則夫子何方之依. 孔子曰 丘, 天之戮民也. 雖然, 吾與汝共之. 子貢曰 敢問其方. 孔子曰 魚相造乎水, 人相造乎道. 相造乎水者, 穿池而養給 ; 相造乎道者, 無事而生定. 故曰, 魚相忘乎江湖, 人相忘乎道術

는가, 방외에 의거하는가를 묻는다. 그러자 공자는 자신은 하늘의 벌을 받은 백성(戮民)이어서 방내에 의거하고 있지만, 그들과 더불어 방외의 마음을 함께 하고 싶다고 말한다. 자공이 방내에 있으면서 방외를 따르는 방도에 관해 묻자, 공자는 물고기와 물의 비유를 들어 설명한다. 물고기가 물에서 살듯 인간은 도에서 산다. 상망相忘하여 살 수 있다. 물고기가 깊은 물에서 서로를 잊고 자유 롭게 살 듯, 인간은 도에서 서로를 잊고 자유롭게 산다.

물고기의 세상인 '물'의 은유는 우리가 사는 세상은 연속성을 나타내기 위한 것이다. 상망, 서로를 잊는다는 것은 서로에 대한 이분법적 '대상화'가 해소되 고 연속성을 회복한 것을 의미한다. 물고기가 사는 물에 방내와 방외가 없는 것처럼, 우리가 사는 세상 자체에는 방내도 방외도 없다. '방'을 세워 내외로 나눈 것은 우리의 마음, 즉 인간 중심적 사유이고, '방'을 세우는 것은 연속적 실상을 단절시키는 행위이다. 공자는 이러한 마음이 만들어낸 '방'을 기준으로 삼는 것을 '하늘의 형벌을 받은 것(天之戮民)'이라고 묘사한다. '하늘의 형벌'이 란 실상의 이반離反을 의미하는 것으로 보인다.

물고기가 물을 있게 한 것이 아니라 물이 물고기를 살게 한다. 사람이 도를 이루는 것이 아니라 도가 사람을 살게 한다. 이것을 실천할 때 세상의 일에 구애됨 없이 삶이 안정(無事而定生)된다. 넓은 호수에서 물고기들이 서로를 의식 하지 않고 자유롭게 살 듯, 도에서 사는 사람들은 서로 걸림이 없이 삶을 영위 한다. 걸림이 없으니 무사하고, 무사하므로 생이 안정된다. 도에서 연속되는 것은 궁극적으로 방내의 틀을 해체하고, 방내와 방외가 모두 실체 없는 무無임 을 아는 것이다. 그 탈 근거의 무에 기초하여 부득이한 요청에 따라 다시 '방'을 세울 수 있지만, 해체 이후에 세워지는 '방'은 고정된 방도 아니요, 언제나 해체 될 준비가 되어 있는 '방'이나. 공자가 말하는 방내외는 그런 의미에서 회통될 수 있다.

그러나 자공은 여전히 잘 납득이 되지 않는다. 자공 자신이 보기에 그런 사 람들은 기인畸人일 뿐이다. 정상적인 사람들이라고 볼 수가 없다.

자공이 말했다. 감히 묻건대 그런 자들은 기인이 아닙니까.

공자가 말했다. 기인이란 인간 세상에는 부합되지 않는 것처럼 보여도 하늘에 동반하는 자이다. 그러므로 말하길 하늘의 소인小人이 인간의 군자君子요, 인간의 군자가 하늘의 소인이라고 하는 것이다.356)

　곽상과 성현영에 따르면, '기畸'는 짝이 없는 것을 나타낸다. 그의 말에 따르면 기인이란 "수행修行도 있지 않고, 우리 육신의 문제에서 떠나 있으며, 인간 사회적 질서에 괴리되어 세속에 부합하지 못하는 인물"이다.357) 그런 의미에서 본다면 기인이란 인간 세상의 법도와 윤리인 방내의 틀에 부합하지 못한다는 의미이다. 이 말에는 기인에 대한 자공의 부정적인 태도가 드러난다. 그러자 공자가 말한다. 기인이란 방내의 소유적 인간 세계의 기준에서 볼 때는 부합되지 않지만, 도道(天)라는 면에서 볼 때는 자연의 존재 과정에 있는 그대로 부합되는 사람들이다. 그렇기 때문에 장자는 공자의 입을 빌려, 하늘의 소인이 인간의 군자이고, 인간의 군자는 하늘의 소인이라고 한다.

　군자와 소인의 비유는 유용과 무용의 대비와 맥락을 함께 하는 유비이다. 방내의 소유 세계에서는 유용한 것이 방내를 벗어나면 무용하고, 방외에서 유용한 것(全生 혹은 養生)이 방내에서는 무용한 것으로 평가된다. 과학 기술적인 지성이나 도덕적 지성 등 인의예지로 대표되는 방내의 미덕 역시 방외의 시각에서 보면 무용하다. 군자가 곧 소인이다.

　공자가 추구하는 길, 즉 방내에 행적을 가지면서도 마음은 방외에 두는 것, 이것을 실천하는 자가 이어서 등장한다. 바로 맹손재의 이야기이다.

---

356)「대종사」273. 子貢曰 敢問畸人. 曰 畸人者, 畸於人而侔於天. 故曰, 天之小人, 人之君子；人之君子, 天之小人也.

357)「대종사」273 곽상 註. 問向之所謂方外而不耦於俗者, 又安在也. 성현영 疏. 畸者, 不耦之名也. 修行無有, 而疏外形體, 乖異人倫, 不耦於俗. 敢問此人, 其道如何.

4. 〈맹손재의 치상〉 : 행적은 방내에 마음은 방외에

〈방내〉에서 〈방외〉를 보면 이상한 것투성이다. 납득하기 어려운 것들이 많다. 이러한 사태는 피할 수 없는 일이다. 장자는 〈맹손재의 치상〉에서 그 불가피성을 말한다. 요지는 우물 안에서 본 하늘은 좁을 수밖에 없다는 것이다. 맹손재孟孫才는 화광동진, 즉 영녕하고 있는 인물이다. 세상에 얽힌 채로 그 안에서 편안하게 존재의 자연 과정을 수용하는 자이다. 행적은 있지만 마음은 물物 바깥, 즉 방외에 있다.

〈맹손재 이야기〉 역시 안회와 중니의 대화로 되어 있다. 공자의 입을 통해 맹손재를 설명한다. 공자가 대변자로 이용된다는 것은 매우 중요한 역설의 효과를 담고 있는 장자의 수사적 장치이다. 또 하나 중요한 장치는 이야기의 대부분이 문답이나 내러티브의 형식을 띠고 있다는 점이다. 문답의 경우, 그 질문이 질문에 대한 답의 수준을 발전시키도록 자극하는 형태를 띠고 있다. 물음과 답변이 매우 역동적이다.

> 안회가 중니에게 물었다. 맹손재는 모친이 죽자 곡哭은 하였지만 눈물은 흘리지 않았고, 마음으로 슬퍼하지 않았으며, 상을 치르면서도 비통함이 없었습니다. 이 세 가지가 없으면서도 상喪을 잘 치른다는 소문이 노나라를 덮으니 진실로 그 실實은 없으면서 그 이름만 얻은 것입니다. 저는 참으로 이것이 이상합니다.[358]

안회가 공자에게 묻는다. 맹손재라는 노나라의 유명한 현인이 어머니의 치상治喪을 하는데 곡哭을 하면서도 눈물을 흘리지 않았고, 마음속에서 슬픔이 없었으며, 장례를 치르면서도 비통한 기색이 없었다. 그럼에도 불구하고, 치상을 잘했다는 소문이 노나라를 덮고 있다. 그러니 참으로 괴이한 일이라는 것이다.

---

[358] 「대종사」 274. 顔回問仲尼曰 孟孫才, 其母死, 哭泣無涕, 中心不戚, 居喪不哀. 無是三者, 以善處喪 蓋魯國. 固有無其實而得其名者乎. 回壹怪之.

성현영에 따르면, 맹손재는 노나라 현인으로 모친상을 치르며 예수禮數를 빠짐없이 갖추고, 위의威儀가 우아했으며, 심히 효성스러운 모습이었다고 한다.[359] 그러나 안회가 지적한 세 가지를 맹손재는 하지 않았다. 노나라 사람들이 칭송한 것은 그 겉모습을 본 것이고, 안회가 이상하게 여긴 것은 그 내심을 살핀 것이다.

만일 『논어』의 공자였다면 맹손재의 경우와 같이 예의 정신은 보이지 않고 예의 형식만 갖춘 것은 모두 무가치하며, 껍데기일 뿐이라고 단언했을 것이다. 「팔일八佾」 편에서 공자는 "예를 행하는데 공경스럽지 않고, 상喪에 임하여 애통함이 없다면 무엇을 볼 것이 있겠는가"라고 말한 바 있다.[360] 안회는 이런 공자의 입장을 알고 있었기 때문에 질문한 것이다.

그런데 안회의 예상을 뒤집고 공자는 반대로 맹손재를 칭찬한다. 상식적으로 생각하면 이런 장치, 즉 장자가 공자의 입을 빌려 자신이 견지해 온 입장을 비판하게 하는 데는 이중의 효과가 있다. 하나는 공자의 명성을 빌려 장자의 입장을 대변하게 하는 것이요, 다른 하나는 공자 자신의 입장을 비판하는 것이다.

> 중니가 말하길, 맹손씨는 (상喪의 도를) 다하여, 예를 잘 아는 이보다 더 나아갔다. 오직 간단히 하려 해도 할 수가 없는데 이미 간단히 해내었다. 맹손씨는 생의 소이所以를 알지 못하고, 사의 소이를 알지 못하며, 앞서 나아감도 모르고(생에 집착하지도 않고) 뒤를 따를 줄도(죽음을 추구하지도) 모른다. 만일 화化하여 물物이 되어도 그 알지 못하는 변화를 기다릴 뿐이다. 바야흐로 장차 화하고 나면 어찌 화하기 전을 알 수 있는가. 장차 화하기 전이라면 화한 이후를 어찌 알겠는가. 다만 나와 자네가 그 꿈에서 아직 깨어나지 않은 것인가. 또 그는 형체의 변화에 놀라기는

---

359) 「대종사」 274. 성현영 疏. 姓孟孫, 名才, 魯之賢人. 體無爲之一道, 知生死之不二, 故能跡同方內, 心遊物表. 居母氏之喪, 禮數不闕, 威儀詳雅, 甚有孝容 ; 而戻不滂沱, 心不悲戚, 聲不哀痛. 三者旣無, 不名孝子, 而鄉邦之內, 悉皆善之, 云其處喪深得禮法也.

360) 『논어』 「팔일」 爲禮不敬 臨喪不哀 吾何以觀之哉.

하지만 마음에 손상을 입진 않고, 머무는 곳(육체)은 달라져도 죽음에 개의하진 않는다. 맹손씨는 다만 깨어 있는 자이다. 사람들이 곡을 하니 자신도 곡을 하니, 이는 스스로 곡을 한 까닭이다. 또 (사람들은) 서로 더불어 '나는 나일뿐'이라 하지만 어찌 내가 이른바 나임을 알겠는가. 또 너는 꿈에 새가 되어 하늘을 날아 보았는가. 꿈에 물고기가 되어 연못에서 놀아보았는가. 지금 말하는 자도 깨어 있는지 꿈꾸고 있는지 알 수가 없다. 조적造適도 소소笑에는 미칠 수 없고, 헌소獻笑도 안배安排에는 미칠 수 없으니, 안배하여 화化에 나아가면 이에 사람은 요천廖天에 하나 되는 것이다.[361]

공자는 안회에게 이렇게 답한다. 맹손재는 예를 극진히 했거니와 예를 아는 자들보다 더 훌륭했다. 사람들은 간단히 하고자 해도 할 수 없는 것을 그는 간단하게 처리 내었다. 그러고 나서 맹손재를 설명한다.

맹손재는 삶의 근원을 생각하지 않고, 죽음의 근원도 생각하지 않는다. 앞서 나가는 것도 알지 못하고 뒤에 나감도 알지 못한다. 다만 변화하는 존재의 과정(物化)에서 그는 하나의 물物이 되어 있을 뿐이다. 인간의 능력으로는 알 수 없는 다른 것으로의 변화를 기다릴 뿐이다. 그가 물화物化되어 화化하였다면, 즉 죽었다면 어찌 죽기 전(化하기 전)을 알 수 있으며, 아직 죽지 않았다면 그것이 이미 (다른 것에서) 화하여 생겨난 것임을 알겠는가. 자신과 안회야말로 아식 꿈에서 깨어나지 못하여, 존재의 연속적 유대를 회복하지 못한 것이 아닌가. 또 그는 형체의 변화(죽음)에 놀라기는 하겠지만 그 마음에 손상을 입지 않고, 머무는 곳(육체)은 달라져도 죽음에 개의치 않는다. 맹손재는 다만 존재의 실상을 아는

---

361) 「대종사」274-275. 仲尼曰 大孟孫氏盡之矣. 進於知矣. 唯簡之而不得. 夫已有所簡矣. 孟孫氏不知 所以生, 不知就死. 不知就先, 不知就後. 若化爲物, 以待其所不知之化已乎. 且方將化, 惡知不化 哉. 方將不化, 惡知已化哉. 吾特與汝, 其夢未始覺者邪. 且彼有駭形而無損心, 有旦宅而無情死. 孟 孫氏特覺. 人哭亦哭, 是自其所以乃. 且也相與吾之耳矣. 庸詎知吾所謂吾之乎.且汝夢爲鳥而屬乎 天. 夢爲魚而沒於淵. 不識今之言者, 其覺者乎. 其夢者乎.造適不及笑, 獻笑不及排. 安排而去化, 乃入於寥天一.

깨어 있는 자이다. 그는 화광동진하는 자이기 때문에 사람들이 곡哭을 하니 자신도 곡을 한 것이다.

맹손재는 소유 세계의 방내에 살면서도 방내의 틀에 갇히지 않은, 즉 세속화되지 않을 수 있음을 보여주는 높은 수준의 행동을 보여준다. 그가 겉으로나마 애도하는 모습을 띤 것은 다른 사람들과 함께하기 위한 것, 즉 동진同塵한 것일 뿐이라는 것이다. 진실로 방외에서 노니는 진인에게는 '방'이 없다. 〈무방〉이다.

또 우리는 '나'라고 하지만, 우리가 이야기하는 것이 '나'라는 것이 과연 실제로 '나'인지를 어떻게 알 수 있느냐고 의문한다. 그대는 꿈에 새가 되어 하늘을 날아 보았는가. 그대는 꿈에 물고기가 되어 연못에서 놀아 보았는가. 지금 말하는 자, 즉 자신 역시 깨어 있는지 꿈꾸고 있는지 확정할 수 없다.

장자에 따르면, 마땅한 것을 찾아서 행하는 것(造適)은 웃어넘기는 것만 못하고, 웃어넘기는 것은 편안히 변화를 따르는 것(安排)만 못하다. 이것은 어떠한 사태나 사물이든 문제 삼지 않는다는 것이리라. 이것은 장자의 사유에서 대단히 중요한 의미가 있다. 꿈의 유비는 문제에 대한 최고의 이해, 즉 그 문제를 문제로 보지 않는, 다시 말해 문제 삼지 않는 경지로 넘어가는 자리에 배치되어 있다. 꿈에서 깨어날 때 꿈의 세계는 사라진다. 그것은 환영처럼 존재할 뿐이다. 즉 의사擬似 문제(pseudo-problem)이다. 웃어넘길 수 있는 이유는 깨어났기 때문이다. 깨어나서 보니 애초부터 문제가 없었음을 아는 것이다.

맹손재가 어떤 일에도 마음이 동요되지 않을 수 있는 것은, 일어난 일이 실제로 일어난 것이 아님을 알기 때문이다. 장자에 따르면, 우리가 세상과 일과 자신을 실체로 아는 한 꿈에서 깨어난 것이 아니다. 맹손재는 지인至人의 상태에서 인간세에 응하는 내면의 상태를 의인화한 마음이다. 그에게 '깨어 있음'은 깨어 있는 그대로 의미가 있고, '꿈'은 꿈대로 재미있다. 〈꿈〉이든 〈깨어 있음〉이든 관계치 않는다면 집착할 근거, 당위의 근거가 붕괴하는 것이다.

〈맹손재의 치상治喪〉 다음에 이어지는 우화는 〈의이자와 허유 이야기〉와 〈좌망 이야기〉이다. 이 두 가지 우화는 제1부에서 다루었으니, 여기서 약略한다.

7장. 해체한 마음의 '제왕 같은' 자유로움: 응제왕

「응제왕」편은 『장자』 「내편」을 마무리하는 마지막 편이다. 곽상은 「응제왕」편의 요지를 "무심無心으로 자화自化에 맡기니, 응당히 제왕帝王이 된다"[362]고 정리한다. 곽상이 말한 '무심無心 자화自化'는 장자가 줄곧 진행해온 실체론적 사유의 해체를 통해 이루어지는 '허심'과 허심에서 편안하게 받아들이는 존재 과정의 변화(物化)를 의미한다고 볼 수 있다. 그런데 곽상은 이와 같은 마음은 '응당히 제왕이 된다'고 말한다.

편명인 '응제왕'의 '제왕'이나 곽상이 말한 '제왕'의 의미가 인간세의 '황제'나 '군주'를 의미한다고 보기는 어렵다. 장자가 그런 식의 방내적 어휘를 사용하여 '편명'으로 삼았다고 보는 것은 그의 전체 사유 노선에 부합되지 않는다. 이것 역시 은유로 보아야 할 것이다. '제왕'이 아니라 '제왕 같은'의 의미를 나타내는 메타포로 보아야 한다.[363]

그렇다면 '제왕'이 상징하고자 하는 원관념은 무엇인가. 우리는 인간의 역사 세계에서 '제왕'이라는 말이 항시 '권력'을 수반한다는 사실에 주목해야 한다.

---

[362] 「응제왕」 287. 곽상 註. 無心而任乎自化者, 應爲帝王也.

[363] 일부 학자들은 응제왕이 內聖外王의 정치 철학에 입각하여 이상적인 황제와 군주의 자격이 무엇인가 하는 문제를 다룬 것으로 본다(오강남, 그의 책 322쪽). 즉 진정한 의미에서의 정치 지도자의 자격에 대해 논했다는 것이다. 이 책의 작업과는 다른 견해이다. 이 책에서는 응제왕의 '제왕'이 세상을 다스리기 위한 지도자의 자질을 논했다고 보지 않는다. '허심으로 제왕같이 자유로워진 마음'은 세상을 다스리는 일에 참여할 수도 있고 그렇지 않을 수도 있다. 그것은 응제왕의 중심 문제가 아니다. 안동림은 오강남과 달리 '응제왕은 자신을 잊고 자연을 따르면 만물의 제왕이 되기에 알맞음을 의미한다'고 본다(그의 책, 219쪽). 다소 그 의미가 모호한 측면이 있지만 '세상에 대한 지도력'에 중점을 두지는 않는 것 같다.

'권력' 가운데에서도 제왕의 권력은 '무소불위無所不爲'를 상징한다. 그리고 인간세의 제왕은 이 '무소불위의 권력'을 자기 몸 밖의 세상과 타자를 향해 행사한다. 그러나 장자의 경우에는 다르다.

응제왕이라는 편명은 노자의 〈무위무불위無爲無不爲〉를 상기하게 한다. '아무것도 하지 않지만 하지 못하는 것이 없는 마음'이라는 뜻을 갖는 이 구절은 장자의 사유의 최종적 도달점을 지시한다. 장자의 사유에서는 세계의 모든 존재자와 사태에 대한 절대적 근거를 해체하였기 때문에 그에 대한 '잣대'가 될 만한 것이 존재하지 않는다. 그렇기 때문에 '해야 한다'거나 '하지 말아야 할' 행위의 기준을 세울 수 없다. 즉 무목적적인 존재의 자연 과정을 그대로 수용한다. 하지만 역으로 '해야' 하거나 '하지 말아야' 할 근거가 없기 때문에 어느 것이든 자유롭게 행하고 받아들일 수 있다. '얽혀 있는 세상 자체에서 편안할 수 있는 마음(攖寧)'의 길이 열린다. 바로 이 '아무것도 걸림이 없는 마음' 혹은 '아무것도 하지 못할 것이 없는' 자유로운 마음을 장자는 '무소불위'의 권력을 갖는 '제왕 같은 자유로운 마음'으로 형상화한 것이다.

응제왕 편에서 장자는 실체론적 사유를 해체한 마음이 누리는 제왕 같은 자유로움에 대해 논하기 위해 7편의 우화를 조직한다. 1)참된 앎(眞知)이란 곧 모르는 것을 아는 것(不知의 知)임을 아는 마음을 논하는 〈설결齧缺과 왕예王倪의 이야기〉, 2)자연적 본성에 따라 자신의 몸을 지키는 지혜를 논하는 〈광접여狂接輿 이야기〉, 3)신묘불측한 〈호자壺子의 이야기〉, 4)무하유지향無何有之鄕에서 노니는 〈무명인無名人의 이야기〉, 5)진정한 제왕(明王)의 마음을 논하는 〈양자거陽子居와 노담의 이야기〉, 6)열자의 〈구도求道를 위한 공부〉, 그리고 마지막으로 7)〈혼돈渾沌의 죽음〉으로 마무리된다.

1절. 진지는 부지, 판단하지 않는 마음의 자유:
〈설결과 왕예 이야기〉

장자에 따르면 도道로 지칭되는 존재의 과정 전체는 무한한 관계에서 무한한 변화가 연속되는 그물망의 유전활동 그 자체이다. 그러므로 우리가 '무엇'에 대해 안다고 생각하는 것(知)은 이 변화 과정의 일점 순간을 고정시켜 관념화한 것에 불과하다는 것이 장자의 기본 입장이다. 따라서 우리의 앎(知)은 이런 면에서 원천적으로 '모르는 앎' 즉 〈부지不知의 지知〉이다. 장자에서 참된 앎(眞知)란 바로 '부지의 지'를 아는 것이다.

응제왕 편의 첫 이야기는 바로 '우리가 아는 모든 것은 결국 모르는 앎'(不知의 知)이라는 것을 보여주는 왕예王倪와 그런 왕예의 모습을 기뻐하는 설결齧缺이 등장한다.

설결이 왕예에게 무언가에 대해 물었다. 네 번을 물었는데, 왕예는 네 번 모두 모른다고 답하였다. 그런데 이상한 것은 모른다는 대답을 들은 설결이 뛸 듯이 기뻐했다는 사실이다. 그리고 포의자蒲衣子에게 가서 이 사실을 고한다.

> 설결이 왕예에게 물었는데, 네 번을 물었으나 네 번 모두 모른다고 하였다. 설결은 뛸 듯이 기뻐하며 포의자蒲衣子에게 가서 고하였다.[364]

'모른다'는 대답이 어째서 기뻐할 만한 일이고, 다른 사람에게 고할 만큼 중요한 일인가. 장자의 사유에 따르면, 크게 기뻐한 까닭은 부지不知가 곧 진지眞知임을 알았기 때문일 것이다. 〈좌망 이야기〉에서 얻은 것(益)이 곧 잊은 것(忘)인 것처럼 말이다.

---

[364] 「응제왕」 287. 齧缺問於王倪, 四問而四不知. 齧缺因躍而大喜, 行以告蒲衣子.

그렇다면 '모른다'는 답이 함축하고 있는 바는 무엇인가. 장자에 따르면, 우리가 '이것이 이것이다'라고 아는 순간 '이것'은 '이것 아닌 것'과 나누어진다. 자연의 실상은 연관과 연속이며, 한 순간의 쉼도 없이 연관 속에서 무한한 변화를 이루며 그 자체로 균형을 이루고 있다. 독립적으로 따로 분리되어 존재하는 대상이란 없다. 명名이란 대상을 그 연속성으로부터 우리의 관념에 의해 분리하고 구분하고 제약하는 것이다. 그런 언어의 제약 때문에 '-이 아니다'라는 부정의 언어를 사용할 수밖에 없다. 진지는 '이것이 이것이 아님'을 아는 것, 즉 실체가 아님을 아는 것, 말할 수 없다는 것을 아는 것, 대상화를 동반하는 대상적 앎이 근원적으로 가능하지 않음을 아는 것, 즉 〈부지〉라는 것이다.

> 포의자 왈 ,자네는 지금에야 그것을 알게 되었군. 유우有虞씨는 태씨泰氏에 미치지 못한다. 유우씨는 인仁을 품고 사람들에게 요구하니, 역시 인人은 얻었지만 아직 (인仁하지 않은) 인간을 그르다고 여기는 것에서는 벗어나지 못했다. 태씨는 누워 자면 그지없이 편안하고 깨어 있을 때는 담담하여, 한 번은 자기를 말로 여기고, 한 번은 자기를 소로 여기니, 그 지知와 정情은 신실하고 그 덕德은 매우 진실하지만 아직 사람을 그르다고 여기는 데는 들지 않았다.365)

성현영에 따르면, 포의자는 요임금 시절의 현인으로 팔 년간 순임금을 가르쳤다고 한다. 요가 그에게 제위帝位를 양위했으나, 거절하고 받지 않았기 때문에 포의자라 불렸으며, 방외의 현인으로 알려져 있었다고 한다. 또 유우有虞는 순임금을 가리키며, 태씨泰氏는 복희伏戱를 가리킨다고 본다.366) 이 구절을 해

---

365) 「응제왕」287. 蒲衣子曰 而乃今知之乎. 有虞氏不及泰氏. 有虞氏, 其猶藏仁以要人, 亦得人矣, 而未始出於非人. 泰氏, 其臥徐徐, 其覺于于. 一以己爲馬, 一以己爲牛, 其知情信, 其德甚眞, 而未始入於非人.

366) 「응제왕」287. 성현영 疏. 蒲衣子, 堯時賢人, 年八歲, 舜師之, 讓位不受, 卽被衣子也. 饒缺快得不知之妙旨, 仍踊躍而喜歡, 走以告於蒲衣子, 述王倪之深義. 蒲衣是方外之大賢, 達忘言之至道, 理無知而固久, 汝今日乃知也. 288. 성현영 소. 有虞氏, 舜也. 泰氏, 卽太昊伏羲也. 三皇之世, 其俗淳

석하는데, 성현영의 이러한 정보는 매우 유용하다.

설결의 말을 들은 포의자는 그대가 이제야 도를 알았다고 칭찬한다. 그리고 덧붙인다. 유우씨는 태씨의 수준에 미치지 못했다. 유우씨는 당위적인 이념(仁)을 가지고 사람들에게 요구하였다. 인간 소유 세계의 권력을 얻긴 하였으나, 타자를 그르다고 배제하는 것(非人)에서 벗어나지 못했다. 태씨는 잘 때는 편안하고 깨어 있을 때는 담담하였다. 어떤 경우에는 자신을 말(馬)이라 여기고, 어떤 경우에는 자신을 소(牛)로 여겼다. 그의 지知와 정情은 신실하고, 그 덕德은 매우 참되었다. 그러나 남을 그르다(非人)고 판단하는 잣대는 세우지 않는다.

장자에 따르면, 태씨는 성심成心에 입각한 잣대를 가지고 세상과 타자에 대해 판단하는 존재가 아니다. 〈비인非人〉하지 않는다는 것은 있는 그대로의 실상을 인정하여 어떤 사람을 다른 사람으로 바꾸려 하지 않는 자이다.

이에 비해 유우는 인의라는 도덕적 당위의 잣대를 세웠으므로(藏仁以要人) 필연적으로 시비를 따지게 된다. '인'이라는 경계로 틀을 세우고, 그 틀에서 벗어난 자들을 배제한다. 즉 비인하게 된다. 비인이란 두 가지 의미로 확대 해석할 수 있다. 한 가지는 '비'를 비난한다는 의미로 보는 것이고, 다른 하나는 '비'는 '아니다'라는 의미로 보아, 인仁의 기준에 동의하고 실천하지 않는 자를 '인간적 가치를 갖지 못한 자'로 평가하는 것이다. 어느 쪽이든 사람을 있는 그대로 인정하는데서 출발하지 못하고, 평가적으로 바라본다는 데에 공통점이 있다. 그런 의미에서, 장자는 유우가 아무리 성인의 칭호를 듣는다 해도, 〈비인〉하지 않는 태씨의 마음에는 미치지 못한다고 본다.

그런데 여기서 주목할 만한 것은 유우보다 태씨가 편안함과 자유를 누린다는 사실이다. 잘 때도 편안하고, 깨어 있을 때 담담하다. 말과 소는 메타포이다. 자신을 말로도 여기고, 소로도 여긴다는 것은 '고정된 자의식'을 갖지 않는다

和 : 五帝之時, 其風澆競. 澆競則運知而養物, 淳和則任眞而馭宇, 不及之義, 驗此可知也.

는 의미이다. 말(馬)이 되었다가 소(牛)가 되기도 하는 것은 '일정한 고정된 자아'를 고집하지 않기 때문이다. 일정한 고정적 자아가 없음은 세상 어디에도 '자아'가 아닌 것이 없다는 것의 다른 표현이다. 연속된 세계 전체가 한 몸이 된다. 태씨에 대한 묘사는 화이불창和而不唱하는 진인眞人의 모습이다.

태씨가 타인을 판단하지 않고, 비난하지 않는 것(非人)은 절대 긍정에 진입했음을 보여주는 것이다. 태씨를 유우와 비교한 것은 인仁이라는 당위적 혹은 도의적 잣대를 갖게 되면 필연적으로 사람을 재단하고 평가하게 되어, 있는 그대로의 참모습을 발견할 수 없음을 말하기 위해서이다. 인이라는 시각에서 본 세상은 '인한 것'과 '인하지 않은 것'으로 분할될 수밖에 없다. 세계가 쪼개진다. 그리고 실상은 왜곡된다. 시비의 마음은 시비의 세계를 가른다. 장자에게서, 마음과 세계는 연속되어 있기 때문이다.

2절. 자유로운 제왕의 마음

1. 의인화된 무용지용의 자유: 〈광접여〉

광접여狂接輿는 앞서 「인간세」 편에 등장했던 광인으로, 소유 세계에서의 '무용'한 인간의 대명사이다. 그러나 다른 한편으로 소유 세계의 방내적 틀에서 벗어난 마음의 자유를 누리는 덕德의 지리支離로 등장한다. 『장자』 텍스트에서 광접여는 〈무용지용〉을 의인화한 메타포로 작용한다. 그런 광접여에게 견오肩吾가 찾아온다.

> 견오가 광접여를 찾아 왔다. 광접여가 말하기를, 일중시日中始가 자네에게 무엇을 말해주던가.
> 견오가 말하였다. 저에게 고해주기를 '군주 된 자가 자기 생각으로 여러 가지 의식

과 법도를 만들어 낸다면 사람들이 누가 감히 따르지 않으며, 그것에 교화되지 않겠
는가'라고 하였습니다.367)

견오가 찾아가자 광접여가 묻는다. 자네 스승인 일중시가 자네에게 무엇을
가르치던가.368) 견오는 답한다. 군주의 덕, 즉 능력과 위엄으로 의식과 법도를
제정해 널리 반포한다면 그것을 지키지 않거나, 그것을 통해 교화되지 않는
자는 없을 것이라고 들었다고 한다. 그러자 접여는 이렇게 평가한다.

> 광접여가 말했다. 이것은 기만적인 덕이다. 그가 천하를 다스리는 것은 마치 바다를
> 걸어서 건너고 강바닥을 파며, 모기로 하여금 산을 짊어지게 하는 것과 같다. 대처
> 성인의 치治가 외外를 다스리는 것이겠는가. (자신을) 바르게 한 후에 행하는 것이
> 니, 그 일을 능하게 할 것은 확실히 할 따름이다. 또 새는 높이 날아 주살의 해를
> 피하고, 생쥐는 신단의 언덕 아래에 깊은 굴을 파고 들어가 그을리거나 파헤쳐지는
> 해를 피한다. 일찍이 이 두 동물이 무지無知한 것인가.369)

무용한 인간 광접여는 말한다. 견오의 스승인 일중시는 군주가 자신의 지위
와 능력을 이용하여 의식과 법도로 타자의 마음과 행동을 통제할 수 있다고
보시만, 이것은 기만적인 넉이다. 마치 바다를 걸어서 건너고 강바닥을 파며,
모기에게 산을 짊어지게 하는 것처럼 허구적이다. 성인의 다스림이란 마음 바

---

367) 「응제왕」 289-290. 肩吾見狂接輿. 狂接輿曰 日中始何以語女. 肩吾曰 告我君人者以己出經式義
度, 人孰敢不聽而化諸.

368) 성현영은 日中始를 현인이자, 肩吾의 스승이라고 본다. 여기서는 성현영의 견해를 채택힌
다. 「응제왕」 289. 성현영 疏. 肩吾接輿, 已具前解. 日中始, 賢人姓名, 卽肩吾之師也. 旣是女師,
有何告示. 此是接輿發語以問故也.

369) 「응제왕」 291. 狂接輿曰 是欺德也, 其於治天下也, 猶涉海鑿河而使蚊負山也. 夫聖人之治也, 治外
乎. 正而後行, 確乎能其事者而已矣. 且鳥高飛以避矰弋之害, 鼷鼠深穴乎神丘之下以避熏鑿之患,
而曾二蟲之無知.

깥의 것을 통치 지배하는 것이 아니라 자기의 마음을 바르게 한 후에 행해지는 것이다. 새 잡는 화살을 피하여 높이 날아오르는 새와 언덕 아래 굴을 파고 자기 몸을 지키는 생쥐는 결코 무지한 것이 아니다.

새와 쥐는 자연적 본성에 따라 자신을 지키는 지혜를 갖고 있다. 법도와 의식의 가르침을 받은 것이 아니다. 일중시의 가르침이 기만적인 까닭은 의식과 제도를 만들어 타자에게 강요하려 하기 때문이다. 이러한 행위는 그 자체로 백성을 제 뜻에 따라 통제하고자 하는 목적과 의도에서 연유한다. 자신의 의도를 내어서 상정相正하려는 것은 지인至人의 길이 아니다. 성인의 가르침이 어찌 외外를 지배하고 통제하려는 것이겠는가. 성인에게는 이미 외라고 할 만한 경계가 없다. 이미 세계가 마음에서 연속되어 있으므로 자기의 일을 확실하게 할 따름이다. 자기 생각으로 타자를 바꾸려고 하는 것은 허망한 것이다. 자기에게 충실한 것이 세계에 충실한 것이 된다는 것이 장자의 전언이다.

2. 무하유지향에서 노니는 자유인: 〈무명인〉

다소 낭만적인 어감을 갖는 '무하유지향無何有之鄕'이라는 말은 자의대로 해석하면 "유有라고 할 만한 것이 없는 공간"을 의미한다. '유有라는 실체가 없는 공간'이란 곧 무정형無定型의 무목적無目的 세계, 즉 존재의 실상을 지시한다. '향鄕'이라는 단어로 인해 이를 지리적 공간으로 보기 쉽지만, 거기서 '노닌다(遊)'고 한 것을 보면 이는 마음과 함께 열리는 공간을 지시하는 것이지 고정된 지리적 공간을 가리키는 것이 아니다. 이 이야기에서는 그 존재의 실상을 알고, 무목적인 세계에서 노니는 자, 세계를 언어로 구분하지 않는 마음(無名)을 은유한 무명인無名人과 무명인에게 질문을 던지는 천근天根이 등장한다.

천근과 무명인이 대화를 나눈다. 그런데 이 두 사람의 이름이 예사롭지 않다. 한 사람은 '하늘의 뿌리', 즉 근원이고, 다른 한 사람은 '무명의 사람'이다. 두 이름 모두 상징적 함의가 있으며, 우화 형식이다. 무명인은 지인至人의 형상화이다.

천근이 은양殷陽에서 노닐다가 요수蓼水에 이르러 무명인을 만났다. 천근은 무명인에게 천하를 다스리는 방법을 묻는다.

> 천근이 은양에서 놀다가 요수가에 이르러 무명인을 만나 물어 왈, 청컨대 천하를 다스리는 방법을 묻습니다.
>
> 무명인 왈, 가거라. 너는 고루한 사람이구나. 어째서 그리 유쾌하지 않은 것을 묻는가. 내가 장차 조물造物과 더불어 사람이 되었다, 싫증이 나면 또 저 망묘莽眇한 새를 타고 육극六極의 밖으로 나가서 무하유지향無何有之鄉에서 노닐고 광랑지야曠埌之野에 처할 것이다. 너는 또 어찌 천하를 다스리는 일로 나의 마음을 어지럽게 하는가.370)

무명인은 이 질문을 기껍게 여기지 않는다. 장자에게서 무명無名이란 무엇인가. 그리고 무명인이란 어떤 존재에 대한 상징인가. 무명은 단순히 이름 없음을 의미하는 것이 아니다. 무명의 '명名'은 연속된 세계를 언어로 구분 짓는 일차적 행위를 상징한다. 우리를 둘러싼 세계는 연속되어 있다. 예를 들어, 무지개도 연속되어 있고, 봄·여름·가을·겨울도 연속되어 있다. 연속된 세계를 우리의 인식적 편의를 위하여 구분 짓는 것은 '언어'를 통해 이루어진다. 그래서 무지개의 색깔은 문화권에 따라, 때로는 일곱 가지 색깔의 이름으로, 때로는 다섯 색깔의 이름으로, 심지어 아홉 가지 색깔의 이름으로 구분된다.

우리는 사계의 구분이 정확하게 '어느 시점'에서 이루어지는지 알 수 없다. 즉 어느 날 시각에 정확히 봄에서 여름으로 교체되는지 확정할 수 없다. 그 자체로 구분이 되지 않기 때문이다. 개념적 언어, 즉 명名은 연속적으로 변화하

---

370) 「응제왕」, 292. 天根遊於殷陽, 至蓼水之上, 適遭無名人而問焉, 曰 請問爲天下. 無名人曰去. 汝鄙人也, 何問之不豫也. 予方將與造物者爲人, 厭則又乘夫莽眇之鳥, 以出六極之外, 而遊無何有之鄉, 以處壙埌之野. 汝又何帛以治天下感予之心爲.

는 세상을 고정하여 분절한다. 그러나 언어의 고정화와 분절에도 불구하고 세상은 정지되지 않으며 연속성이 단절되지 않는다. 언어적 개념화(名)는 오히려 실상에서 멀어지는 결과를 가져오고, 그 언어를 통한 우리의 경험은 세상의 실상에서 이탈된다. 언어를 통해 우리가 세계를 본다 해도 그것은 부분적이고 편파적일 수밖에 없다. 게다가 더 문제가 되는 것은 그것조차도 우리 과거의 기억과 경험 체계를 통해 형성된 관념을 통하여 세계를 다시 해석하고 재구성하여 인식한다는 사실이다.

이러한 '명'이 갖는 분절성의 한계를 아는 무명인은 세상과 연속되어 있어서 별도로 다스려야 할 세상을 분절하여 대상화하지 않는다. 이런 무명인에게 세상에 대한 통치술을 묻는 천근天根이 흔쾌히 대답을 들을 수 없는 것은 당연하다.

무명인은 말한다. 그만두고 가거라. 그대는 고루한 자이다. 기껏 묻는 것이 통치술이라니, 질문이 유쾌하지 않다. 자신은 자연의 변화(造物)와 함께 노니는 자이다. 심심하면 붕새를 타고 육극지외에 나아가 무하유지향에서 노닐고 광랑지야에 처할 것인데, 그런 일을 물어서 자신을 성가시게 한다고 꾸짖는다.

장자의 '무하유지향'이란 별도의 고유한 어떤 공간을 지칭하는 것이 아니다. 허심에서 현현하는 존재의 실상, 즉 "유라고 할 만한 실체가 존재하지 않는 세계"를 의미한다. 존재의 실상을 알고, 무목적인 세계에서 노니는 마음을 가진 자가 어찌 '소유 세계'를 장악할 목적을 갖는 통치술을 논하겠는가.

답변을 거절당하고, 고루하다는 평을 들었지만 천근은 포기할 수 없다. 누군가는 천하를 다스려야 하지 않는가 생각하기 때문이다. 그래서 다시 묻는다. 다시 묻는 천근의 질문에 또 다시 거절한다면 그 역시 무명인이라 칭할 수 없다. 화광동진하는 지인은 빛을 만나면 빛이 되고 티끌을 만나면 티끌이 된다. 무명인에게는 '나' 혹은 '나의 주장'이라고 고집할 만한 '나'가 없기 때문이다. 부득이의 양중養中에서 무명인은 천근의 물음에 답한다.

(천근이) 또 다시 물었다.

무명인이 말하길, 네가 담淡에서 마음이 노닐고, 막漠에서 기가 합하여 순물順物 자연自然하여 사사로움을 쓰는 일(容私)이 없다면 천하는 다스려질 것이다.[371]

곽상은 담淡과 막漠에 대하여, 담은 자연의 고유성에 맡겨 인위적으로 수식하지 않는 마음이고, 막이란 그 각득기의의 고유성에서 지족知足하는 고요한 마음이라고 설명한다.[372] 내용상으로 보면 〈익생益生〉하지 않는 〈허심虛心〉이다.

그러므로 무명인이 천근에게 답한 내용은 이렇다. 자연 과정을 그대로 수용하는 마음으로 모든 존재자의 각득기의를 인정하고, '사私'를 내지 않는다면 천하는 저절로 다스려진다는 것이다. 자아를 내세워 자아를 분리하지 않고, 존재의 실상을 알아 연속성에 합일하면 수용하지 못할 것이 없으며, 바로 이 모든 것을 받아들이는 마음의 수용력이 곧 '사'가 없는 마음이다. 비유컨대 하늘은 사사로움이 없다. 그래서 만물을 차별 없이 비추며 생육生育한다. 바다 역시 사사로움이 없다. 모든 강과 계곡의 물을 받아들여 물의 왕王이 된다.

3. 무방한 명왕의 자유: 〈노담과 양자거의 대화〉

〈천근과 무명인의 대화〉에서 '천하를 다스리는 방법'에 대해 논한 상사는 이어지는 이야기에서 '천하를 다스리는 명왕明王'의 자질에 대해 논한다. 역시 문답의 형식으로 진행되는데, 이 문답에는 노담老耼과 양자거陽子居가 등장한다. 노담은 『장자』 전편에 수차례에 걸쳐 등장하는데, 주로 장자의 입장을 대변하는 지인至人으로 등장한다.

양자거가 노담을 만나 묻는다. 만일 어떤 사람이 민첩하고 강하며, 사물을

---

371) 「응제왕」 294. 又復問. 無名人曰 汝遊心於淡, 合氣於漠, 順物自然而無容私焉, 而天下治矣.

372) 「응제왕」 294. 성현영 소. 其任性而無所飾焉則淡矣. 漠然靜於性而止.

꿰뚫어 보는 눈이 밝고 도道를 배우기를 게을리하지 않는다면 가히 명왕明王이라 할 수 있겠는가.

> 양자거가 노담을 뵙고 말하였다. 여기 어떤 사람이 있는데, 민첩하고 강하고 투철하고 밝으며 도를 배우기를 게을리하지 않습니다. 이런 자라면 가히 명왕에 비견되겠습니까.373)

양자거는 자신의 기준에서 의거한 것이기는 하지만, 최상의 지도자 자질이라고 생각되는 덕德과 능력, 그리고 도道에 대한 태도를 제시한다. 이런 능력을 가진 지도자라면 실로 인간 역사 세계를 바로 잡고 태평하게 하는데 큰 역할을 할 수 있는 '지혜로운 제왕(明王)'의 자질을 갖춘 것으로 판단한 듯하다.

그런데 노담의 평은 좀 가혹하다. 결론은 그런 자는 '명왕'에 견줄 수 없다는 것이다.

> 노담 왈, 성인에 있어서 이런 사람은 관리의 직무를 잘하느라 형形을 수고롭게 하고 마음을 피곤하게 하는 자이다. 범과 표범은 가죽의 무늬 때문에 사냥꾼을 부르고, 재빠른 원숭이와 털이긴 소를 잡는 사냥개는 밧줄에 묶이게 된다. 이런 자가 명왕에 비견될 수 있겠는가.374)

노담의 평은 이렇다. 그런 지도자의 자질을 갖춘 자는 직무를 수행하느라 계교와 기술에 매여 자신의 육신(形)을 수고롭게 하고, 마음을 피곤하게 하는 자이다. 그리고 비유를 통해서 좀 더 설명한다. 범과 표범은 그 가죽의 무늬

---

373) 「응제왕」 295. 陽子居見老聃. 曰 有人於此, 嚮疾强梁, 物徹疏明, 學道不〔卷力〕. 如是者, 可比明王乎.

374) 「응제왕」 295. 老聃曰 是於聖人也, 胥易技係, 勞形怵心者也. 且(曰)〔也〕虎豹之文來田, 猿狙之便執斄之狗來藉. 如是者, 可比明王乎.

때문에 사냥꾼의 표적이 되고, 몸이 빠른 원숭이는 그 때문에 밧줄에 묶여 재주를 부리게 되고, 사냥개 역시 그 민첩함과 충성심 때문에 밧줄에 묶이어 부림을 당한다. 양자거, 그대가 말한 저 뛰어난 재주를 가진 자는 바로 그 재주 때문에 남들에게 부림을 당하는 고달픈 신세를 벗어날 수가 없을 터인데, 어찌 명왕에 비견될 수 있겠는가.

장자의 사유에서, 인간 소유 세계에 부합할 수 있는 뛰어난 자질이나 재주를 갖고 있느냐 아니냐하는 것은 중요한 문제가 아니다. 다만 소유 세계의 성취를 위하여 매진하면서 존재의 실상에 이반되어 재전才全하지 못하는 고통의 문제를 제시하는 것일 뿐, 그 재주 자체를 부정하는 것은 아니다. 이 우화에서도 역시 뛰어난 재주가 오히려 당사자를 불행으로 몰아넣는 결과를 가져올 수 있다는 견해를 보인 것일 뿐, 그 자체를 부정하거나 쓸모없는 것으로 결론짓는 것은 아니다.

장자의 평가는 양자거가 말한 것과 같은 '명왕의 자질'은 진정한 의미로 명왕의 자질이라고 할 수 없다는 것이다. 소유 세계의 인위는 아무리 훌륭하고 대단하게 보여도 결국 자신과 남을 구속하는 허구적인 멍에이고 사슬이라는 것이 장자의 생각이다. 그렇다면 장자가 말하는 진정한 명왕은 무엇을 가리키는 것인가.

곽상은 그 무늬와 재주 때문에 몸이 매이게 된 표범과 원숭이의 신세를 면하는 유일한 방법은 "허심으로 무방無方에서 노니는 것"이라고 말한다.375) 허심이란 그대로 수용하는 마음이다. 이 마음은 바람과 같아서 그물에 걸리지 않는다. 일정한 방소方所도 방향方向도 목적도 갖지 않는다. 곽상은 이를 '무방'이라고 표현하는데, 노담의 입을 통해 장자는 〈무방〉의 마음을 가진 '명왕'에 대해 설명한다.

---

375) 「응제왕」 296. 此皆以其文章技能係累其身, 非涉虛以御乎無方也.

양자거가 얼굴빛을 고치고 말하길, 감히 명왕의 다스림에 대해 묻겠습니다.

노담이 말하길, 명왕의 치治는 공功이 천하를 덮지만 자기 것이 아닌 듯이 하고,

만물에 교화를 베풀지만 백성들이 의식하지 못한다. 공은 있지만 이름을 드러내지

않으며 물物로 하여금 스스로 기쁘게 하지만 헤아릴 수 없는 곳에 있으면서 무유無

有의 경지에서 노닌다.376)

자신이 '명왕'의 자질이라 생각했던 것에 대해 노담에게 가혹한 평을 들은
양자거는 자신이 실문失問했음을 깨닫고 얼굴빛을 고친 후 다시 '명왕의 치治'
에 관해 묻는다. 노담은 말한다. 〈명왕의 치〉는 공功이 천하를 덮어도 자기 것이
아닌 듯이 한다. 또 만물에 교화를 베풀지만 백성들은 그것을 의식하지 못하며,
공이 있지만 이름을 드러내지 않는다. 나아가 모든 존재자로 하여금 스스로
기쁘게 하지만 헤아릴 수 없는 곳에 있으면서 실체 없는 세상(無有의 경지)에서
노닌다.

이 구절에서 주목되는 것은 장자가 노담의 입을 빌려 서술하는 것이 '명왕'
에 대한 것이 아니라 〈명왕의 치〉에 관한 것이라는 점이다. 따라서 장자가 지시
하는 '명왕'의 의미는 〈명왕의 치〉의 내용을 통해 추론해야 한다. 하나씩 검토
해 보자.

〈명왕의 치〉의 내용에서 첫째, '그 공功이 천하를 덮지만 자기 것이 아닌 듯
하다'라는 것은 앞서 「소요유」 편에서 언급했던 〈신인무공神人無功〉의 내용과
부합한다. 두 번째, '만물에 교화를 베풀지만 백성들은 의식하지 못하며 공功은
있지만 그 이름을 드러내지 않는다'라는 것은 〈성인무명聖人無名〉의 내용이다.
셋째, '물物로 하여금 스스로 기쁘게 하지만 헤아릴 수 없는 경지에 있으면서
무유無有(실체가 아닌 세상)의 경지에서 노닌다'라는 것은 〈지인무기至人無己〉이
다.

---

376) 「응제왕」 296. 陽子居蹴然曰 敢問明王之治. 老聃曰 明王之治, 功蓋天下而似不自己, 化貸萬物而
民弗恃, 有莫擧名, 使物自喜, 立乎不測, 而遊於無有者也.

〈명왕의 치〉의 내용은 세 가지이면서 한 가지를 지시한다. 마찬가지로 신인무공과 성인무명 그리고 지인무기는 다른 이름이지만 같은 내용, 즉 "허심으로 존재의 과정을 수용하는 거울 같은 마음"의 공효를 지시한다. 이런 면에서 볼 때 장자가 말하는 명왕이 지시하는 것은 어떤 '인물'이거나 '자질'이 아니다. 그리고 실체도 아니다.

이 우화에는 참된 의미의 제왕, 즉 '명왕'은 존재론적 실상에 연속된 마음을 가리키며, 이런 마음이야말로 무소불위의 자유로움을 누릴 수 있다는 장자의 핵심 메시지가 담겨 있다.

장자에 따르면, 존재론적 실상에 접근된 삶은 변화의 과정에서 언제나 일신日新하면서 '명왕'과 같은 자유로움을 누린다. 곽상의 말을 빌리면 〈무방〉하기 때문이다. 무방이란 당위적 잣대를 세우지 않음, 재단하지 않음, 타자에게 요구할 것 없음, 변화의 흐름 속에서 '의지적 행위'든 '자연적 행위'든 모두 자연 과정에 맡기는 허심에서 나오는 것이다. 상정相正하지 않고 자정自正에 맡기면서 관계망의 모든 개별자들과 상존相尊의 관계로 연속되는 것이다.

이제 장자는 신묘불측한 호자壺子로 의인화된 호자의 모습을 통해 '명왕'으로서의 도의 양상에 대해 논한다. 〈호자 이야기〉는 응제왕 편의 하이라이트에 해당한다.

3절. 의인화된 도: 호자의 신묘불측

장자가 묘사하는 지인至人의 모습은 신묘불측한 경우가 많다. 그러나 이러한 묘사는 그 자체로 신비적이거나 초월적인 상태를 묘사하기보다는 우리의 지적 역량으로는 이해 불가능한 도道의 실상을 전하기 위한 것일 가능성이 더 크다. 여기서 말한 지적 역량이란 이성적 지성, 즉 분별적 인식능력을 가리키는데, 통상 분별지로 칭하는 것이다.

그렇다면, 장자가 제시하는 지적 역량으로 헤아릴 수 없는 도는 어떻게 알 수 있으며, 얻을 수 있는가. 장자는 도의 실상이란 '알고 모르고' 하는 차원의 문제가 아니라고 말한다. 장자는 일관되게, 도를 얻는 방법은 오로지 이분법적인 실체론적 사유의 해체에 있으며, 그 구체적인 공효는 삶의 존재 과정 자체에서 연속적 유대의 회복으로 드러난다고 암시한다. 그렇다면 장자가 칭하는 존재 과정의 도를 최종적으로 우리는 어떻게 바라보아야 하는가.

장자의 도는 실체를 가리키는 개념이 아니다. 그런데도 장자는 '도를 얻는다 (得道)'라는 표현을 사용한다. 이 경우 득도에는 도를 얻는 주체와 얻어지는 객체로서의 도가 상정想定된다. 이것은 이미 주객의 이분법을 부정하는 장자의 도의 성격에 위배된다. 그래서 모순이 발생한다. 이 모순의 해결을 위해선 '장자의 언어'에 대한 분석과 같은 맥락의 관점이 필요하다. 즉 도의 달성이라는 개념은 도에 대한 깨달음으로 인도하기 위한 발견적 혹은 방편적 수단으로서만 그 기능을 수행한다고 보는 것이다. 도라는 개념은 그것이 성취되는 순간에는 기술적(descriptive) 개념으로서 존속할 수가 없다. 마치 칸트의 규제적 이념과 유사한 위상을 갖는다.377)

규제적 이념(regulative idea)이란 칸트가 영혼, 신, 세계 등의 이념은 우리의 인식을 구성하는 데 도움을 줄 수는 없지만, 규제적 혹은 방법론적으로 유용성을 갖는다고 보는 데서 유래한 것이다. 여기서 규제적이란 경험적으로 발견되는 대상이 아니라 지적 통찰을 촉진하고 탐구 혹은 정진을 유도하는 유용한 원리로 사용되는 것을 말한다. 도라는 개념은 구도자 자신이 추구할 목표로서 존재할 수는 있지만, 그 개념들은 목표가 달성되는 순간 언어 기술적 개념으로는 아무런 의미도 갖지 못한다. 마치 물고기를 잡기 위한 '통발'과 강을 건너기 위한 '뗏목'처럼 다만 방편적인 수단으로서의 의미만을 갖는다.

방편, 즉 발견적 장치는 어떤 기술적(descriptive) 가치를 가질 수 없다. 실상

---

377) 규제적 이념에 대해서는 로버트 앨린슨의 『장자, 영혼의 변화를 위한 철학』(김경희 역, 그린비, 2005, 서울) 307쪽을 참조하였다.

깨달음의 순간에는 주객의 이분법적 구분이 가능하지 않기 때문에 어떤 언어로도 그런 상태를 기술하는 것이 가능하지 않기 때문이다. 언어는 주체와 객체의 분리를 필연적으로 수반하기 때문이다. 따라서 장자가 도라고 부르는 것 역시, 이성적 인식 능력으로 파악 가능한 '실체'일 수가 없다.

〈호자의 이야기〉에는 의인화된 도, 호자가 등장한다. 장자에 따르면, 이 호자라는 도는 우리의 분별지를 통해서는 읽어낼 수 없다. 그럼에도 불구하고 계함季咸은 호자를 읽으려 여러 차례 시도하고, 결국에는 실패하고 만다. '지적 능력으로는 파악 불가능함'과 진정한 의미에서의 '구도를 위한 공부'를 논하기 위해 장자는 호자의 신묘불측함과 그 제자 열자의 공부를 소개한다.

1. 〈호자와 계함의 이야기〉

이 우화는 신묘한 능력을 가진 계함季咸이라는 신무神巫가 등장하여 의인화된 도道, 호자의 관상을 보는 이야기이다. 호자의 특징은 일정한 상相을 갖지 않기 때문에 아무리 대단한 능력을 가진 자라 하더라고 그것을 읽어낼 수 없다는 것이다. 계함은 호자의 상이 일정하지 않아서(不齊) 읽을 수 없다고 고백한다. 장자에 따르면, 읽히는 도는 이미 도가 아니다. 도 자체는 언제나 변화하고 있으므로 인식 가능한 대상이 될 수 없다. 그런데 우리는 일반적으로 변화하는 실상의 한 면을 보고, 그것을 안다고 여긴다. 그래서 우리의 앎이 실상의 한 면에 대한 제한적인 앎일 수밖에 없는 것은 필연이다. 장자가 보기에, 문제가 되는 것은 그 일면에 대한 앎을 전부라고 여기거나 진리의 자리에 위치시켜, 그것을 실체화하는 것이다.

> 정나라에 계함季咸이라는 신무神巫가 있었는데, 인간의 생사·존망·화복·수명을 알아 그 정확한 때까지 예측하니, 마치 신과 같았다. 정나라 사람들은 그를 만나면 모두 도망가 버렸다. 열자가 그를 보고 심취하여 돌아와 호자에게 고하여 말하길, 처음

나는 선생님의 도가 제일인 줄 알았는데, 더 뛰어난 자가 있습니다.

호자가 말하길, 내가 너에게 (도道의) 문文을 주었지만 아직 실實은 주지 않았다. 그런데도 너는 도를 얻었다고 하는가. 여러 암컷이 있어도 수컷이 없다면 어찌 알을 낳을 수 있겠는가. 너는 너의 도로 세상 사람들에게 믿음을 얻으려고 하는구나. 그러므로 다른 사람들로 하여금 너의 상相을 보게 한 것이다. 시험 삼아 온다면, 내가 보여주겠다.[378]

정나라에 계함이라는 신묘한 능력을 가진 관상쟁이가 있었다. 사람들의 생사와 존망, 화복과 수명을 정확하게 예측하니 마치 신과 같았는데, 열자가 그를 보고 감탄하여 자신의 스승에게 '스승님보다 더 뛰어난 자'가 있다고 고한다.

그러자 스승 호자는 열자를 꾸짖는다. 호자는 제자 열자에게 도의 껍데기(文)는 보여주었을 뿐 도의 실상(實)은 보여 주지 않았는데도, 열자는 도를 얻었다고 생각하고 있으니, 아무리 많은 암컷이 있어도 수컷이 없다면 어떻게 알을 낳을 수 있겠느냐고 말한다. 즉 아무리 자신이 도의 실을 전하고 싶어도 열자가 그것을 담을 그릇이 되지 않으니 어찌 전하겠느냐는 것이다. 그럼에도 불구하고 열자는 자신의 도를 가지고 세상의 인정을 얻고 싶어 했기 때문에 자신의 상을 남에게 보여주었다는 것이다. 호자는 제자를 제대로 가르치겠다고 생각한 것 같다. 열자에게 그를 데려와 자신의 상을 보게 하라고 명한다.

도는 보여줄 수 있는 것도 아니고, 보고 알아맞힐 수 있는 것도 아니다. 열자가 자신의 도를 보여주고 인정받고 싶어 해서 스승은 그의 도가 껍데기(文)일 뿐이라고 한 것이다. 그런 껍데기와 같은 도를 가지고 세상의 인정을 받으려 해서 관상쟁이가 열자의 얼굴을 읽어버린 것이라고 꾸짖는다.

---

378) 「응제왕」 297-298. 鄭有神巫曰季咸, 知人之死生存亡, 禍福壽夭, 期以歲月旬日, 若神. 鄭人見之, 皆棄而走. 列子見之而心醉, 歸, 以告壺子, 曰 始吾以夫子之道爲至矣, 則又有至焉者矣. 壺子曰 吾與汝旣其文, 未旣其實, 而固得道與. 衆雌而無雄, 而又奚卵焉. 而以道與世亢, 必信, 夫故使人得而相汝. 嘗試與來, 以予示之.

다음 날, 열자가 계함과 함께 호자에게 갔다. 계함은 호자의 상을 보고 나와서 말하기를, 자네의 스승은 곧 죽을 것이다. 살 수가 없다. 십여 일을 넘기지 못할 것이다. 나는 괴이한 것을 보았다. 젖은 재(濕灰)를 보았다.

열자가 들어와 눈물로 옷깃을 적시며 호자에게 (이런 내용의 말을) 고했다.

호자가 말하기를, 나는 그에게 지문地文을 보여 주었는데, 움직이지 않고 바르지 않은 것이 보였으리라. 이것으로 아마 내가 덕의 기틀을 막은 것을 보았을 것이다. 다시 데려와 보아라.379)

계함을 데려와 호자의 상을 보이니, 그는 호자의 상이 젖은 재(濕灰)와 같다고 하며 열흘을 못 넘기고 죽을 것이라고 말한다. 열자가 울면서 호자에게 고하자 호자는 자신이 땅의 모습(地文), 즉 싹트지 않은 채 움직이지 않는 모습을 보여주었다고 하면서, 계함이 본 것은 아마도 기氣가 막혀 있는 모습이었을 것이라고 한다. 그리고 다시 데려오라고 한다.

계함이 호자에게 본 것은 굳어져 있는 땅거죽에서 생기生氣가 막혀 있는 모습이다. 계함에게 그것은 필시 죽음을 예고하는 상으로 보인다. 도는 어디에나 있지만 구체적으로 잡을 수 없다. 각양각색이고 자유자재이다. 고정된 모습을 가지지 않는다. 호자의 변신상은 도의 비고정성을 드러내는 장자의 독특한 상징이다.

다음 날, 열자는 다시 계함과 함께 호자를 뵈러 갔다. 계함이 호자의 상을 보고 나와서 말하길, 다행이다. 당신의 스승은 나를 만난 덕분에 이제 병이 나았다. 완전히 살아났다. (어제) 나는 그의 기틀이 막힌 것을 보았다.

열자가 들어가 호자에게 이 말을 고하자, 호자가 말하길, 조금 전 나는 그에게 천양

---

379) 「응제왕」 299. 明日, 列子與之見壺子. 出而謂列子曰 嘻. 子之先生死矣. 弗活矣. 不以旬數矣. 吾見怪焉, 見濕灰焉. 列子入, 泣涕沾襟以告壺子. 壺子曰 鄉吾示之以地文, 萌乎不震不正. 是殆見吾杜德機也. 嘗又與來.

天壤(의 상相)을 보여 주었다. (이는) 인위적인 명실名實이 아직 개입되기 전이니, 생명의 조짐이 발꿈치에서 일어난 것이다. 그가 그렇게 말하는 것은 아마도 나에게 일어나는 생명의 조짐을 본 것이리라. 시험 삼아 다시 데려와 보라.[380]

다음 날 계함은 다시 호자의 상을 본다. 그리고 자신을 만난 덕분에 호자의 병이 나아서 다행이라고 자찬한다. 열자가 이 말을 스승에게 고하자 스승은 자신이 보여준 상은 생기가 발꿈치에서부터 시작되는 모습이었다고 말하며, 다시 데려와 보라고 한다.

천양天壤의 상相이란, 성현영에 따르면 감응感應의 상을 보여준 것이며, 곽상에 따르면 하늘과 땅(天壤) 사이에는 만물을 덮고 싣는 공이 나타나므로, 앞서 보여주었던 젖은 재(濕灰)의 지문地文에 비하여 외外에 감응한 것[381]이다. 지문이 음陰을 나타낸다면, 천양은 음양이 함께 한다. 음과 양이 만나면 기氣가 동감動感하기 시작한다. 호자가 계함에게 보여준 것은 기의 감응, 즉 생명의 조짐이었던 것 같다. 그래서 계함은 호자가 이제 살아날 것이라고 말한다.

다음 날 열자는 계함을 데리고 다시 호자에게 갔다. 계함은 호자의 상을 보고 나와 열자에게 말하길, 자네의 스승은 (상相이) 일정하지 않아서(不齊), 더 이상 상을 볼 수가 없다. 자네 스승의 상相이 일정해진 연후에 다시 와서 상을 보겠다.
열자가 들어와 이 말을 호자에게 고하자, 호자가 말하길, 내가 조금 전 태충막승太沖莫勝(승부 없는 허虛)을 보여주었다. 아마도 그는 내게서 형기衡氣의 조짐을 본 듯하다. 소용돌이치는 연못도 있고, 고요한 물의 연못도 있고, 흐르는 물의 연못도 있다.

---

380) 「응제왕」 300-301. 明日, 又與之見壺子. 出而謂列子曰 幸矣子之先生遇我也. 有瘳矣, 全然有生矣. 吾見其杜權矣. 列子入, 以告壺子. 壺子曰 鄉吾示之以天壤, 名實不入, 而機發於踵. 是殆見吾善者機也. 嘗又與來.

381) 「응제왕」 301. 성현형 소. 示之以天壤, 謂示以應動之容也. 譬彼兩儀, 覆載萬物, 至人應感, 其義亦然. 곽상 註. 天壤之中, 覆載之功見矣. 比之地文, 不猶 (卵) 〔外〕乎. 此應感之容也.

연못에는 아홉 가지 이름이 있는데, 이것은 그 가운데 세 가지이다. 시험 삼아 다시 데려와 보아라.382)

다음 날 다시 호자의 상을 보이자, 계함은 호자의 상이 일정하지 않아서(不齊) 상을 볼 수 없으니, 일정해진 연후에 다시 와서 상을 보겠다고 말한다. 이 말을 들은 호자는, 자신이 이번에 보여준 상은 태충막승太沖莫勝이었는데, 계함은 아마 형기衡氣를 보았을 것이며, 연못에는 아홉 가지가 있는데 그 가운데 소용돌이치는 물과 고요한 물, 흐르는 물 세 가지만 보여주었다고 말한다. 그리고 다시 데려오라고 한다.

먼저 여기서 주목할 만한 것은 계함이 상을 보기 위해 필요조건으로 하는 것이 '일정함(齊)'이라는 사실이다. 일정함 없이 계속 변화하는 상은 고정하여 이름할 수가 없다. 그러나 변화하는 호자의 상은 바로 존재, 즉 도의 실상이고 도의 실상을 고정하여 인식할 수 없는 것은 우리 인식의 한계이자 그 자체의 실상이다. 그러나 계함은 자신의 지로서 알 수 없는 도를 알고자 하였고, 자신의 작은 앎의 성취인 소성小成을 자신의 덕으로 보고 그 신묘함을 자랑했다. 하지만 이제 그 한계에 봉착했다. 계함은 고백한다. 무언가를 보고 안다는 것은 그 대상이 고정되어 있어야 한다는 것을. 그러나 어찌 알 수 있겠는가. 세상은 한시의 고정도 없이 관계 속에서 유전하고 있으니 말이다.

호자가 보여주었다는 태충에 있어, 성현영과 곽상의 해석에 따르면 태충은 허虛이다.383) 그러나 이 허는 '아무것도 없는 비어 있음'이 아니라 가득 차 있는 허虛이다. 그래서 모든 것의 근원이 될 수 있는 탈근거의 무無로서 충허沖虛

---

382) 「응제왕」 302. 明日, 又與之見壺子. 出而謂列子曰 子之先生不齊, 吾無得而相焉. 試齊, 且復相之. 列子入, 以告壺子. 壺子曰 吾鄕示之以太沖莫勝. 是始見吾衡氣機也. 鯢桓之審爲淵, 止水之審爲淵, 流水之審爲淵. 淵有九名, 此處三焉. 嘗又與來.

383) 「응제왕」 302. 곽상 註. 居太沖之極, 浩然泊心而玄同萬方, 故勝負莫得厝其間也. 성현영 疏. 沖, 虛也. 莫, 無也. 夫聖照玄凝, 與太虛等量, 本跡相卽, 動寂一時, 初無優劣, 有何勝負哉.

이다. 아무리 써도 고갈되지 않고, 아무리 채워도 넘치지 않는다. 그것이 계함의 눈에는 형기衡氣로 보였을 것이라고 호자는 말한다. 형衡이란 '저울'이라는 의미로 '평平'을 나타낸다. 즉 움직이되 고요하여 그 움직임을 볼 수 없다. '이것'을 보려면 '저것'이 보이고, '저것'을 보려 하면 '이것'이 보인다. 결국 일정하지 않아서 볼 수가 없다.

그런데도 나(호자)의 상相(연못)을 보려 하는가. 연못이란 은유이다. 연못의 은유는 '무심無心한 마음'이다. 연못의 물은 언제나 무심하다. 외물外物에 맡겨 그에 따라 움직인다. 바람이 불면 바람이 이는 대로, 물꼬가 트이면 그 트인 물꼬에 따라 움직인다. 연못과 연못물의 관계는 연속적이다. 소용돌이치든 고요하든 흐르든 그것은 연못과 연속되어 있고, 어느 깃 하나를 신택하여 '연못'이라고 확정할 수 없다. 말하자면 호자는 '나'라고 집어 낼 수 있는 것은 없으나 세상 어디든 '나'가 아닌 것이 없다. 연못과 물결이 연속된 것처럼 호자의 마음은 세계와 연속되어 있다.

그러므로 맨 처음 보여준 젖은 재와 같은 지문의 고요한 물결도, 두 번째 보여주었던 '생기가 올라오는 모습'의 천양과 같은 소용돌이치는 물결도, 마지막에 보여준 '형기'의 흐르는 물결도 모두 변화하는 도의 모습(연못)이 아닌 것이 없다.[384] 호자는 이 세 가지를 계함에게 보여주었지만, 그것이 전체가 아니라는 것이다.

〈구九〉란 숫자 '9'를 가리키는 것이 아니라 최대치를 상징하는 구九를 말한

---

[384] 이 세 가지 물결에 대하여 성현영은 다른 견해를 피력한다. 즉 젖은 재와 같은 地文을 고요한 물결에, 天壤의 생기를 흐르는 물결에, 太沖莫勝의 衡氣를 소용돌이치는 물결에 견준다. 그러나 그렇게 본다면 마지막 衡氣의 衡이 '저울 같은 수평의 고요함'이라는 해석에 걸맞지 않게 된다.「응제왕」303. 성현영 疏. 此擧譬也. 鯢, 大魚也. 桓, 盤也. 審, 聚也. 夫水體無心, 動止隨物, 或鯢鯢盤桓, 或蟠龍騰躍, 或疑甚止住, 或波流漰澈. 雖復漣猗淸淡, 多種不同, 而玄黙無心, 其致一也. 故鯢桓以方衡氣, 止水以譬地文, 流水以喩天壤, 雖復三異, 而虛照一焉. 而言淵有九名者, 謂鯢桓, 止水, 流水, (汎)〔氿〕水, 濫水, 沃水, 雍水, (文)〔汷〕水, 肥水, 故謂之九也. 並出列子, 彼文具載, 此略敘有此三焉也.

다. 구우일모九牛一毛나 구사일생九死一生에서처럼 최대 경우의 수를 가리킨다.
즉, 변화의 다면성과 복수성, 무한성을 의미하는 것이다. 아무리 무한한 다양성
을 갖는 듯 보여도 그것은 모두 연못물, 즉 도의 과정에서 나타나는 변화의
한 면이다. 그 어느 한 가지만을 보는 것은 실상을 본 것이 아니다.

> 다음 날 열자는 다시 계함과 함께 호자를 뵈러 갔다. 계함은 호자 앞에 제대로 자리
> 잡기도 전에 정신을 잃고 달아났다. 호자가 말하길, 쫓아라.
> 열자가 쫓아갔으나 잡지 못하였다. 돌아와서 호자에게 고하여 말하길, 이미 사라졌
> 습니다. 이미 없어져서 잡지를 못했습니다.
> 호자가 말하길, 조금 전 나는 근원에서 나오기 이전(未始出吾宗)의 상을 보여주었다.
> 내가 허虛로서 그에게 맡기니 그는 내가 누구인지 알지 못했다. 내가 바람 부는
> 대로 쏠리고, 물결치는 대로 흐르는 고로 그는 도망친 것이다.[385]

다시 호자의 상을 보기 위해 찾아온 계함은 이제 호자 앞에서 제대로 자리도
잡기 전에 정신을 잃고 도망갔다. 호자가 말하길, 나는 그에게 아직 드러나기
전(未始出)의 나의 본모습(吾宗)을 보여 주었다고 말하며, 허虛로서 그에게 맡겼
다고 한다. 즉 미러링(mirroring)으로 그(계함)의 모습을 비추었다는 것이다.
그래서 계함은 거울에 비친 자기 모습을 보았지만 그것이 누구인 줄 알지 못했
으며, 호자가 바람에 쏠리는 대로, 물결치는 대로 허심으로 움직였기 때문에
계함이 놀라 도망간 것이라고 호자는 말한다.

여기서 중요한 것은 호자가 '드러나기 이전의 본래 모습을 보여주어, 허虛로
서 그에게 맡긴다(鄕吾示之以未始出吾宗, 吾與之虛而委蛇)'는 것이다. 무슨 의미인가.
무엇을 본다는 것은 '보는 주체'가 '보이는 대상'을 보는 것이다. 그런데 그

---

385) 「응제왕」, 304. 明日, 又與之見壺子. 立未定, 自失而走. 壺子曰 追之. 列子追之不及. 反, 以報壺子
曰 已滅矣. 已失矣, 吾弗及已. 壺子曰 鄕吾示之以未始出吾宗. 吾與之虛而委蛇, 不知其誰何, 因以
爲弟靡, 因以爲波流, 故逃也.

대상인 호자가 허가 되었으니 볼 것이 없다. 오히려 그 허라는 거울에 계함 자기 모습이 비친다. 보는 자는 놀라지 않을 수 없다. 자기 밖의 대상을 보았는데, 자기 모습이 보이니, 스스로 그것이 누구인지 알지 못한다. 자신이 자신을 알기란 어렵다. 눈이 눈을 볼 수 없는 것처럼 그렇다. 그렇기 때문에 계함은 도망치지 않을 수 없다.

호자가 계함을 여러 차례 불러 희롱에 가깝게 놀라움을 준 것은 계함 자체보다는 제자인 열자를 깨우치기 위한 듯하다. 자신을 깊이 성찰하기보다 남의 상을 연구하며 과거와 미래를 맞히는 재주를 자랑하는 것의 어리석음을 허망함을 한 차례 보여준 다음, 장자는 더 이상 계함에 대해서는 말이 없다. 이어지는 이야기는 제자인 열자가 이를 계기로 하여 공부에 전념하여 깨달음을 얻는다는 것이다.

2. 구도를 위한 열자의 공부

계함의 일을 겪은 후 열자는 몹시 놀라는 한편, 스스로에 대해 반성한다. 자신이 마음 바깥의 대상에 휘둘려 미혹되었음을 깨닫고, 도의 심원함과 신무神巫의 얕음을 보고, 자신이 제대로 공부를 시작하지 못했다고 여겨, 집으로 돌아와 삼 년간 나가지 않았다.

이 열자의 우화를 통해 장자는 공부의 시작점을 알려 준다. 공부는 자신이 아무것도 알지 못함을 깨닫는 데서 시작된다. 즉 기존의 앎을 해체하는 데서 시작한다. 새로운 시작이 열자에게는 어떻게 전개되는가. 제대로 된 공부를 위해 열자가 한 것은 무엇인가.

그런 후 열자는 스스로 공부를 제대로 시작하지 못했다고 생각하여 집으로 돌아와 삼 년간 나가지 않았다. 아내를 위하여 직접 요리하고 돼지 기르는 것을 사람 키우듯이 하였다. 일에 있어 더불어 친한 것이 없고, 조탁彫琢 부박復朴하여 흙덩이처럼

홀로 의연히 서 있었다. 분분한 세상에서 매이지 않았으니 한결같이 하여 일생을 마쳤다.[386)

신무 계함을 통해 열자가 깨달은 것은 소유적인 앎, 머리로 아는 앎에 대한 한계와 그 허구성이고, 고정할 수 없는 변화무쌍한 존재의 실상이다. 열자는 더 이상 '구도求道'를 내세우지 않는다. 공부를 내세우지 않는다는 것은, 동시적으로 공부하는 '나'를 세우지 않음이다. 진정한 도는 도를 얻는 '나'를 잊는 데서 시작된다. 집으로 돌아온 열자의 행적을 정리해 보면 이렇다.

먼저, 열자는 아내를 위해 요리한다. 이것은 봉건적 예제禮制, 즉 형식화된 예의 부정이다. 열자는 먼저 가부장제의 일상성과 고정성을 해체한다. 아내를 위해 요리하는 남편은 당시의 일상적 예에서는 찾아보기 힘든 것이다. 귀천으로 대표되는 남녀관계의 고정성을 해체하였다. 이것의 해체는 일정한 자기부정이다. 열자는 해체를 구체적인 생활 속에서 시작한다.

두 번째로, 열자는 사람을 키우듯 돼지를 키웠다. 돼지와 사람의 경계를 허물었다. 짐승과 인간의 경계가 존재하지 않는다. 이것은 일종의 은유이다. 지능을 사용하여 사회와 문화를 이룩하고 경제적이든 도덕적이든 일정한 목적이나 이상을 추구하는 것을 자기 정체성으로 삼는 인간은 그 차별의 경계를 짐승에게서 찾는다. 유학이 인간을 가장 영령한 존재(惟人也, 得其秀而最靈)로 보는 것[387)은 짐승과의 관계성 속에서 비교한 것이다. 즉 짐승과의 다른 점에서 인간다움의 근거를 찾는다. 그런데 열자가 그 경계를 해체하였다.

세 번째로, 열자는 일에 있어서 특별히 좋아하는 것(親)이 없었다. 특별히 좋아하는 것이 없음은 특별히 싫어함이 없다는 것이다. '좋아함'과 '싫어함'의 경계가 해체되었다. 즉 택일적인 사유, 유위적인 사유를 하지 않는다. 빛을 만

---

386) 「응제왕」 306. 然後列子自以爲未始學而歸. 三年不出. 爲其妻爨, 食豕如食人. 於事無與親, 雕琢復朴, 塊然獨以其形立. 紛而封哉, 一以是終.

387) 『태극도설』 주돈이. 惟人也, 得其秀而最靈. 形旣生矣, 神發知矣, 五性感動, 而善惡分, 萬事出矣.

제2부 장자 「내편」 : 텍스트 속으로 389

나면 빛이 되고, 티끌을 만나면 티끌이 되는 화광동진을 이루었다. 애착은 혐오와 함께 생기生起한다. 좋아하는 것은 잃는 것이 괴롭고, 싫어하는 것은 마주하니 괴롭다. 다가오는 모든 것을 차별 없이 수용하고 떠나보내는 거울 같은 마음은 고苦를 만들지 않는다.

네 번째로, 열자는 조탁彫琢하지만 부박復朴하여 흙덩이처럼 홀로 서 있다. 조탁은 쪼아서 다듬는 것이고, 박朴은 박樸과 같다. 즉 다듬어지지 않은 통나무이다. 조탁하지만 언제나 다시 그 마음은 박樸의 상태를 회복한다는 것이다. 박은 어떤 기준을 세워 다듬어지지 않은 상태이지만, 다른 한편으로는 어떻게든 생성하고 다듬어질 수 있는 원천이 된다. 따라서 창조의 무한한 가능성을 내포하고 있다. '다듬어지지 않은 통나무' 박朴이 어떻게 쪼개지고 다듬어지는가 하는 것에는 헤아릴 수 없는 우연적 요소와 더불어 무한한 창조적 가능성이 개재되어 있다. 이 우연성을 수용하고 창조적 가능성을 열어나가는 것은 마음을 비우는 것, 즉 허심과 관련된다. 즉 열자는 마음의 미러링을 하고 있다. '흙덩이'는 고정된 형태도 없고, 일정한 목적도 없으며, 영속적인 실체성도 없다. 무심할 뿐이다. 박樸과 같은 맥락의 개념이다. 흙덩이는 대괴大塊의 메타포에서 다룬 바 있는데, 도를 형상화한 은유이다.

다섯 번째로, 열자는 분분한 세상에 매이지 않았으며, 한결같이 생애를 마치었다. 열자의 미러링하는 마음에는 분분紛紛한 세상이 분분한 채로 분분하지 않다. 영녕이다. 다시 말해 세상이 아무리 분분해도, 거울 자체를 분분하게 만들지는 않는다. 부득이 양중養中으로 세상에 처處하는 지인至人에게 세상이란 마음과 함께 연속적으로 현현하는 마음의 모습일 뿐이다.

3. 허심(mirroring)을 위한 공부의 조목과 허심의 실용: 승물이불상

제물齊物의 대긍정과 조화의 세계는 저절로 현현하는 것이 아니다. 장자에 따르면 공부가 필요하다. 미러링(mirroring)할 수 있는 마음의 공부가 필요하다.

물론 해체공부이다. 그래서 장자가 제시하는 허심의 공부를 위한 조목條目은 대체로 '-하지 말라'는 부정어법으로 제시된다. 장자는 열자의 공부 이야기에 이어, 구체적인 공부의 조목을 논한다.

> 이름의 노예(名尸)가 되지 말라. 음모의 창고(謀府)가 되지 말라. 사임事任이 되지 말라. 지주知主가 되지 말라. 몸은 무궁無窮을 다하여 무짐無朕에서 노닐며, 자연에서 받은 바를 다하여 견득見得함이 없이 허虛할 뿐이다. 지인至人은 용심用心은 거울과 같아서 보내지도 않고 맞이하지도 않는다. 응하되 저장하지 않기 때문에 능히 승물勝物하지만 해치지 않는다.388)

장자가 제시하는 공부의 조목은 이렇다.

먼저, '이름의 노예가 되지 말라(無爲名尸).' 이름(名)이란 무한하고 연속적인 세계를 유한한 인간의 인식범주에 넣기 위하여 편의에 따라 그 연속성을 분절하여 구분한 것에 지나지 않는다. 그 자체로 실체성이 없으며, 실체를 그대로 지시하는 것이 아니다. '사과'라는 명名이 있다고 하여 그 명이 사과인 것이 아니며, 그 명이 지시하는 '사과'가 '사과'로서의 자기동일성을 갖는 고정된 실체성을 갖는 것이 아니다.

두 번째, '마음을 꾀를 부리는 창고로 만들지 말라(無爲謀府).' 꾀(謀)란 대상에 대해 일정한 목적을 가지고 그 목적을 달성하기 위한 계략이다. 이해와 손익에 기반한 대상에 대한 지배 전략이다. 장자가 해체하고자 하는 소유적 사유의 일차적인 양상이다.

세 번째, '일을 맡아 일삼지 말라(無爲事任).' 어떤 목적을 위해 '일 삼아 하는 것'은 장자에 따르면, 부득이의 요청에 따라 '자아의 욕망'에 치우치지 않는 양중養中에서 일을 하는 것이 아니다. '일'을 해도 '일'에 매몰되지 않아야 한다.

---

388) 「응제왕」 307. 無爲名尸, 無爲謀府 ; 無爲事任, 無爲知主. 體盡無窮, 而遊無朕 ; 盡其所受乎天, 而無見得, 亦虛而已. 至人之用心若鏡, 不將不迎, 應而不藏, 故能勝物而不傷.

'일삼는 것'은 대상에 대한 집착을 보여주는 것이다.

네 번째, '아는 것의 주체가 되지 말라(無爲知主)'. 인간의 지적 인식 능력에는 한계가 있다. 인간의 유한한 지식을 쫓아 살지 말라. 알되 그 앎이 전부가 아님을 알아야 하며, 자기가 '아는 것'에 기초해서 진리를 주장하는 것은 손바닥으로 하늘을 가리는 것처럼 어리석고 부분적이며 편파적이다.

다섯 번째, '체진무궁體盡無窮하고, 무짐無朕에서 노닐라.' 즉 무한한 변화(無窮)를 타고 '흔적 없음(無朕)'에서 노닐라. 자취 없음은 온전한 화이불창和而不唱을 실현하는 것이다. 하루 종일 행해도 그 행한 자취가 마음에 남지 않는다. 따로 변화의 주체가 없으니, 변화 그 자체가 된다. 있는 그대로 수용할 뿐이다.

여섯 번째, '받은 바를 극진히 하되 견득見得하지 말라.' 허虛일 뿐이다. 득도得道의 도道가 해체된다. 깨달음이란 따로 얻어야 하는 어떤 대상이 아니다. 본래 도는 우리 안에 있으며 그것은 세상과 연속되어 있다. 다만 우리가 보지 못하고 있을 뿐이다. 장님이 얻는 광명은 따로 만들어서 보는 것이 아니라 스스로 눈을 뜸에서 온 것이다. 걷어내는 해체 공부를 통해 마음을 비우는 것만이 필요할 뿐이다.

허심은 거울과 같다. 〈허심〉이란 다만 이기적 욕망을 버리는 것만을 의미하지 않는다. 대상화하지 않는 것, 대상의 실체성을 고집하지 않는 것, 무를 아는 것, 무한한 창조력과 고갈되지 않는 무의 용을 아는 것 등이 모두 포함된다.

지인의 용심은 거울과 같으니, 보내지도 맞이하지도 않으며, 응하되 저장하지 않는다. 거울은 고정된 자기 상을 갖지 않는다. 오는 대로 맞이하고 가는 대로 보낸다. 이 거울 같은 마음은 세상의 변화에 대한 최대한의 수용력을 갖게 해준다. 즉 승물이불상勝物而不傷이다.

장자는 허심의 효과를 '능히 세상을 감당하면서도 그 마음에 상처를 입지 않는 수용력(勝物而不傷)'으로 표현한다. 장자에 따르면, 미러링하는 마음은 마음 수용력의 최대치를 이룬다. 거울은 큰 것은 크게, 작은 것은 작게, 붉은 것은 붉게 있는 그대로 비춘다. 어떻게 비출 것인지 미리 계획하거나 준비하지 않는다. 차별 없이 비출 뿐 거부하거나 불러들이지 않는다. 담담히 있는 그대로 응할 뿐 그 미추와 선악을 가려서 기억 저장하지 않고, 판단하거나 선택하지 않는다.

그런 까닭에 미러링(mirroring)하는 마음은 모든 물物을 이루 다 비추어 감당하지만, 그 물로 인해 마음(거울)이 물들지 않는다. 어떤 것이든 모두 비추지만, 그 물의 모습을 왜곡하거나 재단하지 않는다. 모든 물을 감당하는 수용력을 가지지만 그 물의 모습을 바꾸지 않으며, 바꾸도록 종용하지 않는다. 즉 하루 종일 비추어도 거울에는 흔적이 남지 않으며, 수고롭지 않다.

4. 혼돈칠규: '제왕 같은 자유로운 마음'이 어떻게 무너지는가

장자가 말하는 '명왕明王'의 마음, 즉 '제왕같이 자유로운 거울같이 비추는 마음의 작용'은 본래적인 존재의 실상이다. 그에 따르면 우리가 이분법적 사유, 즉 '나'와 '세상'을 이분화하고, 대상으로서의 세상을 소유 장악하려는 의식을 갖게 되면서, 이 마음의 실상이 가려진 것이다. 그러나 실상이 가려졌다고 해서, 그 실상의 연속성이 단절되는 것은 아니다. 그 때문에 장자가 마음 안에서 이루어지는 공부, 즉 좌망坐忘이나 심재心齋 등을 제안하는 것도 별도의 어떤 것을 찾기 위한 것이 아니다. 다만 본래 마음의 작용을 가리고 있는 소유적 사유의 덮개를 해체하여 그 실상을 드러내기 위한 것이다.

『장자』「내편」의 마지막 우화이자 응제왕 편을 마무리하는 〈혼돈의 죽음〉은 바로 이 문제를 논한다. 우리는 어떤 과정을 통해 본래 '제왕 같은 자유로움을 누릴 수 있는 본래 마음의 실상'을 잃게 되었는가, 그리고 존재의 연속적 실상은 어떻게 해서 단절되게 되었는가를 논한다. 그 '단절'의 결과를 장자는 '혼돈의 죽음'으로 의인화하여 표현한다.

이 우화를 통해 장자는 앞서 논의한 전체 내용을 복습하고 정리하고 마무리한다. 이 우화는 앞서 제1부 2장, '세계에 대한 장자의 해체적 시각'에서 다룬 바 있지만, 『장자』 「내편」을 매듭짓는 의미에서 다시 정리 고찰하는 것이 필요할 듯하다. 일단 우화 전체를 마무리하는 태도로 다시 고찰해 보기로 하자.

> 남해의 제帝는 숙儵이요, 북해의 제는 홀忽이며, 중앙의 제는 혼돈渾沌이다. 숙과 홀이 때때로 혼돈의 땅에서 서로 만났는데, 혼돈의 대접이 매우 훌륭했다. 숙과 홀은 혼돈의 덕德에 보답하고자 생각하여 말하기를, 사람들에게는 모두 보고 듣고 먹고 숨 쉬는 구멍이 일곱 개 있는데, 혼돈만이 없으니 시험 삼아 뚫어주자. (그래서) 하루에 구멍 하나씩 뚫었는데, 칠일七日이 되자 혼돈이 죽었다.[389]

먼저 남해南海의 제帝는 숙儵이고, 북해의 제는 홀이며, 중앙中央의 제는 혼돈이다. 여기서 남과 북, 그리고 중앙이라는 방소方所가 갖는 상징적 함의와 숙과 홀, 혼돈이 의미하는 바가 무엇인가. 이에 대해 송대의 학자 여길보의 말에 귀를 기울일 필요가 있다.

> 남방은 양陽의 방소이니, 빠르게 나타나는(儵然) 유有를 이르는 것이고, 북방은 음陰의 방소이니 빠르게 사라지는(忽然) 무無이다. 중앙中央은 있는 것도 아니고(不有) 없는 것도 아니니(不無), 그런 까닭에 회합하는 곳이 되었다. 숙儵과 홀忽은 혼돈渾沌과 다르다 해도, 혼돈은 일찍이 숙·홀과 다른 적이 없었다.[390]

즉 여길보의 말에 따르면, 남방은 양의 방소이기 때문에 유로 표현되는 숙(빠르게 나타나는 모양)을, 북방은 음의 방소이기 때문에 무를 지시하는 홀(빠

---

389) 「응제왕」 309. 南海之帝爲儵, 北海之帝爲忽, 中央之帝爲渾沌. 儵與忽時相與遇於渾沌之地, 渾沌 待之甚善. 儵與忽謀報渾沌之德, 曰 人皆有七竅以視聽食息, 此獨無有, 嘗試鑿之. 日鑿一竅, 七日 而渾沌死.

390) 『漢文大系』 9. 莊子翼, 40쪽. 呂註. 南陽喩儵然而有. 北陰喩忽然而無. 中央不有不無. 所以會合之 也. 儵忽雖異乎渾沌. 而渾沌未嘗與之異. 학고방. 서울. 1982

르게 사라지는 모양)을 의미한다는 것이다. 그리고 중앙은 유도 아니고 무도
아닌 방소, 즉 유무의 이분법적 경계가 세워지지 않은 미분화의 자연(천인天人
을 모두 포함하는) 그 자체를 지시한다. 또 유와 무, 즉 숙과 홀은 중앙의 혼돈과
다르다고 여기지만, 유무를 모두 포괄하고 있는 자연의 혼돈은 이 둘과 자신이
다르지 않다고 여긴다. 그 숙(有)과 홀(無) 자체가 혼돈 안에서 나왔기 때문이
다. 그래서 숙과 홀이 혼돈의 땅에서 회합을 가질 수 있었다는 것이다.

여길보의 이러한 견해를 지지하는 입장을 성현영이 보여준다. 성현영은 그
의 소疏에서 이렇게 말한다.

> 남해는 현명顯明의 방소인 고로 숙을 유로 삼았다. 북해는 유암幽暗의 지역인 고로
> 홀을 무로 삼았다. 중앙은 이미 북도 아니고 남도 아닌 고로 혼돈을 비유비무非有非
> 無로 삼았다.[391]

성현영에 따르면 남해는 '밝음을 드러내는' 현명顯明의 방소이기 때문에 숙을
유有의 상징으로 표현한 것이고, 북해는 '어두운' 유암幽暗의 지역이기 때문에
홀을 무無의 상징으로 보았다는 것이다. 이에 대비되는 중앙이란 남도 북도 아
니기 때문에, 혼돈을 있는 것(有)도 아니고 없는 것(無)도 아닌 비유비무의 상징
으로 사용했다는 것이다. 즉 실체로 존재하는 것이 아니기 때문에 비유이지만,
그렇다고 그 현상적인 작용 자체를 없다고도 할 수 없기 때문에 비무라는 것이
다. 유무라는 대립적 경계의 의미가 애당초 시작되지 않은 상태를 의미한다.

여길보와 성현영의 견해를 종합하면, 혼돈의 중앙은 유무의 이분법적 경계
가 세워지지 않고 본래의 연속성이 유지되는 자연의 실상을 의미하는 은유로
볼 수 있다. 어느 쪽에도 치우지지 않은 〈중中〉 그 자체라는 것이다. 혼돈은

---

[391] 「응제왕」, 309. 성현영 소. 南海是顯明之方, 故以儵爲有. 北是幽闇之域, 故以忽爲無. 中央旣非北
非南, 故以渾沌爲非無非有者也.

그곳의 제왕이니, 「응제왕」 편 전체의 요지를 감안해 본다면 혼돈은 장자가 앞서 칭한 '명왕'에 해당하는 '제왕 같은 자유로움을 누리는 마음'이다. 그런데 그 '명왕'이 죽음에 이르렀는데, 그 죽음의 과정이 심상치 않다. 무슨 일이 일어난 것인가.

남해의 숙과 북해의 홀이 어느 날 중앙의 혼돈을 방문한다. 그런데 혼돈의 대접이 대단히 훌륭하여 숙과 홀은 보답해야겠다고 생각한다. 혼돈은 어떻게 대접한 것인가. 여기서 우리는 앞의 우화에서 제시되었던 '명왕'의 치를 상기할 필요가 있다.

명왕의 치의 핵심은 '무명無名'과 '무공無功' 그리고 '무기無己'로의 응함이다. 혼돈은 제왕이요, '명왕'을 상징한다. 그리고 동시에 혼돈의 메타포는 '연속되어 구별 없음'을 나타낸다. 따라서 혼돈의 '훌륭한 대접'이란 구별 없음, 차별 없음에서 나오는 있는 그대로의 인정과 존중, 즉 자기 생각으로 상대를 바로 잡으려는 상정相正이 아니라 상대의 시각을 그대로 인정해 주는 상존相尊과 자정自正이었을 것이다.

그런데 이 혼돈이 '보답'이라는 인위적 행위에 의해 파괴된다. 일곱 개의 구멍을 하나씩 뚫자(渾沌七竅) 7일 만에 죽었다. 자연의 생성과 소멸 과정, 즉 도道는 베푼다는 의식을 갖지 않고, 또 보답을 바라지도 않는다. 태양이 은혜를 바라고 만물을 비추어 생육生育하는 것이 아니며, 만물 역시 태양에게 보답하려고 하지 않는다. 연속적인 세계라는 하나의 몸 안에서 일어나는 자연적 거래去來이다. 이 거래는 〈한 몸〉 안에서 일어나는 일이어서 주체와 객체가 구분되지 않는 것인데, '누가' '누구'에게 보답을 할 수 있겠는가. '보답'이라는 명분으로 자신의 생각을 남에게 강요하고(相正), 그 생각으로 획일화하려 할 때(割一), 존재의 실상(齊一)은 훼손되기 시작하고, 마음의 본래적 자유는 상실되게 된다.

자신의 생각으로 남을 바꾸려는(相正) 인위적인 보답이 혼돈을 죽음으로 이끌었다. 이 '죽음'이라는 것 역시 메타포이다. '원초적 실상'의 상실, 혹은 자유로운 제왕 같은 마음의 상실을 의미한다고 볼 수 있다. 존재의 실상은 소성小成

에서 은폐 된다[392]. 구멍이 이루어지면서(成) 혼돈의 목숨은 무너진다(殷). 그 은폐의 주역은 일곱 개의 구멍, 즉 우리의 얼굴에 나 있는 일곱 개의 감각기관이다.

장자에 따르면, 도에 대한 자각은 '자아'가 '물物'과 동일해지는 것이 아니라 전체성 속에서 하나의 연대로 묶이는 것이다. 상호 연관 속에서 자아는 세상과 얽혀 세상을 만들고, 다시 세상 속으로 얽혀 들어가며 세상에 의해 만들어진다. 세계가 '나'로 연결되고 '나'가 세계로 연결된다. 그렇게 되면 '나'라고 할만한 '나'가 없어진다. 경계가 해소된다. 이것이 바로 세계의 실상이고, 이 실상을 자각하면서 '나'의 해체에 도달한다. '나'가 해체된다고 해서 '나'라는 개체가 없어지는 것이 아니다. 하나의 연속적 장場 안에 존재하며 부단히 생성된다. 각 개별자는 자신의 덕德으로 생성되고 소멸된다. 어느 것도 어떻게 그렇게 되었는지 말할 수 없다. 장자는 서로 다른 관점으로 투시된 세계를 비교함으로써 개별자 특유의 시각으로 구성된 세계 각각을 성찰하도록 인도한다. 자연이연自然而然이다.

그런데 여기서 문제가 되는 것은 우리의 '의식'이다. 우리는 어떻게 실상을 아는가. 어떻게 자연이연을 그대로 볼 수 있는가. 어떻게 세계를 여여如如하게 수용하는가. 우리는 지구가 돌아가는 소리를 들을 수 없다. 꽃이 피는 소리를 들을 수 없고, 생명이 만들어지는 소리를 들을 수도 볼 수도 없다. 인간의 감각 기관은 세계의 실상을 이해하는데 결정적인 도움을 주지 않는다. 이 일곱 개의 감각 기관을 통해 수용된 감각 내용을 기초로 하여 형성된 인간의 의식은 더욱 이 이러한 실상을 이해하는데 도움이 되지 않는다. 우리는 세계를 의식의 범주, 인식의 범주 안에 들여 놓기 위하여 이름 짓고, 개념화하고, 유형화한다. 여기서 핵심적인 역할을 하는 것이 인간의 언어이다.

그러나 그런 것은 세계의 실상을 일러주지 않는다. 의식을 가지고 세계를

---

392) 『莊子集釋』「제물론」 63쪽. 道隱於小成.

읽고 해석하기 위해선 세계를 대상화하는 것이 요구된다. 대상화한다는 것은 관찰 대상과 관찰자의 분리를 수반한다. 연속된 세계 안에서 관찰자를 분리하는 것은 이미 세계의 연속성을 붕괴시키는 행위이다. 관찰자가 분리된 채로의 세계는 더 이상 전체성도 연속성도 온전히 보전될 수 없다. 그러나 인간이 자신을 세계로부터 분리해낸다고 해서 세계가 연속적이지 않거나 전체적이지 않은 것은 아니다. 다만 인간이 실상을 왜곡하고 자기의식에 의해 만들어진 껍데기 속에 구속되거나 안주해 있을 뿐이다. 그러면 우리는 의식에서 벗어날 수 있는가.

장자에 의하면 우리는 의식을 가진 채로 의식에서 벗어나고, 세계를 고정하여 세상에 대한 자기의식 속에 안주해 있는 채로 세계와 연속되어 있다고 한다. 여기서 장자가 중요하게 여기는 것은, 오감을 통해 느끼면서도 그것의 바탕이 허구인 줄을 아는 것이고, 언어를 사용하면서도 그 언어의 바탕이 실체가 아님을 아는 것이다. 연속되어 있는 채로(자연의 실상) 불연속적이고(우리의 의식상에서), 불연속성을 가진 채(성심成心에서)로 존재의 실상에서는 연속되어 있다는 것이다. 이런 실상을 명료히 깨닫는 것, 이것이 장자에게는 중요하다.

『장자』「내편」의 이야기는 〈대붕 이야기〉로 시작하여 〈혼돈의 죽음〉으로 마무리된다. 이 두 우화에는 공통적으로 남명과 북명, 남해와 북해라는 '남북'의 방소가 등장한다. 그러나 '남'과 '북'이 공통적으로 등장하기는 하지만 그 의미는 같지 않다. 전자의 남과 북은 「소요유」 편에서 각기 '계명'의 방소와 '유암'의 방소를 지시한다. 그리하여 '북명'은 곤어鯤魚의 출발 지점이요, 남명은 대붕大鵬의 일시적이나마 목적지가 되어, '어두운' 곳에서 높이 날아올라 '밝은 깨달음'을 향하여 날아가는 장자 사유의 여정을 제시하였다.

이에 반해 후자, 즉 〈혼돈칠규渾沌七竅〉에서 남과 북은 각기 '드러난' 유와 '은적의' 무를 지시한다. 예컨대 낮이 드러날 때 밤은 은적한다. 그리고 밤이 드러날 때 낮은 숨는다. 낮과 밤은 연속적인 것이지만 우리가 이 둘을 동시에 느낄 수 없는 것은 밤과 낮이 동시에 같은 공간에 존재할 수 없기 때문이다. 이것은 실상이다. 이 낮과 밤, 유와 무는 동시에 존재할 수 없지만 하나의 존재 과정의 두 가지 양태이다. 밤이 없으면 낮이 있을 수 없고, 낮이 없으면 밤이 있을 수 없다. 낮과 밤은 상호 존립을 위해 필요불가결하고 분리 불가능한 연속적 과정이다. 장자는 이를 혼돈으로 묘사한다.

그런데 이 혼돈을 유와 무로 이분화하여 별개의 실체로 세우는 것은 본래 존재의 실상을 왜곡하는 것이며, 그 이분법적인 사유의 기초가 일곱 개의 구멍에 의지한 감각과 의식임을 지적하면서 장자는 이를 〈혼돈의 죽음〉으로 의인화한다.

이 두 우화를 통한 장자의 신화적인 서술에는 일정한 사유의 문법이 작동되고 있다. 장자의 사유 여정에는 일정한 목표점, 즉 남명으로 묘사된 지점이 제시되어 있지만 궁극에 가서는 그러한 목표에 도달하기 위한 인위적 노력 자체도 이분법적인 틀에서 벗어나지 않는 것임을 보여주기 위하여, 애초에 제시했던 도달 목표 자체가 허구임을 보여준다. 〈혼돈의 죽음〉에서 우리는 그것을 보게 된다. 〈혼돈의 죽음〉에 이르면 목표 지점 자체, 즉 남과 북의 경계가 해체된다. 그러나 애초에 설정되었던 남북의 '허구'는 그 목표에 도달하기 위한 인위적 노력 역시 해체해야 함을 깨닫도록 준비시키는 '방편적' 허구, 즉 앨린슨의 말을 빌리면 '없어서는 안 될 허구(necessary fiction)'이다.

결론

지금까지 우리는『장자』「내편」의 텍스트 분석을 통해 장자의 해체적 사유와 그 내용을 고찰하였다. 장자는 인간을 포함한 세계 전체가 배후에 불변의 형이상학적 원리를 갖는 실체가 아니라고 보고, 실체론적 사유를 해체함으로써 존재의 실상을 드러내고자 한다. 장자에 따르면, 무가 없다면 유는 있을 수 없고, 유가 없다면 무 역시 있을 수 없다. 언제나 탈근거(渾沌)의 토대 위에서 실체성 없이 현전한다는 점에서 무이고, 그럼에도 불구하고 한시도 쉬지 않고 각득기의의 묘리에 따라 생생生生하여 현전한다는 점에서 유이다. 유무는 연속적이지만 언제나 동시적으로 동일한 공간에서 현전하지 않기 때문에 우리는 별개의 실체로 착각하고 있지만, 실상 유무有無는 한쪽을 배제한 채로는 성립하지 못하는 불가분리不可分離의 하나이다. 장자는 유도 아니고 무도 아닌 실체성 없는 존재의 실상을 혼돈으로 묘사한다.

　　장자에 따르면 형이상학적인 불변자, 즉 초월적 근거, 주재자를 찾을 수 없다는 점에서 세상은 허구적이고 허무하지만, 어떤 주재성도 없이 각 개별자의 내적 근거인 덕德, 즉 각득기의各得其宜의 고유성에 따라 저절로 생겨나고 변화하고 조화를 이룬다는 점에서 신비하고 새롭다. 이것은 장자의 사유가 허무주의나 상대주의에 비견될 수 없는 이유이기도 하다.

　　장자가 보는 존재, 즉 세계의 실상은 무한관계 속에서 무한 변화하는 연속적인 그물망이며, 인간은 그 그물망을 좌우하는 결정자가 아니라 다만 하나의 그물코로 연속된 존재이다. 그리하여 장자는 자연과 인간을 이분법적으로 분리하여 '자연'이나 '인간' 어느 한쪽에 우위를 부여하는 중심주의나 환원주의에 반대한다. 장자의 천天, 즉 자연은 제자백가의 천인天人 관계에서의 천이 아니라 이 둘을 해체하는 천이며, 동시에 이 둘을 모두 포괄하는 천, 즉 이분법적인 경계를 해소한 혼돈이다.

자연과 인간을 분리하지 않고, 더 나아가 인간을 자연에 연속된 한 부분으로 본다는 것은 세계를 인간의 의지나 목적에 따라 소유 장악 지배하려는 소유적 사유를 부정하고 해체하고자 함이다. 소유적 사유는 대상, 즉 세계를 실체로 여기고 그것을 자신의 소유물로 확정하려는 이분법적 사유, 대상적 사유 등을 포괄하는 개념으로서, 세계를 물질 중심적으로 장악하려는 과학 기술적 사유와 도덕이나 당위 이념으로 장악하려는 이념중심주의 모두를 포함한다. 그리고 나아가 장자는 '현재'를 버리고 '과거'로 도피하거나 '미래'를 선취先取하고자 하는 것, 그리고 인간세를 떠나 은거하는 것 역시 이분법적인 택일적 사유로 본다.

그래서 장자는 계속 질문을 던진다. 우리는 과연 '필요한 만큼' 세상을 이용하고 있는가. 과연 우리가 '옳다고' 여기는 시비·선악의 기준이 절대적으로 옳은가. 우리는 자연으로부터 받은 고유성을 잘 보존하여(才全) 삶을 영위하고 있는가.

장자는 인간의 생존에 요구되는 '필요' 자체를 부정한 적이 없다. 그는 오히려 '부득이'의 원칙에 따라 공동체를 구성하고 질서를 유지하는 데 필요한 법이나 시스템을 인정한다. 그리고 그 기준을 언제나 중中에 두며, 우리에게 자아의 욕망을 과도하게 드러내거나 혹은 방어적으로 은폐하려는 능동과잉과 수동과잉 모두를 절제해야 하는 양중養中을 제시한다.

또한 장자가 시비·선악에 관한 판단의 필요성을 부정한 적도 없다. 장자가 부정한 것은 그 선악과 시비의 기준을 절대화하여 자신의 잣대로 상대를 이해시키려 하거나(相知, 明之), 바로 잡으려 하거나(相正), 세상을 그 기준으로 지배하려는 것이다. 장자는 그 시비·선악의 기준이 자의적이고, 임시적이며, 인습적임을 알아야 하며, 그에 관한 판단에 있어 상황의 부득이한 요청에 따른 양중의 태도로 '화시비和是非' 할 것을 제안한다. 그리하여 각 개별자의 고유한 시각을 존중하고(相尊), 나름의 질서에 맡길 것(自正)을 권한다.

그런 까닭에 장자 사유에서 중심이 되는 것은 세계 혹은 타자가 아니라 '우리 자신'이며, 좀 더 범위를 적시摘示하면 우리의 '마음'이다. 장자는 마음의 존재론적 전회를 통하여 우주적 유대를 회복함으로써, 우리의 삶을 존재의 실상에 근접시키고자 한다. 왜냐하면 존재의 실상에서 이탈됨으로써 우리가 고통을 겪고 있다고 장자는 보기 때문이다.

장자에 따르면 문제가 되는 것은 세상의 시비가 아니라 세상을 시비하는 우리의 마음이다. 세상 자체가 문제가 아니라 세상을 문제 삼는 우리의 마음이 문제이다. 장자가 "물物에는 이것 아닌 것이 없고, 저것 아닌 것이 없다"고 한 것은 사물 자체의 대립적인 자기 정립을 말하고자 한 것이라기보다 사물을 대립적으로 바라보고 인식하는 우리의 마음을 말하고자 한 것이다. 이른바 피차·시비·선악 등은 그 자체가 근거를 갖는 실체로써 대립적으로 존재하는 것이 아니라, 우리의 판단이나 주관적 의식, 즉 마음에 의해 형성된 것이라고 보는 것이다.

그리하여 장자는 세상을 실체로 보고, 세상을 문제 삼고, 서로 시비하는 마음의 '존재론적 전회', 즉 〈문제 삼는 마음〉의 해체를 통해 〈문제의 해결〉이 아닌 〈문제의 해소〉를 권한다. 장자는 마음의 전회를 위한 공부를 좌망과 심재로 표현한다. 이 좌망과 심재의 공부는 별도의 어떤 것을 학습하거나 지적 역량을 강화하는 공부가 아니다. 즉, '더하는 공부(日益)'가 아니라 반대로 '덜어내는 공부(日損)', 즉 해체 공부이다. 무엇을 해체하는가. 장자는 실체 아닌 것을 실체로 착각하고, 허구에 마음을 매어 놓은 실체론적 사유를 해체하고자 하며(懸解), 이 해체의 궁극에는 '자아'의 해체가 있다. 그리고 장자는 이 해체된 마음을 다가오는 사물을 차별하거나 판단하지 않고 있는 그대로 비추며 수용하는 거울에 비유하며, 그 공효를 '제왕 같은 무소불위의 자유로움'으로 표현한다.

그런데 장자에 따르면, 유동하는 세계를 고정해 세계가 '지속해서 현전하는 실체'처럼 착각하게 하는 것은 바로 우리의 언어이다. 장자가 언어 문제에 천착하면서 독특한 언어 수사를 구사한 것은 바로 이 때문이다. 장자는 세 가지 점에서 언어를 문제 삼는다. 하나는 언어가 존재 과정의 실상(道)을 온전하게 반영하지 못한다는 점, 즉 언어의 한계이다. 두 번째는 그럼에도 불구하고, 언어가 지시하는 세계를 우리가 실체의 세계로 인식하고 있다는 점, 즉 언어의 허구적 성격과 부정적 측면이다. 마지막 하나는 이 두 가지 문제가 있음에도 불구하고 우리는 언어를 매개하지 않으면 세계에 관한 이해와 해석 및 세계와의 소통이 가능하지 않다는 점, 즉 역설적 상황이다. 우리는 언어를 버릴 수 없다. 장자가 권하는 것은 언어는 버릴 수 없지만, 언어에 묶여서는 안 된다는 것이다. 즉 언어를 사용해도 그 언어가 가지고 있는 고정성에 매이지 않아야 한다. 장자는 이러한 '언어의 문제'를 드러내기 위한 하나의 방편으로 자신의 독특한 '언어 수사'를 사용하면서, 동시에 세상에 대한 활활발발活活發發한 존재 과정을 드러내기 위한 새로운 소통의 수단으로 사용한다.

장자의 언어적 수사는 두 가지로 집약된다. 하나는 기존의 고정된 언어 규칙을 전복하고, 언어에 담긴 실체성을 해체함으로써 마음의 전회를 도모하는 것이고, 다른 하나는 언어의 개념적 고정화의 우를 범하지 않으면서 해체 작업을 진행하는 동시에 자기 생각을 드러내는 것이다. 이를 위해 장자는 '조궤弔詭'로 표현되는 '괴이한 말'을 사용한다. 장자의 이 '괴이한 말(swindle)'을 액면 그대로 받아들이거나 그대로 부정해 버리면 장자의 말은 '말 그대로 궤변'으로 끝나게 된다. 장자가 사용한 조궤의 구체적 방법을 장자 후학들은 우언寓言과 중언重言과 치언卮言으로 정리한다.

장자가 가장 빈번하게 사용한 언어적 수사는 은유이다. 『장자』의 전편에 등장하는 이야기들이 '비현실적'으로 보이면서 난해한 이유는 은유를 사용하여 진술하기 때문에 일의적 의미로 잘 받아들여지지 않기 때문이다. 장자가 사용한 은유의 궁극적 목적은 철학적 이해의 형성 과정에 포함된다. 그가 은유를 사용한 것은 언의 일의적—義的 고정성을 해체하기 위함이고, 거기서 연유되는 실체론적 사유를 해체하기 위한 것이다. 은유적 표현은 그 표현된 표면적 의미가 아니라, 그 이면에 딸린 다른 의미를 지향하기 때문에 언어가 만들어내는 가상적·허구적 실체성에서 탈피하여 그 이면의 메시지에 귀를 기울이게 하는 힘을 갖는다. 게다가 시적詩的 언어와 같이 그 함축적 의미에 대한 다양한 해석을 가능하게 한다. 따라서 장자의 우화나 어휘 등은 시각에 따라 매우 해석의 스펙트럼이 넓은 것들이다. 마치 문학 작품에 대한 분석처럼 『장자』 텍스트에 대한 분석은 어느 하나를 고정하여 올바른 해석이라거나 장자의 의도를 정확히 재연했다고 단정할 수 없고 그럴 필요도 없다.

장자에 따르면 제물의 평등은 세상의 차별적인 물상物象을 가지런하게 고른 다음에 비로소 '평등'해지는 그런 '평등'이 아니다. 높은 것은 높은 대로, 큰 것은 큰 대로 있는 '그대로 평등한 것'이다. 이 평등은 대상을 평등하게 만드는 것을 통해서가 아니라 세상을 보는 우리의 마음이 〈평등平等〉하게 비출 수 있는 허심虛心에서 현현하는 '제물의 평등'이다.

장자는 객관적인 실체로서 하나(一)가 존재한다고 보지 않았고, 세상을 같은 하나로 만드는 것에 관심을 두지 않았다. 오히려 장자는 각 개별자가 각기 그 자체로 존재할 수 있는, 〈구별되지만 차별되지 않는 질서〉 속에서 만취부동萬吹不同한 다양한 소리(天籟)에 귀 기울일 것을 우리에게 권하고 있다. 그에 따르면, 그 천뢰天籟를 들을 수 있는 마음이 곧 허심이고, 그 허심으로 응하기 위해 서야 하는 자리가 '도추道樞'이다. 그 도추에서 세상을 보는 '밝은 눈'이 자연의 실상에서 비추는 '조지우천照之于天'의 이명以明이고, 그 결과 도래하는 것은 모든 개별자의 의미를 인정하는 인지因是이다. 그렇게 할 때 비로소 천뢰에 귀 기울일 수 있다.

존재의 실상에서 사물을 보는 성인聖人은 '이쪽'이라는 제한된 자리에서 사물을 보지 않는다. 조지우천한다. 모든 것을 있게 한 도道, 즉 자연의 존재 과정 전체에서 사물을 본다. 전체의 과정에서 보면 '이것'과 '저것'은 동시적이다. '시是'와 '비非' 역시 동시적이다. 시비는 동시적이면서 상관적이다. 성인은 이 둘 모두를 상관적으로 포용하면서 본다. 한쪽만 존재하지도 않고 한쪽만 사라지지도 않는다. 동시에 출현하고 동시에 사라진다. 시비는 현상적으로 있으면서 그 근거가 없고, 그 근거가 없으면서 현상적으로 있다. 그래서 '있으면서 없다'고 한다. 이것과 저것, 시와 비, 생과 사는 별개의 것(不二)은 아니지만, 별개의 것으로 현상한다(不一). 이 둘을 함께 보아야 한다. 이것이 도추의 관점이고, 조지우천이며, 밝게 비추는 이명이다. 이명으로 볼 때 비로소 '보면서도 예속되지 않는' 자유로운 시각이 성립된다.

장자는 '실체성 없음(無)'을 허심으로 변용한다. 허심에서만 세상의 근원적 실상을 볼 수 있다. 장자의 말에 따르면 허심은 고갈되지 않는 생명의 힘, 채워도 차지 않고, 퍼내도 마르지 않는 무한한 힘의 저장소이며, 그 마음은 자연의 창고(天府)이자 가려진 빛처럼 경계 짓지 않는 마음(葆光)이다. 천부天府와 보광葆光은 무한한 사물이 다가오는 대로 지치지 않고, 차별하지 않고 비추어내는 거울 같은 마음, 즉 허심의 은유이다. 허공의 하늘이 다양한 만물을 차별 없이 품고 있듯이 허심은 존재의 실상을 여여히 수용한다. 장자는 이 허심의 작용을 지인至人으로 의인화한다.

장자의 허심이 정적靜寂주의나 소극消極주의로 해석되는 것은 온당치 않다. 장자의 부정이 또 다른 긍정의 얼굴을 항시 안고 있는 것처럼, 오히려 이런 허심의 고요함은 또 다른 역동성의 이면이다. 장자에 따르면 '움직이는 마음'이 곧 '고요한 마음'이다. '움직이는 마음'을 '고요한 마음'으로 바꾸려고 하는 생각에서 우리의 마음은 더욱 움직이고 고통받는다. '움직이는 마음'을 누르지도 않고 부추기지도 않으면서(無悶無毒), 그 마음이 일어나는 근거가 실체가 아님을 성찰하도록 장자는 인도한다. 고요 속에서 성취하는 역동적인 마음의 작용이 곧 지인의 평정한 마음이다. 장자에 따르면 아무런 '근거'도 '실체'도 없음을 아는 것이 필요하다. 현상적으로 움직이지만 실상 움직이지 않았고, 현상적으로 일어났지만 실상에서는 일어나지 않았다. 왜냐하면 실체도 주재자도 없기 때문이다. 충실하게 시비하지만 그 시비에 집착하지 않는 '비어 있는 마음'을 유지하는 것, 이 마음이 '시비를 화和하고, 천균天鈞에 머물며, 양행兩行하는 마음'이다.

장자는 존재의 실상(道)은 보내는 것이 없고, 맞이하는 것이 없으며, 훼손하지 않음이 없고, 이루지 못함이 없다고 한다. 그리고 그것을 '영녕攖寧'이라고 지칭한다. 〈영녕〉은 '얽힌 채로 유전流轉하는 존재 과정을 편안하게 수용하는 마음'을 의미한다. 〈영녕〉은 장자의 메시지 가운데 가장 높은 수준의 상태를 전하는 '술어'이다. 지와 무지, 유위와 무위, 진과 위, 시와 비, 선과 악, 미와 추 등이 인간세적으로 부득이하게 구분되지만 도추에서는 구분되지 않는, 소유 세계를 살면서 소유 세계를 벗어나고, 소유 세계의 질서를 허물지 않으면서도 소유 세계의 구속을 벗어나는 '삶의 길', 즉 도를 제시해준다. 영녕의 삶은 동요 속에서 안녕하고 정적靜寂하다. 빛을 만나면 빛이 되고, 먼지를 만나면 먼지가 된다. 무기無己의 자아는 화광동진한다. 거울에는 만 가지 상像이 비치어 끝없이 움직이지만, 거울 자신은 한없이 고요하다. '얽힌 채로 편안한 영녕의 삶'은 장자의 말대로 '보내는 것도 없고 맞이하는 것도 없는 허심에서 가능한 삶이다.

허심에서 현현하는 제물의 세계는 각 개별자가 다양하게 거래하는 조화와 균형의 세계(天鈞, 天倪)이다. 허심을 의인화한 성인과 지인과 진인, 그리고 신인은 복잡하게 얽혀 상호 거래하는 세계를 편안하게 수용하며(攖寧), 밝은 지혜(以明)로 존재의 실상을 보고, 존재 과정의 변화(物化)를 겸허하게 명命으로 수용하며, 애락이 끼어들 수 없는 마음의 수용력으로 제왕과 같은 자유로움을 제약 없이 누린다(응제왕, 遊無窮). 여기에서 우리는 장자 사유의 실용성을 찾을 수 있다.

장자의 사유에는 '올바르게 되어야 한다'든가 '진리를 소유해야 한다' 등에 수반되는 무거운 책임감이 없다. 오히려 그러한 부담에서 벗어난 자유로움에 의해 마음이 가벼워지는 결과를 보여준다. 마음 가벼움(輕安)은 연속적 실상 속에서 존재하는 사물들의 다양성을 인식하도록 해주는 필수적인 마음의 조건이다. 우리가 어떤 사태에 직면했을 때, 그 사태의 실상에 대해 가장 정확하게 읽어 낼 수 있는 것은 그 사태에 대한 책임과 이해관계에서 벗어난 가벼운 마음일 때임을 상기할 필요가 있다.

또 장자 사유의 실용 가운데 하나는 대상으로부터, 즉 세계로부터의 단절을 방지해준다는 데 있다. '이미 세계와 하나로 연속된 존재'라는 깨달음은 타자를 대상화하여 분리하지 않으며, 나아가 자연을 개발이나 지배를 위한 대상으로 분리하지 않는다. 세계를 하나의 생태계로 이해하는 연속적 유대를 갖게 해준다. 그런 의미에서 장자는 이분법적 사유에 기초하여 세워진 문명을 비판하면서도 동시에 그것을 버리지 않고, 오히려 보다 온전해진 형태로 끌어안는다. 이는 장자가 세계를 실체화하여 주객을 나누어 사유하는 것에 대해 강도 높게 부정하고 해체하면서도, 동시에 각 개별자가 세계의 연속적 조화 속에서 독자적으로 각득기의를 실현하고 상존相尊할 가능성을 열어주는 데 있다. 상존하여 자정에 맡길 때, 각 존재자는 자신의 자발성을 최대한 발휘하면서 공동체에 참여할 수 있고, 공동체의 품 넓은 수용력은 개별자들의 자발성을 고양하면서 그들의 창조성을 극대화하여 수렴할 수 있다. 장자 사유의 이런 특성은 장자의 사유를 또 다른 차원에서 '난세 지략'의 지침으로 삼는 활용하는 입장이 나올 수 있는 계기로 작용한다.[393]

마지막으로 장자 사유의 실용은 우리에게 세상의 새로움을 제시해 준다는 데 있다. 우리의 삶은 순간순간 늘 새로운 것이다. 사람이건 사물이건 같은 것은 한 번도 반복되지 않는, 그 자체로 새로운 것이다. 순간순간 경이롭고 창조적인 삶이다. 이 새로움을 저해하는 것은 바로 과거의 기억과 언어에 묶인

---

393) 이런 경향은 일본에서 두드러지는데, 『장자』는 『손자병법』과 함께 기업경영에 주요한 지침으로 활용되고 있다. 대표적으로 일본 유수의 화장품 회사인 시세이도 회장, 후쿠하라 요시하루의 『난세지략 유연성의 장자』(예문, 2002)가 있다.

감정과 이념이라는 덮개와 틀이다. 시간의 흐름에 따라 진행되는 변화를 수용하면서, '지속적으로 존재하는 실체'처럼 보이는 모든 것이 고정되어 실재하는 것이 아니라 순간순간 다른 새로운 국면을 열어가고 있음을 장자는 볼 수 있게 인도한다.

겸허하게 '변화'를 '새로움'으로 수용할 수 있는 개인과 공동체는 항시 해당 시기에 요청되는 〈문제〉의 해결에 유연하면서 실제적으로 대응할 수 있다. 사태를 해결하기 위하여 일시적이나마 '판단의 기준'을 세우긴 하지만, 그 기준이 경제적 이해관계나 당위적 이념의 관철 여부로 기우는 것을 경계한다. 사태의 해결을 위한 판단의 기준이 〈필요〉에 있기 때문에 상황에 대해 냉연冷然하게 판난할 수 있다. '절대적으로 옳은 것'이 없다는 전제는 다양한 의견을 편견 없이 검토할 수 있는 장場을 만들어준다. '하나의 의견'과 그 '반대의 의견'을 은현隱現의 관계로 성찰하도록 인도해준다. 그리하여 반대 의견에 대한 수용력을 키워준다. 반대 의견은 하나의 견해가 생각하지 못했던 '다른 측면 (alternative aspect)'을 드러내 주는 견해로 되살아날 수 있다. 〈부득이不得已 양중養中〉으로 임하는 공동체는 중용中庸의 건강성이 실현될 수 있는 장場으로 펼쳐질 가능성을 높인다. 장자는 〈부득이 양중〉을 인간세의 천균天鈞으로 설정한다.

장자는 자신의 해체 작업을 수행하는 가운데에서 다각적이고 기발한 언어와 우화를 통해 우리의 마음을 자극한다. 즉 차원을 달리하는 사유를 보여주어 시각의 전환을 꾀하고, 경직된 머리를 유연하게 하는 사유를 제시한다. 상식을 완전히 뒤집어 처음부터 다시 생각하게 하며, 결과적으로 세상을 관조하고 달관할 수 있는 여유를 갖게 해준다.

참고문헌

1. 원전

『莊子集釋』 郭慶藩 撰. 中華書局. 1982.

『荀子』

『漢文大系』「莊子」

『禮記』 보경문화사. 1991.

『論語』 보경문화사. 1991.

『莊子義』 呂惠卿.

『公孫龍子』

『태극도설』

2. 국내 단행본

김형효, 『하이데거와 화엄의 사유』, 청계, 2002.

김형효, 『물학, 심학, 실학』, 청계, 2003.

김형효, 『하이데기와 마음의 철학』, 청계, 2000.

김형효, 『노장 사상의 해체적 독법』, 청계, 1999.

류사오간, 『莊子철학』, 최진석 역, 소나무, 1990.

김형효, 『사유하는 도덕경』, 소나무, 2003.

박이문, 『노장사상』, 문학과 지성사, 2005.

조민환, 『유학자들이 보는 노장철학』, 예문서원, 1996.

서복관, 『중국 인성론사』, 을유문화사, 1995.

김형효외, 『노자에서 데리다까지』, 한국도가철학회, 예문서원, 2001.

요한 호이징가, 『호모루덴스』, 김윤수 역, 까치, 1981.

에리히 프롬외, 『禪과 精神分析』, 원음사, 1999.

로버트 앨린슨, 『장자, 영혼의 변화를 위한 철학』(로버트 앨린슨, 김경희 역,
    그린비, 2005, 서울)』, 김경희 역, 그린비, 2005.

이종성, 『도가철학의 문제들』, 문경출판사, 1999.

김백현, 『도가철학 연구』, 동녘출판기획, 2002, 강릉.

김성원외, 『노자와 장자의 철학사상』, 명문당, 2002.

에리히 프롬, 『인간의 마음』, 황문수 역, 문예출판사, 1977.

정세근, 『제도와 본성』, 철학과 현실사, 2001.

안동림, 『장자』, 현암사, 1993

이현주, 『莊子 산책』, 다산글방, 1999.

비트겐슈타인, 『논리철학 논고』.

중국철학회, 『논쟁으로 보는 중국 철학』, 예문서원, 2004.

에리히 프롬, 『소유냐 존재냐』, 까치, 1996.

강영안, 『자연과 자유 사이』, 문예출판사, 1998.

강영안, 『주체는 죽었는가』, 문예출판사, 1996.

강영안, 『인간의 얼굴을 가진 지식』, 소나무, 2002.

임려진, 『왕필의 철학』, 김백희 역, 청계, 1999.

정세근외, 『위진현학』, 예문서원, 2001.

풍우란, 『중국철학사』, 상하, 까치, 1999.

모종삼외, 『중국철학특강』, 형설출판사, 1985.

김항배, 『老子哲學의 硏究』, 思社硏, 1996.

송항룡 『한국도교철학사』, 성균관대학교 대동문화연구원, 1987.

막스 베버, 『儒敎와 道敎』, 이상률 역, 문예출판사, 1990.

김충렬, 『中國哲學散稿』, 온누리, 1988.

권택영, 『라캉, 장자, 태극기』, 민음사, 2003.

웰치, 『노자와 도교』, 윤찬원 역, 서광사, 1989.

이재권, 『도가철학의 현대적 해석』, 문경출판사, 1995.

홍준기, 『라캉과 현대철학』, 문학과 지성사, 1999.

강신주, 『장자의 철학』, 태학사, 2004.

송영배, 『제자백가의 사상』, 열음사, 1994.

송항룡, 『지금 바로 여기』, 동인서원, 1999.

원정근, 『도가철학의 사유 방식』, 법인문화사, 1997.

김진석, 『초월에서 포월로』, 솔, 1994.

김진석, 『탈형이상학과 탈변증법』, 문학과 지성사, 1992.

김영민, 『컨텍스트로, 패턴으로』, 문학과 지성사, 1996.

김상환, 『해체론 시대의 철학』, 문학과 지성사, 1996.

리차드 로티, 『실용주의 결과』, 김동식 역, 민음사, 1996.

장자크 루소, 『언어기원에 관한 시론』, 주경복 외 역, 책세상, 2002.

벤자민 슈월츠, 『중국 고대 사상의 세계』, 나성 역, 살림, 1996

스즈끼 다이세쯔, 『禪의 진수』, 동봉 역, 고려원, 1987.

김시천, 『철학에서 이야기로- 우리시대의 노장읽기』, 책세상, 2004.

방동미, 『원시유가 도가철학』, 남상호 역, 서광사, 1999.

로티, 『실용주의의 결과』, 김동식 역, 민음사, 1996.

네이글, 『이 모든 것의 철학적 의미는?』, 김형철 역, 서광사, 1989.

박종호, 『莊子哲學』, 일지사, 1985.

다이언 맥도넬, 『담론이란 무엇인가』, 임상훈 역, 한울, 1992.

후쿠하라 요시하루, 『유연성의 장자』, 박연정 역, 예문, 2002.

3. 외국 단행본

Anticipating China, David Hall and Roger Ames. State University of New York Press. Albany. 1995.

Thinking Through Confucius, David Hall and Roger Ames. State of University New York Press. Albany. 1987.

Thinking from the Han, David Hall and Roger Ames. State of University New York Press. Albany. 1998.

What is Taoism, Herrlee G. Creel. University of Chicago Press. Chicago and London. 1970.

Chinese Thought, Herrlee G. Creel. The University of Chicago Press. 1953.

Three Ways of Thought in Ancient China, Arthur Waley. Standford University Press. California. 1982.

Before Confucius, Edward L. Shauhnessy. State University of New York Press. Albany. 1997.

Chuang Tzu, A.C.Graham. Kackett Publishing Company. Indianapolis/Cambridge. 2001.

Lao Tzu and Taoism, Max Kaltenmark. Stanford University. California. 1969.

Contingency, Irony and Solidarity, Richard Rorty. Cambridge University Press. 1989.

Taoism, Holmes Welch. Beacon Press. Boston. 1965.

I and Tao, Jonathan R. Herman. State University of New York Press. Albany. 1996.

「老莊哲學論集』「關于莊子研究的幾個觀點」 陳鼓應. 齊魯書社. 1987.

『中國古代思想史論』 李澤厚. 人民出版社.

『中國哲學史』 任繼愈. 人民出版社.

4. 논문 자료

박원재, 『道歌의 이상적 인간상에 대한 연구』, 고려대학교 박사학위 논문,
  1996.

김항배, 「장자의 지식론」 한국도교학회, 『도교학연구』 9호. 1992.

박원재, 「몸에 대한 莊子의 비판적 기호학」 한국도가철학회, 『도가철학』 창간
  호. 1999.

송항룡, 「도는 가장 구체적으로 내 앞에 마주 서 있는 자리」 『철학과 현실』13.
  1992.

이강수, 「莊子의 知識論」 고려대학교 철학연구소편, 『철학연구』 1978.

강신주, 「장자 철학에서 마음(心)과 삶(生)의 문제」, 고려대학교 철학연구회편,
  『철학연구』 제23집.

장자, 나를 해체하고 세상을 해체하다

초판 1쇄 발행 2019년 12월 31일
　　2쇄 발행 2023년 1월 16일

지은이 | 정용선
펴낸이 | 박유상
펴낸곳 | (주)빈빈책방
편　집 | 강동준
디자인 | 기민주

등 록 | 제2021-000186호
주 소 | 경기도 고양시 덕양구 중앙로 439 서정프라자 401호
전 화 | 031-8073-9773
팩 스 | 031-8073-9774
이메일 | binbinbooks@daum.net
페이스북 | /binbinbooks
네이버 블로그 | /binbinbooks
인스타그램 | @binbinbooks

ISBN 979-11-90105-04-0 03150